实验心理学

李寿欣 主编　　赵立军　牛盾　副主编

清华大学出版社
北京

内 容 简 介

本书围绕心理实验研究的方法，从学理上阐明了心理实验的理论、原理、操作与设计，尤其侧重心理原理与实验的内在逻辑，结合心理学取得的最新实验研究成果，进行实验研究方法上的概括，旨在将理论与实验相融，学理性与操作性并重，在方法和理论之间搭建桥梁。

实验心理学是心理学专业的一门重要的方法论课程，是基础骨干课。心理实验是应用于心理学各个领域的主要方法。本书在介绍心理实验变量、实验设计、心理物理学方法和反应时基础上，对部分重要心理学领域如感知觉、记忆、思维、意识与情绪情感等实验研究进行了系统概括。本书在以下两方面有所加强：一是将实验设计与心理统计相结合，在每种设计后说明了统计的思路与方法；二是将实验原理与实验操作相结合。

本书既可作为心理学与应用心理学专业的本科或研究生教材，也可供教育科学研究工作者学习参考。

本书封面贴有清华大学出版社防伪标签，无标签者不得销售。
版权所有，侵权必究。举报：010-62782989，beiqinquan@tup.tsinghua.edu.cn。

图书在版编目（CIP）数据

实验心理学 / 李寿欣主编. -- 北京：清华大学出版社, 2025.3. -- ISBN 978-7-302-68409-1

Ⅰ. B841.4

中国国家版本馆CIP数据核字第2025NX9861号

责任编辑：施　猛　张　敏
封面设计：常雪影
版式设计：恒复文化
责任校对：马遥遥
责任印制：杨　艳

出版发行：清华大学出版社
网　　址：https://www.tup.com.cn，https://www.wqxuetang.com
地　　址：北京清华大学学研大厦A座　　邮　编：100084
社 总 机：010-83470000　　邮　购：010-62786544
投稿与读者服务：010-62776969，c-service@tup.tsinghua.edu.cn
质 量 反 馈：010-62772015，zhiliang@tup.tsinghua.edu.cn
印 装 者：天津安泰印刷有限公司
经　　销：全国新华书店
开　　本：185mm×260mm　　印　张：20.25　　字　数：444 千字
版　　次：2025 年 3 月第 1 版　　印　次：2025 年 3 月第 1 次印刷
定　　价：68.00 元

产品编号：089767-01

前 言

实验法是进行自然科学研究的主要方法。"实验心理学"是一门研究如何做心理学实验的课程。在心理学研究中做实验,就像在物理学、生物学研究中做实验一样,是学科发展的必然要求。党的二十大报告强调:"培育创新文化,弘扬科学家精神,涵养优良学风,营造创新氛围。"习近平总书记深刻指出:"实现建成社会主义现代化强国的伟大目标,实现中华民族伟大复兴的中国梦,我们必须具有强大的科技实力和创新能力。"求实作为科学研究的基本要求,能够促使科学家脚踏实地;创新作为科研的发展动力,可以推动科学家敢于突破,因此,科研工作者必须秉持求实创新的态度。心理学研究对象是人的心理,具有主观性与能动性,正是心理学研究对象的特殊性,使得不了解的人往往怀疑心理学的科学性,容易与算卦、占卜联系在一起。学习实验心理学有助于培养学生精益求精、科学严谨、不断探索、求真务实的科学精神。

讲授过"实验心理学"的老师有这样的体会,这门课程的内容繁多,在讲授课程过程中,要帮学生回顾其他课程(如心理统计学、心理测量)的知识,同时要指导学生进行心理实验操作,批阅实验报告。在选取授课内容,尤其是面对感知觉、记忆、思维与情绪情感等实验教学内容时,该讲到什么程度,确实有难以取舍之感。当张厚粲先生得知我教授实验心理学课程时,曾说"这是一门出力不讨好的课"。可见,先生对这门课程的教学难度也深有同感!

学过心理学的学生普遍反映,在所有心理学专业课程中,实验心理学是比较难掌握的一门课,原因有很多,其中一个主要原因是这门课程的内容多,且不统一,不同的教材有各自的侧重点,学生学起来有点无所适从。毫无疑问,实验心理学是心理学研究方法中最重要的方法论课程,这不仅仅因为实验方法是心理学研究中的主流方法,还因为实验心理学是把心理学研究方法论中的心理统计学、心理测量等课程完全融合起来的一门课程。

教授实验心理学课程需要将理论教学与指导学生开展实验操作结合起来,但通常在教学中,可能存在理论教学与实验指导脱节的现象。因此,在这本《实验心理学》教材中,我们在每章(第一章除外)的内容后增加了与理论紧密联系的实验操作内容,便于将理论教学与实验指导有机结合;同时,为了帮助学生加深对实验方法,尤其是实验设计的理解,在每章(第一章除外)的内容后增加了案例分析。编写这本《实验心理学》教材时,我先拟定了编写大纲与各章节题目,然后邀请了多所高校的老师进行了讨论,参编教师均具有多年实验心理学课程教学经验,都具有高级职称。经大家讨论后,写作分工如下(按章节顺序)：第一章由山东师范大学李寿欣编写，第二章、第十四章、第十五章由山东师范大学汪海玲编写，第三章、第八章、第九章由曲阜师范大学牛盾编写，第四章由济南大学贾广珍编写，第五章由山东师范大学李寿欣、任衍具编写，第六章由山东师范大学李寿欣、张倩编写，第七章由任衍具、李寿欣编写，第十章由任衍具编写，第十一章、第十三章由聊城大学赵立军编写，第十二章由张倩编写。分工后，大家用两年多的时间完成初稿，并于2023年5月在山东师范大学举行了线下统稿会，所有作者参加了会议。会上大家对各章节的修改进行了热烈讨论，并达成了统一意见。会后，大家将修改稿陆续返回，由主编李寿欣教授、副主编牛盾教授和赵立军教授、任衍具副教授，对每章进行了详细的阅读与修改，或提出修改意见，并将修改意见返回每位作者。2024年8月，李寿欣、牛盾、赵立军和任衍具参加了在山东师范大学举行的线下会议，对每章进行最后的修改并定稿。任衍具协助主编做了大量的组织工作。本书提供配套资源，扫描下方二维码可下载。

在编写过程中，我们参考和引用了很多著作、论文与教材等文献资料，在此谨向相关作者表示由衷感谢！限于时间和水平，本书难免存在不妥之处，敬请广大读者指正。反馈邮箱：shim@tup.tsinghua.edu.cn。

李寿欣
2024年8月28日

目 录

第一章 实验心理学概论 …………… 001
 第一节 实验心理学研究对象与
    任务 ……………………… 001
  一、实验心理学的研究对象 …… 001
  二、实验心理学的意义 ………… 002
 第二节 实验心理学发展简介 …… 003
  一、实验心理学的孕育时期 …… 003
  二、实验心理学建立与快速发展
    时期 …………………………… 004
 第三节 观察与实验 ……………… 006
  一、因果关系与相关关系 ……… 006
  二、观察法 ……………………… 008
  三、实验法 ……………………… 009
  四、定量研究与定性研究 ……… 010
 第四节 心理学实验研究的伦理
    原则 ……………………… 011
 思考题 ………………………………… 012

第二章 实验研究的一般程序 ……… 013
 第一节 心理学实验研究的
    程序 ……………………… 013
  一、提出研究问题 ……………… 013
  二、形成假设 …………………… 015
  三、确定实验设计和实施实验 … 016
  四、分析和解释实验数据 ……… 019

  五、撰写和分享研究报告 ……… 020
 第二节 心理学实验研究报告的
    撰写 ……………………… 020
  一、标题页 ……………………… 021
  二、摘要和关键词 ……………… 021
  三、前言 ………………………… 022
  四、方法 ………………………… 023
  五、结果 ………………………… 024
  六、讨论 ………………………… 024
  七、结论 ………………………… 025
  八、参考文献 …………………… 025
  九、附录 ………………………… 026
 思考题 ………………………………… 026
 实验操作 ……………………………… 027
 案例分析 ……………………………… 027

第三章 心理学实验中的变量 ……… 032
 第一节 变量概述 ………………… 032
  一、变量的含义 ………………… 032
  二、实验与变量 ………………… 032
 第二节 自变量 …………………… 033
  一、自变量的定义 ……………… 033
  二、自变量的类型 ……………… 033
  三、自变量的操纵 ……………… 038

第三节　因变量 ·············· 039
　　一、因变量的定义 ·········· 039
　　二、因变量的指标 ·········· 040
　　三、因变量的测量 ·········· 041
第四节　额外变量 ·············· 044
　　一、额外变量的定义 ········ 044
　　二、额外变量的来源 ········ 044
　　三、额外变量的控制 ········ 046
思考题 ······················· 048
实验操作 ····················· 049
案例分析 ····················· 050

第四章　非实验设计和准实验设计 ··· 051

第一节　实验设计概述 ·········· 051
　　一、实验设计的含义 ········ 051
　　二、实验设计的类型 ········ 051
第二节　非实验设计 ············ 053
　　一、单组后测实验设计 ······ 053
　　二、单组前测后测实验设计 ·· 054
　　三、相关研究设计 ·········· 055
第三节　准实验设计 ············ 059
　　一、准实验设计概述 ········ 059
　　二、不相等实验组对照组后测
　　　　实验设计 ·············· 060
　　三、不相等实验组对照组前后
　　　　测实验设计 ············ 062
　　四、相等时间样本设计 ······ 063
　　五、时间序列设计 ·········· 064
思考题 ······················· 068
实验操作 ····················· 068
案例分析 ····················· 069

第五章　被试间实验设计 ········ 071

第一节　被试间设计概述 ········ 071
　　一、被试间设计的含义 ······ 071
　　二、被试间设计的类型 ······ 072
　　三、被试间设计的特点 ······ 074

第二节　实验组对照组前测后测
　　　　设计 ·················· 074
　　一、实验组对照组前测后测设计的
　　　　含义 ·················· 074
　　二、实验组对照组前测后测设计的
　　　　实验逻辑 ·············· 075
　　三、实验组对照组前测后测设计的
　　　　特点 ·················· 075
　　四、实验组对照组前测后测设计的
　　　　统计方法 ·············· 076
第三节　单因素被试间设计 ······ 077
　　一、单因素被试间设计的含义 · 077
　　二、单因素被试间设计的类型 · 077
　　三、单因素被试间设计的特点 · 084
第四节　多因素被试间设计 ······ 084
　　一、多因素被试间设计的含义及
　　　　处理效应 ·············· 084
　　二、多因素被试间设计的类型 · 087
思考题 ······················· 092
实验操作 ····················· 092
案例分析 ····················· 093

第六章　被试内实验设计 ········ 096

第一节　被试内设计概述 ········ 096
　　一、被试内设计的含义 ······ 096
　　二、被试内设计的类型 ······ 096
第二节　单因素被试内设计 ······ 097
　　一、单因素两水平被试内设计 · 097
　　二、单因素多水平被试内设计 · 098
第三节　多因素被试内设计 ······ 100
　　一、两因素被试内设计 ······ 100
　　二、三因素被试内设计 ······ 102
第四节　被试内设计的优缺点
　　　　分析 ·················· 105
　　一、被试内设计的优点 ······ 105
　　二、被试内设计的缺点 ······ 106
思考题 ······················· 107

实验操作 …………………… 108
　　案例分析 …………………… 108

第七章　混合实验设计 …………… 110
　第一节　混合实验设计概述 ……… 110
　　一、混合实验设计的含义 ……… 110
　　二、混合实验设计的特点及类型 … 110
　第二节　两因素混合实验设计 …… 111
　　一、两因素混合实验设计的含义 … 111
　　二、两因素混合实验设计的实验
　　　　模式 ………………………… 111
　　三、两因素混合实验设计的优缺点
　　　　分析 ………………………… 112
　　四、两因素混合实验设计的应用
　　　　举例 ………………………… 112
　第三节　三因素混合实验设计 …… 114
　　一、有一个组间因素两个组内因素的
　　　　三因素混合实验设计 ……… 114
　　二、有两个组间因素一个组内因素的
　　　　三因素混合实验设计 ……… 116
　　思考题 ……………………… 119
　　实验操作 …………………… 119
　　案例分析 …………………… 120

第八章　小样本实验设计 ………… 123
　第一节　小样本实验设计概述 …… 123
　　一、小样本实验设计的含义 …… 123
　　二、小样本实验设计的特点与
　　　　类型 ………………………… 124
　　三、小样本实验设计适用范围 … 125
　　四、小样本实验设计的评估变化
　　　　标准 ………………………… 126
　第二节　A-B设计 ………………… 128
　　一、A-B设计的含义 …………… 128
　　二、A-B多基线设计 …………… 129
　第三节　A-B-A设计 ……………… 131
　　一、A-B-A设计的含义 ………… 131
　　二、A-B-A-B设计举例 ………… 132

　　思考题 ……………………… 134
　　案例分析 …………………… 134

第九章　实验的效度与信度 ……… 138
　第一节　实验效度 ………………… 138
　　一、实验效度的含义与类型 …… 138
　　二、实验效度之间的关系 ……… 139
　　三、影响实验效度的因素 ……… 140
　第二节　实验信度 ………………… 144
　　一、实验信度的含义与类型 …… 144
　　二、如何提升实验信度 ………… 145
　　三、信度和效度之间的关系 …… 146
　　思考题 ……………………… 147
　　实验操作 …………………… 147
　　案例分析 …………………… 149

第十章　反应时方法 ……………… 151
　第一节　反应时概述 ……………… 151
　　一、反应时的概念 ……………… 151
　　二、反应时的研究简史 ………… 152
　　三、反应时测量工具的发展 …… 153
　第二节　反应时的测量方法 ……… 156
　　一、减数法反应时 ……………… 156
　　二、加因素法反应时 …………… 160
　　三、开窗实验 …………………… 163
　第三节　反应时的影响因素 ……… 164
　　一、外界刺激因素 ……………… 164
　　二、主体因素 …………………… 167
　第四节　反应时技术的应用 ……… 169
　　一、内隐联想测验 ……………… 169
　　二、飞行员的选拔 ……………… 171
　　思考题 ……………………… 172
　　实验操作 …………………… 173
　　案例分析 …………………… 173

第十一章　心理物理学方法 ……… 175
　第一节　经典心理物理法 ………… 175
　　一、阈限的测量 ………………… 176

二、三种传统心理物理法的比较 …187
第二节　心理量表制作法 ……………188
　　一、顺序量表及其制作 …………188
　　二、等距量表与费希纳定律 ……190
　　三、比例量表与史蒂文斯定律 …192
第三节　信号检测论 …………………194
　　一、信号检测论的基本原理 ……195
　　二、信号检测论的两个独立指标 …197
　　三、接受者操作特征曲线 ………202
　　四、信号检测论的实验方法 ……203
思考题 …………………………………205
实验操作 ………………………………205
案例分析 ………………………………209

第十二章　记忆与学习 ………………211
第一节　记忆概述 ……………………211
　　一、记忆过程和记忆类型 ………212
　　二、记忆实验中的变量 …………215
第二节　记忆实验研究的范式 ………216
　　一、外显记忆实验研究范式 ……216
　　二、内隐记忆实验研究范式 ……219
　　三、工作记忆实验研究范式 ……221
　　四、前瞻记忆实验研究范式 ……223
第三节　学习概述 ……………………224
　　一、学习的概念 …………………224
　　二、学习实验中的变量 …………224
第四节　学习实验研究的范式 ………225
　　一、外显学习实验研究范式 ……225
　　二、内隐学习实验研究范式 ……226
思考题 …………………………………227
实验操作 ………………………………227
案例分析 ………………………………228

第十三章　思维与决策 ………………229
第一节　思维实验 ……………………229
　　一、思维概述 ……………………229
　　二、思维的研究范式 ……………232

第二节　决策实验 ……………………247
　　一、决策概述 ……………………247
　　二、决策的研究范式 ……………248
　　三、决策研究的实验范式实例 …253
思考题 …………………………………255
实验操作 ………………………………255
案例分析 ………………………………256

第十四章　知觉、注意与意识 ………258
第一节　知觉实验 ……………………258
　　一、知觉概述 ……………………258
　　二、知觉实验范式 ………………261
第二节　注意实验 ……………………264
　　一、注意概述 ……………………264
　　二、注意实验范式与技术 ………265
　　三、注意理论的实验证据 ………273
第三节　意识实验 ……………………277
　　一、意识概述 ……………………277
　　二、意识实验研究范式与技术 …278
思考题 …………………………………282
实验操作 ………………………………282
案例分析 ………………………………283

第十五章　情绪 ………………………284
第一节　情绪概述 ……………………284
　　一、情绪的概念和类型 …………284
　　二、情绪的神经机制 ……………285
　　三、情绪的主要理论 ……………286
第二节　情绪的诱发与测量方法 ……287
　　一、情绪诱发方法 ………………287
　　二、情绪指标的测量 ……………290
　　三、微表情的识别 ………………291
思考题 …………………………………293
实验操作 ………………………………293
案例分析 ………………………………294

参考文献 ………………………………295

第一章 实验心理学概论

概要：本章包括四节内容，主要介绍实验心理学研究对象与任务、实验心理学发展的历史、科学观察与实验之间的关系、心理学实验研究的伦理问题。通过本章学习，要深入理解并掌握现代实验心理学的研究对象与任务，了解实验心理学发展的简要历史，深入理解心理学研究中的相关与因果关系之间的关系，把握并学会处理心理学实验研究中的伦理问题，深入理解心理实验在心理学研究中的地位与作用。

第一节 实验心理学研究对象与任务

一、实验心理学的研究对象

对实验心理学(experimental psychology)的理解，在不同的时期有不同阐述，至少经历了以下三个时期。

第一个时期，"实验心理学"作为科学心理学的代名词。"实验心理学"是德国心理学家威廉·冯特(Wilhelm Wundt，1832—1920)在1862年所著的《对感官知觉学说的贡献》一书中最先提出的(编自波林，高觉敷译《实验心理学史》，1981)。当时，冯特使用的"实验心理学"可以看作"科学心理学"的代名词，以区别于此前思辨的、形而上学的心理学。他当时就断定心理学应为科学，必须有赖于实验。显然，我们今天所说的"实验心理学"并不能涵盖科学心理学，只能作为科学心理学的一部分。

第二个时期，实验心理学是指用实验方法研究心理现象的本质和行为活动规律的科学，这个时期可称为"实验的"心理学时期。在这一时期，实验的方法已经在许多其他学科领域被证明是一种获得重要事实的科学有效的途径。毫无疑问，心理学家也把实验看作心理学研究的重要方法，把用实验方法研究心理现象获得的成果均纳入实验心理学中。在这一时期，代表性教材是20世纪50年代伍德沃斯和施洛斯贝格编写的《实验心理学》(曹日昌等译，科学出版社1965年出版，共1 043页，130多万字)。随着该时期实验方法在心理学研究中的广泛应用，取得的研究成果呈几何级数增长，实验心理学研究的内容越来越丰富，涉及的领域越来越广泛；内容涵盖反应时、心理物理学方法、多种感知觉、注意、记忆、思维、情绪和各类学习等。在这一思想指导下编写的《实验心理学》，作为一门课程的教材已不适合于学生的学习，除了内容庞大外，其中的部分内容与普通心理学、认知心理学等课程内容多有重叠。

第三个时期，实验心理学是研究如何进行心理实验的科学。具体说，这个时期的实验心理学是研究心理实验的理论、方法和如何操作心理实验的科学，也可称为"心理实验学"。实验心理学不是关注研究内容本身，而是关注如何做心理学实验。从这一角度看，实验心理学是由其方法所定义的，属于一门方法论学科。例如，20世纪80年代由坎特威茨、罗迪格和埃尔姆斯编写的《实验心理学(第6版)》(郭秀艳等译，华东师范大学出版社2001年出版)的内容发生了明显改变，由以研究内容为中心转变为以研究方法为主线，正如作者在前言中所说"把方法论的主题(比如被试间设计、小样本设计)用作标题并在讨论方法时结合研究范例以使其丰满"。尽管该部教材从研究主题上看与以往的教材相比变化不大，但从写作内容上看，是围绕着心理实验研究方法展开的，选择研究的主题是为方法的阐述服务的，"选择主题内容的依据是，它能为某一特定方法论要点的讨论提供好的表达手段"(作者)；从写作格式上看，主要包括以下内容：①变量介绍。通过阅读这部分内容，读者可以直截了当地注意到一般在特定研究领域中使用的自变量、因变量和控制变量。②实验主题与研究范例。这部分内容是各章的主要部分，有两三个方法论问题被呈现在实际研究问题的背景中，目的只有一个，就是以它们为背景示范研究所用的方法。③从问题到实验。这部分内容主要介绍当假设从一般的形式变为一个实验的具体细节时，实验设计决策背后的根据，这些决策根据是实验研究的"基本内容"。对于实践中的研究者来说，这些决策或许已经内化为其研究直觉的一部分，因此，在学术出版物中往往不会详细展开；而对于初学者来说，这些决策背后的逻辑和依据可能并不直观，甚至可能构成理解上的障碍。

由于心理学研究对象是人或者动物的心理与行为，在以人或者动物为实验对象时，需要对实验条件进行严格控制，而影响心理的内外因素是方方面面的，研究者需要将各种无关变量的作用尽可能加以控制，以观察自变量对因变量的作用。心理活动非常复杂，难以进行直接测量，实验记录的是外在行为或生理指标，要通过推理，间接推导心理活动的机制。针对不同的研究对象，不同的心理现象，不同的心理过程，要采用不同的实验方法，因此，可以说，心理实验要比物理、化学等实验复杂得多。这就更需要对心理实验研究中的实验逻辑、实验设计、实验操作、实验范式、变量操纵、条件控制等进行明确界定，让初学者能够早日掌握，并应用到具体问题的研究中去。

二、实验心理学的意义

在整个心理学课程体系中，实验心理学属于方法论中的一门基础课程。科学心理学是应用各种方法研究心理现象的科学，实验心理学是科学心理学的一部分，而采用诸如观察法和内省法等研究心理现象的，则是非实验心理学。实验心理学的研究方法几乎可以应用到心理学研究的各个分支领域，如感知觉、记忆、思维、学习心理、工程心理、医学心理、临床心理、儿童心理和教育心理等，并渗透到人格心理、社会心理和司法心理等领域。

科学心理学在其诞生后的100多年的发展历程中，由于使用了实验研究方法，取得了长足的进步，所取得的研究成果超越了以往几个世纪的总和。诸多心理学家的科学研究充分说明，科学心理学必须以科学的实验为基础，离开科学的实验，心理学终将成为一门思辨的学科。实际上，经过一个多世纪的发展，心理学已经成为一门实验性强的学科，其中的许多原理、结论和规律都是实验的结果，在心理学课堂上做实验就像上物理课要做物理实验、上生物课要做生物实验一样，是学科发展的必然要求。心理学发展到今天，心理学家已经发展了很多研究心理现象的方法，如心理测验法、个案分析法、作品分析法、问卷调查法、内省法和观察法等。上述方法在心理学研究中所起到的重要作用不可否认，特别是科学的心理学诞生以前，心理学思想家主要凭借上述方法来研究探讨心理现象，并且取得了丰硕的成果。但是，应该承认，现代心理学的主要的或者重大的研究成果都是从实验中获得的，这主要是因为实验心理学家采用了严格的检验方法、精密的实验仪器、严密的数理统计和现代化的技术进行实验和测量，所获得的心理学知识是经过检验并能够经受重复检验的。正如我国著名的心理学家杨治良所说："一位心理学家可以对心理学任一领域任一分支感兴趣，可以专门从事工业心理、医学心理、教育心理或知觉心理、记忆心理、思维心理，以至社会心理的研究，但是，他们必定有一个共同的特点，即确切地掌握了实验心理学的研究方法，了解应当如何科学地考察心理和行为的规律。"(杨治良，1999)这充分说明了实验法在心理学研究中的重要意义。

第二节 实验心理学发展简介

一、实验心理学的孕育时期

早在17世纪，英国思想家洛克(John Locke)通过三盆水的实验，提出"观念不是天生的，乃得自经验"的论断：把一只手放在冷水之内，另一只手放在温水之内，过一会儿，再把两只手同时放在冷热适中的盆水之内，结果是一手感到温，另一手感到冷。今天，我们可以用感觉的适应与对比解释这一现象，即把两只手同时放在冷水和温水内，过一会儿产生了感觉适应，然后，两只手同时在冷热适中的水中产生了感觉对比，放在冷水中的手会有温的感觉，放在温水中的手会有冷的感觉。从18世纪中叶开始，生理学家、物理学家和天文学家研究了一些反应时、感觉和知觉领域的问题。例如，今天实验心理学中常用的反应时，是由天文学家最先提出的，在历史上有一段戏剧性插曲。1785年，英国格林威治(Greenwich)天文台台长内维尔·马斯克林(Nevil Maskelyne)先生解雇了他的一名助手金纳布鲁克(Kinnerbrook)，原因是助手观察[1]一颗星经过子午线时记录的时间总是比台长的记录落后约半秒钟，这个时差对天文学家来说是难以容忍的，而且这类错误不止一次。台长认为助手工作不认真，于是就解雇了他。后来，马斯克林把助手过往的观察记录全部检查一遍，发现助手的记录总是比他慢一些，是偏

---

[1] 当时使用的观察法是布莱德利(Bradly)的"眼耳法"，即观测者先看一下钟表指针后，再去观察星体通过子午线的位置，同时，以耳听钟表的滴答声来作为记录时间的依据。

向一方的常误,并非助手工作态度不认真造成的。因为若是态度不认真,会出现时快时慢的结果。马斯克林因此发现了反应时这一心理现象,可他未进行深入的研究。到1882年,德国格尼斯堡(Konigsberg)天文台的贝塞尔(Bessel)见到格林威治天文台事件的报道后,看出这一现象背后的意义,并加以认真研究。他比较了自己和另一位天文学家阿格兰德(Argelander)的反应时间的差别,得出公式A-B=1.223秒(A指阿格兰德的观测数据,B指贝塞尔的观测数据),这一公式被称为"人差方程式"。1850年,赫尔姆霍兹(Helmholtz)曾用反应时法测量人和动物的神经传导速度。后来,正统的心理学家冯特和卡特尔(Cattel)把这一问题从天文学家手中接过来,分析了影响反应时的多种心理因素,反应时成为实验心理学家早期的研究内容之一。

19世纪以后,德国由于生产力的快速发展,自然科学也得到了迅速发展,尤其是与心理学有密切关系的生理学研究在世界上处于领先地位。生理学家约翰·缪勒(John Müller)及其弟子赫尔姆霍兹共同建立了"感官生理学",并用实验测量了神经冲动的传导速度。莱比锡大学的韦伯(Weber)教授通过对重量差别感觉的研究发现了一条定律,即感觉的差别阈限随原来刺激量的变化而变化,而且表现为一定的规律性,刺激的增量(ΔI)和原来刺激值(I)的比是一个常数(K),用公式表达即$K=\Delta I/I$,这个常数叫韦伯常数、韦伯分数或韦伯比率。后来,莱比锡大学的物理学教授费希纳(Fechner)发展了韦伯的思想,得出物理刺激的感觉强度与刺激强度关系的定律:$S=K\log I+C$(S表示感觉强度,I表示物理刺激强度,K、C是常数),后人称之为"费希纳定律"。费希纳对实验心理学的建立做出突出贡献,这主要表现在两个方面:一是提出了专门研究心理和物理现象关系的实验方法,就是今天还在使用的心理物理法——最小变化法、恒定刺激法和平均差误法;二是对实验结果进行严格的数学分析。在心理实验和心理学研究方法的发展中,费希纳起了重要的推动作用,这意味着心理学研究从利用物理学和生理学的方法开始过渡到利用自己的、专门的心理学方法。

在这一阶段,心理实验具有以下一些特点:①应用的方法类似于某些简单的物理学和生理学实验方法,研究的问题也只限于某些简单心理现象量的方面,如差别阈限的测定、反应时间与视觉敏度的测量等;②实验技术比较简单,实验条件控制以及对实验结果的分析处理也比较简单;③被试的自我观察与陈述带有初级性质,如对声音听见或听不见,对两个刺激的强度差别觉察出或没觉察出等。

二、实验心理学建立与快速发展时期

心理实验发展的第二个阶段是实验心理学的建立、传播和快速发展的阶段。这一阶段始于19世纪70年代,以1879年冯特在德国莱比锡大学建立第一个正式的心理学实验室为标志。实际上,在此之前,1875年美国的威廉·詹姆斯(William James)在哈佛大学也曾专辟一室作为心理实验之用,德国的斯顿夫(Stumpf)也在同年设置了一听觉实验室。然而,这些实验室不是"创立"起来的,只是有过这么一个罢了。而且,在德文中,心理学实验室称为"心理学院"(Psychologisches Institut),实验室只是工作的场所,学院则为公认的行政单位。可见，冯特建立的这个实验室是一个综合性的、具有特定研究方向或学科领域的行政单位。冯特在这里开展了卓有成效的研究工作，仅在实验室创立后的头二十年，冯特和他的学生就发表了一百种左右的实验研究成果。当时，这些研究有一半以上是以感觉和知觉为研究对象的，其次是研究动作的问题，研究比较多的是反应时实验，作为心理时间的测量。后来，研究者在注意的范围、注意的波动、感情和联想等领域，也进行了大量实验研究。冯特和他的学生铁钦纳所用的实验方法与他们确定的心理学研究对象分不开。他们认为，心理学应研究人的直接经验，心理学要寻求的是如何把意识分解为最简单、最基本的元素。为了达到这个目的，心理实验就是在控制条件下用内省法，凭直接经验把意识内容分析成心理元素。他们主张一个人只有经过严格的训练，才能作为被试。被试所要描述的是由刺激引起的意识状态而不是刺激本身，否则就是犯了"刺激错误"。为了保证经验清晰和报告准确，必须进行实验，因为实验不仅是在控制条件情况下进行的，还是可以重复的。实验重复的次数越多，得到的经验就越清晰，对经验的描述也就越准确。但在心理过程进行时，试图报告意识的变化会干扰当时的意识状态，为了克服内省法的这种困难，常常采用回忆的方法。只有养成了内省习惯的被试，才能在观察时默记或做记录，而不干扰自己的意识。

冯特不仅在实验心理学领域取得丰硕成果，可以说著作等身，还为世界各国培养了一大批实验心理学家，如德国人克雷佩林、勒曼、屈尔佩、墨伊曼，美国人荷尔、卡特尔、安吉尔、铁钦纳、威特默、贾德等，为实验心理学在全世界的传播起了重要推动作用。1887年，冯特创刊《哲学研究》。《哲学研究》作为实验室与实验心理学的机关刊物，发表在心理实验室取得的研究成果，是世界上第一份实验心理学期刊(第一种心理学杂志是培因于1876年创刊的《心灵》杂志)。除冯特之外，下面的几位心理学家对这一时期的实验心理学发展也做出重要贡献。

德国人艾宾浩斯(Ebbinghaus，1850—1909)的实验研究工作是有目共睹的。他制作了2 300多个无意义音节(如bok、sid等，由两个声母和一个韵母组成)用为实验材料，采用回忆法和节省法对记忆进行了深入研究，发现遗忘的规律是先快后慢。他于1855年出版的《记忆》一书，对后世产生了深远的影响。他采用严格的实验方法研究记忆，开创了用实验方法研究记忆的先河，提出研究记忆的方法(如再认法、再学法等)沿用至今。而且，从研究内容上看，艾宾浩斯的研究突破了以往心理实验局限于感觉、知觉的范畴，为研究高级心理过程在实验方法和材料方面打下了基础。1890年，他与另一学者创办了《感官心理学与生理心理学杂志》，对整个实验心理学发展起到了重要推动作用。

约翰·华生(John Watson，1878—1958)，美国心理学家，行为主义学派的创始人。华生于1913年发表论文《一个行为主义者眼中的心理学》，标志着行为主义心理学派的诞生。华生认为心理学研究的对象不是意识而是可以观察到的行为，主张心理学的研究方法必须抛弃内省法，而代之以自然科学常用的实验法和观察法。他在使心理学客观化方面发挥了巨大的作用，推动了实验方法在心理学研究中的应用，为心理学走向科学做出了贡献。

伯尔赫斯·斯金纳(Burrhus Skinner，1904—1990)，美国心理学家，新行为主义学习理论的创始人。斯金纳在华生的行为主义学说基础上，通过大量的动物实验，提出操作性条件反射学说，为程序化教学奠定了理论基础。斯金纳的操作性条件反射学说不同于巴甫洛夫提出的传统的条件性反射学说，斯金纳关于操作性条件反射作用的实验是在他设计的一种动物实验仪器(后被命名为斯金纳箱)中进行的。箱内放进一只老鼠或鸽子，并设一杠杆或按键，箱子的构造尽可能排除一切外部刺激。动物在箱内可自由活动，当它压杠杆或啄按键时，就会有一粒食物掉进箱子下方的盘中，动物就能吃到食物，箱外用仪器记录动物的动作。一开始，动物在箱子里是无意识触碰杠杆，并得到食物的强化，多次尝试后，动物学会了主动按压杠杆以获取食物，即形成了操作性条件反射。斯金纳开展的大量实验研究，为新行为主义学习理论奠定了基础。

毫无疑问，实验已成为当代心理学最主要的研究方法，实验法不仅广泛应用于认知心理学、认知神经科学、发展心理学、生理心理学等心理学基础学科领域，还在教育心理学、管理心理学、社会心理学、医学心理学等应用心理学科领域得到了推广与普及。现代心理学实验更注重对"高级内部心理过程"的研究，注重探讨思维与决策、创造与想象等高级心理过程的机制与规律；注重应用新技术，如事件相关电位(event related potentials，ERP)、经颅磁刺激(transcranial magnetic stimulation，TMS)、经颅直流电刺激(transcranial direct current stimulation，tDCS)、近红外光谱功能成像(functional near-infrared spectroscopy，fNIRS)、功能磁共振成像(functional magnetic resonance imaging，fMRI)等技术的应用，越来越普遍；脑科学越来越受到不同学科学者的重视，心理学家更加注重用实验方法研究心理活动的脑机制；随着心理学研究的深入，越来越多的研究者开始意识到生态效度的重要性，并尝试将实验室研究扩展到现实生活中，现场实验因具有较高的生态效度而得到了较快的发展。

第三节 观察与实验

心理学家通常通过观察与实验进行心理学研究，以探讨不同现象之间的关系，然而，这两种活动在实施过程以及对心理现象本质的揭示上，存在很多不同。

一、因果关系与相关关系

原因是指引起一定现象的现象，结果是指由于原因的作用而引起的现象。在心理学研究中，对刺激变量的操纵是原因，反应(因)变量是否发生变化是结果。因果关系的揭示需要建立在科学的实验研究上，而仅仅通过现象的观察、描述，不能准确揭示因果关系。在心理学的实验研究中，确定因果关系主要看反应变量变异的结果有多大可能是由刺激变量的操作引起的，是否排除了其他额外变量的影响。

(一) 相关关系与因果关系的定义

2003年《美国流行病杂志》上刊登了一项研究：研究人员在近20年里对威尔士的

2 438名中年男子进行追踪调查，研究发现，与每天刮胡子的人相比，没有每天刮胡子的人中风的概率高70%，得心绞痛的比例也明显大。这显示是否经常刮胡子与患病概率有关。那么，由此我们能否推论出经常刮胡子能够降低患病概率？或者说，刮胡子频率是否是影响患病的因素？

这里需要首先明确，什么是因果关系，什么是相关关系。因果关系是指两个变量之间的一种关系，表示一个变量B的变化是由另一个变量A的变化所引起的，或者说，一个变量对另一个变量有明确的影响，表述为"变量A对变量B产生某种影响"，如任务负载影响工作记忆表征的准确性，高任务负载降低工作记忆表征的准确性。相关关系表示两个变量、特质或属性存在关联的程度，表述为"变量A与变量B存在某种程度的相关"，比如，学生的数学成绩和物理成绩之间存在显著正相关，说明在某个班级里数学成绩高的同学，物理成绩也表现出高的趋势，这种趋势只对整个班里全体同学而言是成立的，对某个同学而言则不一定成立；同样，吸烟和得肺病之间存在显著正相关，也只是表明，有吸烟习惯的群体得肺病的比例超过不吸烟的群体，并不意味着吸烟的人就一定得肺病。在对被试的几种行为表现都进行测量的情况下，通过使用路径分析，可以建立变量之间可能的因果模型。需要注意的是，高相关或者路径系数大，只是表示其关系密切，并不意味着两个变量的内部关联性更高，也不意味着两者之间存在着因果关系。相关与因果代表的意义不同，不能将两者混淆。

那么，变量A对变量B之间存在相关关系，是否也存在因果关系？有以下几种情况：一是不存在因果关系，如数学成绩和物理成绩之间存在显著正相关，是通过对某年级中学生的物理和数学考试成绩进行相关分析后得出的，不能说明一个学生的数学成绩和物理成绩之间存在因果关系，既不能说学生数学成绩高是因为物理学习好，也不能说学生物理成绩高是因为数学学习好，两者可能均受到智力水平和学习方法等因素的影响。二是可能存在因果关系，但依据现有的研究方法，还不能得出因果关系的结论。例如，通过调查发现，吸烟者得肺病的比例远远超过不吸烟者，这只能说明，吸烟和得肺病之间存在显著相关，而不能证明吸烟是得肺病的一个影响因素，因为不能排除情绪压力对个体吸烟和得肺病的作用。三是同时满足以下情况时，两个变量之间的相关关系可作因果推论：①从时间上看，变量A先于变量B发生，且不可逆；②能够排除变量A和变量B共变关系的其他解释。前面提到的研究中，经常刮胡子的人患病率较低，可能存在其他解释：第一，经常刮胡子的人可能生活质量高，并且有好的生活习惯，第二，经常刮胡子的人因激素分泌水平高，胡子长得快，而血液中的血脂含量低，不易得心脑血管疾病。然而，仅仅通过追踪调查，不能得出刮胡子频率高是患病概率低的原因。

(二) 相关关系与因果关系的研究方法

相关有不同类型：依据两个变量的变化方向，可分为正相关、负相关、零相关和曲线相关。正相关表示两个变量的变化方向相同，如努力程度与学习成绩；负相关表示两个变量的变化方向相反，如运动员跑步成绩与所用时间；零相关表示两变量的值在变化方向上无规律，如身高与学习成绩；曲线相关表示两个变量之间的关系是一种非直线的关系，如动机强度与工作效率之间的关系是倒U形曲线。关联程度的量化称为相关系数，可以通过皮尔逊积差相关、斯皮尔曼等级相关等方法计算。

相关关系通过相关研究获得。相关研究不操纵、不控制研究变量，而是从自然环境中通过测量直接获取变量的值，尤其适用于研究主体变量、存在变量及其之间的关系，并根据这种关系就研究对象的特征和行为做出解释和预测。世界卫生组织报告显示，2020年，全球15岁及以上人口中有22.3%的人吸烟，2019年有超过800万人死于烟草相关疾病，吸烟者视力损害比不吸烟者严重，如老年性黄斑变性的风险高2~4倍。相关研究通过回溯性研究收集数据，确定吸烟与疾病之间存在相关关系，以及相关程度的高低。可见，相关研究不操纵、不控制研究变量，生态效度高。

因果关系一般通过实验研究加以证明。因果研究通过有计划地操纵一个或多个自变量，观察和测量因变量的变化，揭示自变量和因变量之间是否存在稳定的共变关系，从而确定是否存在因果关系，适用于对主体诱发变量和刺激变量进行研究。例如，调查发现，在长期吸烟的人群中，高达90%的肺癌患者患病可能与吸烟有关。然而，要想证明吸烟是不是肺病的一个影响因素，需要通过实验研究。例如，将健康的小鼠随机划分为两组，分别放在烟雾环境下和正常环境下生活，其他条件均保持相同。一段时间后，检测两组小鼠的肺部病变情况，通过独立样本t检验比较两组之间是否存在差异。如果在烟雾环境下生活的小鼠的肺部病变明显高于正常环境下生活的小鼠，则说明烟雾环境是引发小鼠肺部病变的一个因素，即两者之间存在因果关系。由此可以看出，因果研究需要操纵自变量，控制无关变量，内部效度高。

通过探讨不同变量间的因果关系，能够明确一个变量是否对另外变量产生影响。然而，由于伦理问题，以人类为被试的实验研究中，有时研究者不能直接操纵一些变量。比如，要求一组人吸烟，要求另一组人不吸烟；社会也不允许设置犯罪情景，看能否诱发青少年犯罪。在此情况下，可以通过回溯性研究进行相关关系的探讨，通过探讨变量间的相关关系，帮助我们在前期初步了解变量之间的关联程度，为后期进行深入研究做准备。

二、观察法

观察法是指研究者通过自己的感官或借助于一定的科学仪器，在一定时间内有目的、有计划地考察和描述人的各种心理活动和行为表现，并收集研究资料的一种方法。作为科学研究手段，观察法不同于日常观察，具有目的性和计划性。观察法也是心理学等学科领域常用的直接获取第一手资料的方法。观察法的最大特点是，在自然情境或模拟情境下对观察对象的心理和行为活动进行直接的观察记录，获得的观察资料具有较强的真实性。观察法分为自然观察法和实验观察法。自然观察法是指在没有任何人为干预和情境控制的情况下，在自然的情境下记录观察对象的心理和行为活动。实验观察法是指在一定的人为干预和情境控制条件下，对观察对象的心理和行为表现进行观察和记录的方法，通常要排除一些与研究目的无关的因素，只对与观察目的直接相关的因素予以重点观察。

观察法具有如下几个特点：第一，观察法是在真实情境进行的有目的、有计划地获取研究资料的方法，不同于日常观察，不是盲目随机的；第二，通过观察法所获取的资料具有直观性和真实性，能够直接反映客观现实的实际情况；第三，通过观察法获取的资料分析主要是描述性的，不能对变量之间的关系做因果关系推论；第四，为了更有效地获取资料，在进行观察和记录结果时，有时需要借助一定的仪器设备，或者对研究情景进行模拟。

从科学研究的角度看，观察法尽管对因果关系的研究具有局限性，但于流行病学与预防医学、临床医学、生态学、心理学和教育学等学科领域，是一种广泛应用的研究方法。

三、实验法

实验是指用来检验一个设想或验证一种假设而进行的一系列操作或活动。实验法是指在控制无关变量条件下系统地操作某些变量的变化，以研究这些变化对其他变量的影响，包括现场实验法和实验室实验法。尽管实验法与观察法都是心理学研究中常用的方法，但是，与观察法相比，实验法有如下优点。

第一，对所要研究的现象能做出因果性结论。实验法是在研究者设定的条件下对事物进行的观察，研究者能够控制实验的进程，能对所要研究的现象做出因果性的说明。但在观察法下，研究者要等待所要观察的现象出现，难以对研究的现象做出因果性结论。

第二，具有可验证性。应用实验法时，研究者设置了明确的实验条件，其他研究者可以据此重复实验，并对研究结果进行验证。但在自然观察的条件下，某种现象很难按完全相同的方式重复出现，难以进行重复观察，观察的结果也难以进行重复验证。

第三，具有可预期性。应用实验法时，研究者尽可能地控制一切实验条件，而只改变某一条件，并由此检验实验结果是否就是在这个条件下引起的。但在进行自然观察时，由于对研究对象不加控制，常常会出现不需要研究的现象，而要研究的现象却没有出现。

第四，具有客观性。应用实验法时，研究者设置的实验条件为观察和记录数据创造了最好的条件，这样测量和获得的数据客观、准确。而在进行自然观察时，观察的结果容易受到观察者本人的知识经验、观察水平和兴趣爱好等主观因素的影响，同一种现象由不同的人观察会得出不一致的结论。

但是，这并不等于说在心理学研究中不能使用观察。观察不仅是科学研究的一种方法，也是任何一位从事研究的科学工作者必不可少的品质。实验与观察在心理学研究中是相辅相成的，任何心理学实验都离不开科学的观察。同时，观察法也在心理学研究中被经常使用，是获取被观察对象的第一手资料的方法。一般地说，在如下情况下采用观察法：①由于社会道德与伦理规范的要求，或者是受法律规定的限制，不能对某些现象进行实验操纵和实验研究，如青少年犯罪、吸毒成瘾等；②在实验控制的条件下，有可能影响某种行为的出现；③某些对象难以进行实验控制。

四、定量研究与定性研究

在心理学研究中，既需要定量研究(也称量化研究)，也需要定性研究(又称质性研究)，两者缺一不可，相辅相成，而并非互相排斥。但是，在心理学研究中，关于定量研究与定性研究孰优孰劣的问题，是心理学界长期争论不休的问题。固然，心理学的诞生是以德国心理学家冯特建立心理学实验室，并确立了实验研究在心理学研究中的主导地位为标志的，但至今还不能说，心理学研究就完全是定量研究的。实验心理学家伍德沃斯和施洛斯贝格在《实验心理学》中曾指出，虽然实验心理学注重实验研究的定量工作，但有一些重要的变量，它们的性质是质量的而不是数量的。过于偏向定量工作，会给研究工作设置许多障碍，从而把许多基本的科学问题都给遮盖起来。认知心理学家赫伯特·西蒙(Herbert Simon)也认为，心理学不应当向物理学看齐，企图用几个基本公式来概括所有心理现象是不切实际的。其实，任何一门学科都不是依据量的研究所占的比例大小来衡量其科学性的，生物学不是，动物学不是，心理学也不是。心理学的科学性不是看它与物理学是多么相像，而是看它对人的心理和行为解释与预测得有多好(朱莹，2000)。

定性研究的特点有以下几个：①定性研究有助于对微观的、深层的、特殊的心理现象进行深入细致的描述与分析，有助于了解研究对象复杂的、深层的心理生活经验，但不适合于宏观研究，尤其是难以对某一心理现象的趋势性与群体性的变化特点进行探讨。②定性研究适合于对陌生的、异文化的、不熟悉的心理现象进行探索性研究，但难以对心理现象进行因果关系的分析。③定性研究更适合于动态性研究，可对心理事件的脉络进行动态描述，但定性研究结果的代表性和可推广性低。④定性研究适合于研究者与被研究者之间进行不断的互动，重视在互动中建构理论和知识体系，但具有一定的主观性、经验性和情境性(秦金亮、郭秀艳，2003)。

定量研究的特点有以下几个：①定量研究适合于宏观研究，能够发现趋势性的心理特征，如一般人群的智力呈正态分布，反应时呈正偏态分布等，但难以直接揭示深层的心理过程和心理结构。②定量研究适合于对心理现象进行数量化的因果分析和相关分析，能够发现趋势性的因果规律与相关规律，如韦伯定律、费希纳定律、智力与遗传存在中度相关等，但难以描述心理的动态过程及其作用机制。③定量研究的结果可做概念上的推断演绎，只要测量尺度、数据类型符合数学模型的要求，推断就是正确的、有代表性的、可推广的，但定量研究缺乏对总体中特殊个体的把握，有时甚至会扭曲特殊个体的实际情况。④定量研究可证实或证伪已形成的理论假设，并不断地修改和完善已有的理论假设，但它们大多为研究者事先预设的理论做法，而难以从当事人的角度了解被试的真实想法和心理状态。⑤定量研究具有一定的客观性，其研究方法有具体、明确的操作程序，结果的检验有具体的检测手段和系统的评估标准，上述特点基本能保证研究操作和结果的可重复性，但有时定量研究很难达到理想数学模型的要求条件，若仍用该数学模型，常常会得出不真实的结论。⑥定量研究更多地受到操作技术的影响，受到研究者主观因素的影响小，便于在学院中开展和推广(Creswell，2014)。

进行心理学研究时，应该在定性研究与定量研究中寻求整合与配合，以提高心理学研究的合理性和精确性。多数心理学家所从事的研究已经证明，采取定性研究与定量研究的多种形式的整合，才是心理学研究的最佳范式。

第四节　心理学实验研究的伦理原则

鉴于科学研究历史上出现的伦理问题，在世界医学会联合大会的倡导下，1964年通过了涉及人类被试的《赫尔辛基宣言》，并进行了9次修订，补充了相关的伦理条款及细则的解释。美国心理学会于1938年成立科学与伦理专业委员会，1947年成立伦理学标准委员会，1953年公布了《心理学工作者的伦理标准》，并于1954年在《美国心理学家》(*American Psychologist*)杂志上发表了《心理学工作者伦理原则》。1992年，新版的伦理原则改名为《心理学工作者的伦理学原则和行为规范》，并先后进行了多次修订。如2016年修订的《心理学工作者的伦理学原则和行为规范》规定，心理学工作者在行为上应遵循以下一般原则：①善行和无伤害原则；②诚信和责任；③正直；④公正；⑤尊重人的权利和尊严。

我国卫生健康委员会2007年发布了《涉及人的生物医学研究伦理审查办法(试行)》，2016年发布了《涉及人的生物医学研究伦理审查办法》，对以人类为被试的研究的伦理道德规范做了详细的规定。此外，国际心理科学联合会和很多国家也都有关于心理学研究方面的伦理规范。

概括起来，以人为被试的实验伦理原则与要求如下所述。

1. 知情同意原则

应与被试签订知情同意协议书，与被试达成清楚和公平的协议，澄清每个人的义务和责任，被试有权了解实验目的和内容，且自愿同意、非强迫地参加实验，被试在任何时候都有权利放弃或退出实验。如果出于研究的需要，实验真实目的不能提前告诉被试，当研究结果具有重大意义且被试伤害可控制在较小程度时，方可使用欺骗手段。

2. 有利和无害原则

在实验中被试应通过参与该实验获得益处，包括物质和/或精神上的。要保护被试免遭因研究而引起的肉体和精神上的不适、伤害和危险。但是，有时出于研究的需要会对被试带来短暂的痛苦，在征得被试同意的情况下，可以进行某些引起不适的研究，如对疼痛的研究。若研究给被试造成未曾预料的后果时，研究者有责任查明、排除或纠正这种后果，包括其长期影响。

3. 保密原则

被试的信息是长期保密的，除非事先得到被试同意。被试的信息不得以任何形式公开，尤其是在公开发表的论文中使用到案例，即使没有公开被试的姓名，也不能有明确的指向性，不能让周围的人看出该被试是身边某人。

4. 尊重客观事实的原则

在实验中观察到的现象与收集的数据，要予以客观准确的记录，不能受到主观态度的影响，更不能根据实验假设，随意删减，甚至修改实验数据；对于实验中异常值的剔除，必须依据统计的原则，且需要在研究报告中加以说明。

思考题

1. 什么是实验心理学？其主要研究对象有哪些？
2. 学习实验心理学有何意义？
3. 实验心理学发展经历哪些阶段？每一阶段有什么特点？
4. 在心理学研究中，相关关系与因果关系的研究有何联系与区别？
5. 在心理学实验研究中，要遵循的主要伦理原则有哪些？

第二章 实验研究的一般程序

概要： 本章内容涉及如何开展一项心理学实验研究这一实践问题，以及如何撰写一份符合规范的心理学实验研究报告这一非常重要的任务。第一节主要回答如何开展心理学实验研究这个问题，涉及提出研究问题、形成假设、确定实验和实施实验、分析和解释实验数据、撰写和分享研究实验报告等内容。第二节介绍心理学实验研究报告的写作规范和组成部分，主要包括标题页、摘要、关键词、前言、方法、结果、讨论、结论、参考文献和附录等。

第一节 心理学实验研究的程序

实验法是心理学研究的重要方法之一，与其他心理学研究方法一致，实验研究的程序由一系列相关的活动组成，具体包括以下几个方面：提出研究问题、形成假设、确定实验设计和实施实验、分析和解释实验数据、撰写和分享研究报告。

一、提出研究问题

(一) 研究问题的来源

每个科学研究项目都是从需要回答的研究问题开始的，因而，选择研究问题是进行科学研究的第一步，也是十分重要的一步。研究者可以从以下几个不同的途径获得和选择自己的研究问题，具体包括文献资料、理论需要、实际需要和个人经验。

1. 文献资料

所有科学研究项目都是对已有研究内容的展开和延伸，因此，在选择研究问题前研究者需要系统查阅大量文献，做一个较为全面的文献综述。通过文献阅读，研究者可以不断细化研究问题，了解当前研究的热点和前沿，发现某一领域的研究历史和现状，找到尚待探究和解决的研究问题，从而为具体规划和实施实验设计提供切入点，提升研究问题的价值。另外，研究者可以通过阅读相关领域的文献，发现已有研究中存在的不足或不一致，从而提出自己的研究问题。例如，有些研究发现，人们在面对不确定性情景时会表现出乐观偏差，即高估自己遭遇积极结果的概率，低估自己遭遇消极结果的概率(Jefferson et al., 2017)。但是，也有一些研究发现，人们在面对不确定性情景时会表现出悲观偏差，即高估自己遭遇消极结果的概率，低估自己遭遇积极结果的概率(Menon et al., 2009)。这种不一致可能与不同的情境因素或个体特征有关。因此，研究者可以提出这样的研究问题：在面对不确定性情景时，什么样的情境因素或个体特征会影响人们的乐观或悲观偏差？

但是，查阅文献是一项艰巨的工作，需要花费大量的时间和精力，包括检索、筛选和研读等环节。因此，研究者在查阅文献时需要知道从哪里检索文献，了解心理学的一些主要期刊，熟悉主要的全文和摘要电子数据库，保证文献的权威性、代表性和时效性，掌握一些阅读技巧和方法。在心理学研究中有很多种类的文献资料，教科书是选择研究主题的有效途径之一。但是，教科书的内容多依赖于对特定领域著名研究的二次分析和解释，研究者有必要阅读原始文献，亲自评论文献中的研究方法和结果。可用的心理学期刊的数量巨大，由于电子信息技术的发展，绝大多数的心理学期刊都被收录在电子数据库中，研究者可以借助互联网获得关键文献资源。常见的心理学电子数据库包括中国学术文献库(CNKI)，PsycARTICLES，PsycINFO，ProQuest，Web of Science等。

2. 理论需要

在查阅文献的过程中，研究者经常会遇到同一种心理现象有不同的理论解释。因此，研究者可以根据不同理论之间的矛盾冲突或限定条件选择研究问题，寻找理论观点不一致的原因，从中发现新的研究问题并进行深入研究。同时，研究者也可以根据这些理论解释推演出相应的研究假设，进而通过实施实验设计来检验这些假设是否符合理论陈述。例如，为什么我们学习后不再复习就会产生遗忘？为什么遗忘量会随时间的延长而增加？曾有研究者提出"干扰说"，认为遗忘的产生是因为回忆该材料以前插入了其他材料的学习，而插入的其他学习材料的数量越多，对原来学习材料的记忆干扰就越大。根据这个理论解释，研究者可设计"学习额外材料的数量对原来材料记忆影响的实验研究"来检验上述理论解释。

3. 实际需要

除了理论需要外，实际生活和工作中还有许多问题有待通过实验研究来解决，对这些问题的研究一方面可以提升研究的现实意义，另一方面可以促进和转化研究成果在社会实践领域中的应用。例如，在日常生活交流中我们很难区分外国人的长相，感觉外国人都长得差不多，这是为什么呢？这种现象在心理学中被称为本族效应，指的是个体对本族面孔比对异族面孔有更好的识别与再认成绩。研究者认为，个体经验在该效应中起重要作用，也就是说，个体与本族人接触多，识别本族面孔的经验丰富，对本族面孔的识别与再认成绩好。据此，研究者采用眼动技术记录了出生16～120小时的新生儿和出生3个月的婴儿对本族和异族面孔的视觉偏好，结果表明，新生儿对本族和异族面孔无明显的偏好，但是3个月的婴儿对本族面孔有明显的偏好(Kelly et al., 2005)。这说明，在人生的最初几天，新生儿缺少对本族面孔的接触，而随着时间的推移，婴儿与本族面孔的接触增多，到3个月时积累了加工本族面孔的经验，从而能区分出本族和异族面孔。

4. 个人经验

每个人在生活、学习和工作中总会遇到各种令自己困惑的心理现象和亟待解决的心理问题，很多心理学家常常通过个人经验来研究那些对他们有意义的人类行为模式。例如，为什么人能看到秒针移动却看不出分针在移动？在突发事件出现时，旁观者越多，当事人得到的帮助可能越少，为什么？给的钱越多，越容易收买一个人，是这样的吗？独生子女家庭长大的孩子和多子女家庭长大的孩子在人格特点上有什么异同？针对这些个人遇到的问题，研究者可以通过实验设计寻找答案。

(二) 确定研究问题的原则

研究问题在整个研究过程中起着关键作用，因为在研究过程中要做的每件事情都致力于解答研究问题，这就要求研究者要清楚陈述和凝练表述研究问题。心理学的研究常是为了揭示变量间的关系，因而，选择的研究问题需包含变量之间的关系，这将有助于研究者通过理论陈述设计和实施实验设计，预测可能得到的实验结果。确定一个有效的研究问题还需遵循以下原则。

1. 可检验性

对心理学实验来说，好的研究问题可以通过客观的方法以数据的形式进行检验验证；相反，如果一个研究问题不能通过客观方法加以检验，该问题就不是一个好问题。例如，尽管一百年前研究者想考察大脑是否有特定的区域加工面孔刺激，但当时的科学技术发展并不具备检测条件，因此，在当时来说，该问题就不是一个好问题。

2. 可行性

研究者要综合考虑现有人力、物力和财力条件是否能对选择的问题进行研究，具体包括以下几个方面：探讨研究问题的方案是否成熟，变量是否明确和可操作，实验技术和设备是否满足数据收集和分析工作，能否找到实验需要的足够数量的被试，等等。

3. 创新性

创新是研究的生命。在选择研究问题时，研究者应在查阅国内外文献的基础上提出前沿性、新颖性的研究内容，避免机械性重复已有研究。当然，这并不是否认重复性研究的价值，而是强调在必要重复已有研究结果的基础上进行创新性研究。

二、形成假设

研究问题不能直接进行检验，而研究假设可以直接进行检验，因而，研究问题要以研究假设的形式提出，这有利于研究者进一步实施实验操作。所谓研究假设是指在理论框架下试图阐明部分变量之间的关系。在阐述假设时，研究者实际上在阐述研究项目可预测的结果，也就是自变量与因变量间的关系。因此，研究者可以做出几个假设来回答要解决的研究问题。一般说来，研究假设具有以下特点：第一，研究假设应具有合理的理论或实践依据，在此基础上准确预测变量间存在的关系；第二，研究假设应具有可检验性，能通过各种方法对预期结果的真伪性进行考证。例如，一项研究要考察心理旋转能力和言语工作记忆能力的性别差异(Kaufman, 2007)，研究者根据已有研究理论可做出如下假设。假设1：在心理旋转能力方面，男性被试的成绩表现优于女性；假设2：在言语工作记忆能力方面，女性被试的成绩表现优于男性。

形成研究假设的方法包括演绎推理法和归纳推理法。演绎推理是从一般到个别的推理过程，即根据心理现象的一般规律对该现象发生的特定规律进行预测。相反，归纳推理是从个别到一般的推理过程，即根据众多实验结果归纳总结出某类心理现象的普遍性规律。一般来说，演绎推理适用于应用领域假设的形成，将某一理论推广应用到具体研究问题中；归纳推理适用于基础研究领域假设的形成，得到理论性和概括性比较强的假设。

三、确定实验设计和实施实验

实验设计是为了判明各种实验变量之间因果关系而进行的操作程序。为更好地探究这种因果关系，实验设计包括确定实验变量、确定实验类型、选择被试、确定实验材料和确定实验程序环节。

(一) 确定实验变量

确定实验变量指的是确定对实验变量的操作和控制，具体说来包括对自变量的操纵、因变量的测量、额外变量的控制。确定实验变量是心理学实验设计的核心环节，因为研究结果的可靠性和准确性与这些变量的操作与控制密切相关。关于自变量、因变量和额外变量操作与控制的方法我们将在第三章中进行系统阐述。

(二) 确定实验类型

一般说来，实验类型包括因素型实验和函数型实验。因素型实验是探明某个心理现象或行为产生的条件是什么的实验，是"什么型实验"，研究者需要逐个地排除或变化那些被认为是行为要因的几个条件，然后根据行为有无相应变化，来判断这些条件是不是行为的要因。函数型实验是探明实验条件是怎样规定心理现象或行为的实验，是"怎样型实验"，研究者需要根据因素型实验的结果，系统地、分阶段地变化规定要因的条件，然后对条件和行为之间的函数关系进行确定，以找出行为的法则。因此，研究者在进行实验设计时应根据研究项目的性质选择这两种实验类型之一。

(三) 选择被试

选择被试是心理学实验设计的一个重要步骤。在心理学研究中，被试指的是研究者所要研究的对象，即实验的参与者。该参与者既可以是人类，也可以是非人类(动物)，这主要由研究项目的性质决定。但是，无论选择哪类被试，研究者都必须保证被试具有代表性，这样才能保证研究结果的准确性、可靠性和可推广性。由此可见，选取有代表性的被试样本在心理学研究中是非常重要的。

1. 选择被试的方法

(1) 完全随机法。完全随机法是指采用随机数码表或抽签的方法从总体中随机选取对应数量的样本个体。该方法常用于样本总体数量有限的情况。采用随机数码表时，先把总体中的所有个体随机排序并编号，然后在随机数码表中选取相应数量的随机数，每个随机数对应的个体则是要选取的个体样本。采用抽签方法时，先对总体中的所有个体贴上标签，再按照要抽取的样本数量抽取相应数量的标签。

(2) 分层随机法。分层随机法是指先将总体依据实际情况分成不同的层次，然后在不同层次中随机抽取相应数量的个体，所有层次抽取的样本数量之和则是整个研究所选取的样本数。该方法可以在总体规模较大时使用。例如，在研究全国小学生阅读能力的发展状况时，由于全国各地小学数量太大，各地域间存在一定的差异，完全随机法不可行，这时可采用分层随机法先把小学划分成不同的层次，如地区、年级等，再逐层进行抽样。

(3) 匹配法。匹配法是指先按照某一标准选取被试，然后将这些被试按照相应的标准分配到不同组中。该方法是实验研究中常用的一种选取被试与分组匹配的方法。例如，抽取100人探究某项训练是否能提高其记忆成绩，首先需要测量所有被试初始的记忆成绩，然后根据这个成绩对被试进行配对，最后把每对被试随机分配到实验组和控制组，以保证实验组和控制组被试初始记忆成绩没有差异，这样才能更有效考察对实验组进行该项记忆训练是否起作用。

(4) 个案取样法。个案取样法是指针对一些特殊领域或问题选取有代表性样本的方法。该方法常用于不具备获得足够样本数量的研究，尤其是对各类认知障碍病人的研究，如视觉忽视症、失语症、失读症等。由于这些个案在人群中所占比例不是很大，很难获得大量被试群体，研究者常采用个案取样法进行长期系统研究。

(5) 方便取样法。方便取样法是一种非概率抽样方法，研究者在特定时间和特定社区的某一位置上随意选择被试。这种抽样方法适合于对一些特殊情况的调查，如突发性事件或现象，通过在当场抽取样本询问当事者、目击者、旁观者以及过往的行人，研究者可以了解事件发生的经过、原因以及对事件的看法和态度。方便取样法适用于总体中所有个体都是"同质"的情况。这种方法比较方便、省钱，可在探索性研究中使用，也可在小组座谈会、预测问卷等方面的样本选取工作中使用。

2. 被试数量的确定方法

一旦确定了研究对象的总体和样本，接下来需要确定选择多少被试样本才能充分代表总体，确保研究有足够的效度。被试数量的确定方法是指根据实验的目的、设计、效应量、显著性水平和统计检验力等因素，计算出实验所需的最小或最合适的被试人数的方法。被试数量的确定方法有以下几种。第一，先验分析(a priori analysis)：在实验前根据已知的效应量、显著性水平和统计检验力，计算出所需的被试量。这种方法可以避免样本过大或过小导致的资源浪费或统计效力不足。第二，事后分析(post-hoc analysis)：在实验后根据已有的样本数据，计算出实验的效应量和统计检验力。这种方法可以评估实验结果的可靠性和可验证性，以及是否需要增加样本量进行进一步的检验。第三，敏感性分析(sensitivity analysis)：在实验前或后根据已知的样本量、显著性水平和统计检验力，计算出能够检测到的最小效应量。这种方法可以评估实验的敏感性和区分度，以及是否需要调整实验设计或参数。目前已有多种软件可以帮助研究者完成被试数量的计算，包括G-Power，Power & Precision，Stat Power和PASS等。

(四) 确定实验材料

实验材料是指在实验中用来刺激或测量被试的心理过程或行为的材料，如文字、图片、声音、视频等。实验材料的确定要求主要有以下几个：①实验材料应与研究目的和假设相一致，能够有效地操纵自变量和测量因变量，反映出变量之间的关系；②实验材料应具有适当的难度和数量，既不能过于简单或复杂，也不能过于少或多，以免影响被试的注意力和反应水平；③实验材料应具有代表性和普遍性，能够反映出总体或范畴的特征，而不是个别或特殊的情况；④实验材料应具有可控性和可操作性，能够在实验中方便地呈现和记录，避免出现干扰或误差；⑤实验材料应具有可比性和可区分性，能够在不同的实验条件或水平下产生明显的差异，便于进行比较和分析。例如，在心理旋转实验中，可以使用三维物体或字母作为实验材料；在Stroop范式中，可以使用颜色语义一致、不一致或无关的色词作为实验材料；在记忆实验中，可以使用词语、图片、声音等作为实验材料。

(五) 确定实验程序

确定实验程序是指确定实验的具体步骤和操作方法，以保证实验的顺利进行和有效控制。实验程序的确定要求主要有以下几个：①实验程序应符合实验目的和设计，能够有效地操纵自变量和测量因变量，反映出变量之间的关系；②实验程序应具有适当的顺序和时间，既不能过于松散或紧张，也不能过短或过长，以免影响被试的注意力和反应水平；③实验程序应具有清晰的指导和反馈，能够让被试明白实验的要求和目标，以及自己的表现和结果；④实验程序应具有合理的控制和随机化策略，能够消除或减少额外变量的干扰，保证实验结果的可靠性和有效性；⑤实验程序应具有灵活性和可调整性，能够根据实际情况进行必要的修改和优化，以提高实验效率和质量。

例如，在心理旋转实验中，可以使用以下步骤作为实验程序：①向被试介绍实验目的、要求、注意事项等，并让被试签署知情同意书；②让被试坐在计算机前，调整好视角和距离；③在计算机屏幕上呈现一组三维物体或字母，其中一个是正面朝上的标准刺激，另一个是旋转了一定角度的比较刺激，让被试判断两个刺激是否相同，并按下相应的键盘按钮；④记录被试的反应时间和正确率，并给予适当的反馈；⑤重复步骤③，直到呈现完所有刺激组合。

四、分析和解释实验数据

在实验设计实施的过程中,研究者会获得大量的原始数据或观测资料,但是,这些数据或资料并不能直接验证研究者所提出的假设,研究者需要对这些数据或资料做一系列的整理和统计分析后才能对其关心的问题作详细说明和解释,进而得出研究结论。通常对实验观测结果的整理和分析包括如下几个步骤。

(一) 极端值和缺失值的处理

数据收集可能会受到各种因素的干扰,如被试态度不认真等,那样的话,就会获得一些不可靠数据或缺失数据。因而,研究者需要对每个被试数据的极端值和缺失值进行处理。对于极端值,研究者可采用3个标准差的原则予以剔除。具体做法是,先求出实验数据的平均值(mean, M)和标准差(standard deviation, SD),然后按照平均值±3个标准差的范围,对落在该范围内的数据做进一步的统计分析。对于缺失值来说,如果某个被试的缺失值太多,研究者可以将这个被试剔除;如果缺失值不是太多,同时选择被试又比较困难,研究者可以用该条件的平均数、中数或众数替代缺失值,还可以用观测值拟合的线性方程的预测值代替缺失值。此外,专业统计软件如SPSS、SAS等,可以自动剔除缺失值而不加以计算,也可以自动实现上述替代办法。

(二) 数据分类编码和录入

研究者需要根据研究假设划分的实验条件对所有被试数据进行分类编码,为收集的数据赋予相应的变量名,必要时进行标签说明,并建立统计数据结构以供分析。数据分类编码和录入可采用以下方法:①根据实验设计和假设,按实验变量类型和水平进行分类,赋予适当变量名和数值,如将记忆成绩(memory score)命名为MS,以得分表示,将性别(gender)命名为G,以1表示男性,0表示女性;②按统计软件数据格式建立数据结构,输入每个被试全部数据,并对变量进行标签说明,如在SPSS数据窗口中,每行代表一个被试数据,每列代表一个实验条件数据,可在SPSS变量窗口中对MS及G等变量进行标签说明;③检查数据完整性和准确性,处理缺失值或异常值,纠正输入或格式错误。

(三) 统计分析

统计分析是指按照有关的数学统计原理对录入统计结构的数据进行描述统计和推断。对于心理学实验来说,较常用的推断统计方法是多因素方差分析(multi-factor analysis of variance,multi-factor ANOVA)。该方法可以同时评估两个及两个以上自变量的主效应及其交互作用,有较高的统计功效。此外,协方差分析(analysis of covariance,ANCOVA)也是处理实验数据常用的方法,它将方差分析和回归分析结合起来,使方差分析有效。

(四) 分析讨论和解释结果

在完成数据统计分析后，研究者应将获得的实验结果与最初形成的理论假设联系起来，分析和解释实验结果对研究假设的验证情况。如果研究结果证实了假设，则说明该假设的说服力比较强；否则，研究者需要查阅资料，分析该假设没有得到证实的原因，或者重新提出假设进行检验。

(五) 形成结论

论文结论是在进行讨论基础上对结果的进一步认识，是论文的落脚点和精髓，需要对研究结果进行提炼和概括，突出研究的重要意义，不能简单重复研究结果。

五、撰写和分享研究报告

撰写研究报告是心理学实验研究程序的最后步骤。无论是对于发表于专业期刊的论文，还是对于学术会议的交流报告，研究者均需遵循研究报告撰写的基本要求和格式规范。第一，研究者应回顾与研究相关的前人工作，不论其结果是否与自身理论观点一致；第二，研究者应清晰阐述实验设计和研究过程，报告实验的重要信息，如对自变量的操作定义等；第三，研究报告应使专业领域同行能据此进行重复研究，确保研究结论经得起科学验证；第四，研究报告的客观描述与研究者主观解释应明确区分，以利于读者理解哪些为实验结果，哪些为研究者的解释。关于研究报告的组成及各部分撰写的格式规范，我们将在本章第二节进行详细阐述。

第二节 心理学实验研究报告的撰写

实验研究报告是研究者阐述研究成果的一种形式，也就是研究者在讲述自己的研究故事，包括自己做了什么，为什么做，怎样做，发现了什么以及发现的结果表明了什么，这些内容分别对应研究报告的前言(introduction)、方法(method)、结果(result)、讨论(discussion)和结论(conclusion)等部分。前言部分是在已有文献研究的基础上，提出所要研究的问题，阐述研究该问题的目的；方法部分要详细说明实施实验研究的整个过程，客观描述所采用的测量方法和统计分析手段；结果部分要客观介绍研究中所发现的结果；讨论部分则是对研究结果的分析、解释和推导，是对此结果的评价性认识。美国心理学会出版的《APA格式：国际社会科学学术写作规范手册》(*Publication Manual of the American Psychological Association*)详细阐述了心理学研究论文撰写格式要求。通常，一篇完整的心理学实验研究报告包括以下几项内容：标题页(title page)、摘要(abstract)、关键词(keywords)、前言、方法、结果、讨论、结论、参考文献(references)、附录(appendix)。

一、标题页

标题页是论文撰写的首页，包括逐页标题、论文题目以及作者姓名和单位几个部分。

(一) 逐页标题

逐页标题是论文题目的简略版，应当概括论文的中心内容。一般来说，逐页标题出现在论文所有页面顶部的左上角，全部大写，仅在标题页的逐页标题前出现页眉标题(running head)字样。

(二) 论文题目

题目是一篇研究报告的总名称，应该简明扼要地展现研究主题和揭示研究内容的词语，应能使读者从中了解到该研究的中心内容和主要观点。一般说来，实验研究的题目包括两种形式：变量式和主题式。变量式要求在题目中明确自变量、因变量以及它们之间的关系；主题式题目应该直接清晰地表达实验研究的结论。

(三) 作者姓名和单位

作者应在发表的论文或研究报告上署名，包括作者姓名和所属机构(names and affiliation)，一般应在题目行下注明作者姓名和单位或者研究机构的名称。作者单位及其通讯地址是读者联系作者的重要信息，应该详细写明作者工作单位和通讯地址，包括所在城市的名称、邮政编码及电子邮箱等。

署名者可以是个人作者、合作作者或团体作者。署名作用体现在以下几个方面：第一，确立了作品的著作权归属，著作权涵盖发表权、署名权、修改权及保护作品完整性等内容；第二，体现了作者对论文内容的责任承诺，一旦论文发表，署名作者须为文章负起全部责任，如果文章存在剽窃、抄袭或政治技术性错误，署名作者将承担相应责任；第三，为读者与作者之间的互动提供便利，作者的署名表明其愿意与读者进行交流沟通；第四，显示了作者对研究的贡献度，在多位作者共同完成的论文时，署名顺序按照对该文的贡献大小排列。

二、摘要和关键词

(一) 摘要

摘要是指简短而全面地高度概括研究报告内容，一般包括研究的问题、被试、实验方法、结果和结论几个部分。摘要是读者用来判断是否继续阅读整篇论文的依据，一篇好的摘要应具备准确性、独立性、简洁性、非评价性、连贯性和可读性的特点。准确性指准确描述研究目的和内容，不出现研究中没有涉及的内容；独立性指自成一篇或一段；简洁性指在字数限定范围内简练概括研究内容；非评价性指客观陈述实验研究，不讨论或评价研究结果与发现；连贯性和可读性指写作清晰、有条理，尽量用第三人称来书写。

写英文摘要时,需要注意语态问题。英文摘要常用一般现在时描述研究目的、研究内容、实验结果、结论等,用一般过去时叙述研究方法,很少用现在完成时、过去完成时和进行时。

(二) 关键词

关键词是与研究报告的题目和正文内容高度相关的主题词或术语。关键词是研究报告文献检索的主要标志,因而,关键词的选择影响论文的检索概率、研究成果的利用率和读者对文章的理解。一篇论文的关键词通常是3～5个,要避免选用一些外延较广的词作为关键词,如"效应""方法"等。

三、前言

前言是研究报告正文的第一部分,包括对研究背景、研究问题和实验假设等内容的阐述。好的前言结构应类似漏斗的形态,开始部分涉及面较广,然后逐渐集中到一个具体研究问题上,最后集中到自己的研究问题和假设上。

(一) 研究背景

研究问题是在综述已有研究文献的学术背景下提出来的,因而,在详细阐述研究问题前需要对涉及该问题的相关文献研究进行评述,说明和总结相关理论和研究进展情况。也就是说,研究背景需要阐述相关研究的发现、方法和主要结论,但是,切忌面面俱到,不要描述无关紧要的细节。回顾已有研究的目的是给自己的研究提供一种合理的解释和论据,研究者需要在概括已有研究的基础上论证已有研究与自己研究的逻辑联系,找出已有研究的不足和尚未解决的问题,并在理论基础上提出自己的研究问题。

(二) 研究问题

研究问题是研究者在综述以往研究的基础上提出的自己研究的具体问题。在写前言时,研究者需要清楚以下几个问题:研究的问题是什么?实验假设和设计与研究的问题之间有什么关系?该研究与所属领域以往研究有什么关系?要解决什么理论问题?如何解决?等等。

(三) 实验假设

在提出具体研究问题后,研究者需要在前言最后一段说明解决该问题的具体研究策略,包括涉及的变量及操作性定义,控制什么变量,如何控制变量,期望得到什么结果以及为什么期望得到这样的结果。也就是说,研究者要在理论基础上提出研究变量间关系的实验假设。

四、方法

方法部分需要尽可能详细地叙述实验研究是如何实施和进行的，包括被试、实验材料与设备、实验设计与程序，以及数据处理等内容。写作该部分的目的是使其他研究者能够清楚该研究的方法，并且能根据该研究的方法准确地重复和验证该研究。

(一) 被试

被试是实验参与者，也就是实验研究样本与实验研究的对象。这里需要清楚说明被试来源、抽样方法以及被试量的大小及测算方法。如果是人类被试，则需要报告被试的构成，如基本的人口统计学特征(如年龄、性别、种族等)、教育水平、健康状况，以及与研究相关的其他特征(如IQ或精神病理学特征)等。如果是动物被试，则需要说明动物的数量、种群、种类和血统、性征、年龄、重量和生理状况，以及如何对待和处理它们，等等。如果部分被试没有完成实验或在后续数据分析时被剔除，则需要说明数量，并解释他/它们没有继续实验或被剔除的原因。

(二) 实验材料与设备

这一环节需要描述实验过程中所使用的实验仪器、测量工具、量表，或者自制的材料及实验材料的选取依据，并且描述它们在实验过程中的功用。对于实验仪器，需要提供名称、型号和厂家等信息；对于复杂设备，可使用图纸或照片加以说明，在附录中详细描述其细节；对于自制问卷或量表，需要详细陈述整个编制过程，比如编制的理论依据、预试、项目分析、选题过程以及量表的信度和效度等。

(三) 实验设计与程序

实验设计是为检验实验假设而进行的实验操作，侧重于在对实验额外变量控制的情况下找出自变量和因变量之间的因果关系。在此部分，研究者需要清楚说明实验设计的类型，明确自变量的操作定义、因变量是如何测量的，以及额外变量是如何控制的。实验设计的好坏直接影响着实验结果的准确性和可信度，因此必须认真进行规划和设计。关于实验变量的操作控制以及实验设计的类型及选择，我们将在第三章至第八章进行详细阐述。

实验程序是描述实验研究的具体步骤和流程，包括被试分组情况、具体的实验操作、需要控制的条件和控制方法、被试的反应和数据收集方式等。在撰写研究报告时，对于指导语的描述需要根据其重要性和复杂性来决定其详细程度。除非指导语罕见、复杂或者其本身是实验操作的构成部分，才需要逐字写出，否则，只需对指导语作简要概述。

(四) 数据处理

数据处理是指对收集到的数据进行分析和解释，以检验实验假设和得出结论，主要包括描述统计和推断统计两个部分。数据处理部分的内容和方法主要取决于实验的设计和目的，不同的实验可能需要使用不同的数据分析工具和统计方法。数据分析工具是指用于处理和分析数据的软件或程序，如SPSS软件、R软件、Excel等。统计方法是指用于描述和推断数据的数学技术，如描述性统计、参数检验、非参数检验、相关分析、回归分析、多因素方差分析、因子分析等。

例如，研究者要探究性别和面孔吸引力对第三方惩罚的影响(Li & Zhou, 2014)。研究者随机抽取了59名大学生作为被试，要求被试观看一个分配游戏，在观看完两名玩家的分配过程后，作为第三方的被试会被要求评价分配者提供的分配方案公平性和想要惩罚分配者的意愿大小。在此基础上，研究者可以采取以下方法进行数据处理：①数据分析工具方面，研究者可以使用SPSS软件进行数据处理和分析，这是一款常用的统计软件，可以方便地进行数据输入、管理、转换、描述、检验等操作。②统计方法方面，研究者可以使用多因素方差分析作为推断统计方法，将面孔吸引力高低、分配者性别以及分配方案类型作为自变量，将分配方案的公平性和第三方的惩罚意愿作为因变量。

五、结果

结果是指用文字陈述统计分析后的结果，也包括那些与假设相矛盾的结果。也就是说，研究者在此部分的任务是解码获得的数字，并将其转化成读者容易理解的文字信息。结果部分通常包括描述统计结果、推断统计结果以及效应量大小。例如：

面孔宽高比主效应显著，$t(4)=8.669$，$p=0.001$，Cohen's d=0.962；高宽高比面孔的宽高比值(1.757 ± 0.021)显著高于低宽高比面孔(1.492 ± 0.048)。刺激类型主效应显著，$F(1, 40)=52.173$，$p<0.001$，$\eta_p^2=0.566$，偏差刺激诱发的波幅负于标准刺激(2.576 ± 0.471 vs. 3.323 ± 0.449 μV，95%CI=[-0.955，-0.538])(汪海玲等，2023)。

研究者还需要考虑什么是最恰当呈现结果的方式。统计结果如果比较简单，用文字表述就可以；如果比较复杂，可以用图或者三线表来呈现。与文字相比，图或者三线表能够更加直观、清晰地呈现研究结果，使复杂的数据变得一目了然，便于读者对比不同实验条件间的结果。需要注意的是，图或者三线表往往用来描述较为重要的结果。

六、讨论

讨论是研究者对研究结果的评估和推论，说明研究结果是否符合所提出的研究假设，并解释其原因。讨论时，研究者既要基于当前研究的实验结果，又不能局限于本研究的内容，而是将当前研究和以往研究进行比较，分析其观点和实验结果的异同，并指出可能存在的原因。除此之外，研究者还要在综合分析当前研究结果的基础上，说明其对理论发展的贡献，指出当前研究存在的局限和不足，以及为未来发展方向提出进一步改进的方案或建议。

一般来说，本部分旨在阐明以下三大问题：①本研究的主要创新之处在哪里？②本研究如何有助于解决所提出的核心问题？③本研究得出了什么结论？对理论有何贡献？

在首段简要概述研究目的和主要结果，突出那些与研究假设密切相关的重要发现，并说明这些研究结果是否支持了所提出的研究假设。在此基础上，研究者应进一步分析当前主要研究结果与已有研究之间的联系，尤其是阐明存在差异的原因，说明本研究如何丰富和发展了既有理论，解决了之前存在争议的问题，同时提出了自己的理论模型和贡献。最后，研究者也应讨论研究中的局限性，并提出进一步改进的方向。

七、结论

结论是研究者根据研究结果和实验假设之间的关系，采用简明扼要的语言对研究结果要点的概括和提炼。写作此部分时，研究者需要实事求是地反映研究结果，阐述研究中最具意义的主要结论和理论贡献。

八、参考文献

科学研究具有继承性，当前研究一般都是在前人研究的基础上进行的，因此，在撰写研究报告时，不可避免地会引用他人的研究资料，参考文献是必不可少的。参考文献是指编辑或撰写研究报告中引用的相关期刊或图书资料。在撰写研究报告时，凡是引用他人的观点、数据和材料都要在文中出现的地方予以标明，在文末完整而准确地列出参考文献表。

正文中参考文献引用的标志就是呈现"著者"和"出版年"，主要有两种形式：①作为句子的一个成分；②放在引用句尾的括号中。研究者可以根据行文的需要灵活选用其中一种。例如：

最近的一项研究也证实了这一点，随着面孔宽高比的增加被试对愤怒情绪强度的感知也增加，而对恐惧情绪强度的感知减弱(Merlhiot et al., 2021)。与此同时，Merlhiot等人(2021)通过测量同一个体不同情绪下的面孔宽高比发现，个体表现出来的面孔情绪也会影响其实际面孔宽高比的大小(汪海玲等，2023)。

参考文献列表要遵循一定的格式规范，首先，要保证列表中的参考文献与研究报告正文引用的文献完全一致，而不是列出在规划实验或撰写过程中阅读过的所有文献；其次，要注意不同来源的参考文献格式存在差异。例如，常见的期刊论文类的参考文献格式如下：作者，年，论文题名，期刊名，卷(期)，页码，DOI(全称是digital object identifier，即数字对象标识符，是一个国际通用的、用于标识电子文献资源的特定代码)。需要注意的是，英文学术写作规范参见《心理学会出版手册1》(*APA Publication Manua*)，该出版手册要求前20位著者都写上，如果超过21人，就写前19位和最后一位，中间用省略号隔开。具体格式如下。

(1) 期刊论文：Wang, H., Guo, S., & Fu, S.(2016). Double dissociation of configural and featural face processing on P1 and P2 components as a function of spatial attention. *Psychophysiology*, 53(8), 1165-1173. https://doi.org/10.1111/psyp.12669.

李寿欣，车晓玮，李彦佼，王丽，陈恺盛. (2019). 视觉工作记忆负载类型对注意选择的影响. 心理学报，51(5)，527-542.

(2) 论文集：Eimer, M.(2011). The face-sensitive N170 component of the event-related brain potential. In: Calder A. J. et al.(Eds) *The oxford handbook of face perception*(pp. 329-344). Oxford University Press.

(3) 著作或教材：朱滢(主编).(2019). 实验心理学(第四版). 北京：北京大学出版社.

此外，还需要注意的是，参考文献应该包括该领域最近发表的论文和一些重要的前期研究；尽可能避免使用二手文献，如果实在找不到原始文献，则在文献列表中给出二手文献，正文引用中提及原始文献并在括号中标注二手文献。例如，Allport(1942)的研究被Nicholson(1997)引用，而由于年代久远，找不到Allport(1942)的研究，也就没有读Allport(1942)的研究，但引用了Allport(1942)的研究，则应在正文中提及两个研究，在文献列表中只写Nicholson(1997)的研究作为文献。例如，正文引用："人格特质理论是心理学中一个重要的理论框架(Nicholson, 1997, 编自Allport, 1942)"。参考文献列表写：Nicholson, I.(1997). Humanistic Psychology and Intellectual Identity: The "Open" System of Gordon Allport. *Journal of Humanistic Psychology*, 37(3), 61-79. 。

九、附录

附录是对正文内容的补充。多数论文由于版面限制并不包含附录部分，只有在必要时才列出附录。例如，数学公式的证明、计算机程序、词表、问卷、大型表格、给予被试的详细指导语或其他实验及调查工具的介绍以及较为复杂或烦琐的实验材料，由于这些内容放在论文主体中会割裂正文，偏离主题，中断论文流程，分散读者对研究报告本身的注意力，应把这些材料作为附录放在正文之后，便于读者了解、评估或者重复这项研究。一篇研究报告可以有一个或多个附录，每个附录必须要有标题。附录内的表、图和公式必须要有标题等级，并且要和正文相区别。

思考题

1. 某研究者感兴趣于"亲社会行为的认知机制"，请帮助该研究者确定其研究的具体问题和研究假设。

2. 对于多位研究人员共同完成的论文，有哪些方面可供作者评估各自的贡献程度，从而确定署名顺序？

3. 心理实验研究的主要程序是什么？

4. 如何撰写心理实验研究报告？

实验操作

实验名称：面孔识别的ERP研究

实验问题：在实验实施完成后，研究者如何撰写一份符合规范的心理学实验报告。

实验目的：掌握心理学实验报告的格式和规范。

实验程序：一篇完整的心理学实验研究报告应包括标题页、摘要、关键词、前言、方法、结果、讨论、结论、参考文献和附录部分。研究者应注意各部分的写作内容和格式要求，根据研究背景和目的撰写前言部分，在方法部分详细、准确地介绍研究过程，根据统计分析描述结果部分，在讨论部分分析本研究结果与已有研究的异同并解释原因，最后形成主要结论。

结果分析：研究者在完成各部分内容撰写后应整体检查和通读报告，避免逻辑和格式问题。

案例分析

一项实验研究报告包含的主要部分分析

题目：面孔宽高比的自动加工

摘要：本研究以视觉失匹配负波(visual mismatch negativity, vMMN)为指标，考察非注意条件下高低fWHR(面孔宽高比)加工的神经机制(研究问题)。实验1给被试呈现中性情绪面孔，要求被试完成注视点大小探测任务(方法)。研究发现，高fWHR在200~500ms，而低fWHR在200~250ms和300~350ms诱发vMMN，在300~350ms高fWHR比低fWHR诱发的vMMN更大(结果)。实验2呈现愤怒和恐惧面孔(方法)，结果发现，愤怒情绪高fWHR在200~250ms和300~400ms诱发了vMMN，而恐惧情绪低fWHR在左半球250~400ms诱发vMMN(结果)。与个体感知攻击性水平密切相关的fWHR的自动加工可能受情绪信息的影响，愤怒情绪促进高fWHR自动加工，而恐惧情绪促进低fWHR自动加工(结论)。

关键词：面孔，宽高比，情绪，视觉失匹配负波，自动加工

前言

第一段介绍面孔宽高比的定义及其与个体不良社会行为的关系。面孔宽高比(facial width-to-height ratio, fWHR)指的是面孔宽与高的比值；宽指的是面孔左右颧骨最外侧之间的距离，高指的是眉心和上唇最高点之间距离(Geniole & McCormick, 2015; Haselhuhn et al., 2015)。大量研究表明，男性面孔宽高比是预测他人评价该个体不良社会行为水平的可靠指标(Geniole et al., 2015; Haselhuhn et al., 2015)。上述研究的理论基础主要来源于Carré和McCormick(2008)发现的fWHR与攻击性行为间的相关关系，fWHR越高个体表现出来的实际攻击性也越强；同时，研究者进一步发现相比于拥有低

fWHR的男性而言，拥有高fWHR的男性也被评价为更具有行为上的攻击性(Carré et al., 2009)，这也被之后的一系列研究所证实(Costa et al., 2017; Geniole et al., 2015; Geniole et al., 2012; Lefevre et al., 2014)。

第二段介绍面孔宽高比与攻击性行为间存在关系的原因。研究者认为上述研究结果还可能源于面孔宽高比和面孔情绪间的密切关系。研究发现，当向被试呈现一张中性情绪面孔时，被试更倾向于认为高fWHR要表达的是愤怒情绪，而低fWHR要表达的是恐惧情绪；而当向被试呈现一张带有愤怒、恐惧或高兴的情绪面孔时，被试能快速准确地识别高fWHR的愤怒情绪和低fWHR的恐惧和高兴情绪(Deska et al., 2018)。这表明，面孔宽高比能表达情绪信息且不受面孔自身情绪的影响。与此同时，Merlhiot等(2021)通过测量同一个体不同情绪下的面孔宽高比发现，个体表现出来的面孔情绪也会影响其实际面孔宽高比的大小。总之，这些研究表明，借助面孔宽高比所呈现的愤怒和恐惧情绪信息可能是面孔宽高比与攻击性行为密切相关的重要线索(Carré et al., 2009)。

第三段介绍以vMMN为指标研究面孔宽高比的自动加工机制的原因和意义。虽然研究者从不同视角探讨了面孔宽高比与个体被感知的攻击性行为水平间的关系，但是，关于面孔宽高比自身的加工机制知之者甚少，尤其是其自动加工机制，这对于理解个体快速识别威胁性信号有重要的社会价值。众所周知，我们的大脑可以快速自动地完成对外界信息的加工，尤其是对个体生存具有重要意义的社会信息(Haselton & Funder, 2006; Kovarski et al., 2017)。因此，本研究将以vMMN为指标研究面孔宽高比的自动加工机制，试图为面孔宽高比表征某个体实际攻击性或预测他人评价该个体攻击性行为提供证据和新的视角。

第四段介绍本研究的实验思路和预期结果。实验1采用中性情绪面孔考察没有特定情绪时高低fWHR的自动加工。前人研究发现，对识别和加工个体身份、种族和情绪等信息起重要作用的面孔二阶结构信息在枕颞叶区可以诱发vMMN(Wang et al., 2022)。据此，我们预期隶属于面孔结构信息的高、低面孔宽高比信息都会诱发vMMN。但是，从进化的角度来看，快速探测到具有威胁性的高攻击性刺激信号对个体生存有重要价值(Haselton & Funder, 2006)。因此，根据已有研究，相比于低fWHR，个体对高fWHR的攻击性感知较高(Carré et al., 2009)，我们进一步预期，与低fWHR诱发的vMMN相比，高fWHR诱发的vMMN波幅较大，时程较长。同时，结合研究发现的中性情绪高低宽高比面孔在预测他人评价该个体攻击上的差异可能源于其分别被倾向于识别为愤怒和恐惧情绪(Deska et al., 2018)，以及愤怒较恐惧情绪更可能表达直接威胁性信息(Adams et al., 2003)，也可以得到上述实验1的预期结果。实验2采用愤怒和恐惧情绪面孔为解释情绪在fWHR与攻击性行为间关系的作用提供证据。根据已有研究，高低fWHR分别与愤怒和恐惧情绪密切相关(Deska et al., 2018; Merlhiot et al., 2021)，如果实验1的解释成立，即具体情绪在面孔宽高比预测他人评价某个体攻击性水平中起作用，那么我们预期愤怒情绪促进高fWHR的自动加工，而恐惧情绪促进低fWHR的自动加工。最后，通过对比实验1和实验2可以考察面孔情绪线索明确性对高低fWHR自动加工程度的影响。

方法

研究对象。 实验1采用2(fWHR：高、低)×2(刺激类型：标准、偏差)的被试内实验设计(实验设计)，共41名被试。

实验材料。 在一个block中高fWHR作为偏差刺激，低fWHR作为标准刺激和目标刺激，在另一个block中低fWHR作为偏差刺激，高fWHR作为标准刺激和目标刺激。

实验程序。 每个试次开始时先呈现200ms注视点"+"，之后呈现高或低fWHR刺激300ms，然后呈现450ms的反应屏，最后呈现600~800ms随机间隔。被试需要探测面孔刺激呈现时"+"的变化，当它变大时按F或J键。脑电数据使用Neuroscan系统进行记录，原始数据由基于MATLAB的插件letswave7进行预处理，采用全脑电极平均的方式进行重参考，对面孔刺激出现前200ms至出现后600ms进行分段，选取200~500ms作为时间窗口对vMMN成分进行分析。

结果

描述统计结果部分。 实验1的ERP结果见图2-1。

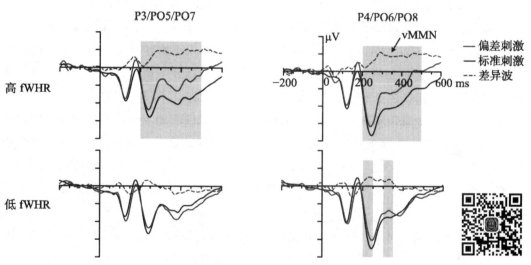

图2-1 实验1 ERP结果波形图

推断统计结果部分。 分析显示，200~500ms时间范围内，刺激类型主效应显著，$F(1, 40)=52.173$，$p<0.001$，$\eta_p^2=0.566$，偏差刺激诱发的波幅负于标准刺激(2.576 ± 0.471 vs. 3.323 ± 0.449 μV，95% CI=[-0.955，-0.538])，表明该时间段存在vMMN成分。fWHR×刺激类型×电极交互作用显著，$F(2, 80)=7.493$，$p=0.004$，$\eta_p^2=0.158$，进一步分析发现，在P3/4、PO5/6和PO7/8电极上，高fWHR偏差刺激较标准刺激诱发的波幅更负($ps<0.001$，P3/4: 2.463 ± 0.386 vs. 3.282 ± 0.395 μV，95% CI=[-1.178，-0.460]，PO5/6: 2.617 ± 0.614 vs. 4.382 ± 0.585 μV，95% CI=[-2.276，-1.255]，PO7/8: 1.506 ± 0.545 vs. 3.463 ± 0.548 μV，95% CI=[-2.495，-1.420])，低fWHR的偏差刺激与标准刺激诱发波幅差异不显著($ps \geq 0.456$)。以50ms为时间窗口进行分段统计分析，

通过实验1研究者发现，高fWHR在整个时间窗口上均诱发了vMMN，低fWHR仅在200~250ms和300~350ms时间窗口上诱发了vMMN。

讨论

第一段对本研究进行简要总结。 本研究通过考察高低面孔宽高比诱发的vMMN为高低面孔宽高比在前注意加工阶段表征某个体实际攻击性或预测他人评价该个体攻击性上的差异提供新的视角。实验1采用中性情绪面孔考察高低面孔宽高比诱发的vMMN，结果发现，高fWHR在200~500ms诱发了vMMN，低fWHR仅在200~250ms和300~350ms诱发了vMMN。更为重要的是，高fWHR比低fWHR在300~350ms诱发更大的vMMN。这表明，大脑在前注意加工阶段能区分出高低面孔宽高比，并且对高fWHR的自动加工程度更大。为了进一步考察面孔情绪线索明确时高低fWHR的自动加工，实验2呈现带有愤怒和恐惧情绪的面孔，研究发现，愤怒情绪高fWHR在200~250ms和300~400ms，以及愤怒情绪低fWHR在右半球250~300ms能诱发vMMN，而恐惧情绪低fWHR在左半球250~400ms能诱发vMMN。这表明，愤怒和恐惧情绪分别促进了高、低fWHR的自动加工，并且愤怒情绪高fWHR的自动加工早于恐惧情绪低fWHR的自动加工。

第二段从威胁信息加工的角度对实验1的结果进行解释。 已有研究发现，面孔构形信息可以进行自动加工(Wang et al., 2022)。与此一致，本研究发现隶属于面孔构形信息的fWHR也能诱发vMMN，进行自动加工。更重要的是，本研究实验1进一步发现高低fWHR的自动加工不仅在时间窗上不同，而且在自动加工程度上也存在差异。具体表现为，当面孔为中性情绪时，相比低fWHR，高fWHR自动加工的时间窗较长，并且在300~350ms自动加工程度更大，这与我们的预期一致。这一结果可能与fWHR被感知的攻击性水平有关，已有研究发现，相比于低fWHR，个体对高fWHR的攻击性感知较高(Carré et al., 2009)，因而，与潜在威胁更密切的高fWHR的自动加工程度较大，时间较长。

第三段从情绪信息加工的角度对实验1的结果进行解释。 这一结果可能还与fWHR所表征的情绪线索有关。最近的一项关于情绪面孔诱发vMMN的元分析研究显示，虽然鲜有研究同时关注或对比愤怒和恐惧情绪诱发的vMMN(曾宪卿等，2021)，但是，对比不同的研究发现，愤怒和恐惧诱发的vMMN分别出现在100~500ms(Kovarski et al., 2017)和180~220ms(Chen et al., 2020)。这表明，愤怒和恐惧面孔在加工时间进程上存在差异，愤怒情绪的自动加工时程长于恐惧情绪。与此同时，面孔宽高比的行为研究发现，中性情绪高fWHR更多被感知为愤怒情绪，而低fWHR更多被感知为恐惧情绪(Deska et al., 2018；Merlhiot et al., 2021)。因而，高低fWHR分别表征的愤怒和恐惧情绪可能导致了实验1得到这样的结果：高fWHR比低fWHR的自动加工时程较长。

第四段对实验2的结果进行解释。 再者，高低fWHR诱发vMMN的差异可能与愤怒和恐惧情绪表达不同类型的威胁性社会信号有关。愤怒表情意味着表达该表情的个体将要出现攻击性行为，而恐惧表情意味着表达该表情的个体感知到环境中潜在的威胁信息(Adams et al., 2003)，因而，相比于恐惧表情，被试感知愤怒表情表达的直接威胁性可能较大，其自动加工程度和时程也可能大于恐惧表情。这与已有研究发现的情绪面孔不仅仅通过基础的视觉特征或其简单组合来诱发vMMN，而且还通过情绪类别信息诱发vMMN相吻合(Li et al., 2012; Stefanics et al., 2012)。与fWHR被感知的情绪线索解释一致，实验2进一步发现，当面孔呈现愤怒和恐惧情绪时，两者分别促进了高、低fWHR的自动加工。这表明，情绪信息可能在前注意加工阶段面孔宽高比表征某个体实际攻击性或预测他人评价该个体攻击性水平中起重要作用。

最后，本研究尚有一定的局限。 虽然已有面孔vMMN的研究常常把与任务无关的面孔置于视野中央(Kecskés-Kovács et al., 2013；Kovarski et al., 2017)，但是，如上所述，这种操作方法可能不能保证面孔刺激完全处于非注意状态，尤其是实验2中的呈现的愤怒和恐惧情绪面孔可能会自动吸引个体的注意影响fWHR的自动加工，因而，将来的研究可以考虑把面孔刺激呈现在视野周围以增加面孔非注意的可能性。另外，参考已有研究(Carré & McCormick, 2008；Carré et al., 2009；Carré et al., 2010；Stirrat et al., 2012)，本研究只采用了男性面孔，尚未考察女性面孔宽高比自动加工的机制。因而，本研究的结论是否适用于女性面孔尚不明确。

结论

结论部分要求简明扼要。本研究不仅发现面孔宽高比信息能进行自动加工，而且发现高fWHR比低fWHR的自动加工时程更长，程度更大。这可能与其在表征某个体实际攻击性或预测他人评价该个体面孔攻击性时分别被感知为愤怒和恐惧情绪有关，我们进一步发现，愤怒和恐惧情绪分别促进了高低fWHR的自动加工。总之，本研究结果表明情绪可能在面孔宽高比的前注意加工阶段起重要作用。

[案例来源：汪海玲，陈恩光，连玉净，等. 面孔宽高比的自动加工[J]. 心理学报，2023，55(11)：1745-1761.]

第三章　心理学实验中的变量

概要：实验是控制条件下的观察，而研究者观察的是变量。有效地选择和操纵变量，是实验成功的关键。通过学习心理学实验中各种变量的基本概念与特点，我们能够进一步理解心理学实验的本质与特征。通过学习本章，我们能够区分自变量的类型，理解自变量操纵的原理；明确因变量的指标，学会因变量的测量；明辨额外变量的来源，掌握控制额外变量的方法。

第一节　变量概述

一、变量的含义

世界万物无时不在变化。在心理学实验中，我们把影响心理与行为变化的条件、现象或特征称为变量。例如，声音的强度可以由小变大，时间可以由长变短，色彩可以由浓变淡，这些都是量上的变化；又如，人的性别有男有女，情绪有积极有消极，场地有露天有室内，这些则是质的改变。在这里，强度、时间、饱和度、性别、情绪、场地是变量名。这些变量各自至少有两个取值(或操纵结果)，我们称之为变量的水平。

按照不同的角度，可将变量分为若干类别。在实验中按不同角色，可将变量分为三类：由研究者操纵变化的自变量，反映由自变量引起的被试心理或行为变化的因变量，以及须加以控制的额外变量等。另外，在研究中根据变量间关系的性质，可将变量分为相关变量与因果变量；根据变量载体的性质，可将变量分为主体变量与客体变量；根据变量操纵的性质，可将变量分为存在变量与引发变量；根据测量的属性，可将变量分为直接测量变量与间接测量变量。人们之所以开展各种各样的研究，就是因为发现了某种或某些变量的变化，并由此产生了研究的欲望。

二、实验与变量

心理实验是在严密控制的条件下，有组织地逐次变化条件，观察、记录、测定与此相伴随的心理现象的变化，确定条件与心理现象之间关系的研究。对于实验而言，变量是其核心；实验假设归根结底是确定实验变量的选择及其关系；而实验控制也无非就是对实验变量的操纵。变量作为心理学实验的基本特征，决定了到底符合什么条件的研究才可以成为实验，即实验必须操纵环境以产生变化(郭秀艳，2019)。

我们来看这样一个例子。假设你对言语沟通如何影响行为感兴趣，想进行研究。研究计划是：找来一场足球比赛视频，记录A球员在场上踢出的有效传球次数，并记录该球员与其他队友和教练交流的情况。完成这些记录后，能说这是一项实验吗？显然，这还不是一项实验研究。目前，这种做法仅仅是对两种现象分别进行了量化的描述，还无法看出其中的"影响"关系。

比如，这场比赛中在一个球处理完之后，A的队友对A的处理方式表达了强烈的不满。比较这个事件发生前后A的有效传球次数，能否看出"影响"的效果呢？我们说，这种情况下，基本的实验架构已经完成，即"队友的抱怨"发生前后是可以比较的两种情况，换句话说，这里有了一个重要的可供选择的(严格地讲，这里还没有操纵)自变量，即"队友的抱怨"。它可能影响到因变量——有效传球行为的发生。

再如，同样是这个情节，我们把经过剪辑的视频拿给两组被试看，一组看的是带有原声的视频，另一组则是去掉原声的。看过之后，要求被试预测一下事件发生后比赛中A的有效传球情况。在这里，我们事实上操纵了一个变量——"队友不满"的声效表达，通过"有""无"两种水平的变化，产生交流效果的改变，从而分析言语交流具体怎样影响有效传球行为的发生。

可见，"改变"(包括对环境的改变和可能由它导致的行为改变)及"比较"是实验研究基本的逻辑和特征。好实验与差实验的区别就在于变量的有效选择和操纵。因此，变量是实验研究基本的问题，是实验研究的根基，是实验运行的"齿轮"。

第二节 自变量

一、自变量的定义

实验中由研究者选择或操纵的对因变量产生影响的现象、条件和心理特性称为自变量，即所谓"因果关系"中的"因"。通常我们把自变量称为因素。上述例子中，我们拿A队友抱怨的前与后进行比较，这里就是选择；而制造抱怨声效的有或无，则是操纵。严格来讲，只有被研究者主动加以操纵、改变的因素，才能称得上是真正的自变量。而那些选择而来的因素，对它们进行任何因果解释都要十分小心。所以，我们有必要认清各种类型自变量的性质，以便阐明变量之间是否存在因果关系。

二、自变量的类型

(一) 从变量的操纵和主客体的角度划分

从变量的操纵和主客体的角度，可将自变量划分为如下4种类型。

1. 主体引发变量

主体引发变量是指存在于实验对象身上的、由研究者在研究过程中施加或引起特征变化的变量。这里的主体指实验对象，如实验对象对任务内容的理解程度、诱导实验对象产生的情绪、激发实验对象生成的成就动机等。

例如，魏心妮等人(2023)为探究心理丰富对绿色旅行行为的影响，采用回忆范式，要求实验组被试根据所呈现的心理丰富的定义，回忆并写下一件让他们感到难忘的旅行经历，对照组根据指导语回忆并写下普通日常中某一天的生活经历。为进行操作检查，被试通过填写心理丰富量表来报告此刻的感受，例如"我认为这段经历是有趣""……是新奇的""……是让人心理上感到丰富的"等。所有问题均采用李克特 5 点计分法(1="非常不同意"，5="非常同意")。比较量表得分，可以检验心理丰富实验操纵的有效性。在这里，被操纵的心理丰富程度即是主体引发变量。

2. 客体引发变量

客体引发变量是指存在于研究对象之外的、由研究者在研究过程中施加或引起的，能够影响实验对象行为或心理的因素，如闪光频率、噪声强度、正负反馈等。

在经典的恒河猴实验(Harlow, 1958)中，哈洛为刚出生不久就离开母猴的幼猴设计了两个"代理妈妈"——"绒布妈妈"和"铁丝妈妈"。"绒布妈妈"有舒适的触感，可提供食物，并且带有自发热功能；同样形状的"铁丝妈妈"没有舒适的触感，但可以放置奶瓶，同样可以为幼猴提供食物，并能保持温暖。也就是说，"绒布妈妈"和"铁丝妈妈"的唯一区别在于是否能提供接触安慰，这是哈洛有意设计并考察的客体引发变量。研究者把两个"代理妈妈"分别放在两个单独的房间里，这些房间与幼猴住的笼子相通。研究者把8只幼猴随机分成两组，一组由"绒布妈妈"喂养，另一组由"铁丝妈妈"喂养。在喂养时间以外，幼猴可以自由地与两只母猴接触。研究发现，不管哺喂者是"铁丝妈妈"还是"绒布妈妈"，幼猴与"绒布妈妈"待在一起的时间远远长于跟"铁丝妈妈"待在一起的时间。那些由"铁丝妈妈"喂养的幼猴也只是在吃奶时迫不得已离开"绒布妈妈"，吃完后就迅速回到"绒布妈妈"那里。

为了研究幼猴适应陌生环境的表现，研究者将两组幼猴放进同一个不熟悉的小房间里，里面放着各种各样的物品(如积木、毯子、带盖的容器、折纸等)，并设置三种情境：仅出现"绒布妈妈"、仅出现"铁丝妈妈"、两者都不出现。研究发现，当幼猴被置于陌生的环境后，所有幼猴都立即冲向"绒布妈妈"，抓住它，用身体蹭它，并摆弄它的脸和身体。然而，如果把这些幼猴放在同一间房间里，但"绒布妈妈"不出现时，它们则会充满恐惧，出现情绪化的行为，如哭叫、缩成一团、吮吸手指。

这个实验结果证明，哈洛通过有意设置的不同触感的猴"妈妈"，有效操纵了客体引发变量——是否提供接触安慰，这明显导致了幼猴的情绪性行为的变化。

3. 主体存在变量

主体存在变量是指存在于实验对象身上的、由研究者在实验过程中选择的，能够影响实验对象心理或行为的特征或结构，如被试的身份、健康状况、大脑的部位等。主体存在变量只能选择，不能改变。

为研究形重错觉，王甡(1963)让被试在排除视觉参与下，用双手分别比较木球的质量和体积各100次，以测定被试的双手在感知质量和体积方面的非对称性(按照不同判断的比重来确定)。在这里，左右手就是主体存在变量。这个变量是选择而来的，其作用仅仅是为了比较，而对实验结果不能做因果推断。

然而，有时心理学研究也会对存在变量之间的关系做出方向性的解释。比如，两个存在变量之间存在关系且符合下面条件，则可推论两者之间存在因果关系：①A和B伴随发生，在时间上A先于B；②A、B之间方向不可逆，例如，父母的智力与儿女的智力相关，可以认为父母的智力影响了儿女，但是不能认为儿女的智力影响了父母的智力；③研究者能够排除对于A和B共变关系的其他解释时，研究者可以认为A与B之间有因果关系(莫雷等，2007)。

4. 客体存在变量

客体存在变量是指存在于研究对象之外的、由研究者在研究过程中选择的，能够影响研究对象心理或行为的情境或条件，如时空位置、教养方式、经济状况等。客体存在变量同样只能选择，不能操纵。

人们对空间距离的需求如何，是环境心理学研究的课题。杨治良(1988)对160名成年人所需空间的研究发现，在不同方向上所需空间距离存在明显差异，人对正前方的空间距离需求比后方所需的空间距离大。实验时，主试从4米处的某方向(如正前方)向被试慢慢靠拢，直到被试喊"停"为止，这样正前方与陌生人接触的距离就得到了。接着主试从左前方、左方、左后方、后方、右后方、右方、右前方等各个空间方位约4米远处依次向被试靠拢，这样就得到8个方向与陌生人接触的空间距离。在这里，研究者选择的8个空间方位即是客体存在变量。

(二) 从变量的来源角度划分

从变量的来源角度，可将自变量划分如下4种类型。

1. 作业变量

作业变量是指各种由研究者针对具体实验目的开发的具有质或量上变化的实验作业和任务。此类自变量也称为刺激特点的自变量。

例如，在经典的Stroop任务中，研究者采用卡片给被试呈现一些由不同颜色墨水(如红色、绿色)写成的表示颜色的字(如"红""绿")。实验有两种条件：一种是要求被试既快又准地说出字的颜色，而不管字的名称；另一种是要求被试既快又准地说出字的名称，而不管字的颜色。当要求被试快速报告书写每个字所用的墨水颜色时，如果字义和墨水颜色不一致时(如用蓝墨水写的"红")，报告速度比中性字(如"车")慢；然而，当要求报告字的名称时，无论墨水颜色与字的名称是否一致，报告速度没有差异。研究者通过计算被试不同阅读任务情况下回答的反应时和正确率来考察Stroop干扰效应。这里，作业变量即是给被试安排的不同阅读任务——报告字色或字名。

2. 环境特点的自变量

环境特点的自变量是指可被研究者操纵或选择的环境条件，如是否有观众在场、是否有噪声等。时间也常被用来作为环境特点的自变量。

波佩尔(Ernst Pöppel)通过耳机分别向被试两只耳朵输送短暂的声音(波佩尔，2000)。所选用的声音刺激只持续千分之一秒，即非常短促的"嗒"的一声。当同时刺激左耳和右耳时，也就是说，在左边的"嗒"声与右边的"嗒"声之间不存在任何时间间隔时，被试并不是分别从两只耳朵听到两声"嗒"，而是只有一声"嗒"，这个"嗒"声好像是来自两耳中间的一个"中央耳"。这就意味着来自双耳的声觉信息融合成了来自一个"中央耳"的信息，这种现象称为"促声融合"(click-infusion)。不过更有意思的是，这个感觉上的"中央耳"似乎并不在两耳的正中央，而是有些偏左，这是由于大脑左半球在处理时间信息上占有优势，总是率先对时间信息做出解释，从而将信息的主观感觉方位向左拉。

两个同时出现的声音刺激产生了融合的知觉，是否刺激不在同一时刻出现，我们就能将其知觉为"不同时"呢？为了解决这一问题，研究者做了以下实验：先向左耳呈现一个短暂的声音，在 1 毫秒后再向右耳呈现一个短暂的声音，结果被试报告一个来自靠近左耳处的单一"嗒"声。继续增大两个声音刺激间的时间间隔到 2 毫秒，研究发现，两个声音刺激所产生的融合声进一步靠近左耳。可见，被试将客观上存在短暂时间间隔的两个声音刺激知觉为一个，即"同时"发生。1～2 毫秒的短暂时间间隔尚不足以引起"不同时"知觉。

进一步的实验就是为了证明"同时"知觉的阈限到底在哪里，即一旦时间间隔超过了这一阈限值，被试便能听到两个声音。波佩尔用上述呈现刺激的方法继续增大两个声音刺激间的时间间隔，结果发现"不同时"知觉的阈限因人而异，从 2～5 毫秒之间不等，人的年龄愈大，阈限值就愈大，阈限值与声音的强弱也有关系，但是"不同时"知觉阈限值不会因为训练而缩短。这里，作为实验自变量的环境变量就是声音刺激的间隔时间。

3. 被试变量

被试变量又称机体变量，是指在外界条件一致的情况下，被试间不同程度的持续性特征，如年龄、性别、血型、文化程度、职业特点、健康状况等个体差异。这类自变量研究者只能选择，无法操纵。

研究者考察了组织型插图对不同认知方式个体说明性文本阅读的影响(李寿欣等，2014)。随机抽取 260 名学生，以班级为单位团体实施"镶嵌图形测验"，用来筛选不同认知方式的被试。测验共包括三部分，每部分限时 4 分钟，按照修订的方法进行评分(孟庆茂，常建华，1988)，将学生的得分从高到低排列，得分前 30% 的被试确定为场独立型，得分后 30% 的被试确定为场依存型。所有被试母语均为汉语，无阅读障碍。为评估被试对实验材料的熟悉程度，根据被试在 12 个问题上的得分，共得到场独立被试

36名、场依存被试36名，与实验材料有关知识的得分分别是，场独立被试(M=2.33，SD=0.99)，场依存被试(M=2.36，SD=0.88)，两组被试差异不显著，且两组得分都较低，说明被试对实验材料不熟悉。在考察认知方式这一被试自变量的同时，排除了作为额外变量阅读材料熟悉度的影响，从而避免了实验中的自变量混淆。

4. 暂时的被试变量

暂时的被试变量是指那些可以通过主试的言语、态度以及某些特定方法，使被试在机能状态等方面产生一时性变化的自变量，如疲劳、焦虑、恐惧、饥饿等。

杜瓦尔和西尔维亚(Duval & Silva, 2002)认为，自我意识水平和能力得到改善的可能性可能会影响被试对成功或失败的归因方式，并设计实验求证。实验中，研究者告知被试，他们参与的是"国家智力研究中心"开展的推理能力评估项目，该评估能够测试出参与者的推理能力，以及通过训练使得该能力获得改善的可能性。此外，研究者还告知被试推理能力对总体智力水平有重要的影响，且与未来职业成就关系密切。

这些被试被随机分配到4种实验条件下，分别是高自我意识水平与高改善可能性组、高自我意识水平与低改善可能性组、低自我意识水平与高改善可能性组、低自我意识水平与低改善可能性组。在高自我意识水平的两个组，一台摄像机位于距离被试3英尺(1英尺=0.3米)的地方，且镜头对着被试，研究者告诉被试，为了检验且保证测试环境的标准化，"国家智力研究中心"要求实验人员随机选取测试过程进行录像，而对他的测试时段恰巧被选为录像时间；在低自我意识水平的两个组，摄像机镜头面向墙壁，且所有的电源线都未接通电源，研究者告诉被试"国家智力研究中心"的要求，但说明该被试的测试时段未被选为录像时间。

测试当中，被试需要完成45个题目。在每个题目中，研究者给被试呈现5个二维图形和1个三维图形中，要求被试确定哪一个二维图形经过折叠后能变成题中的三维图形。所有的图形通过屏幕依次呈现给被试，要求被试将答案写在答题纸上。向被试演示完练习任务后，对于高自我意识水平组的被试，实验人员将打开摄像机，然后离开房间，而对于低自我意识水平组的被试，实验人员直接离开房间。

当所有题目呈现完毕后，实验人员进入房间，取走被试的答题纸。5分钟后，实验人员再带着随机生成的成绩分析表回到房间，告诉每一个被试，他的推理能力没有达到标准，低于达标成绩10%。如果被试属于高改善可能性组，则继续告诉他，计算机对其反应模式的分析表明，通过相关的训练，其推理能力得到改善的可能性为98.3%；而如果被试属于低改善可能性组，则继续告诉他，计算机对其反应模式的分析表明，通过相关的训练，其推理能力得到改善的可能性仅为2.5%。

此后，实验人员再次离开房间，被试继续完成有关操作有效性检查的问卷以及有关因果归因方式的测量。为了检验对能力改善的可能性这一自变量操作的有效性，研究者令被试对以下条目进行7点量表评分："你认为在未来你能在多大程度上改善自己在此类任务中的表现？"对因果归因方式的测量包含两个条目："你认为在该项测试中你的表现多大程度上取决于你自己?""你认为在该项测试中你的表现多大程度上受到了外在环境因素的影响?"每个条目也进行7点量表评分,前后两个条目评分之差为个体进行内部归因的指标。

结果表明,与低改善可能性组的被试相比,高改善可能性组的被试主观地认为未来自己可以在此类任务中取得更好的成绩。两组之间的差异达到了显著性水平,表明对能力改善的可能性这一变量的操纵是有效的。

实验中的两个自变量之间存在交互作用。具体来说,高改善可能性组的被试在有录像的条件下比在不录像的条件下更倾向于将失败进行内部归因,而低改善可能性组的被试对失败的归因则与此相反。对交互作用进行另外一个方向的分析发现,在录像的条件下,相比低改善可能性组的被试,高改善可能性组的被试更倾向于将失败进行内部归因,而在不录像的条件下,两组被试没有差别。这里,暂时的被试自变量有两个——自我意识水平和能力改善可能性的自我评估。

三、自变量的操纵

变量与常量的不同就在水平的变化上。变量的水平是指变量的特定值,它可以表示为"有"或"无",也可以是"1""2""3"……所谓自变量的操纵,就是根据实验目的,设置相应的水平,并系统地变化这些水平。当自变量水平的变化导致了心理或行为变化时,我们就说,心理或行为的变化是处于自变量影响之下的,即自变量水平的设置是有效的。对自变量操纵的好坏直接影响实验的成败。操纵变量有如下两个步骤。

(一) 对自变量下操作定义

有时,我们想要研究的自变量并不是那么明确的。比如"他人"这个概念在生活中是多义的,在实验中对它进行操作还需要仔细推敲,因为它没有一个共同的起点和尺度。如果不对变量进行明确定义,那么不但无法操纵这个变量,难以进行实验,而且获得的实验结果也无法与其他研究者的实验结果作比较。

美国物理学家布里奇曼(Bridgman, 1972)提出,一个概念应由测定其程序来下定义。心理学借鉴了此做法,用具体的实际活动或详细的操作程序对心理学研究中的变量所做的定义,即为操作定义(operational definition)(张侃, 2021)。

在心理学实验中,通过给各种变量下操作性定义,使得研究问题从形而上的观念层面进入具体的操作层面,最终研究结论具备了可验证性。前面提到的"他人"概念根据亲疏远近可以分成若干情况,在实验中既可对比重要他人(父母)与名人(鲁迅)的不同(Zhu & Zhang, 2002),也可比较重要他人(好友)与陌生人的差异(关丽丽等, 2012)。操作定义明确了自变量的内涵,同时也指出了自变量操纵的方法。

(二) 确定自变量的水平

自变量的水平就是变量的特定值。在探究行为发生条件是什么的因素型实验中,自变量水平至少两个，一般最多不超过4个，并应尽量使自变量变化范围(全距)扩大，各个水平在全距中平均分布。而在探明条件与行为函数关系的定量实验阶段，自变量水平需要更多些，如果预期考察的是线性函数关系，可以取 3~5个水平；如果是更复杂的函数关系，则至少需要5个水平。自变量的变化范围一般应该通过查阅文献确定合适的全距大小，如无文献参考可进行预备实验来确定。至于自变量各个水平在全距上的分布，则可据实际情况而定。若预期自变量与因变量的关系是线性函数，则水平间平均分布即可；而若预期符合对数函数关系，则水平间距可按对数单位变化。

这里有一个非线性函数关系研究的例子。在用户体验研究领域中，往往通过客观可测量的绩效指标来反映产品可用性水平。然而按照动机理论来说，用户在进行绩效测试时的动机水平将在很大程度上影响操作绩效，两者之间呈倒"U"形曲线关系(耶克斯-多德森定律)。如图3-1所示，当动机强度过强和过弱时，用户的操作绩效较低，只有当其动机强度处于中等水平时，才达到最佳操作绩效。为了验证此定律，有必要对自变量动机强度设置至少5个水平。在动机强度从 X_1 提高到 X_3 时，操作绩效是近似线性增加，而在动机水平从 X_3 提高到 X_5 时，操作绩效则是近似线性下降。

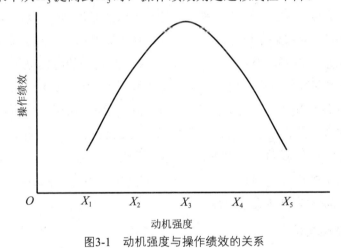

图3-1　动机强度与操作绩效的关系

第三节　因变量

一、因变量的定义

因变量(dependent variable) 又称反应变量，它是自变量变化造成的结果，是主试应该予以观察或测量的行为变量。因变量不仅包括个体因自变量变化所产生的任何可被观察到的外显活动，如肌肉运动，也包括在此过程中所产生的任何生理、情绪及意识活动，如脑电波动。

二、因变量的指标

(一) 客观性因变量

1. 反应的正确性

在心理学实验中，研究者能够观察到被试完成某项任务的正确或错误的次数(也可用正确率或错误率来表示)。例如，对迷宫实验要记录被试进入盲巷的次数，对射击实验要记录试射中靶的次数，对进入工作记忆中的项目进行检测时要记录反应的正确性。

2. 反应的速度

一般来讲，个体内部的心理历程越短，速度越快。所以，反应时间(reaction time)也可看作反应速度的指标。评估反应速度有两种策略：测算完成规定工作量所需时间；计算规定时间内完成的工作量。比如，在简单反应时实验、选择反应时实验以及技能形成实验里，可以测量被试完成一次操作所需要的时间，以此作为反应速度的指标。

3. 反应的难度

有些实验任务可以定出一个难易等级，考察被试能够达到什么水平，如记忆广度的测定。记忆广度指的是按固定顺序逐一地呈现一系列刺激以后，刚刚能够立刻正确再现的刺激系列的长度。需要注意的是，所呈现的各刺激之间的时间间隔必须相等，即再现结果只有和原来呈现的顺序及内容完全一样才算正确。数字记忆广度法所呈现的数字系列中每种长度各有几个，可连续呈现，也可随机呈现。所用计分方法也对应两种：①当同一长度的数字系列连续呈现时，每种长度各呈现n个系列。正确再现一个系列得$1/n$分，n个系列全部答对得1分，以得1分的最长系列为基础，再加上从其他长度系列所得的分数就是所求的记忆广度。②单个长度系列随机呈现时，就用恒定刺激法(见本书"心理物理学"部分)来测量记忆广度。

4. 反应的幅度或强度

反应的幅度或强度可用特定的仪器精确测量，如情绪刺激材料呈现后可以观察被试的事件相关电位(event related potentials，ERP)、皮肤电反应(galvanic skin response，GSR)或瞳孔直径变化(pupil dilation)等。

皮肤电反应是指皮肤电阻下降的程度，被广泛使用作为自主性唤醒的指标。皮肤电反应是由费里(Féré, 1888)和泰赫诺夫(Tarchanoff, 1890)发现的。费里用两个电极将被试的前臂同一个弱电源和一个电流计串联起来。当用光和声音作刺激时，他发现皮肤表面的电阻降低，电流增加。这种现象被称为费里效应。另一种方法是泰赫诺夫用过的，他利用皮肤表面本来就存在的微弱电位差，将两个电极同皮肤表面接触，并与一个电流计相连，就可测出两点间的电位差。两种方法相比，后者省略一个弱电源，操作起来更简便，但测得的结果没有前者可靠。费里和泰赫诺夫发现的现象依赖于同一基本生理过程，即由自主神经活动引起的皮肤内血管的收缩或舒张，以及受交感神经节前纤维支配的汗腺活动变化。应该注意的是，皮肤电反应所反映的是汗腺分泌反应，而不是汗的本身(伍德沃斯，施洛斯贝格，1965)。具体说就是，汗腺分泌反应增加，皮肤表面的电阻降低，皮肤电位升高。

影响皮肤电的因素很多，首先，影响比较明显的因素是温度，因为温度高，人体要出汗，从而使皮肤湿润，皮肤电阻降低，使皮肤电位升高；其次，活动也能引起皮肤电的变化，人在从事某种活动时，皮肤电也在相应地增加，而在休息时皮肤电水平则降低；另外，人在觉醒时皮肤电升高，而在睡眠时皮肤电降低。因此，皮肤电的变化可以反映一个人的觉醒状态。情绪发生反应，就可能引起皮肤电水平的急剧变化。例如，韦克斯勒(Wechsler，1925)和塞兹(Syz，1926)的研究表明，被试听见带有情绪色彩的词汇能引起皮肤电反应，而重复刺激能降低这种反应。

(二) 主观性因变量

主观性因变量的指标主要指被试的口头报告。口语记录(protocol)的内容是被试在实验时对自己心理活动进程所作叙述，或在实验之后被试对主试所提问题进行回答的实录。在心理学实验中，口语记录是很重要的资料，它有助于我们分析被试的内部心理活动。在认知心理学的研究中，口语记录分析常用于问题解决实验，借以了解被试解决问题时所使用的思维策略。

前面我们提到的"探究心理丰富对绿色旅行行为的影响"实验中(魏心妮等，2023)，研究者要求所有被试阅读下列信息，并报告亲环境行为意愿：

请想象一下，你计划去南方某个温暖的城市旅行一周。在此次旅行中，在多大程度上①"我会在野餐或沙滩休闲之后，把地方收拾得和原来一样干净"；②"如果我看到有人在这里破坏环境，我会向景区管理人员或部门报告"；③"我会优先购买有环保标识的产品"。

所有题目均采用李克特 7 点计分法(1="非常不可能"，7="非常可能"，α=0.52)。这种采用自陈问卷方式收集被试主观意愿的做法，在心理学研究中非常普遍。

三、因变量的测量

对因变量进行测量，要保证因变量确实能够反映被试真实的反应，同时能够精确客观地记录下这种变化。为此，因变量的测量要注意以下几个方面。

(一) 反应控制

在实验中，被试对刺激的反应会千差万别，难以保证所有反应都是研究者感兴趣的变化。为此，研究者有必要把实验中被试的反应控制在主试所设想的方向上，这就是反应控制。以人为被试的实验中，对反应的控制往往通过指导语(instruction)实现。指导语是主试给被试交代任务时说的话。规范的指导语应符合以下4点要求。

1. 任务明确

主试要准确界定对被试的指导语，要求被试完成的任务要明确。例如，是要求被试尽量做得准确，还是尽量做得快，抑或是又准又快？提出不同的要求，得到的结果会有很大差别，故指导语要对任务做出明确界定。

2. 内容全面

在指导语中，要把被试应当知道的事项交代完全。主试要求被试做的，或许是其从未做过的，要说明将要呈现什么，又要求他怎样去做，等等。

3. 简单易懂

指导语要写得简单明了，保证被试理解指导语，切忌模棱两可，尽量不用专门术语。为避免被试误解指导语，可让其用自己的话重述一下任务。

4. 标准化

同一实验条件下，指导语所用的词语，以及介绍指导语时主试的表情、语气、声调等，对分配到此条件下的所有被试是一样的。有些实验最好能用录音机或书面形式给出指导语。

在指导语不能充分控制反应的情况下，还要将刺激条件、实验装置与指导语配合起来，使被试只能做出主试所要求的反应。

(二) 选择恰当的因变量指标

同自变量一样，研究者对因变量也要有一个操作定义，以助于明确某些原本含糊不清的行为变化。例如，在一个关于儿童问题行为的研究中，实验遇到的棘手问题是对因变量"哭"进行准确的测量。解决此问题就需要给"哭"下一个合适的操作定义，即哭的声音大到在50 英尺(1英尺=0.3米)以外都可以听见，且哭声持续 5 秒或更长时间。这就是因变量"哭"的操作定义。通过这个操作定义，研究者可以对儿童每天哭的次数进行统计，以作进一步的研究。为使反应能够具体度量，有必要规定一系列标准或具体指标，即选择恰当因变量指标。

一个恰当的因变量指标必须满足以下标准。

1. 有效性

有效性是指标充分反映自变量作用的程度，也称为效度(validity)。选择任何指标首先要考虑其有效性。哪一个指标最能够充分代表当时的现象或过程，哪一个指标的有效性就最高。反应指标的效度直接关系到实验的效度。

例如在问题解决的实验中，当要解决的问题很多而且按困难程度越来越难排列时，解决问题的数目作为因变量是有效的。但是，如果问题很多但非常容易解决，那么解决问题的数目就不能说明或测量了一个人解决问题的能力，只不过反映了他的阅读速度罢了。如果因变量的变化不是由自变量造成的，而是由其他因素造成的，那么可以认为这种因变量是无效的，或者说，产生了自变量的混淆。例如，前面提到的将阅读速度与解决问题的能力混淆。

2. 可靠性

可靠性是指同一被试在相同的实验条件下应该得到相近的结果，即反应指标要有一定的信度。如果同一被试在相同的实验条件下有时得分很高，有时得分很低，那么可以说，这种因变量(或测量被试反应的方法)缺乏一致性，是不可靠的。

3. 客观性

指标是客观存在的，是可以通过一定的方法观察到的。例如反应时、反应频率、完成量等，都是客观存在的指标，可以用客观的方法测量和记录下来。一个客观的指标能在特定的条件下重现，这样的指标经得起检验，可以重复验证实验。

4. 数量化

被试反应的指标要能够量化，也就便于记录和统计。只有量化的指标，才能进行细致的比较。

(三) 避免量程限制

在选择指标的条件中，有效性是最重要的。为使所用指标具有较高的效度，应全面考虑指标的本质、变化范围、局限性等。天花板效应(ceiling effect)和地板效应(floor effect)就是指标有效性出现问题的典型情况。这两种效应揭示了反应指标的量程不够大，从而造成反应停留在指标量程的最顶端或最底端，不能真实测量出被试的反应。

天花板效应指被试反应超过了所能测量的最大值。这源于实验任务太简单，自变量的各种不同水平下，被试都获得了很好的结果，且无差异。例如，某实验得到的各个实验条件下的反应时都很短，没有显著差异，所反映的就是天花板效应。

地板效应指被试反应低于所能测量的最小值。这源于实验任务过于困难，在自变量不同水平下被试的结果都很差，且无差异。

天花板效应和地板效应阻碍了因变量对自变量效果的准确反映，在选择指标时应尽量避免。通常的做法是：先尝试着通过实验设计去避免极端反应，再试着通过测试少量的先期被试，来考察他们对任务操作的反应情况。如果被试的反应接近指标量程的顶端或底端，说明对此任务来讲，因变量指标并不敏感，实验任务需修正。如一个实验，所有被试记忆成绩都太好，就可以增加呈现的材料来降低作业成绩；如果被试完成得太糟，几乎都记不住，就要通过减少识记量、放慢呈现速度等措施使任务变得容易些。因此说，设计实验任务和反应指标时，应考虑使被试的反应情况分布在量程的中等范围。这样在操作自变量时，被试反应的变化才能够被清晰地分辨出来。

第四节 额外变量

一、额外变量的定义

额外变量(extraneous variable)是指在实验过程中除自变量以外任何能对因变量产生影响的变量。因其往往与研究目的无关，有时也称无关变量。

任何时候，被试的行为反应都会受到来自内外环境因素的影响。在实验研究过程中，研究者虽然特别关注自变量对因变量的作用，但在客观环境中存在着的其他因素也对因变量产生影响。如果在实验过程中不对这些与研究无关的因素进行适当的控制或处理，研究者就无法确定因变量的变化是否由自变量的不同水平所导致，即产生自变量混淆。为此，自变量之外一切能够影响因变量的额外变量在实验中必须加以控制，所以我们有时也称这类变量为控制变量(control variable)。

二、额外变量的来源

在实验研究中，研究者试图控制额外变量，确定自变量在行为反应上的效果。然而，在自然的情况下，心理活动通常是由多个变量决定的。在许多变量都有参与的情况下，要想知道哪些变量对一个特定的行为结果产生影响，往往是困难的。当产生的行为结果无法解释各变量的效果时，自变量就被混淆了。因此，额外变量的鉴别是首先要考虑的。在一个心理实验中，确定哪些因素属于额外变量，最好是通过查阅文献或用因素型实验来确定；也可根据已有的理论、知识和经验来分析、确定一个实验中应该控制的额外变量。通常可以从以下4个方面分析额外变量的来源。

(一) 环境变量

这里所说的环境变量是指自变量以外所有的环境因素，它具有不同的形式，最明显的环境变量是由环境物理特点引起的，包括温度、噪声、灯光、材料、仪器以及指导语等，这些变量在任何实验中都可能存在。

(二) 程序变量

在实验研究中制定或执行实验程序不当，会产生许多程序性的额外变量。如分派被试、测量反应、实验日期等方面的不一致，都可能混淆自变量的效果。最明显的程序问题是顺序效应。这是一种实验误差效应，是指自变量的呈现顺序对因变量产生的影响，特指被试按照一定顺序接受实验处理时，其在任何一种处理下的表现可能会受到先前处理的影响。例如，我们要比较视觉与听觉反应是否有差异，对所有被试先测视觉反应时再测听觉反应时，若测得的结果存在差别，就将两种反应时的差别归于感觉道的不同。这里，可能存在测试的顺序效应，即先测视觉反应时或对后面测试听觉反应时产生练习效应，使得被试在做听觉反应测试的速度加快。

当顺序效应由某个具体的先前处理引起时，常被称为延续效应(carryover effect)。延续效应是指参加一种处理条件下的测量可能会让被试产生持续的变化，并且被试会将这种变化带入下一种处理条件，从而影响后续测试结果。比如，我们要研究两种药效，A是兴奋剂，B是镇静剂。若先服A，后服B，那么A的遗留效果可延迟B的镇静效果；反过来，先服B，后服A，那么B的遗留效果会延迟A的兴奋效果。以上两种效应混淆了自变量的作用。

(三) 实验者偏差

实验者(研究者)的动机、期望、个性和社会交往的技能等，这些差别或许会影响被试在作业上的反应，甚至实验者的性别、年龄、民族等都可能影响被试的行为。这些情况的发生或许出于偶然并不为实验者所知。例如，期望效应也称罗森塔尔效应或皮格马利翁效应，指实验者特殊的期望或偏爱，会无意识地给被试发出某种隐蔽信号，导致被试按照与观察者的偏爱相一致的方式做出反应，从而证实实验者的预期。这一预期会对被试的反应产生系统的偏差，从而与自变量对反应变量的影响混在一起，降低实验的内部效度。

相较而言，系统发生的额外变量对行为反应的影响更大。有些实验者为使实验结果证实假设，在实验中给被试暗示、提醒或者鼓励等，这些做法造成了一种系统误差。这种实验结果不再是自变量的效果，实验就会失效。还有一种系统误差是由实验者对被试反应的选择性注意产生的：实验者对有利证实其假设的被试反应特别关注，对那些偏离其假设的被试反应不关心；更有甚者，实验者只记录那些有利于证实其假设的资料，而舍弃其他。以上做法，不管有意无意，都将使实验失去内部效度(金志成，何艳茹，2005)。

(四) 被试偏差

被试偏差有三种主要的表现形式：第一种是非随机地分派被试到各处理条件中去，被试之间的原有差异混淆了自变量的效果；第二种是被试有些特点的变化(如自然成熟)可能发生在前、后测之间的时间范围内，被试特点变化混淆了自变量的效果；第三种是被试存在活动性。被试偏差的突出表现是要求特征(demand characteristic)。要求特征是指在实验中被试自发地对主试的目的产生某种假设，然后以满足该假设的方式做出反应，如去做"好被试"。霍桑效应(Hawthorne effect)反映了由于受到额外的关注而引起绩效或努力上升的现象，是一种要求特征的典型表现。被试的活动性还反映在大多数被试对心理实验不熟悉，会产生毫无根据的担心和期望。这些担心和期望使得被试的反应不自然，而这恰恰对实验内部效度造成威胁。有时由于被试之间个性的不同，参加心理实验的兴趣不同，也会表现出活动性和积极性的差异，这些又会混淆自变量的效果。

额外变量的来源很多，研究者在实验之前要仔细排查潜在的额外变量。只有把额外变量识别出来，才能谈得上去控制它们，从而保证实验顺利完成。

三、额外变量的控制

能否对额外变量进行适当控制，关系到实验的成败。心理学实验常用的额外变量控制方法有如下几种。

(一) 消除法

消除法(elimination method)就是把额外变量从实验中排除。对于一些表现为物理特点的额外环境变量，如噪声，最好的消除办法就是进入隔音室，或在实验室门口外挂上"正在实验，请勿打扰"的牌子，以免他人误入，造成实验干扰。

消除法还可控制实验者与被试相互作用过程中产生的额外变量。对于被试而言，控制要求特征主要有两种有效方法。一种是采用单盲实验，即让被试不知道会接受何种实验处理。假设现在要检验一种新药对降低焦虑的作用。研究者给一组被试服用真正的治疗焦虑的药物，而给另外一组被试服用一种安慰剂(如糖丸、淀粉片、生理盐水注射液等实质上并无治疗作用的治疗形式)。为了确保实验的有效性，采用单盲实验，让两组被试都不知道自己服用的是药物还是安慰剂。若发现两组被试接受处理后的焦虑症状表现出显著的差异，就可以认为这是自变量(是否服用药物)导致的。而当服用安慰剂组也表现出焦虑水平显著降低时，这种现象就被称为安慰剂效应(placebo effect)——因接受形似治疗而实质上并无治疗成分的处理而导致的治疗效果。另一种控制要求特征的有效方法是采用掩饰情节(cover story)——对实验程序进行似是而非的解释，不告诉真正的实验假设。需要注意的是，掩饰情节包含一定欺骗性，使用时要把握好伦理原则。

与被试效应不同，实验者效应来自相互作用的另一边。这里，实验者的行为混淆了自变量的效果，产生了实验者偏差。双盲实验(double-blind experiment)是消除实验者效应干扰的好方法。进行双盲控制时，实验者和被试均不知道进行何种实验处理，实验者不会系统地对被试的反应有偏见。

通过上述介绍可以发现，消除法确实有效，但用消除法所得的研究结果却常常难以推广，即降低了实验的外部效度。例如，出于对主试、被试彼此接触会影响实验结果的考量，而采用自动呈现刺激及自动记录实验结果的方法，所得结果通常很难推广到人们日常生活的同类行为中。

(二) 恒定法

使额外变量在实验过程中保持恒定不变的做法即恒定法(constant method)。实验研究中，实验场所、实验者及实验时间等因素一般都是额外变量。控制的方法可以是在同一地点、由同一实验者、在同一个时间对实验组和对照组使用相同的程序进行实验。例如，当实验时强度有变化的噪声无法消除时，实验者往往通过噪声发声器发出恒定的噪声加以掩蔽。另外，实验者和对照组被试的特性(如性别、动机)也往往是实验结果发生混淆的主要根源，应保持恒定。例如，实验中若无法做到真正的双盲，可以呈现书面指导语，或将指导语放给被试听，若非得亲自读，则要保证每次的语气、发音相同。实验者要规范言行举止，做到客观观察和记录。

用恒定法控制额外变量也有缺陷：①实验结果不能推广到额外变量的其他水平；②保持恒定的额外变量对自变量不同水平产生的干扰效果不同，容易混淆自变量的作用。

(三) 匹配法

匹配法(matching method)是指使实验组和对照组被试属性相等的一种控制被试偏差的方法。使用匹配法时，先要测量所有被试与实验任务高相关的属性，然后根据所测结果将被试分成在该属性方面相等的实验组和对照组。这种方法在理论上是可取的，但在实际操作上却存在许多问题。因为，如果在对一个以上的特性进行匹配时，常有顾此失彼的情况发生。例如，同时考虑年龄、性别、初始成绩、智力等因素，使所有因素均匹配成相等并编排为两组就很困难。即使能做到，也将使很多的被试不能参加这个实验。况且，某些中介变量诸如动机、态度等，无法找到可靠依据进行匹配。因此，匹配法常常配合其他技术共同使用。

(四) 随机化法

随机化法(randomization method)是指采用随机取样和分组来平衡被试间个体差异的方法。理论上，总体中任一成员都有同等机会被抽到任一处理组，可以期望随机分派而成的各处理组的各种条件和机会都是均等的，即在额外变量上做到了匹配。随机化法不会导致系统性的偏差，能够控制难以观察的中介变量(如动机、情感等)。随机化法不仅能用于被试分派，也能用于刺激呈现和实验顺序的安排，以平衡实验条件的顺序效应。

(五) 抵消平衡法

抵消平衡法(counterbalancing method) 与随机化法的思想异曲同工，即通过综合平衡的方法，使额外变量的效果互相抵消，从而达到控制额外变量的目的。

存在两种抵消平衡法：完全平衡和不完全平衡。当一个组内设计实验的自变量仅有两个水平时，研究者可以采用完全平衡，即呈现所有可能的条件顺序，即ABBA设计。两个条件的重复测量设计很容易把顺序效应抵消平衡，因为只有两种顺序(A→B和B→A)。然而随着条件的增加，完全平衡需要安排的顺序数也大大增加。如果处理条件的数量为n，那么顺序数就是$n!$。例如，在有三种条件(A、B和C)的重复测量设计中，完全平衡需要安排的顺序数为6，得按6种顺序进行抵消平衡，需要按图3-2中的顺序分别对6组被试进行实验处理。

A→B→C	B→C→A
A→C→B	C→A→B
B→A→C	C→B→A

图3-2 3种条件下的所有顺序

同理，一项有4个条件的研究共有24种顺序。如果研究者想给每种顺序都安排一些被试，所需被试的数量就会迅速增加，方能抵消重复测量设计的典型效应。因此，他们可能采用不完全平衡，即只呈现一部分顺序。不完全平衡的一种方法是以随机的顺序对每个被试进行实验处理，即对于每一个被试，计算机以一种新的随机顺序呈现条件。另一种不完全平衡方法采用了拉丁方设计，可以保证每个条件在每行每列出现次数相同，以抵消顺序作用。根据拉丁方排列的偶数法则(第一排：1，2，n，3，$n-1$，4，$n-2$。n代表要排序的个数，余下的排序是在第一个次序的数目上依次加1，直到形成拉丁方)。6种条件的拉丁方可作如图3-3所示的设计。

```
1 2 6 3 5 4
2 3 1 4 6 5
3 4 2 5 1 6
4 5 3 6 2 1
5 6 4 1 3 2
6 1 5 2 4 3
```

图3-3　6种条件的拉丁方排列

(六) 统计控制法

以上情况都是在实验正式开始前先行控制额外变量的方法，此类技术被称为实验前控制。还有一种额外变量控制技术是实验后控制，就是在实验完成后通过一定的统计技术来避免额外变量的干扰，因而称之为统计控制法(statistical control method)。常见的统计控制有协方差分析(analysis of covariance)、偏相关(partial correlation)、剔除极端数据或分别加权等事后控制技术。比如在实验中，往往会有客观限制无法实施被试精确的匹配，如学校进行教改分组实验，对比教法或教材的改良效果，而学校不可能将原有班级打乱重新分班。此情况下，可取的做法是收集每位参与实验的学生智力测验成绩，然后将智力水平作为协变量来处理。要清楚一点，统计控制是在实验前难以起到完全控制效果时的补充手段，不能取代实验前控制的重要地位。离开严格完整的实验前控制工作，再复杂的统计技术也无法于事后控制所有的额外变量。

要检验实验中对额外变量的控制是否成功，一般可以通过实验结果误差分散的大小来鉴别。经过认真分析，如果有些额外变量还是难以确定和控制，就中止实验，从其他角度重新设计实验。

思考题

1. 何谓实验研究？它与观察、相关研究有哪些不同？
2. 自变量、因变量和控制变量的含义是什么？
3. 实验中如何操控自变量？

4. 确定因变量的标准是什么?
5. 心理实验研究中可能存在哪些额外变量?
6. 如何控制额外变量?

实验操作

实验题目:肤觉两点阈的测定

实验问题:如何确定自变量范围、水平及间距?

实验目的:通过测定皮肤两点阈,学习并掌握确定心理学实验中的自变量变化范围和水平间距的方法。

实验材料:两点阈测量器、遮眼罩、记录纸。

实验程序:

(1) 主试选定被试的左手背和前臂背面为测量区,从手背至肘部的3个区依次为A、B与C区。测量前,分别在确定的3个区域画上圆圈,测量在圈内进行。

(2) 在实验之前,主试向被试说明,当他感觉为两点时就报告说"二",当感觉为一点时就报告说"一",如不能确定是一点或两点时就做猜测,只能报告"二"或者"一"。主试对第一种回答记作"+",对第二种回答记作"-"。

(3) 使用两点阈量规时,必须垂直地降落,并使量规的两个脚尖同时接触皮肤,接触时间不超过两秒钟。主试先在自己手上练习数次,然后再在被试的非测验区练习几次。

(4) 正式实验开始前,需要确定刺激的范围和间距。可用最小变化法(见本书"心理物理学"章节)粗略地测定两点阈。递增、递减系列各测试5次,找出被试既不是100%判断为两点,也不是100%判断为一点的刺激范围。在这个范围内选出间隔相等的5个刺激:最大的刺激约为90%被判断为两点,最小的刺激约为10%被判断为两点。

(5) 正式实验采用恒定刺激法(见本书"心理物理学"章节)测定肤觉两点阈。比如,先前的预实验选定了最大和最小刺激分别为12mm和8mm,在这个范围内确定间隔为1mm的刺激5个,各刺激的两点距离为8mm、9mm、10mm、11mm、12mm。这5个刺激须各测20次(A区和C区各测10次),共100次,实验前按随机原则排出一个呈现刺激的顺序。

(6) 实验时每隔20次测试可以休息1分钟,以避免被试产生一种持久的两点后像(尽管只有一点或两点刺激非常近,被试也有两点的印象)。另可以通过几十次测试之后,插入一点刺激,以验证被试是否有这种后像存在。

(7) 将实验数据填入表格。

结果分析:分别计算并比较A、C区肤觉两点阈值。具体做法是以刺激间距为横坐标,回答"两点"次数百分比为纵坐标作图,求出纵轴值为50%处所对应的横轴值,此即S-P作图得出的某区域肤觉两点阈值。

案例分析

　　为了能给出科学的因果推断，在实验过程中要选取核实的自变量，除了明确自变量的操作定义和确定自变量的水平之外，还应保证实验操纵的严密性，以防止自变量混淆。这里有一个反例。百事可乐公司曾对世界上最著名的两大饮料——百事可乐和可口可乐做过实验，以证明消费者更喜欢哪种饮料。实验者把那些声称喜欢可口可乐的消费者请来，让他们品尝两种饮料。两种饮料盛放在两只相同的玻璃杯里，杯子分别标有字母"M"和"Q"以便于区分。当然，消费者不知道哪只杯里盛着哪种饮料。请消费者品尝后，询问他们更喜欢哪一个杯子里的饮料。结果是多数人更喜欢标有"M"杯子的饮料，而"M"杯子盛的是百事可乐。于是实验者得出结论：百事可乐是更受消费者欢迎的饮料。但是，后来可口可乐公司所做的实验发现，消费者并不是特别喜欢百事可乐饮料，而是喜欢标有字母"M"的杯子。在这个实验里研究者本意要研究消费者对杯中饮料的喜欢程度，但无意之中杯子上所标的字母"M"和"Q"这一额外变量却参与到实验中来，影响到被试对饮料的选择。

　　[案例来源：Matlin, M. W. Human experimental psychology[M]. Brooks/Cole, 1979.]

第四章 非实验设计和准实验设计

概要：本章内容主要涉及实验设计的含义、类型，非实验设计和准实验设计及其统计方法。第一节介绍了实验设计的含义及其类型。第二节介绍了主要的非实验设计，包括单组后测实验设计、单组前测后测实验设计、相关研究设计及其统计方法。第三节介绍了主要的准实验设计，包括不相等实验组对照组后测实验设计、不相等实验组对照组前测后测实验设计、相等时间样本设计、时间序列设计及其统计方法。

第一节 实验设计概述

一、实验设计的含义

在确定研究问题以后，为了更好地解决问题，需要进行实验设计。实验设计就是对心理学实验中涉及的内容进行具体规划，主要指对各种实验条件和实验程序进行安排。实验设计主要包括对变量的选择、操纵及控制，确定被试、安排实验流程以及数据的处理方法等。具体来说，实验设计包括自变量水平的确定与操纵、因变量指标的选择与测量、额外变量的控制；确定被试总体及样本人数和选择被试的方法；拟定实验的指导语、规定实验次数(试次)、安排实验程序；确定处理实验数据的方法；等等。

实验设计是实验成功的关键步骤。好的实验设计可以通过有效地操纵实验变量、合理安排实验程序，消除或减少实验误差，突出实验处理的效应，更好地获得自变量和因变量之间的因果关系，从而在付出较少的人力和物力的情况下得到理想的实验结果。而不恰当的实验设计往往难以获得自变量和因变量之间有效的因果关系。

二、实验设计的类型

按照不同的分类标准可以把实验设计划分为不同的类型。根据对额外变量控制的严格程度，可以把实验设计分为真实验设计、准实验设计与非实验设计三类；根据分配被试到自变量及各处理水平的不同，可以把实验设计分为被试间实验设计、被试内实验设计和混合实验设计；根据样本量的大小，可以把实验设计分为大样本实验设计和小样本实验设计；根据自变量的数量，可以把实验设计分为单因素实验设计和多因素实验设计。

(一) 真实验设计、准实验设计与非实验设计

1. 真实验设计

真实验设计是指研究者能够随机选择和分配被试,并能够对额外变量进行严格控制的实验设计。一般来说,采用真实验设计的实验内部效度较高,但外部效度较低。

2. 准实验设计

准实验设计是指研究者无法随机选择和分配被试,但是可以操纵自变量、选择因变量,且能对额外变量进行一定控制的实验设计。准实验设计对额外变量的控制不如真实验设计充分和严格,内部效度相对较低。比如,在教育、管理等行为科学研究中,往往以自然形成的团体(如班级、车间等)为单位进行实验。准实验设计非常适合现场实验。现场实验是在自然情景下进行的实验。现场实验的外部效度比较高。

3. 非实验设计

非实验设计也称前实验设计,是指研究者在自然情境下对个体的行为进行观察以获得实验数据的实验设计。非实验设计不对被试进行随机选择和分配,几乎不对额外变量加以控制,因此,内部效度较低。

(二) 被试间实验设计、被试内实验设计与混合实验设计

1. 被试间实验设计

被试间实验设计是指每个被试只接受一种实验处理(或实验条件)的实验设计。在被试间实验设计下,有几种实验处理就需要几组被试参与实验。被试间实验设计往往难以控制被试的个体差异。

2. 被试内实验设计

被试内实验设计是指每个被试接受所有实验处理水平(或实验条件)的实验设计。在被试内实验设计下,不管有几种实验处理只需要一组被试参与实验。被试内实验设计需要注意平衡被试接受各种实验处理的先后顺序产生的效应。

3. 混合实验设计

混合实验设计是被试间实验设计和被试内实验设计的结合,是指对一部分自变量采用被试内实验设计安排,对另一部分自变量采用被试间实验设计安排的实验设计。在混合实验设计下,被试先按照被试间变量进行分组,每组被试接受被试间变量的一个水平与被试内变量所有水平或水平组合的实验处理。最简单的混合设计是混合一个被试间变量和一个被试内变量的实验设计。

(三) 大样本实验设计与小样本实验设计

1. 大样本实验设计

大样本实验设计一般是指多个被试参与的实验设计。在大样本实验设计下,通过分

析每种实验处理下多名被试的平均值，来考察实验处理的效应。大多数心理学实验都采用大样本实验设计。

2. 小样本实验设计

小样本实验设计是指参与实验的是单个或者少数几个被试的实验设计。大多数小样本实验设计的被试是特殊被试，需要接受多种实验处理，且经历实验的时间比较长。小样本实验设计属于被试内实验设计的一种变式。

(四) 单因素实验设计与多因素实验设计

1. 单因素实验设计

单因素实验设计是指实验操纵的自变量为一个，只探讨一个自变量对因变量影响的实验设计。这种实验设计往往作为一系列实验研究的前期实验，是后期多因素实验设计的基础。

2. 多因素实验设计

多因素实验设计是指实验操纵的自变量为两个或两个以上的实验设计。多因素实验设计比单因素实验设计效率高，对变量的控制也较好，而且能够获得多个因素之间的交互作用。大多数心理学实验都采用多因素实验设计。

第二节 非实验设计

非实验设计往往在自然情景下对被试的行为进行观察，不能随机选取和分配被试，也缺乏对额外变量的控制，因此，这种实验设计的内部效度比较低，很难获得自变量和因变量之间的因果关系。但通过非实验设计获悉的信息能够为进一步的实验设计提供思路。

下面主要介绍单组后测实验设计、单组前测后测实验设计以及相关研究设计三种非实验设计类型及其统计方法。

一、单组后测实验设计

(一) 设计模式

单组后测实验设计只有一个实验组，对实验组只给予一次实验处理，得到一个后测成绩。

该实验设计模式为

$$X \qquad O$$

X代表实验处理，O是实验处理后的后测成绩。

(二) 举例

为了检验一种新的教学方法对数学学习成绩的影响，选择某校二年级某个班级实施了新教学方法,以学生的课堂学习、课堂练习、课后作业以及期末考试的成绩作为指标检验学生的学习效果。研究发现,大多数学生在课堂上能够集中注意力进行学习,课堂练习完成的准确率达到90%,85%的学生能够独立完成课后作业,90%的学生能按时交作业,并且该班期末测试的平均成绩达到88分。通过以上结果可以发现,使用新教学方法的班级成绩较为理想。那么,我们是否能够据此推论新的教学方法提高了学生的数学学习成绩呢?很显然,这种实验设计并不能提供足够的证据。

首先,这种实验设计缺乏对照组,无法将实验组与对照组(基线)进行对比,很难控制实验过程中发生的历史因素和成熟因素等对实验结果的影响,因此不能保证实验操纵的有效性。例如,在实施新教学方法的过程中,学校也举行了数学竞赛,数学竞赛这件事很可能会激发学生的学习热情,从而提高了学生的数学学习成绩。又如,与一年级的学生相比,二年级的学生明显更加适应小学的学习生活,数学思维能力也较强,所以学生的自然成熟很可能导致了数学成绩的提高。可见,没有对照组作为参照,很多在实验过程中的额外变量难以得到良好控制。

其次,这种实验设计无法随机选取被试,很难控制被试特点的额外变量对因变量产生的影响。由于是以班级为单位进行的实验,很可能这个班级的学生总体来说比较擅长数学,即使不进行新的教学方法,学生的数学课堂表现和测验成绩也较好。或者班级中数学成绩差的某些学生退学或者转学,也会导致整体成绩的提高。总之,因为不能随机选取被试,某些被试方面的因素很可能会和实验处理一起对实验结果产生影响。

最后,这种实验设计缺乏对其他额外变量的有效控制,如仪器、实验者效应、要求特征等因素也可能作为额外变量对实验结果产生影响。比如,期末考试的试卷过于简单,或者出题覆盖面不全,都可能导致学生的数学成绩偏高。

因此,对于单组后测实验设计,在解释结果的时候,要全面考虑影响因变量的因素,尽量做到客观、公正地解释结果。

(三) 评价

该设计的优点是简单易行,缺点是没有对照组作为基线进行对比,没有对被试进行随机化,对额外变量的控制不严格,因此,无法得出自变量和因变量之间明确的因果关系。

二、单组前测后测实验设计

(一) 设计模式

单组前测后测实验设计只有一个被试组,实验处理前后分别对被试进行一次测验,得到前测成绩和后测成绩,通过比较前测成绩和后测成绩之间是否存在显著的差异检验实验处理的效果。

该实验设计模式为

O_1 $\qquad$ X $\qquad$ O_2

其中，X代表实验处理，O_1为前测成绩，O_2为后测成绩。

(二) 举例

为了检验一种新的阅读方法对学生阅读理解的影响，选择某校某个班级采用这种新的阅读方法教学，实施新的阅读方法前，先收集该班学生阅读理解的成绩，实施新的阅读方法进行一学期的教学后，再次测量该班学生阅读理解的成绩，根据前后两次成绩的差异来评估新的阅读方法的效果。

(三) 评价

和单组后测实验设计相比，单组前测后测实验设计增加了一个前测，提供了一个和后测成绩对比的基线，通过前后测成绩的对比，可以在一定程度上检验实验处理的效应。但是前测可能会增加被试对测验的敏感性，对实验结果产生一定影响。与单组后测实验设计相同，单组前测后测实验设计没有随机选取被试，也没有设置对照组，所以无法排除历史、成熟等额外变量的影响。因此在分析这种实验设计的结果时，需要综合考虑各种因素，客观评价自变量和因变量之间的因果关系。

(四) 统计方法

对于单组前测后测实验设计，不同的数据类型对应不同的统计方法。当收集到的数据为等距数据或等比数据时，采用相关样本t检验评估实验处理的效果；当收集到的数据为顺序数据或名义数据时，采用非参数符号检验法或非参数符号秩次检验法评估实验处理的效果。

三、相关研究设计

(一) 含义

相关研究设计是指运用相关的方法，揭示两个变量之间相关程度的大小，并据此描述两个变量间的共变关系的实验设计。例如，吸烟和患肺癌之间可能存在相关，身高和体重之间也可能存在相关。

根据两个变量的变化方向，可将相关划分为正相关、负相关、零相关和曲线相关。正相关(positive correlation)是指两个变量的变化方向相同，即两个变量都变大或者都变小。例如，学生的阅读量越大，语文成绩越高。负相关(negative correlation)是指两个变量变化的方向相反，即一个变量变大，另一个变量变小。例如，跑步成绩越高，所用时间越短。零相关(zero correlation)是指两个变量的值在变化方向上没有规律可言，如体重和学习成绩的关系。曲线相关是指两个变量之间的关系是非线性的。例如学习动机和学习成绩之间的关系是倒U形曲线，过高或者过低的学习动机条件下的学习成绩都不如中等水平学习动机条件下的好。

(二) 相关的表示

相关研究一般通过两个变量间的关联程度的高低揭示其内在的联系，主要采用散点图和相关系数两种方式对相关程度进行呈现。

1. 散点图

散点图是把两个变量分别作为x轴和y轴，建立平面直角坐标系，然后把它们的坐标值绘制到该坐标系中，从而分析两个变量关联程度的大小。通过散点图，我们可以从两个方面推断两个变量的相关程度：一方面可以观察两个变量相关的方向，是正相关、负相关还是零相关；另一方面可以观察散点图中所有数值点的集中程度，推断相关程度的高低。虽然散点图能够直观形象地反映出两个变量的相关方向和程度，但是仅凭散点图并不能对相关程度进行准确的描述，所以采用相关系数来具体说明两个变量的相关程度。变量相关程度散点图如图4-1所示。

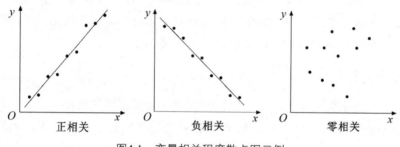

图4-1　变量相关程度散点图示例

2. 相关系数

相关系数能通过具体的数值准确地反映两个变量的相关方向和相关程度。相关系数r的取值范围是$-1 \leqslant r \leqslant 1$，一般取小数点后两位数字。相关系数$r$的正负号表示相关的方向，$r>0$表示正相关，$r<0$表示负相关，$r=0$表示零相关。相关系数$r$的绝对值越接近1说明相关程度越高，两个变量之间的关系越密切。总之，相关系数r的正负和绝对值代表了两个变量相关的方向和密切程度。

两个变量的数据类型的不同，用于计算相关系数的方法也不相同。最常用的相关系数的计算方法是皮尔逊相关积差系数计算法。使用该方法必须满足以下4个条件：①两个变量(X, Y)都是连续数据；②两个变量都呈正态分布，或接近正态分布；③两个变量的数据是成对的，且相互独立；④两个变量之间呈线性相关。

计算公式为

$$r = \frac{\sum XY - \dfrac{\sum X \sum Y}{N}}{\sqrt{\sum X^2 - \dfrac{(\sum X)^2}{N}} \sqrt{\sum Y^2 - \dfrac{(\sum Y)^2}{N}}}$$

(三) 正确认识相关系数的高与低

首先，两个变量间的高相关并不意味着它们内部的关联性高，有时候，即使两个变量之间并没有实际的内在联系，也可能会得到较高的相关系数。比如，体重和学习成绩之间的相关系数即使计算出了比较高的数值，实际上两者并没有必然的联系。为了确定变量间高相关确实存在，可以通过重复研究进行验证。如果后面研究获得的相关系数较低，则很可能原来的高相关是偶然现象；如果后面研究获得的相关值与原来的高相关值的模式基本相同，即后面研究的相关值大多仍为高相关，则表明两个变量有较大的可能性存在高相关。

其次，两个变量间的低相关并不意味着它们内部的关联性低。有两个因素经常会导致变量间不真实的低相关。一个因素是两个变量间的低相关具有偶然性，而实际上它们具有较高的内部关联，可以采用重复验证的方法解决这一问题。还有一个因素是全距限制，即当数值之间的变异比较小的时候，可能导致本来高相关的两个变量计算出较低的相关系数。例如，有研究者想探讨数学成绩和物理成绩的相关性，相对于普通班的学生，实验班学生数学成绩和物理成绩相关系数很可能较小，之所以得出这样的结果，很可能是因为实验班学生两门课的成绩均在80分以上(80~100)，分布范围比较窄，对相关系数影响不大，而普通班学生的分数分布较广(30~90)，对相关系数影响较大。

(四) 相关关系和因果关系

相关研究设计是一种基于描述的非实验研究方法，几乎没有对实验变量进行控制，因此，无法排除额外变量对实验结果的影响。即使两个变量的关系很密切，也无法确定它们之间的因果关系。

例如，X代表一个地区的枪支拥有量，Y代表该地区刑事案件的发生率，如果两个变量的相关系数$r = 0.70$，相关程度比较高，那么可能的因果关系有三种情况：(1)该地区的枪支拥有量和刑事案件之间没有因果关系，只有相关关系。(2)该地区的刑事案件和居民的枪支拥有量之间存在因果关系，分为以下两种情况：①该地区的枪支拥有量越高，刑事案件的发生率越高；②该地区的刑事案件的发生率越高，居民的枪支拥有量越高。(3)第三个变量(如社会经济状况Z较差)导致枪支拥有量的增加，以及刑事案件的增加。

(五) 对相关研究设计的评价

相关研究设计没有对自变量进行操纵，只能对已经发生的事件进行研究，属于事后回溯设计。事后回溯设计指所研究的对象是已经发生过的事件，研究者不能事先进行实验设计和操纵自变量，只能通过观察已经存在的事实或对象，发现事件之间可能存在的关系。因为事后回溯设计没有对变量进行控制，也没有随机化选取和分配被试，所以不能得到变量间的因果关系。例如，对于肺癌病人的研究，当追溯肺癌发生的原因时，我们发现大多数肺癌患者有较长的吸烟史，所以通过相关研究，可以发现吸烟和患肺癌之间的关联，但是不能确定吸烟是患肺癌的原因。由于研究伦理和社会现实的需要，有些事件或现象只能在它们发生之后进行事后回溯研究,如对青少年犯罪、吸烟和各种成瘾行为的研究,以及对心理疾病、负性生活事件或人格特征等的研究,所以事后回溯研究仍然是心理学常用的研究方法之一。

相关研究设计可用于研究早期的资料收集,并为进一步的研究提供基础。通过对两个变量的相关系数进行计算,可以探讨它们的共变关系。在此基础上,研究者可以通过实验操纵深入探讨变量间的因果关系。另外,相关研究设计的内部效度虽然较低,但是生态效度较高,更符合研究伦理和生活实际。当研究变量的操纵会对被试的身心造成伤害时,可以采用相关法进行研究。例如,在研究噪声和心理健康的关系时,人为地把被试置于噪声环境下,不符合心理学研究伦理的要求,采用相关研究设计更为合适。

(六) 相关研究设计的扩展:交叉滞后组相关设计

相关研究设计只能得到两个变量间的相关关系,不能得到变量间明确的因果关系。因此,研究者可以通过交叉滞后组相关设计的方法,在相关研究的基础上引入时间变量,探讨变量间的因果关系。具体来说,先测量选定的两个变量的相关指标,间隔一段时间后,重测这两个变量的相同指标;然后对测得的分数进行相关分析,构建相关模型来推测因果关系。

我们通过图4-2来进一步说明交叉滞后组设计的特点,图4-2中A、B为两个变量,A_1和B_1、A_2和B_2为两个变量在两个时间点的测量值,$r_{A_1B_1}$和$r_{A_2B_2}$是同步相关系数,$r_{A_1A_2}$和$r_{B_1B_2}$是稳定系数,在同步相关稳定的情况下,若$r_{A_1B_2} > r_{B_1A_2}$,则A更可能是引起B变化的原因;反之,若$r_{A_1B_2} < B_{B_1A_2}$,则B更可能是引起A变化的原因。

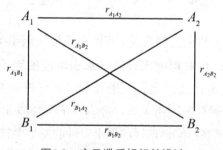

图4-2 交叉滞后组相关设计

例如,研究者采用交叉滞后组设计对小学高年级学生的词汇知识与阅读理解的关系进行了探讨(陈红君等,2019),并开展为期1年的追踪测查。在控制了语音意识、语素意识、一般认知能力和自回归效应之后,研究发现,学生五年级(T_1)的阅读理解成绩能够显著预测六年级(T_2)的词汇知识,而五年级(T_1)的词汇知识对六年级(T_2)阅读理解成绩的预测作用不显著。图4-3为小学五年级的学生分别在五年级(T_1)和六年级(T_2)预测的词汇知识和阅读理解成绩的交叉滞后模型。从图4-3可见,五年级的阅读理解成绩和六年级的词汇知识的相关系数为0.17,大于五年级的词汇知识和六年级的阅读理解成绩的相关系数0.09,而且,词汇知识和阅读理解成绩从五年级(T_1)到六年级(T_2)存在稳定显著的相关，所以推测五年级的阅读理解成绩影响了学生六年级的词汇知识。

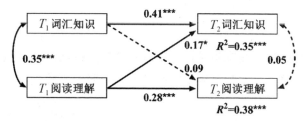

图4-3　词汇知识与阅读理解的交叉滞后研究

第三节　准实验设计

一、准实验设计概述

(一) 准实验设计的含义

准实验设计是介于非实验设计和真实验设计之间的一种实验设计，一般在自然条件下进行实验，不能随机选择和分配被试，可以对部分无关变量进行控制。

(二) 准实验设计的特点

与非实验设计相比，准实验设计能够对额外变量进行一定的控制；与真实验相比，准实验设计的灵活性更高，在实际生活中的应用更为广泛。

因为准实验设计不能随机选择和分配被试，对额外变量的控制不严格，尤其是被试特点额外变量很可能会与自变量一起影响实验的结果，所以准实验设计不能像真实验设计那样得到明确的因果关系。但是，在研究者对额外变量进行了一定的控制后，大多数的准实验设计中自变量和因变量之间的因果关系仍然是可以接受的。

(三) 准实验设计的适用条件

当被试变量是自变量时，研究者只能选择某些被试特点的变量(如性别、民族、人格和年龄等)，而不能对其进行操纵改变。这种情况下，被试不能被随机选择和分配，只能进行准实验设计。例如，我们想研究青年人和老年人的选择反应时的不同，因为被试的年龄已经固定了，所以不能再进行随机分配。

当被试变量不是自变量时，在实际研究中，由于受到现实生活因素(如生活地区、文化、阶层等社会因素)以及各种灾害(如龙卷风、地震、战争等)的制约和影响，很难随机分配被试。例如，我们想探讨失业对心理健康的影响，不能随机分配被试为失业组和非失业组；大多数以中、小学生为被试的研究往往以班级为单位选取被试，这些情况也只能进行准实验设计。

准实验设计有许多不同的实验设计类型，下面介绍几种主要的准实验设计类型。

二、不相等实验组对照组后测实验设计

(一) 含义

不相等实验组对照组后测实验设计是指有两个自然形成的被试组,选择其中一个为实验组,另一个为对照组,实验组接受实验处理,对照组不接受实验处理,两组都只有后测成绩。

该实验设计模式为

$$X \quad O_1 \text{(实验组)}$$
$$\text{-----------------------}$$
$$O_2 \text{(控制组)}$$

其中,X代表实验处理,O_1代表实验组后测的成绩,O_2代表对照组后测的成绩,虚线表示不是配对形成的两个组,很可能不是等组。

由于不相等实验组对照组后测实验设计不能随机选择和分配被试,在确定自变量和因变量的因果关系时,无法排除两组被试的组间差异对实验结果的影响,从而导致较低的内部效度。但是,如果在准实验过程中尽量地考虑到被试间的个体差异,从而进行有效控制,就能极大地提高实验的内部效度。

(二) 举例

罗伯特·普拉特契克(Robert Plutchik)于1983年进行了一项准实验研究来评估美国学前儿童电视节目《芝麻街》(Sesame Street)对学前儿童阅读能力的影响。实验组被试是一组观看《芝麻街》的学前儿童,而对照组选取的是没有看过《芝麻街》节目的这些学前儿童的哥哥姐姐们,他们在几年前进行了同一项阅读测验。为了控制被试的组间差异,研究者选取的这两组儿童都来自同一所幼儿园,而且这两组儿童做阅读测验时的年龄一样大。另外,为了控制出生顺序的影响,研究者将二胎儿童与他们的弟弟妹妹(三胎、四胎)的测验成绩分开,以检验是否存在出生顺序的额外影响。还有一个可能的额外变量是两组被试在测验时的经历不同,为了排除这一额外变量的混淆,研究者把实验组分成两组,即多看节目组与少看节目组,把对照组儿童随机分成的两组,即A组和B组,然后,实验组的两组被试分别与对照组的两组被试进行比较(见图4-4)。少看组与B组之间的差别D_2,可以看作主要由两组被试的经历不同造成的。而多看节目组与A组的差别D_1既包括经历的不同,也包含多看电视节目带来的差异,所以,这两组的差异进行比较$(D_1 - D_2)$,就能排除经历这一额外变量的影响,从而得出电视节目对因变量的效果。如果$D_1 = D_2$,表明X(《芝麻街》)的实验处理对阅读成绩的影响不明显,即实验组与对照组的差异主要是由经历造成的;如果$D_1 > D_2$,表明X的实验处理影响了阅读成绩,可以推断实验组和对照组的差异确实是由X造成的。在这个例子中,通过对影响实验的各种被试额外变量(所在幼儿园、测验年龄、出生顺序、经历)进

行分析和控制，可以减少准实验中可能影响因变量解释的数目，以强化实验结果的内部效度。

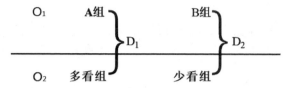

图4-4 观看《芝麻街》节目的不等组比较

其中，O_1代表对照组的测验分数，即多年前测定的其哥哥姐姐的成绩；O_2代表实验组的测验分数，即看过《芝麻街》节目的儿童的成绩；将O_1的结果随机分成两组，即A组和B组；将O_2分成多看组与少看组，实线表示两个组一般是经过匹配的。

另一个例子是关于少女妈妈的研究。前人的大多数研究认为，少女怀孕会对少女妈妈的前途产生很大的负面影响。热罗尼米(Geronimus)于1991年在控制被试特点的额外变量后对这一问题又进行了探讨。为了减少不能随机选择和分配被试造成的不利影响，Geronimus选取了少女妈妈的姐妹作为对照组，以控制家庭背景的影响。结果与前人的研究明显不同，在排除了两组被试家庭背景的差异后，少女妈妈和她们的姐妹不仅在休学率上没有明显的差异，甚至由于婴儿出生所带来的负性结果也出现了反转。可见，在准实验设计中，控制好被试方面的额外变量尤其重要，对提高实验的内部效度有着重要的意义。

(三) 评价

1. 优点

不相等实验组对照组后测实验设计有对照组作比较，基本控制了历史、成熟、测验等因素对实验的影响。因为这些额外变量对对照组和实验组的影响基本是一致的，所以两组被试的成绩进行比较的时候，并不会对实验结果造成明显的影响。

2. 缺点

不相等实验组对照组后测实验设计无法随机选择与分配被试，很可能造成实验组和对照组的不相等，这种由于被试的选择带来的不等组还会与成熟以及实验处理产生交互作用影响实验结果，从而降低实验的内部效度。

(四) 统计方法

对于不相等实验组对照组后测实验设计，当采集到的数据类型是等距数据和等比数据时，采用独立样本t检验分析两组被试后测成绩的差异；当采集到的数据是顺序数据和名义数据时，则采用非参数检验，即曼-惠特尼U检验法或中位数检验分析两组被试后测成绩的差异。

三、不相等实验组对照组前测后测实验设计

(一) 含义

不相等实验组对照组前测后测实验设计是指在该实验设计中，共有两个不相等的被试组，一个为实验组，另一个为对照组，实验组接受实验处理，对照组不接受实验处理，两组都进行前测和后测。

该实验设计模式为

$$O_1 \quad X \quad O_2 \text{（实验组）}$$
$$\text{-----------------------}$$
$$O_3 \qquad\quad O_4 \text{（对照组）}$$

其中，X代表实验处理；O_1、O_2分别代表实验组的前测和后测成绩；O_3、O_4分别代表对照组的前测和后测成绩。

(二) 举例

我国正进入老龄化社会，认知老化问题越来越受到研究者的关注。为了提高老年人的生活质量，王大华等人(2012)研究了加工速度训练能否减缓老年人认知老化的趋势。实验的自变量为是否进行加工速度训练，一组被试进行加工速度训练，另一组被试不进行加工速度训练。因变量为数字比较和图形匹配任务的加工速度。研究者从北京市两个居委会招募了46名 60~79 岁的老年人，其中一个社区的样本(25人)设为实验组，另一社区的样本(21人)设为对照组。实验程序如下：在前测阶段，所有被试均接受两项加工速度测验(数字比较和图形匹配)、五项基本心理能力测验以及日常认知效能感问卷的测试，测验顺序随机。在干预阶段，实验组被试接受持续5周的训练，每周一次。每次6~8 名老年人，独立完成上机操作，训练时间为50分钟。训练内容为图形比较和图形配对，训练任务设计了4个难度。训练时要求被试既快又准地做按键反应，在每一次训练结束后，向被试提供反馈。训练难度根据老年人任务完成的具体情况而逐渐提高。总体上，难度1和难度2任务占每个被试总训练时间的 60%以上，难度 3和难度4 任务占比小于40%。对对照组不进行干预训练。在后测阶段，实验组在干预训练结束后一周进行后测，对照组前后测间隔时间与实验组间隔时间一致，两组测验内容均与前测相同。结果发现，干预训练可以明显提高老年被试的速度测验成绩，但这种提高未超过4个月的时间。

(三) 评价

1. 优点

不相等实验组对照组前测后测实验设计有对照组作比较，基本控制了历史、成熟、测验等因素对实验的影响，而且该实验设计有前测，对被试状态有了一个初步的了解，在一定程度上控制了选择因素的影响。

2. 缺点

由于不相等实验组对照组前测后测实验设计不能对被试进行随机化,容易出现实验组和对照组的不相等,这样在实验处理之前就存在被试间差异,也就影响对实验结果的解释,从而降低实验的内部效度。

(四) 统计方法

不相等实验组对照组前测后测实验设计可以采用以下三种统计方法对结果进行分析。一是可以采用协方差分析的方法,将前测分数作为协变量,对实验处理前的组间差异进行控制和调整,以便更好地对两组的后测成绩进行对比。二是可以对增值分数进行统计分析。增值分数是指后测成绩与前测成绩的差值。对两组被试的增值分数进行统计检验的方法有独立样本t检验、曼-惠特尼U检验法和中位数检验。但是第二种方法有增加Ⅰ型错误的风险。因此有研究者建议把前测、后测作为组内变量进行统计分析,也就是第三种方法。

四、相等时间样本设计

(一) 含义

相等时间样本设计只包含一个被试组,即实验组,使用两个相等的时间样本,一个时间样本出现实验处理,另一个时间样本不出现实验处理。两个时间样本交替进行。

该实验设计模式如下(以4个时间样本的设计为例)

$$X_1O_1 \quad X_0O_2 \quad X_1O_3 \quad X_0O_4$$

其中,X_1代表实验处理,X_0表示不进行实验处理,O_1表示实验处理后第一次测量,O_2代表无实验处理的第一次测量,O_3表示实验处理后第二次测量,O_4表示无实验处理后第二次测量。

(二) 举例

研究者采用相等时间样本设计探讨了幼儿的集体积极行为对改变同伴攻击性行为的影响(周谦,1994)。研究者选择了一个幼儿班级(20名4岁的幼儿)作为被试。实验步骤如下:首先,主试观察和记录全班幼儿在课堂中出现攻击性行为(如对同班同学进行拳打脚踢、推搡等)的比率,结果记为O_1,并将其作为基线数据。接着进行正式实验,正式实验共分4个阶段,包括两个实验阶段和两个控制阶段。第Ⅰ和第Ⅲ阶段为控制阶段,单独使用奖励和惩罚的方法,对一小时内无攻击行为的幼儿给予糖果奖励,让有攻击行为的幼儿离开课堂3分钟,作为控制条件(X_0),获得的结果为O_2和O_4。在第Ⅱ和第Ⅳ阶段,实施实验处理(X_1),即使用集体奖励和惩罚的方法,将全班20人分为5组,根据小组伙伴的行为进行奖惩,在一小时内小组一人受罚,所有人均不能得奖,小组内无人受罚,小组才能得奖。这两个阶段获得结果为O_3和O_5。实验连续进行43天,每天上午观察3个小时。结果显示，实施集体奖惩的第Ⅱ和第Ⅳ阶段中，幼儿攻击行为的减少比实施单独奖罚的第Ⅰ和第Ⅲ阶段更明显，说明集体奖惩对幼儿攻击行为的改善更有效，如图4-5所示。

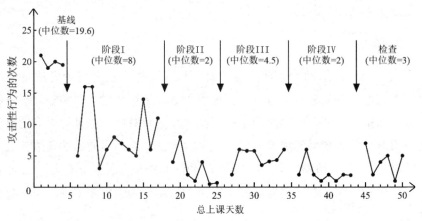

图4-5 基线条件和4个实验条件下幼儿的攻击性行为数量

(三) 评价

1. 优点

在相等时间样本设计中，"历史"这一额外变量能得到有效的控制。一般来讲，单组实验设计中，很难对"历史"这一额外变量进行有效的控制，但是在相等时间样本设计中，因为实验处理和无实验处理交替出现，对被试在两种条件下的成绩进行多次测量，而"历史"因素不可能在每次实验处理的过程中都出现，所以通过对多次测验成绩的分析，可以排除"历史"这一额外变量的影响。另外，相等时间样本设计中，单次测验的有偏性和统计回归等额外变量也能得到较好控制。总之，相等时间样本设计的内部效度比较高。

2. 缺点

相等时间样本设计最主要的问题就是只有一组被试，这组被试要循环进行实验处理和非实验处理，这样的实验处理方式很可能会影响被试对实验处理的敏感性，从而影响实验效果。另外，被试在不同条件下的成绩进行多次测量，有可能产生顺序效应，从而影响实验结果。

五、时间序列设计

(一) 单组时间序列设计

1. 含义

单组时间序列设计是指在该种实验设计中只有一个被试组，即实验组，该组只接受一次实验处理，在接受实验处理前后按时间序列多次周期性测量被试的成绩，前测与后测的次数相同,时间间隔相等。

该实验设计模式如下(以前后测各进行4次测验为例)

$$O_1 \quad O_2 \quad O_3 \quad O_4 \quad X \quad O_5 \quad O_6 \quad O_7 \quad O_8$$

其中,X代表实验处理,O_1、O_2、O_3、O_4代表前测成绩,O_5、O_6、O_7、O_8代表后测成绩。

因为单组时间序列设计在实验处理前后各进行了多次测量,所以通过比较实验处理前后一系列测量结果的变化趋势来推断实验处理的效应。图4-6表示在实验处理(用虚线表示)引入后可能产生的结果,图4-6中的折线是根据各次的测量成绩画出的,一条折线代表一种可能的结果。我们可以根据图示折线初步分析每个实验的结果。一般来说,如果引入实验处理后,前测和后测数据的连续性中断了,即靠近实验处理的前测成绩和后测成绩的截距发生明显的变化,则表明很可能存在实验处理的效应。图4-6中的A、B和C三条折线属于这种情况。需要注意的是,折线B很快又回归了原来前测数据的趋势,表明实验处理只产生了短暂的影响。折线D和E后测成绩的改变不是紧随实验处理产生的,具有一定的潜伏性,这种情况要注意是否有额外变量造成了这种结果的变化。对于折线F、G和H,即使引入实验处理后,并没有改变折线的连续性,这种三种情况没有实验处理的效应。上述我们只是对图4-6所示的结果模式进行了描述性的分析,要得到实际的实验处理效应,还需要对结果进行显著性检验。

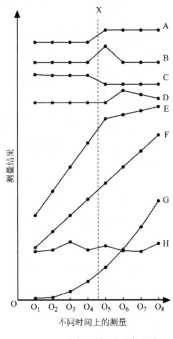

图4-6 单组时间序列设计

2. 举例

英国工业疲劳研究组开展了一个研究,探讨了工作日由10小时改为8小时对生产效率的影响(肯尼斯等，2008)。研究者以每小时的平均产量作为因变量指标，以1918年3月至1919年7月按10小时工作日的产量数据作为前测数据；后测数据为1919年8月至1920年8月按8小时工作日的产量数据作为后测数据；1919年8月开始将10小时工作日改为8小时工作日(引进实验处理)，结果如图4-7所示。从图4-7可以看出，每天工作时间由10小时缩短为8小时后，有利于提高每小时的生产效率。在新措施实行后，工人每小时的平均产量有了比较明显的提高。

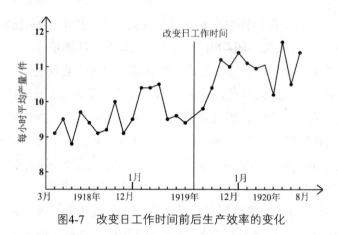

图4-7　改变日工作时间前后生产效率的变化

3. 评价

(1) 优点。单组时间序列设计对"成熟"这一额外变量的控制较好，因为在一系列相等的时间间隔内，"成熟"因素的影响基本相同，所以，可以从总体效应中分离出"成熟"因素的影响。而且，单组时间序列设计进行多次测验能够避免单次测验造成的有偏数据，也减弱了统计回归的影响，增加了实验结果的可信度。

(2) 缺点。单组时间序列设计没有对照组，因此，难以排除历史因素等额外变量对实验过程的影响；单组时间序列设计反复多次测量可能会引起被试的疲劳效应或练习效应，影响测验成绩；单组时间序列设计难以排除测验与实验处理之间的交互作用对结果的影响。

4. 统计方法

在进行显著性检验的时候，要注意考虑前测和后测所有的数据，不能仅仅考虑实验处理前后两个数据。具体来说，就是考察实验处理前测的数据点确定的回归直线与实验处理后测的数据点确定的回归直线是否存在差异，需要对回归直线的剩余标准差、截距和斜率进行比较，以确定具体的实验处理效应。

(二) 多组时间序列设计

1. 含义

多组时间序列设计是单组时间序列设计和不相等实验组对照组前测后测实验设计相结合而成的一种多组准实验设计。它既有单组时间序列设计的特点，即实验处理前后进行多次的测验，也有不相等实验组对照组前测后测实验设计的特点，即两个被试组，一个实验组，一个对照组。

该实验设计模式如下(以前后测各进行4次测验为例)

$$O_1 \quad O_2 \quad O_3 \quad O_4 \quad X \quad O_5 \quad O_6 \quad O_7 \quad O_8$$

$$O_9 \quad O_{10} \quad O_{11} \quad O_{12} \quad \quad O_{13} \quad O_{14} \quad O_{15} \quad O_{16}$$

其中，X代表对实验组进行实验处理，O_1、O_2、O_3、O_4代表实验组的前测成绩，O_5、O_6、O_7、O_8代表实验组的后测成绩；O_9、O_{10}、O_{11}、O_{12}代表对照组的前测成绩，O_{13}、O_{14}、O_{15}、O_{16}代表对照组的后测成绩；虚线代表被试的选择和分配没有采用随机化的原则。

2. 举例

有研究者采用不相等实验组对照组时间系列设计对一公司的高旷工率问题进行了研究(周谦，1994)。他们对一组被试施加了实验处理(参与组)，即这组工人参与制订和发展工资刺激计划的全过程；而另一组被试作为对照组(实施组)，即这组工人不被允许参与制订和发展工资刺激计划程序，只向他们宣布已经制订出的计划。实施工资刺激计划前的12个星期和实施计划后的16个星期作为时间系列，这个时间段内被试每星期的出勤率作为因变量。结果显示，参与组的总出勤率明显提高，由实施工资刺激计划前的88%提高到实施该项计划后的94%(见图4-8)；实施组的总出勤率则基本没有变化，在实施计划前和实施计划后都保持在88%(见图4-9)。这一结果表明让被试参与制订和发展工资刺激计划，可提高其出勤率，减少旷工率。

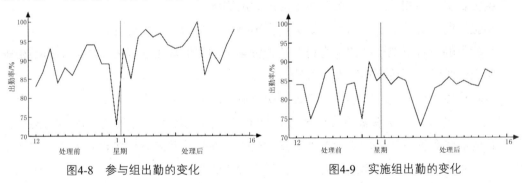

图4-8　参与组出勤的变化　　　　　图4-9　实施组出勤的变化

3. 评价

(1) 优点。不相等实验组对照组时间序列设计由于安排了对照组，并且，在实验处理前后进行一系列测量得到多组数据，较好地控制了历史、成熟、测验、统计回归和选择与成熟的交互作用等因素对实验结果的影响，实验的内部效度较高。

(2) 缺点。该设计需要多次对被试施测，可能会产生测验的反作用效果，即多次测验之间可能产生相互作用；两个被试组的不相等也容易引发选择与实验处理的交互作用等，从而降低了实验的外部效度。

4. 统计方法

对于不相等两组时间序列设计，可以使用两种统计方法进行显著性检验。第一种方法类似于不相等两组前测后测实验设计的统计方法，即首先计算出两组被试实验处理之前和之后的4个平均数，分别是实验组前测的平均数、实验组后测的平均数、对照组前测的平均数和对照组后测的平均数；然后计算出两组被试的前后测增值分数；最后进行独立样本t检验。第二种方法类似于单组时间序列设计的统计方法，即首先针对实验组前测、实验组后测以及对照组前测和后测三组数据构建三个直线回归方程；然后对这三个直线回归方程两两进行比较，以确定实验处理的效应。在实际应用中，可根据研究问题的具体情况进行统计分析。

思考题

1. 实验设计的主要类型有哪些？什么是真实验设计？什么是准实验设计？
2. 相关关系和因果关系有什么区别？
3. 准实验设计的适用条件有哪些？
4. 进行准实验设计时，做自变量和因变量之间的因果推论时要注意什么问题？
5. 单组时间序列设计的优缺点有哪些？
6. 相等时间样本设计的优缺点有哪些？

实验操作

实验名称：不相等组实验组对照组前测后测实验

实验问题：音乐电视中的暴力镜头是否影响小学生的攻击性行为？

实验目的：音乐电视中的暴力镜头是否影响小学生的攻击性行为，学习掌握不相等组实验组对照组前测后测实验设计方法。

实验程序：随机选取某小学三年级的两个班，随机指派一个班为实验组，另一个班为对照组。首先，对所有被试在学校午休期间的攻击性行为进行为期一周的观察和记录，作为前测数据；然后，实验组被试在学校午休期间观看30分钟包含暴力镜头的音乐电视，而对照组被试在此期间观看不包含暴力镜头的音乐电视，共进行一周；同时，每天对两组被试的攻击性行为进行观察和记录，作为后测数据。

结果分析：首先选择两名评分者对两组被试前测和后测的攻击性行为进行评分；然后用后测成绩减去前测成绩作为因变量进行独立样本t检验，检验两组被试的攻击性行为是否显著。若实验组攻击性行为的评分显著高于对照组的评分，则说明音乐电视的暴力镜头影响了小学生的攻击性行为。

案例分析

虽然真实验设计对变量的控制比较严格，更可能得到明确的自变量和因变量之间的因果关系，但是，在实验室中进行的真实验的生态效度比较低，而准实验设计的现场实验能够明显提高实验的外部效度。近年来，准实验设计的现场实验日益得到重视。下面的案例是对诚信行为进行的现场实验，研究者探讨了天气和空气污染对诚信行为的影响(赵玉杰等，2020)。通过分析发现，在实验室情境下的诚信行为和真实环境中的诚信行为存在明显的差异，不诚信的行为在实验室情境中更为普遍。因此，通过现场实验检验真实环境下人们的诚信行为显得尤为重要。另外，考虑到天气和空气污染难以操纵，研究者采用准实验设计这一重要方式。

实验设计分析：该实验的自变量有两个：一个是天气，分为晴朗和非晴朗两个水平；另一个是空气污染，分为无空气污染和有空气污染两个水平，其中空气质量优、良为无空气污染，空气质量轻度污染及以下为有空气污染。实验当天的天气情况(包括是否晴朗，空气质量等)由研究者进行记录。本次实验分别在清华大学、北京大学和浙江大学进行，选择了学习思政类、经济类、历史类三种课程的407名学生为被试。实验材料主要为学校的校园卡，整张卡包装在透明卡套当中，卡的正面贴有联系电话，卡的背面放置20元现金以提升学生不诚信行为的动机。实验步骤如下：①实验开始前，研究者记录实验当天的天气情况，包括是否晴天、空气质量指数、PM2.5、PM10、有无污染等。②学生上课前由研究人员将对应学校的校园卡套随机放在教室的一个课桌里，且尽量保证学生能看到，同时记录校园卡的位置以及编号。每间教室只放一份校园卡套，研究人员在附近位置就座，直到上课前离开。③课后，研究者去相应位置取回卡和钱，并对记录回收情况。记录标准为"取回"(整体取回)、"丢失"(卡或钱其中一项丢失或者全部丢失)。

结果分析：在407份数据中，丢失数量仅为21份，说明三所学校学生总体的诚信行为水平较高。研究者结合天气以及空气污染情况进行分析，结果发现天气是否晴朗与卡是否能够收回存在显著相关，$\chi2(1, N=407)=4.07$，$p=0.044$，(Phi)=0.10，天气非晴朗条件下，参与者拿走校园卡或钱的比例显著高于晴朗条件(见图4-10)；空气污染与卡、钱是否能够收回也存在显著相关，$\chi2(1, N=407)=4.73$，$p=0.03$，(Phi)=0.11，在空气污染的条件下，参与者拿走别人丢失的校园卡或钱的比例显著高于空气没有污染条件(见图4-11)。

结果说明，天气晴朗与否和空气是否污染都会对诚信行为产生影响，非晴朗条件下以及空气污染条件下被试的不诚信行为显著增加。这一现场实验对诚信行为提供了有力的证据。

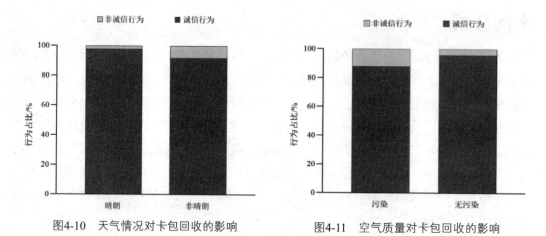

图4-10 天气情况对卡包回收的影响　　图4-11 空气质量对卡包回收的影响

为了进一步检验天气状况以及空气污染对于人们诚信行为影响的稳健性，本研究进行了稳健性分析。研究者对众多可能影响实验结果的额外变量进行了控制，控制的变量包括实验进行的学校、课程的类型、教室大小(以教室座位排数作为指标)、放卡的相对位置(前、中、后)以及数据采集的时间段(上午、下午、晚上)，还有体感温度、最大风力、云量、湿度等，对实验数据进行了逻辑回归分析，结果仍然发现，天气的晴朗状况和空气污染对于人们诚信行为产生明显的影响。

[案例来源：赵玉杰，高扬，周欣悦. 天气和空气污染对诚信行为的影响：一项校园丢钱包的现场实验. 心理学报，2020，52(07)：909-920.]

第五章 被试间实验设计

概要： 被试间实验设计是一种基本的真实验设计。本章将首先介绍被试间实验设计的含义、类型及特点，然后介绍实验组对照组前后测设计、单因素完全随机设计、单因素随机区组设计、单因素拉丁方设计、两因素完全随机设计、两因素随机区组设计和三因素完全随机设计等常见的被试间设计及其相应的统计分析方法，最后对被试间实验设计进行评价。

第一节 被试间设计概述

在一些对刺激变量、任务变量或者个体变量感兴趣的研究中，被试参加了一种条件的实验之后，就无法再参加其他条件的实验，不同的实验条件必须招募不同的被试来完成。例如，在进行药物的临床试验时，一般至少要招募两组被试，一组被试接受药物A(实验组)，另一组被试接受安慰剂(为安慰剂组，即对照组)。显然在这样的实验中，不可能只招募一组被试，让其既接受药物A，又接受安慰剂。再比如，要探讨不同情绪状态下的记忆效果是否有明显的差异，研究者必须让一组被试在诱发积极的情绪状态(愉悦)下记忆一组词表，让另一组被试在诱发消极的情绪状态(悲伤)下记忆同样的一组词表，最后进行测验，通过比较两组被试的记忆成绩来完成这一研究。还有很多研究者对个体变量感兴趣，关心某种行为或者心理活动的性别差异或者不同群体之间差异。比如研究者想要了解空间记忆能力的性别差异，或者正常群体与抑郁群体在抑制无关信息能力方面的差异，这种情况下只能在不同的被试群体之间进行比较(舒华，张亚旭，2008)。

在上述场合中，研究者所采用的设计均属于被试间设计。本节中，我们将介绍被试间设计的含义、类型及特点。

一、被试间设计的含义

被试间设计(between-subject design)，是指参加实验的每个被试只接受该实验中一种实验处理的实验设计。也就是说，实验有多少个处理，就需要把被试分为多少组。被试间设计又称为组间设计(between-groups design)、独立组设计(independent groups design)、无关样本设计(uncorrelated samples design)、独立测量设计(independent measures design)和非重复测量设计(non-repeated measures design)等。

在被试间设计中，自变量通常有两个或两个以上的水平(level)或实验处理(treatment)，研究者首先需要将实验被试按照一定(随机化或匹配)的方式分配到不同的水平或实验处理中，以保证分配到不同水平或实验处理中的被试是相当的(即等组)，然后观察每种水平或实验处理下被试的作业成绩(即因变量)，如果每种水平或实验处理下被试的作业成绩出现了明显的差异，则认为不同水平或实验处理下因变量的变化是由自变量的变化造成的。

二、被试间设计的类型

根据不同的分类标准，被试间设计可以划分为不同的类型。

(一) 随机组设计和匹配组设计

被试间设计需要对两组或者多组被试的作业成绩进行比较，因此这种设计所面临的突出问题就是如何创设等组。根据控制无关变量创设等组的方法不同，可以将被试间设计划分为随机组设计(random groups design)和匹配组设计(matched groups design)。

1. 随机组设计

随机组设计也称完全随机设计(completely randomized design)，是指采用随机化的方法将实验被试分配到不同的组中，分别接受相应实验处理的被试间设计。由于对被试采用随机化的方法进行分组，在理论上可以保证所分得的各个组在接受实验处理前为等组，实验过程中无关变量对各组的影响也是相等的。实验组对照组设计(experimental-group and control-group design)就是一种简单的完全随机设计。例如，研究者想要了解相比中性情绪状态，个体的正性情绪状态能否提升其对词表记忆的效果。首先研究者招募60名被试参加这项研究，以随机化的方法将60名被试分成两组，每组30人；然后采取一定措施(如观看正性图片或观看正性视频)让一组被试产生正性情绪状态(实验组)，让另一组被试产生平静的中性情绪状态(可通过观看中性图片或观看中性视频)(对照组)；接下来让两组被试在规定时间内完成相同词表的学习，学习完毕后进行记忆测验，比较两组被试的记忆测验成绩。如果实验组的记忆测验的成绩显著高于对照组的记忆测验成绩，则表明相比中性情绪状态，个体的正性情绪状态能够提升其对词表的记忆效果；如果实验组的记忆测验的成绩显著低于对照组的记忆测验成绩，则表明相比中性情绪状态，个体的正性情绪状态能够降低其对词表的记忆效果；而如果两组被试的记忆测验成绩没有显著差异，则意味着没有证据支持个体的正性情绪状态能够提升或降低对词表的记忆效果。

需要注意的是，当可以获得的被试数量相对较少时，采用随机分配被试的方式不一定能够保证获得的各个组为等组，这时就需要用到匹配组设计。

2. 匹配组设计

匹配组设计是指根据研究目的，采用匹配的方法，先将被试在某个变量(如智力水平)上进行匹配,以获得不同水平的被试组[也称区组(block)],然后采用随机分配的方法,让每个区组内的每个被试或者多名被试接受一种实验处理的被试间设计。相较于随机组设计,匹配组设计能够更好地保证接受不同实验处理的各个组为等组。例如,研究者想要了解文章的生字密度(生字与熟字的个数比例)对小学三年级学生阅读理解的影响,选择三篇文章,其生字密度分别为1∶5、1∶10和1∶20;招募30名小学三年级的学生参加该实验,先对30名小学生平时的语文测验成绩按照由高到低顺序排序,第1名到第3名为第1组,第4名到第6名为第2组,以此类推,共分为10组,每组3人。然后让第1名被试阅读生字密度为1∶5的文章,让第2名被试阅读生字密度为1∶10的文章,让第3名被试阅读生字密度为1∶20的文章,让第4名被试阅读生字密度为1∶20的文章,让第5名被试阅读生字密度为1∶10的文章,让第6名被试阅读生字密度为1∶5的文章,以此类推。尽可能让阅读每一种生字密度文章的10名学生在语文测验成绩的平均数和标准差方面大致相当(舒华,1994)。

随机区组设计(randomized blocked design)就是一种典型的匹配组设计,而拉丁方设计(latin square design)是随机区组设计的扩展。这两种设计将在本章第三节做详细介绍。

(二) 单因素被试间设计和多因素被试间设计

根据被试间设计中自变量数目的多少,可以将被试间设计划分为单因素的被试间设计和多因素的被试间设计。

1. 单因素被试间设计

单因素被试间设计(one factor between-subject design)即单自变量的被试间设计(one independent variable between-subject design),是指只有一个自变量,自变量有两个或两个以上的水平,被试以随机化或匹配的方式分配给该自变量的各个水平,每个被试只接受一种实验处理的被试间设计。例如,前面提及的探讨文章的生字密度对小学三年级学生阅读理解的影响,研究者只关注文章的生字密度这个自变量对小学三年级学生阅读理解的影响,而不关注其他变量产生的影响,这就是一个单因素的实验设计。另外,研究者采取匹配的办法形成三组被试,每组被试只接受一种实验处理,即只阅读具有特定生字密度的一篇文章,因此,这也是一个单因素被试间设计。

2. 多因素被试间设计

多因素被试间设计(multiple factors between-subject design)即多自变量的被试间设计(multiple independent variables between-subject design),是指有多个自变量,每个自变量有两个或两个以上水平的处理,被试以随机化或匹配的方式分配给各个实验处理水平的结合,每个被试只接受一种实验处理水平结合的被试间设计。例如,在上述研究设计中,除了生字密度,文章的体裁也会影响小学生的阅读理解成绩,所以,文章的体裁(如说明文和议论文)也是影响学生阅读理解的一个重要变量。如果研究者想要探讨生字密度和文章体裁对小学生阅读理解的影响,同时采用随机化或匹配的办法形成6组被试，每一组被试只接受一种实验处理水平的结合，那么这个研究设计就是一个多因素被试间设计。

三、被试间设计的特点

(一) 被试间设计的优点

(1) 被试间设计是一种清晰明了的实验设计，其中所包含的实验逻辑清晰易懂，统计分析也相对简单。

(2) 在被试间设计中，由于每个被试只接受一种实验条件，不同实验条件之间不会相互影响，这也是被试间设计较为突出的优点。

(二) 被试间设计的缺点

(1) 在被试间设计中，由于被试的个体差异所带来的无关变异无法从误差变异中分离出去，会导致误差变异较大，实验设计的效力较低。尽管随机区组设计和拉丁方设计采用区组技术，能够将部分无关变异分离出去，但其仍有一些局限性。

(2) 被试间设计需要招募大量的实验被试，特别是当自变量的数目或者自变量的水平数较多时，所需要的实验被试数目更是成倍增加。如果研究者所研究的被试为某种特殊群体(如某种类型的孤独症儿童)，获得的被试数量有限，这将大大限制被试间设计的使用。由此可见，采用被试间设计时，自变量的数目和自变量的水平数不宜过多。

(3) 被试间设计的每个参与者只接受一种实验条件，每个实验被试都需要进行练习实验，因此，实验条件较多时练习实验的耗时也较多，特别是对于一些使用仪器进行的实验，比如眼动实验、脑电实验，实验准备和练习会耗费较多的时间，不够高效。

第二节　实验组对照组前测后测设计

在本节中，我们将介绍实验组对照组前测后测设计的含义、实验逻辑、特点及其统计方法。

一、实验组对照组前测后测设计的含义

实验组对照组前测后测设计(experimental-group and control-group pretest-posttest design)通常是指单实验组单对照组前测后测设计。该实验设计步骤如下：首先采用随机化(randomization)或匹配(match)的方法将被试分成两组，其中一组接受实验处理，即实验组，另一组不接受实验处理，即对照组，也称控制组；然后在实施实验处理前分别测量两组被试在因变量上的成绩，即前测；接下来对实验组施加实验处理，对对照组不施加实验处理；最后测量两组被试在因变量上的成绩，即后测。

实验组对照组前测后测设计的基本模式为

实验组	R(M)	O_1	X	O_2
对照组	R(M)	O_3	—	O_4

其中，R(M)表示以随机化(或匹配)的方式将被试分成实验组和对照组，X表示接受实验处理，而"—"表示不接受实验处理，O_1和O_3分别表示实验组和对照组在实施实验处理之前的前测成绩，而O_2和O_4分别表示实验组和对照组在实施实验处理之后的后测成绩。

二、实验组对照组前测后测设计的实验逻辑

由于采用随机化或匹配的方法将被试分配到两个组中，两组被试在实施实验处理前是均等的(等组被试)，即在统计上无显著差异。如果两组被试在后测成绩上出现了差异，则认为这种差异是由实验处理造成的。

例如，有研究者想要了解饮酒对脚踏反应时的影响，首先要求招募来的被试(如60名成人)完成脚踏反应时任务，记录被试的反应时，即前测。然后采用随机化或匹配的方法将这60名被试分成两组，每组30人，其中一组为对照组，饮用不含酒精的饮料(如纯净水)200mL；另一组为实验组，饮用酒精含量为40%的饮料200mL。接下来测量两组被试的脚踏反应时，即后测。如果实验组被试脚踏反应时的后测与前测之差显著长于对照组被试脚踏反应时的后测与前测之差，则可以认为饮一定量的含酒精的饮料会延迟被试的脚踏反应时。

有时候研究者想要了解实验处理的不同水平对因变量产生的影响，在设计中包含多个实验组，形成多实验组单对照组设计。比如在上述研究设计中，研究者想要继续了解饮用不同酒精含量的饮料对脚踏反应时的影响，此时需要招募多组被试。其中对照组饮200mL的纯净水，另外3个实验组被试分别饮用酒精含量为20%、40%和60%的饮料200mL，然后测量4组被试脚踏反应时的后测与前测之差。结果发现随着饮酒量的增加，被试的脚踏反应时有越来越大的延迟。

三、实验组对照组前测后测设计的特点

(一) 实验组对照组前测后测设计的优点

在实验组对照组前测后测设计中，采用随机化或匹配的方法获得实验组和对照组，能够较好地平衡两组被试的个体差异，减少无关因素的影响；若实验组和对照组的后测成绩存在明显差异，研究者可以得出实验处理起作用的结论；当设计中包含多个实验组时，研究者可以通过比较实验组的结果和对照组的结果来确定自变量的作用，还可以通过比较多个实验组(至少要3个实验组)的结果来确定自变量与因变量之间的关系是线性的还是非线性的。

(二) 实验组对照组前测后测设计的缺点

实验组对照组前测后测设计作为一种被试间设计，同样具有被试间设计的缺点。在该设计中，对照组虽然不接受实验处理，但为了保证条件具有可比性，需要选用恰当的安慰剂(前面例子中与饮料等量的纯净水)。比如，在对药物的效果进行临床试验时，可以采用面粉(与药物外观相同)作为安慰剂。需要注意的是，如果安慰剂选用不恰当可能会带来干扰。

四、实验组对照组前测后测设计的统计方法

(一) 单实验组单对照组前测后测设计

对单实验组单对照组前测后测设计的实验数据进行统计分析时，可以采用如下两种方法(朱滢，2000)。

第一种方法是对实验组的后测与前测分数之差和对照组的后测与前测分数之差进行统计分析。具体做法是：首先，对实验组的每一名被试，均可获得一个后测与前测的差异量，同样对于对照组的每一名被试，也可以获得一个后测与前测的差异量；然后对这两组差异量进行显著性检验，根据分配被试的方法和数据分布的特点选用相应的显著性检验方法。如果采用随机化的方法分配被试，且数据分布符合参数检验的条件，则需要使用参数统计的独立样本t检验；如果采用匹配的方法分配被试，且数据分布符合参数检验的条件，则需要使用参数统计的相关样本t检验；如果采用随机化的方法分配被试，但数据分布不符合参数检验的条件，则需要使用非参数的曼-惠特尼U检验(Mann-Whitney U test)、K-S检验(Kolmogorov-Smirnov Z test)或者W-W游程检验(Wald-Wolfowitz run test)；如果采用匹配的方法分配被试，且数据分布不符合参数检验的条件，则需要使用非参数的维尔克松符号秩检验(Wilcoxon signed-rank test)。

第二种方法是采用协方差分析，将前测分数作为协变量，对实验组和对照组在实验处理前的组间差异进行控制和调整，以便使两组的后测成绩能够较少受前测成绩的影响。

(二) 多实验组单对照组前测后测设计

参照单实验组单对照组前测后测设计，对于多实验组单对照组前测后测设计，可以采用类似的逻辑，根据分配被试的方法和数据分布的特点选用相应的显著性检验方法。如果采用随机化的方法分配被试，且数据分布符合参数检验的条件，则需要使用参数统计的单因素被试间方差分析对前测和后测的差异量进行检验；如果采用匹配的方法分配被试，且数据分布符合参数检验的条件，则需要使用参数统计的单因素被试内方差分析对前测和后测的差异量进行检验；如果采用随机化的方法分配被试，且数据分布不符合参数检验的条件，则需要使用非参数统计的克-瓦氏H检验；如果采用匹配的方法分配被试，且数据分布不符合参数检验的条件，则需要使用非参数统计的弗里德曼(Friedman)

检验、肯德尔(Kendall)W检验或科克伦(Cochran)Q检验等方法。

如果统计结果显著，则表明至少有两组之间差异显著；如果想要确认是哪两组差异显著，则可以采用相应的多重比较方法获得不同组(包括对照组和各个实验组以及各个实验组之间)之间的差异。

第三节 单因素被试间设计

一、单因素被试间设计的含义

单因素被试间设计，即单自变量的被试间设计，是指在实验设计只包含一个自变量，且自变量有两个或多个的水平，每个被试只接受一个水平的实验处理。例如，研究者想要了解个体不同的情绪状态对记忆成绩的影响，个体的情绪状态主要包括正性情绪状态、中性情绪状态和负性情绪状态。研究者招募被试并将每一名被试按照一定的方法分配到其中一种实验条件或实验处理中，此时一共需要有三组被试，每组被试仅接受一种实验处理，该实验设计就是单因素被试间设计。

二、单因素被试间设计的类型

根据研究者分配被试到各个实验条件中去的方法不同，可以将被试间设计分为单因素完全随机设计、单因素随机区组设计和单因素拉丁方设计。

(一) 单因素完全随机设计

1. 单因素完全随机设计的基本模式

单因素完全随机设计是指研究者采用随机化的方法，将被试分配至各个实验处理(或实验条件)中的被试间设计。单因素完全随机设计的基本模式如表5-1所示，其实验逻辑如下：采用随机化的方法分配被试至各个实验处理中，因此在实施实验处理之前，各组被试在统计上不存在显著差异，即等组；若实施实验处理后，各组被试的后测成绩之间出现了显著差异，则说明自变量的不同水平对因变量产生了不同的影响。

表5-1 单因素完全随机设计的基本模式

自变量(A)			
a1	a2	a3	a4
S01	S21	S41	S61
S02	S22	S42	S62
……	……	……	……
S19	S39	S59	S79
S20	S40	S60	S80

在表5-1中，a1、a2、a3和a4分别代表自变量A的4个水平。S01~S80代表共80名被试参加该实验，将80名被试随机分成4组，随机指派一组参加一个自变量水平的实验，每个水平下有20名被试。

由此可见，单实验组单对照组后测设计可以看作两个水平的单因素完全随机设计，其中自变量是组别，有两个水平，分别为实验组和对照组。多实验组单对照组前测后测设计可以看作多个水平的单因素完全随机设计。

2. 单因素完全随机设计的统计分析方法

在SPSS中，可以采用菜单功能对单因素完全随机设计的实验结果进行统计分析：单击菜单Analyze→Compare Means→One-Way NAOVA或者Analyze→General Linear Model→Univariate。如果方差分析的结果显著，则表明至少有两种实验条件之间存在显著差异，可以利用常用的多重比较的方法，如LSD、S-N-K、Bonferroni或者Duncan检验，检验哪两种实验条件之间存在显著差异。在单因素完全随机设计中，也可以采用SPSS的程序代码对其实验结果进行统计分析，运行程序如下。

```
ONEWAY BY GROUP
    /STATISTICS DESCRIPTIVES HOMOGENEITY
    /MISSSING ANALYSIS
    /POSTHOC=SNK DUNCAN LSD BONFERRONI ALPHA(0.05).
```

需要注意的是，在SPSS程序中不区分字母大小写，这里的变量水平均采用大写（下同）。

3. 单因素完全随机设计的优缺点分析

(1) 单因素完全随机设计的优点。单因素完全随机实验设计和实验实施均相对简单，接受每个处理水平的被试数量可以不相等，但最好相等，不需要匹配被试；每个被试仅接受一个实验处理，实验处理之间不会相互影响。

单因素完全随机设计的数据分析和对结果的解释简单明了，与它的误差平方和相对应的自由度最大。因此，如果不同实验设计中得到的误差平方和相等，那么单因素完全随机设计比其他实验设计更敏感。

(2) 单因素完全随机设计的缺点。单因素完全随机设计的组内变异并非全部由随机误差组成，其中还包括被试的个体差异，并且被试的个体差异混杂在组内变异中，导致F检验的分母项增大，使得实验不够敏感。

4. 单因素完全随机设计的应用举例

有一项研究探讨了权力感对消费者冲动购买的影响(编自宋雪等，2023)。研究者基于自我控制理论提出研究假设，与高权力感相比，低权力感导致个体产生更高的冲动购买水平，冲动购买商品的数量会更多。在该研究中，自变量为权力感，共包括高权力感、低权力感和基线3个水平。因变量为被试冲动购买的商品数量。实施实验时，研者将有效被试173名随机分配为3组,其中,高权力感组有57人,低权力感组有58人,基线组有58人,利用回忆任务启动每组被试产生相应的权力感水平。每组被试均需要完成一个市场调查任务,测量冲动购买商品的数量。研究发现(如图5-1所示),在冲动购买的商品数量上,权力感分组的主效应显著,$F(2,167)=5.55$,$p=0.005$,$\eta_p^2=0.06$。配对比较的结果表明,低权力感组($M=5.31$,$SD=2.23$)比高权力感组($M=3.86$,$SD=2.19$)购买了更多的商品($p=0.002$),高权力感组与基线组($M=4.41$,$SD=2.22$)之间无显著差异($p=0.395$);低权力感组比基线组购买了更多的商品($p=0.019$)。由此可见,与高权力感组和基线组相比,低权力感组均产生了更高的冲动购买水平,购买了更多数量的商品。

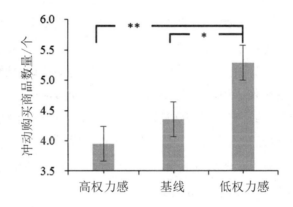

图5-1 权力感对冲动购买商品数量的影响(*$p<0.05$, **$p<0.01$)

(二) 单因素随机区组设计

由于单因素完全随机设计无法将部分无关变异从组内变异中分离出来,其实验效力较低,针对这一缺陷,研究者提出可以采用区组技术将一部分无关变异从组内变异中分离出来,使之不出现在处理变异和误差变异中,从而减少误差变异,提升实验的效力,这种实验设计就是单因素随机区组设计。所谓区组就是在某个无关变量上相对同质的一组被试。划分区组的通常做法是按照被试在某个无关变量上的取值不同,将被试划分为不同的组,分组的基本原则是保持组内变异尽可能小(即组内尽可能同质),组间变异尽可能大。

1. 单因素随机区组设计的基本模式

在随机区组设计中,除了研究者关注的自变量外,还有一个由划分区组而产生的无关变量,这个无关变量也称为区组变量。区组变量通常是被试变量,但也可以是环境变量或群组,比如时间、班级等。单因素随机区组设计的基本模式如表5-2所示。不同区组之间的变异形成区组效应,一个好的随机区组设计应该能够获得一个显著的区组效应。需要注意的是,随机区组设计要求自变量与这个无关的区组变量之间不能有交互作用,否则不能采用随机区组设计。

表5-2 单因素随机区组设计的基本模式

区组	自变量(A)			
	a1	a2	a3	a4
区组1	S01，S02，S03，S04	S05，S06，S07，S08	S09，S10，S11，S12	S13，S14，S15，S16
区组2	S17，S18，S19，S20	S21，S22，S23，S24	S25，S26，S27，S28	S29，S30，S31，S32
区组3	……	……	……	……
区组4	S49，S50，S51，S52	S53，S54，S55，S56	S57，S58，S59，S60	S61，S62，S63，S64
区组5	S65，S66，S67，S68	S69，S70，S71，S72	S73，S74，S75，S76	S77，S78，S79，S80

在表5-2中，a1、a2、a3、a4分别代表自变量A的4个水平(实验处理)，S01～S80共80名被试，首先根据这80名被试在区组变量(如智商)上的不同将其划分为5个区组，每个区组内有16名同质被试，即这16名被试的智商处在同一水平上；再将每个区组内的16名被试随机分配至自变量A的4个水平中，每一水平的实验处理下各有4名被试。

由单因素随机区组设计的基本模式可以看出，区组内的被试数通常是实验处理数的整数倍，比如在上面这个例子中，自变量A有4个水平，即4种实验处理，那么每个区组内的被试数应为4的整数倍。有一种特殊情况是每个区组内只有1个被试，此时该实验设计就变成了被试内设计(见第六章)。区组的个数没有明确要求，但不宜过多或过少，区组数过多，组间变异不够大；区组数过少，组内被试数量多，不易做到同质。

2. 单因素随机区组设计的统计分析方法

单因素随机区组设计的统计分析方法与单因素完全随机设计的统计分析方法类似。在SPSS中，可以采用菜单功能对单因素随机区组设计的实验结果进行统计分析：单击菜单Analyze→General Linear Model→Univariate，将自变量和区组变量均纳入固定因素，从实验处理的变异中分离出区组变异，在模型使用方面，仅选择自变量和区组变量的主效应即可。在单因素随机区组设计中，也可以采用SPSS的程序代码对其实验结果进行统计分析，运行程序如下。

```
UNIANOVA SCORES BY GROUP BLOCK
    /METHOD=SSTYPE(3)
    /INTERCEPT=INCLUDE
    /EMMEANS=TABLES(BLOCK) COMPARE ADJ(BONFERRONI)
    /PRINT=OPOWER ETASQ DESCRIPTIVE
    /CRITERIA=ALPHA(0.05)
    /DESIGN=GROUP BLOCK.
```

3. 单因素随机区组设计的优缺点分析

(1) 单因素随机区组设计的优点。单因素随机区组设计使研究者能够从组内变异中分离出一个无关变量的效应，减小了实验误差，可以获得对处理效应更加精确的估价。

单因素随机区组设计可用于包含任何处理水平数的实验中，区组的数量也不受限制，具有较好的灵活性。

(2) 单因素随机区组设计的缺点。如果实验中包含的处理水平较多，有时不太容易获得较多的同质被试。随机区组设计还要求自变量与区组变量之间没有交互作用，这在一定程度上限制了随机区组设计的应用。

4. 单因素随机区组设计的应用举例

有一项实验考察了中学生在限定时间内正确解答数学题的数目(编自白学军等，2017)，自变量是题目的呈现方式，共有4种处理水平。被试在这4种处理水平下接受测验。已有的研究发现，在完全相同的条件下进行测试时，被试在限定时间内正确解答数学题目的数量有较大的个体差异。因此，研究者决定采用随机区组设计，以便从实验误差估计中剔除解题能力上的个体差异引起的变异。

研究者共选取24名被试参与实验，在完全相同的条件下，先对24名被试进行一次初测，要求被试在规定时间内完成一次数学测验，根据数学测验的成绩，将被试分为6个区组，每个区组共4名被试，按随机的方式将每个区组中的4名被试分配至每一种实验条件中去(见表5-3)。

表5-3　24名被试在4种实验条件下的解题数目

区组	自变量：题目的呈现方式			
	呈现方式1	呈现方式2	呈现方式3	呈现方式4
区组1	18	19	20	21
区组2	17	19	20	20
区组3	16	17	17	18
区组4	16	18	19	19
区组5	17	15	17	18
区组6	17	15	17	16

采用单因素随机区组设计的方差分析发现，题目的呈现方式的主效应显著，$F(3, 15) = 5.74$，$p = 0.008$，$\eta_p^2 = 0.54$，说明题目的不同呈现方式对中学生在限定时间内正确解答数学题的数目有显著的影响；区组的主效应显著，$F(5, 15) = 8.27$，$p = 0.001$，$\eta_p^2 = 0.73$。由此可见，划分区组是非常必要的。

(三) 单因素拉丁方设计

1. 单因素拉丁方设计的模式

单因素拉丁方设计是把自变量A的N个处理水平(a1，a2，…，aN)分配到N行N列的N^2个单元格(拉丁方阵)中，使得每个处理水平在每行每列中出现且仅出现一次。该设计扩展了单因素随机区组设计，可以分离出两个无关变量的效应，其中一个无关变量的水平在横行分配，一个无关变量的水平在纵列分配，如表5-4所示。在单因素拉丁方设计中，要求两个无关变量和自变量的水平数相同，而且三个变量之间没有交互作用，每个单元格内至少分配1个被试，因此，实验总共需要的被试数是N^2的整数倍。若每个单元格内分配多名被试，要使单元格内的被试保持同质，以减少单元格内的被试变异对实验结果的影响。

表5-4 单因素拉丁方设计的基本模式

C	B			
	b1	b2	b3	b4
c1	a1	a2	a4	a3
c2	a2	a3	a1	a4
c3	a3	a4	a2	a1
c4	a4	a1	a3	a2

在表5-4中，自变量为A，有4个水平，分别为a1、a2、a3和a4，B和C为两个无关变量，也都有4个水平，分别为b1、b2、b3、b4和c1、c2、c3、c4。若每个单元格有1名被试，则共需要16名被试。比如，由于实验室条件有限，仅有4间实验室可用于实验，每天被试可以参加实验的时间分别为8点、9点、10点、11点，为了分离出实验房间和实验时间引起的对实验处理的影响，可以采用拉丁方设计，让自变量的每个水平在每个房间中仅出现1次，在每个时间点上也仅出现1次。

2. 单因素拉丁方设计的统计分析方法

单因素拉丁方设计的统计分析方法与单因素完全随机设计和单因素随机区组设计的统计分析方法类似。在SPSS中，可以采用菜单功能对单因素拉丁方设计的实验结果进行统计分析：单击菜单Analyze→General Linear Model→Univariate，将自变量和两个无关变量纳入固定因素，从处理内的变异中分离出两个无关变异，在模型使用方面，仅选择自变量和两个无关变量的主效应即可。在单因素拉丁方设计中，也可以采用SPSS的程序代码对其实验结果进行统计分析，以DENSITY为自变量，CLASS和TIME为两个无关变量的拉丁方设计为例，SPSS运行程序如下。

```
UNIANOVA SCORES BY DENSITY CLASS TIME
  /METHOD=SSTYPE(3)
  /INTERCEPT=INCLUDE
  /PLOT=PROFILE(DENSITY)
  /EMMEANS=TABLES(DENSITY) COMPARE ADJ(BONFERRONI)
  /EMMEANS=TABLES(CLASS) COMPARE ADJ(BONFERRONI)
  /EMMEANS=TABLES(TIME) COMPARE ADJ(BONFERRONI)
  /PRINT=OPOWER ETASQ HOMOGENEITY DESCRIPTIVE PARAMETER
  /CRITERIA=ALPHA(0.05)
  /DESIGN=DENSITY CLASS TIME.
```

3. 单因素拉丁方设计的优缺点分析

(1) 单因素拉丁方设计的优点。这种设计使得研究者能够从组内变异中分离出两个无关变量的效应，使其比完全随机设计和随机区组设计更加有效，可以获得对处理效应更加精确的估计。

通过对单元格内的误差与残差做F检验，可以检验实验设计的正确性，如果F检验(残差的均方/单元格内误差的均方)显著，则表明残差的均方显著不同于随机误差的均方，自变量与两个无关变量之间可能存在交互作用；若F检验不显著，则表明自变量与两个无关变量之间无显著的交互作用，实验设计是有效的。

(2) 单因素拉丁方设计的缺点。一方面，自变量与两个无关变量之间不存在交互作用的前提假设往往难以保证；另一方面拉丁方设计要求每个无关变量的水平数与自变量的水平数必须相等。这两点在一定程度上限制了拉丁方设计的使用。

4. 单因素拉丁方设计的应用举例

有一项实验研究考察了文章生字密度对小学生阅读理解的影响(舒华，1994)。作者选取了4种生字密度的文章，从4个班级随机选取32名学生参加实验，每个班8名学生，实验分别在星期三、四、五、六下午分4次进行。在这个研究中，自变量生字密度共有4个水平，分别为5∶1(a_1)、10∶1(a_2)、15∶1(a_3)和20∶1(a_4)。因变量为参加者的阅读理解测验分数，考虑到来自不同班级的学生可能在阅读理解方面存在差异，影响实验结果，但班级的差异又不是研究者感兴趣的因素，因此，可以把班级看作一个具有4个水平的无关变量，分别为b_1、b_2、b_3和b_4。另外，把测试时间看成另一个无关变量，这个无关变量也有4个水平，分别为c_1、c_2、c_3和c_4。在实施实验之前，研究者需要首先构建一个4×4的拉丁方格，将每个班级的8名学生随机分配至4个拉丁方格中，每个方格内有2名学生接受完全相同的实验条件。不同班级被试在不同测试时间阅读测验的分数如表5-5所示。

表5-5 参加者阅读测验的分数

B	C							
	c1		c2		c3		c4	
b1	a1		a2		a4		a3	
	3	4	2	3	9	8	6	5
b2	a2		a3		a1		a4	
	4	3	7	6	3	2	8	7
b3	a3		a4		a2		a1	
	8	9	12	13	6	4	5	6
b4	a4		a1		a3		a2	
	12	11	7	5	8	7	5	4

采用单因素拉丁方实验设计的方差分析发现，生字密度的主效应显著，$F(3, 22) = 96.16$，$p < 0.001$，$\eta_p^2 = 0.93$，说明不同的生字密度对小学生阅读理解的成绩产生显著影响；班级的主效应显著，$F(3, 22) = 28.39$，$p < 0.001$，$\eta_p^2 = 0.80$；时间的主效应也显著，$F(3, 22) = 4.11$，$p = 0.019$，$\eta_p^2 = 0.36$。说明将班级和时间作为无关变量采用拉丁方设计是有效的。

在这个实验设计中，自变量生字密度共有4个水平，被试被分为4组，每组8人；两个控制变量分别是被试所在班级和测试时间，每个各有4个水平。通过拉丁方设计，不同生字密度条件下的8名被试在控制变量班级和测试时间上均进行了匹配，从而保证不同组被试在生字密度上的不同，以及在班级和测试时间上的相同，体现了拉丁方设计的优势。

三、单因素被试间设计的特点

(一) 单因素被试间设计的优点

在被试间设计中，每名被试仅接受一种实验处理，不同实验处理(或实验条件)之间不会产生相互作用。

如果实验处理(比如被试的不同情绪状态)会对因变量产生相对持久的影响，此时只能采用被试间设计，而不能采用被试内设计(将在第六章详细介绍)。

在被试间设计中，组内平方和即为误差平方和，对应的自由度最大；若不同设计中(如组内设计)得到的误差平方和相等，则被试间设计比其他设计更高效。

(二) 单因素被试间设计的缺点

被试间设计的组内变异除了随机误差外，还包含被试间的个体差异，被试间的个体差异有可能与实验处理共同影响实验结果，使得实验的效力有所降低。

被试间设计根据自变量的水平数对被试进行分组，随着实验设计中处理水平的增多，需要的被试总量会大大增加。

第四节 多因素被试间设计

一、多因素被试间设计的含义及处理效应

(一) 多因素被试间设计的含义

前面讲述了单因素的被试间设计，但在实际的研究设计中，很少只操纵一个自变量进行实验，常常同时操纵2~4个自变量。如果多个自变量均为被试间变量，这种设计就是多因素被试间设计，也称多自变量的被试间设计。多因素被试间设计是指在实验设计中有两个或两个以上的自变量，且每个自变量均为被试间变量的设计。两个或多个自变量水平的一个组合，称为一个实验处理。研究者采用随机分配或匹配被试的方法将每个被试分配到其中一个实验处理水平的结合。

(二) 多因素被试间设计中的处理效应

多因素实验设计的变量命名通常采用因素和水平命名法，可以表述为因素1的水平数(因素1：因素1的各水平)×因素2的水平数(因素2：因素2的各水平)的被试间设计。比如一个两因素的被试间设计，有两个因素A和B，其中A有两个水平a1和a2，B有三个水平b1、b2和b3，那么这个实验设计可以表述为2(A：a1和a2)×3(B：b1、b2和b3)的被试间设计，其中，A和B两个因素均为被试间变量。在多因素实验设计中，涉及的处理效应包括每个因素的主效应、因素之间的交互作用、简单效应。

1. 主效应

因素的主效应(main effect)是指在实验设计中一个因素的不同水平所引起的变异，即这个因素在多大程度上能够使因变量发生变化，也称为这个因素的处理效应(treatment effect)或主效应(main effect)。例如，在一个2×3的两因素被试间设计中，A因素有两个水平，分别为a1和a2；B因素有3个水平，分别为b1、b2和b3。忽略B因素3个水平的差异，A因素的两个水平a1和a2引起的变异就是A因素的主效应；同样地，忽略A因素两个水平的差异，B因素的3个水平b1、b2和b3引起的变异就是B因素的主效应。

2. 交互作用

在一个两因素的实验中，如果一个自变量的水平在另一个自变量的不同水平上变化趋势不一致时，我们就说这两个因素存在交互作用(interaction effect)。如图5-2(a)所示，在b1水平上，被试在a1和a2两种条件下的分数没有明显差异；而在b2水平上，被试在a1水平上的分数远高于在a2水平上的分数。这就表明被试在A条件下的分数受B条件的影响，即两个因素之间存在交互作用。当一个因素的水平在另一个因素的不同水平上变化趋势一致时，表明两个因素是相互独立的。如图5-2(b)所示，B因素的不同水平对被试在A因素不同水平上的分数没有产生影响，即两个因素是相互独立的。

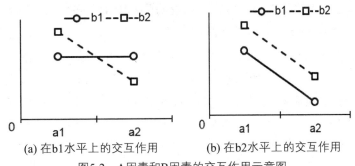

(a) 在b1水平上的交互作用　　(b) 在b2水平上的交互作用

图5-2　A因素和B因素的交互作用示意图

两因素交互作用的类型包括交叉的交互作用和非交叉的交互作用。所谓交叉的交互作用是指在两个因素的交互作用的线条图上，出现了线条的交叉，如图5-3(a)所示。非交叉的交互作用是指在两个因素交互作用的线条图上，线条之间没有交叉，如图5-3(b)所示。

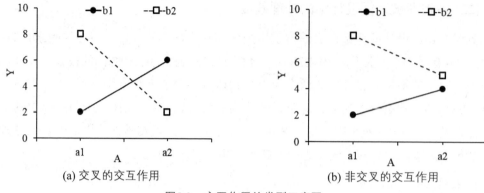

图5-3 交互作用的类型示意图

交互作用不仅存在于两个因素之间,也存在多个因素之间。在两因素的实验设计中,若两个因素分别为A和B,那么这个设计只有一个交互作用,即A×B。在三因素的实验设计中,如果三个因素分别为A、B和C,那么这个设计共有4个交互作用,包括3个二阶交互作用(分别为A×B、B×C和A×C)和1个三阶交互作用(A×B×C)。由此可见,随着实验设计中因素数的增加,交互作用的个数也迅速增加,交互作用的解释也变得愈加困难。从这一点可以看出,在多因素实验设计中,因素数不宜过多,一般为2～4个。

3. 简单效应、简单简单效应和简单交互作用

在两因素实验中,一个因素的水平在另一个因素某个水平上的变异,称为简单效应。比如,在一个2×2的两因素实验中,A因素和B因素各有两个水平,A因素的两个水平在b1水平上的变异,称为A因素在b1水平上的简单效应;同样地,A因素的两个水平在b2水平上的变异,称为A因素在b2水平上的简单效应,B因素的两个水平在a1水平上的变异,称为B因素在a1水平上的简单效应,B因素的两个水平在a2水平上的变异,称为B因素在a2水平上的简单效应。在方差分析中,当发现一个显著的两因素交互作用时,往往需要做进一步的简单效应分析,以说明两个因素之间交互作用的实质。

在三因素实验中,当三个因素之间的三阶交互作用显著时,可以进一步做简单简单效应或简单交互作用分析。其中,简单简单效应是指其中一个因素在另外两个因素实验处理结合水平上的效应,如图5-4分别给出了B因素在A和C两个因素实验处理结合水平(a1c1、a1c2、a2c1和a2c2)上的效应;简单交互作用是指在一个因素不同水平上另外两个因素的交互作用,如图5-5分别给出了因素A和C的在b1水平上和b2水平上的交互作用。

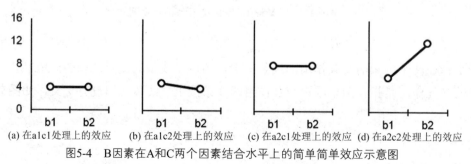

图5-4 B因素在A和C两个因素结合水平上的简单简单效应示意图

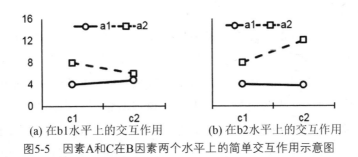

(a) 在b1水平上的交互作用　　　　(b) 在b2水平上的交互作用

图5-5　因素A和C在B因素两个水平上的简单交互作用示意图

(三) 多因素被试间设计的优缺点分析

除了同时具备单因素被试间设计的优点，多因素被试间设计还具有以下优点：第一，做一项多因素实验比分别做多项单因素实验的效率要高；第二，做一项实验比分别做多项实验更易于保持控制变量的恒定；第三，从一项多因素实验中获得的结果比从一项单因素实验中获得的结果更有价值，更接近生活实际；第四，与单因素实验相比，多因素设计的一个重要优势就是不仅能够探讨每个变量的主效应，还可以探讨变量之间的交互作用。

二、多因素被试间设计的类型

根据分配被试到实验条件中去的方法不同，常见的多因素被试间设计主要包括两因素完全随机设计、两因素随机区组设计和三因素完全随机设计。

(一) 两因素完全随机设计

1. 两因素完全随机设计的基本模式

两因素完全随机设计是指在实验研究中，同时考虑两个独立因素对实验结果的影响，并将实验对象（或称为被试）随机分配到这两个因素的各个水平组合中的一种设计。两因素完全随机设计也称两因素被试间设计。两因素完全随机设计的基本模式如表5-6所示。

表5-6　两因素完全随机设计的基本模式

A因素和B因素处理水平的结合					
a1b1	a1b2	a1b3	a2b1	a2b2	a2b3
S001	S021	S041	S061	S081	S101
S002	S022	S042	S062	S082	S102
……	……	……	……	……	……
S019	S039	S059	S079	S099	S119
S020	S040	S060	S080	S100	S120

在表5-6中，A因素有2个水平，分别为a1和a2；B因素有3个水平，分别为b1、b2和b3，一共有6种处理水平的结合，分别为a1b1、a1b2、a1b3、a2b1、a2b2和a2b3。每个被试只接受其中一种处理水平的结合。S001～S120表示共有120名被试。其中，每一名被试只接受一种处理水平结合的实验处理，每一处理水平的结合有20名被试。

2. 两因素完全随机设计的统计分析方法

两因素完全随机设计的统计分析方法与单因素完全随机设计的统计分析方法类似。在SPSS中，可以采用菜单功能对两因素完全随机设计的实验结果进行统计分析：单击菜单Analyze→General Linear Model→Univariate，将两个自变量纳入固定因素。如果自变量的水平数大于2，且主效应显著，则表明该自变量至少有两种实验条件之间存在显著差异。此时，可以利用常用的多重比较的方法，如LSD、S-N-K、Bonferroni或者Duncan检验等，检验哪两种实验条件之间存在显著差异。如果两个自变量的交互作用显著，则需要分析交互作用的来源，即分析简单效应。在两因素完全随机设计中，也可以采用SPSS的程序代码对简单效应进行统计分析，以2(A：a1和a2)×3(B：b1、b2和b3)的被试间设计为例，运行程序如下。

```
MANOVA Y BY A(1，2) B(1，3)
   /PRINT=CELLINFO(MEANS)
   /DESIGN
   /DESIGN=B WITHIN A(1) B WITHIN A(2)
   /DESIGN=A WITHIN B(1) A WITHIN B(2) A WITHIIN B(3).
```

3. 两因素完全随机设计的应用举例

在互联网公益情境下，受限于人际接触与沟通的缺乏，呈现信息的质量成为影响人们参与公益行为决策的重要因素。在一项研究中，探讨了信息加工流畅性与真实性对个体捐助行为的影响(郑晓莹等，2024)。其中一个实验采用2(信息加工流畅性：高和低)×2(信誉线索：有和无)的两因素完全随机设计，探讨信息加工流畅性和信誉线索对捐助行为的影响。在实验中，通过改变公益平台网页上文字字体操纵流畅性的高低，低流畅性组的被试看到的文字是方正舒体，高流畅性组的被试看到的文字是宋体。为了操纵捐助信息的信誉线索，在有信誉线索组，告知被试这一募捐活动是在支付宝公益平台上经过平台验证的真实募捐项目，在无信誉线索组，没有给被试提供这些信息。被试阅读完募捐信息后报告捐助意愿和转发意愿，在7点量表上进行评分(1 = 非常不愿意，7 = 非常愿意)。因变量为捐助意见和转发意愿的平均评分。对该因变量进行2(信息加工流畅性：高和低)×2(信誉线索：有和无)的方差分析。结果显示，流畅性与信誉线索的交互效应显著，$F(1, 296) = 8.59$，$p = 0.004$，$\eta_p^2 = 0.03$；流畅性和信誉线索的主效应均不显著($ps > 0.140$)。进一步的简单效应检验表明：在没有信誉线索的条件下，高信息加工流畅组的捐助意愿高于低信息加工流畅组，$F(1, 296) = 4.38$，$p = 0.037$，$\eta_p^2 = 0.02$；在有信誉线索的条件下，低信息加工流畅组的捐助意愿反而高于高信息加工流畅组，$F(1, 296) = 4.21$，$p = 0.041$，$\eta_p^2 = 0.01$。由此可见，在没有信誉线索时，求助信息加工流畅性越高，捐助者的捐助意愿越高；在有信誉线索时，求助信息加工流畅性越低，捐助者的捐助意愿越高。

(二) 两因素随机区组设计

1. 两因素随机区组设计的基本模式

两因素随机区组设计是指在实验研究中有两个自变量，采用区组技术，先将被试在无关变量(如被试间个体差异)上进行匹配，然后将匹配好的同质被试随机分配至不同实验处理水平的结合，每个被试仅接受其中一个实验处理水平结合的设计。两因素完全随机设计的模式如表5-7所示。

表5-7 两因素完全随机设计的模式

区组	A因素和B因素处理水平的结合					
	a1b1	a1b2	a1b3	a2b1	a2b2	a2b3
区组1	S001, S002, S003, S004	S005, S006, S007, S008	S009, S010, S011, S012	S013, S014, S015, S016	S017, S018, S019, S020	S021, S022, S023, S024
区组2	S025, S026, S027, S028	S029, S030, S031, S032	S033, S034, S035, S036	S037, S038, S039, S040	S041, S042, S043, S044	S045, S046, S047, S048
区组3	……	……	……	……	……	……
区组4	S073, S074, S075, S076	S077, S078, S079, S080	S081, S082, S083, S084	S085, S086, S087, S088	S089, S090, S091, S092	S093, S094, S095, S096
区组5	S097, S098, S099, S100	S101, S102, S103, S104	S105, S106, S107, S108	S109, S110, S111, S112	S113, S114, S115, S116	S117, S118, S119, S120

在表5-7中，A因素有2个水平，分别为a1和a2，B因素有3个水平，分别为b1、b2和b3，均为被试间变量；一共有6种处理水平的结合，分别为a1b1、a1b2、a1b3、a2b1、a2b2和a2b3。S001~S120表示共有120名被试，一共划分了5个区组，每个区组内有24名被试，这些被试同质，每4名被试接受其中一种处理水平上的结合。

2. 两因素随机区组设计的统计分析方法

两因素随机区组设计的统计分析方法与两因素完全随机设计的分析方法类似。在SPSS中，可以采用菜单功能对实验结果进行统计分析：单击菜单Analyze→General Linear Model→Univariate，将两个自变量和一个区组变量同时纳入固定因子(fixed factors)；在模型选择方面，可以选择分析自变量的主效应、区组变量的主效应及自变量的交互作用。如果自变量的水平数大于2，且主效应显著，则表明该自变量至少有两种实验条件之间存在显著差异，可以利用常用的多重比较的方法，如LSD、S-N-K、Bonferroni或者Duncan检验，检验哪两种实验条件之间存在显著差异；如果两个自变量的交互作用显著，则需要分析交互作用的来源，即分析简单效应。在两因素随机区组设计中，也可以采用SPSS的程序代码对其实验结果进行统计分析，其中，自变量A有2个水平，自变量B有3个水平，block为区组变量，运行程序如下。

```
UNIANOVA Y BY A B BLOCK
    /METHOD=SSTYPE(3)
    /INTERCEPT=INCLUDE
    /PLOT=PROFILE(A*B)
```

```
/EMMEANS=TABLES(A) COMPARE ADJ(BONFERRONI)
/EMMEANS=TABLES(B) COMPARE ADJ(BONFERRONI)
/EMMEANS=TABLES(BLOCK) COMPARE ADJ(BONFERRONI)
/EMMEANS=TABLES(A*B)
/PRINT=OPOWER ETASQ HOMOGENEITY DESCRIPTIVE PARAMETER
/CRITERIA=ALPHA(0.05)
/DESIGN=A B BLOCK A*B.
```

3. 两因素随机区组设计的应用举例

研究者想要探讨文章主题的熟悉性和生字密度对小学生阅读理解成绩的影响(编自舒华,1994),自变量为主题熟悉性和生字密度,主题熟悉性分为两个水平,即主题熟悉和主题不熟悉,而生字密度分为3个水平,即5:1、10:1和20:1,两个因素交叉组合共有6种实验处理的结合。研究者认为小学生的听读理解能力与阅读能力有一定相关,可以作为区组变量。研究者招募24名小学生参加实验,首先按其听读理解能力将24名学生分为4个区组,每个区组有6名被试,他们在听读理解能力上处在同一水平,分别接受两个自变量形成的一种实验处理的结合。方差分析的结果显示,区组的效应显著,$F(3, 15)=21.45$,$p<0.001$,$\eta_p^2=0.81$,说明区组设计是有效的;生字密度的主效应显著,$F(2, 15)=96.02$,$p<0.001$,$\eta_p^2=0.93$,主题熟悉性的主效应也显著,$F(1, 15)=191.05$,$p<0.001$,$\eta_p^2=0.93$,生字密度和主题熟悉性的交互作用也显著,$F(2, 15)=67.01$,$p<0.001$,$\eta_p^2=0.90$。

(三) 三因素完全随机设计

1. 三因素完全随机设计的基本模式

三因素完全随机设计,也称三因素被试间设计,是指在实验研究中有三个自变量(或因素),均为被试间变量,根据三个自变量水平的组合,将每个被试随机分配接受其中一个实验处理水平结合的设计。三因素完全随机设计的基本模式如表5-8所示。

表5-8 三因素完全随机设计的基本模式

A因素、B因素和C因素处理水平的结合							
a1b1c1	a1b1c2	a1b2c1	a1b2c2	a2b1c1	a2b1c2	a2b2c1	a2b2c2
S001	S021	S041	S061	S081	S101	S121	S141
S002	S022	S042	S062	S082	S102	S122	S142
……	……	……	……	……	……	……	……
S019	S039	S059	S079	S099	S119	S139	S159
S020	S040	S060	S080	S100	S120	S140	S160

在表5-8中,A、B、C三个因素均有两个水平,一共有8种处理水平的结合,分别为a1b1c1、a1b1c2、a1b2c1、a1b2c2、a2b1c1、a2b1c2、a2b2c1和a2b2c2。每个被试只接受其中一种处理水平的结合,S001~S160表示共有160名被试。其中,每一种处理水平结合的随机分配了20名被试。

2. 三因素完全随机设计的统计分析方法

三因素完全随机设计的统计分析方法与两因素完全随机设计的数据分析方法类似。在SPSS中，可以采用菜单功能对三因素完全随机设计的实验结果进行统计分析：单击菜单Analyze→General Linear Model→Univariate，将三个自变量纳入固定因素。如果自变量的水平数大于2，且主效应显著，则表明该自变量至少有两种实验条件之间存在显著差异，可以利用常用的多重比较的方法，如通过LSD、S-N-K、Bonferroni或者Duncan检验，检验哪两种实验条件之间存在显著差异；如果两个自变量的交互作用显著，则需要分析交互作用的来源，即简单效应；如果三个自变量的三阶交互作用显著，则需要先分析简单交互作用，然后分析简单简单效应，以便找到三阶交互作用的来源。在三因素完全随机设计中，也可以采用SPSS程序代码对简单简单效应进行统计分析，以2(A：a1、a2) × 2(B：b1、b2) × 2(C：c1、c2)被试间设计为例，运行程序如下。

```
MANOVA Y BY A(1，2) B(1，2) C(1，2)
    /PRINT–CELLINFO(MEANS)
    /DESIGN
    /DESIGN=C WITHIN A(1) WITHIN B(1)
    /DESIGN=C WITHIN A(2) WITHIN B(1)
    /DESIGN=C WITHIN A(1) WITHIN B(2)
    /DESIGN=C WITHIN A(2) WITHIN B(2).
```

3. 三因素完全随机设计的应用举例

知晓感(feeling of knowing，FOK)判断是指个体对记忆提取可能性的自我评估，是个体重要的元记忆监测形式。已有研究表明，任务变量、个体变量和策略变量均可对FOK判断产生影响。研究者探讨了词语的呈现方式、个体的自我效能感和成就动机对FOK判断的影响(张萌等，2000)。实验采用3×2×2的三因素完全随机设计。其中，一个自变量为词对的呈现方式，共有3种水平，分别为4次随机逐一呈现每一词对2秒、2次随机逐一呈现每一词对4秒、单次随机呈现每一词对8秒；第二个自变量为成就动机，有两个水平，分别为高成就动机和低成就动机，第三个自变量为自我效能感，有两个水平，分别为高自我效能感和低自我效能感。共144名被试参加实验，根据三个自变量的水平组合，共有12个实验处理，因此，将被试分为12组，每组12人，男女各半。因变量为FOK的判断等级和FOK的判断准确性。三因素完全随机设计的方差分析结果显示：①在FOK判断等级方面，呈现方式的主效应显著，$F(2，132)=72.66$，$p<0.01$；自我效能感的主效应显著，$F(1，132)=119.90$，$p<0.01$，成就动机的主效应显著，$F(1，132)=25.73$，$p<0.01$，自我效能感与成就动机的交互作用显著，$F(1，132)=19.96$，$p<0.01$，简单效应分析发现，高自我效能感高成就动机组被试的FOK判断等级高于高自我效能感低成就动机组被试，但低自我效能感高成就动机组被试与低自我效能感低成就动机组被试在FOK的判断等级上不存在差异。②在FOK判断准确性方面，呈现方式的主效应显著，$F(2，132)=106.50$，$p<0.01$；自我效能感的主效应显著，$F(1，132)=116.83$，

$p<0.01$,高自我效能感被试的FOK判断准确性明显高于低自我效能感被试;成就动机的主效应显著,$F(1,132)=29.37$,$p<0.01$;自我效能感和成就动机的交互作用显著,$F(1,132)=24.56$,$p<0.01$,表现为高自我效能感高成就动机组被试的FOK判断准确性高于高自我效能感低成就动机组被试,但低自我效能感高成就动机组被试与低自我效能感低成就动机组被试在FOK判断准确性方面不存在显著差异。

需要指出的是,理论上可以有三因素随机区组设计,但是随着因素数及因素水平数的增加,实验处理水平的结合数也就增多,那么每个区组内所需要同质被试数(实验处理水平结合数的整数倍)就要急剧增加,这样就会增加研究者选择出多名同质被试的难度,使得实验实施变得困难,因此,在实际研究中很少采用三因素随机区组设计。

思考题

1. 什么是实验组对照组前测后测设计,有何优缺点?
2. 如何设定与实验组条件对等的对照组?
3. 什么是单因素随机区组设计和拉丁方设计?单因素随机区组设计有何优缺点?
4. 如何确定无关变量与自变量之间没有交互作用?
5. 简述两因素与三因素被试间设计的含义和原理,这两种设计有哪些优缺点?
6. 针对一个心理学具体问题,设计一个多因素被试间设计。
7. 在运用被试间实验设计时,应该注意哪些方面的问题?

实验操作

1. **实验名称**:负性情绪状态影响词语记忆的单因素两水平被试间设计的实验

实验问题:个体的负性情绪状态是否会增强对词语的记忆效果?

实验目的:探究个体的负性情绪状态是否影响词语记忆效果,掌握实验组对照组前后测设计。

实验程序:自变量是个体的情绪状态,分为负性情绪状态和中性情绪状态两个水平。根据自变量水平,先将被试随机分配到实验组(负性情绪状态)和对照组(中性情绪状态)中,人数均等,实验材料是由50个中性词语组成的词表;然后诱发实验组被试产生负性情绪状态,而对照组被试在此期间保持中性情绪状态;接下来两组被试在相同时段内完成同一词表的学习任务;最后对两组被试进行词语再认测验,记录被试对再认测验回答的对错。

结果分析:首先,计算每一名被试完成再认测验的正确率,并计算实验组、对照组两组被试的平均正确率与标准差;然后,采用独立样本t检验,检验两组被试在测验正确率上差异是否显著。若实验组的正确率显著高于对照组的正确率,则说明个体的负性情绪状态能够增强对词语的记忆效果。

2. **实验名称**：单因素多水平被试间设计的实验

实验问题：饮酒量对脚踏反应时有何影响？

实验目的：探究不同饮酒量对脚踏反应时的影响，掌握单对照组、多实验组的被试间实验设计。

实验程序：采用单对照组、多实验组的被试间设计研究该问题。先将被试随机分成4组，每组人数均等。其中一组为对照组，喝不含酒精的饮料200mL；另外三组为实验组，分别喝酒精含量为20%，40%和60%的饮料200mL。接下来，4组被试在每人饮酒后5分钟进行脚踏反应时测试，要求被试在保证正确的前提下，尽快做出脚踏反应，每组完成50个试次的反应。记录每一位被试完成脚踏任务的对错和反应时。

结果分析：首先，计算1个对照组和3个实验组中每一名被试完成脚踏反应的正确率和正确反应的平均反应时；然后，采用单因素方差分析分别检验4组被试正确率和反应时上的差异。如果4组被试在两个指标上均出现了显著差异，或者差异主要出现在反应时指标上，且随着饮酒量的增加，被试的脚踏反应时延长，则说明饮酒量对脚踏任务产生延缓反应的影响。

3. **实验名称**：两因素被试间设计的实验

实验问题：不同记忆方法对单词记忆效果的影响是否依赖于学习时间？

实验目的：探讨记忆方法和学习时间对单词记忆效果的影响，掌握两因素被试间设计。

实验程序：采用2(记忆方法：机械记忆法、联想记忆法)×2(学习时间：5秒/单词、10秒/单词)的两因素被试间设计研究该问题。该实验共有4种实验处理：机械记忆法+5秒/单词、机械记忆法+10秒/单词、联想记忆法+5秒/单词、联想记忆法+10秒/单词，将被试随机分成4组，每组人数均等。4组被试分别参与一种实验处理，学习同一词表(50个单词)，结束后休息两分钟，进行单词测验，记录每一位被试完成单词测验的正确率。

结果分析：采用两因素被试间方差分析(SPSS菜单Analyze→General Linear Model→Univariate)对4种实验条件下被试完成单词测验的正确率进行统计分析，一方面可以获得两个因素的主效应，另一方面可以获得两个因素之间的交互作用。如果发现记忆方法和学习时间的交互作用显著，则说明不同记忆方法对单词记忆效果的影响依赖于学习时间。

案例分析

下面对一项社会心理学被试间设计的案例进行分析。研究者探讨的问题是空间距离和情境对陌生人助人行为的影响(朱滢，2016)。

在某大学校园的咖啡店里，主试耐心等待，当他看到小桌子(只供2人使用)或是大桌子(可供4人使用)旁边坐着一个学生时，就来到他跟前，有礼貌地询问能不能坐下，得到允许坐下后，这个主试弄来一份午饭。不久，主试离开桌子去买杯饮料，想象着留在座位的人会帮他照看午饭。这时,一位装束同咖啡店招待员一样的主试的同伙来到桌边,问这个学生,留在桌上的午饭是不是他的,就在学生解释吃午饭的人很快就会回来以前,假招待员已经把午饭扫走,扔进垃圾桶内。当主试回来时,看见午饭没有了,就问这个学生是怎么回事,并且试图向这个学生借钱再买一份午饭。有时候,午饭不是由假招待员扫走,而是主试假装不小心弄掉在地上,然后向这个学生借钱。

根据上述实验情节可以推测,影响借钱数量的因素主要有两个。一是学生所在桌子大小。因为桌子大小会造成学生与主试的空间距离不同,从社会心理学的观点来看,这会影响到两人的亲密程度。二是处理午饭的方式:午饭是被别人扫走还是自己弄掉的。不同的处理方式可能激起学生同情的程度是不一样的。午饭被扫走使学生感到自己有点责任,而午饭掉地则与他无关。上述两个因素也就是这个实验的两个自变量,每个自变量又各有两个水平:①桌子(大或小)②处理午饭方式(被扫走或掉地)。因变量是学生(被试)愿意借多少钱给一位陌生人(主试)。

实验的主要结果如图5-6所示。愿意借出较多的钱来帮助午饭被扫走的人是坐在小桌子边上的学生;坐在大桌子边上的人对午饭被扫走或是掉地都是一视同仁的,都只愿意借出少量的钱。实际上仅仅坐在小桌子边上并不能保证让学生多借钱给陌生人,小桌子的作用大小要依赖午饭是怎样处理的,如果午饭是弄掉地的,学生只借出少量的钱,只有午饭被扫走,学生才肯借出较多的钱。由此可见,空间距离和情境对陌生人的助人行为(愿意借钱的多少)产生交互影响。

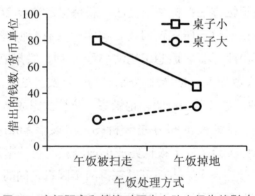

图5-6 空间距离和情境对陌生人助人行为的影响

上述研究是一个典型的社会心理学的现场实验,实验设计为2(午饭处理方式:午饭被扫走和午饭掉地)×2(桌子大小:桌子大和桌子小)的被试间设计,自变量午饭处理方式与桌子大小均为被试间变量,因变量是被试愿意借出的钱数。

在这个研究中,共有4种实验条件:桌子大+午饭被扫走、桌子小+午饭被扫走、桌子大+午饭掉地、桌子小+午饭掉地。每一名被试只可能接受4种实验条件中的一种,不能接受多种实验条件,因此,这个研究只能采取被试间设计。该实验设计的优点是每一名被试仅接受一种实验条件,实验条件之间不会相互影响。当然该实验设计也有一定的不足，就是被试之间在助人行为上的个体差异比较大，需要较多的被试，同时也耗费相当长的时间。像这类社会心理学的实验，通常每种实验条件需要40～50人才能够获得相对稳定的结果。

被试间设计在采集数据时需要特别注意，每一名被试仅接受一种实验处理，尽量避免接受不同实验条件的被试之间进行有关实验目的的交流。此外，在社会心理学的研究中，比如在上述有关空间距离和情境对陌生人助人行为影响的研究中，主试和被试之间往往要发生互动，主试和被试的性别可能会影响实验的结果，是一个重要的无关变量，在数据采集过程中是需要平衡(控制)的，因此，为了平衡主试和被试的性别对实验结果的影响，需要两名主试，一名男性、一名女性。被试的性别也应进行平衡，确保男性主试和女性主试在每一种实验条件下采集的被试男女人数均相同，比如男性主试采集50名男性被试和50名女性被试，女性主试采集50名男性被试和50名女性被试。

在一些探讨动机、情绪等变量对因变量影响的研究中，由于个体的动机和情绪往往会持续一定的时间，通常需要将动机、情绪作为被试间变量，采用被试间设计来探讨这类问题。另外，在探讨性别、年龄和人格等被试变量对因变量影响的研究中，被试变量也只能作为被试间变量，采用被试间设计进行研究。

[案例来源：编者整理]

第六章 被试内实验设计

概要：本章内容涉及被试内实验设计及其数据分析。第一节内容主要介绍了被试内实验设计的含义及类型；第二节和第三节分别介绍了常见的单因素被试内设计和多因素被试内设计及其数据分析方法；第四节对被试内实验设计的优缺点进行分析。

第一节 被试内设计概述

在被试间设计中，尽管随机组设计和匹配组设计能够在一定程度上减少被试的个体差异对实验结果的影响，但由于接受不同处理的被试总是不同的个体，仍然无法完全排除个体差异对实验结果的影响。一旦各组间被试不同质，就很难判断实验结果是实验处理造成的还是被试的个体差异导致的。为了避免被试的个体差异对实验结果的影响，被试内设计是一个不错的选择。

一、被试内设计的含义

被试内设计(within-subjects design)，又称组内设计(within-groups design)、重复测量设计(repeated-measures design)，是指在实验过程中，每个被试接受所有的实验处理水平或处理水平组合的设计。也就是说，自变量有多少个实验处理(也称实验条件)，或者多少个实验处理的结合，每个被试就要在这些实验条件下被重复测量多少次，然后比较不同实验条件下因变量的变化，进而对不同的实验条件进行区分和评价。例如，在一项两因素被试内设计中，如果一个自变量有p个水平，另一个自变量有q个水平，则实验中共含有$p \times q$个处理水平的组合，那么每个被试要接受$p \times q$个实验处理的测量，之后比较$p \times q$个实验处理间的因变量变化。

在被试内设计中，参与各个实验处理的被试是相同的，这样不但节省了被试人数，而且不同组别之间被试的个体差异也得到了很好的控制，因而许多研究者更倾向于使用被试内设计。

二、被试内设计的类型

根据自变量数量的多少，可将被试内设计分为单因素被试内设计和多因素被试内设计。

单因素被试内设计(one factor within-subjects design)即单因素重复测量设计，是指在实验设计中只有一个自变量，该自变量有两个或两个以上的处理水平，每个被试接受所有的实验处理水平。

多因素被试内设计(multiple factors within-subjects design)即多因素重复测量设计，是指在实验设计中有两个或两个以上的自变量，每个自变量有两个或两个以上的处理水平，每个被试接受所有自变量处理水平的结合。

第二节 单因素被试内设计

根据自变量处理水平的多少，单因素被试内设计可分为单因素两水平被试内设计和单因素多水平被试内设计。

一、单因素两水平被试内设计

(一) 单因素两水平被试内设计的含义

单因素两水平被试内设计是最简单的被试内设计，是指仅有一个自变量，且该自变量只有两个处理水平，每个被试接受这个自变量的两个处理水平的设计。单因素两水平被试内设计的基本模式如表6-1所示。为了控制顺序效应，可以采用区组平衡顺序误差，即一半被试接受一种顺序的处理，而另一半被试接受相反顺序的处理。

表6-1 单因素两水平被试内设计的基本模式

被试	自变量A	
S01	a1	a2
S02	a1	a2
……	a1	a2
S15	a1	a2
S16	a2	a1
S17	a2	a1
……	a2	a1
S30	a2	a1

在表6-1中，只有一个自变量A，a1、a2分别代表自变量A的2个水平，S01～S30表示共30名被试参加该实验，每名被试接受所有的处理水平。为控制顺序误差，使用区组平衡，前15名被试先接受处理水平a1，再接受处理水平a2；而后15名被试先接受处理水平a2，再接受处理水平a1。

(二) 单因素两水平被试内设计的应用与分析

研究者考察视觉与听觉任务对同时进行的多目标追踪任务(multiple object tracking, MOT)干扰程度的差异(魏柳青等，2014)。该实验采用单因素两水平被试内设计，自变量为数字整除判断任务的输入通道，包括视觉通道(以视觉方式呈现)和听觉通道(以听觉方式呈现)。因变量为追踪正确率、数字判断正确率和完成判断任务反应时，其中追踪正确率为主要指标。

通过以下操作控制额外变量：①为控制顺序效应，视觉任务与听觉任务分区组进行，区组顺序在被试间进行平衡；②为避免实验出现初期练习效应，在正式实验前，被试先进行练习实验，直到熟悉实验任务并能较好地控制眼动；③为防止任务成绩因被试连续作业的疲劳而系统地下降，被试完成一个区组后要求被试休息两分钟。实验结果如表6-2所示。

表6-2 视觉任务和听觉任务的实验结果($M \pm SD$)

追踪与数字判断表现	视觉任务	听觉任务
追踪正确率	81.27% ± 8.30%	76.20% ± 9.77%
完全正确追踪正确率	81.73% ± 8.29%	77.78% ± 9.70%
数字判断正确率	96.42% ± 2.93%	91.26% ± 6.96%
数字判断反应时/ms	684.33 ± 125.29	1379.2 ± 115.69

对实验结果采用配对样本t检验显示，视觉任务追踪正确率显著大于听觉任务，$t(13) = 3.22$，$p = 0.007$；视觉任务数字判断完全正确追踪正确率显著大于听觉任务，$t(13) = 2.45$，$p = 0.029$；视觉任务数字判断正确率显著大于听觉任务，$t(13) = 3.00$，$p = 0.01$；视觉任务数字判断反应时显著快于听觉任务，$t(13) = -48.21$，$p < 0.001$。说明听觉任务对多目标追踪的干扰程度显著大于视觉任务。

二、单因素多水平被试内设计

(一) 单因素多水平被试内设计的含义

单因素多水平被试内设计是指仅有一个自变量，且该自变量的处理水平有三个或以上，只有一组被试接受这个自变量的所有实验处理水平的设计。单因素多水平被试内设计的基本模式如表6-3所示。需要注意的是，在该实验过程中要控制顺序效应。

表6-3 单因素四水平被试内设计的基本模式

被试	自变量A			
S01	a2	a3	a4	a1
S02	a4	a1	a2	a3
S03	a1	a2	a3	a4
S04	a3	a4	a1	a2
……	……	……	……	……
S30	a3	a2	a1	a4

在表6-3中，只有一个自变量A，a1、a2、a3、a4分别代表自变量A的4个水平，S01~S30表示共30名被试参加该实验，每名被试接受所有的处理水平。大多数情况下每个实验处理水平出现多次，为防止对实验处理顺序形成预期及控制顺序误差，每个被试以随机的顺序接受各个实验处理水平。

该实验采用单因素重复测量方差分析对单因素多水平被试内设计的实验结果进行统计分析。在SPSS中，可以采用菜单功能对单因素多水平被试内设计的实验结果进行统计分析：单击菜单Analyze→General Linear Model→Repeated Measures，如果重复测量方差分析的结果显著，则表明至少有两种实验条件之间存在显著差异，可以利用多重比较的方法，如LSD、Bonferroni或者Sidak检验等，检验哪两种实验条件之间存在显著差异。在设计中，也可以采用SPSS的程序代码对单因素多水平被试内设计的实验结果进行统计分析，运行程序如下(以单因素三水平被试内设计为例)。

```
GLM A1 A2 A3
/WSFACTOR=A 3 Polynomial
/METHOD=SSTYPE(3)
/EMMEANS=TABLES(A) COMPARE ADJ(BONFERRONI)
/PRINT=DESCRIPTIVE ETASQ OPOWER
/CRITERIA=ALPHA(.05)
/WSDESIGN=A.
```

在单因素被试内设计中，总变异分解为组间变异和组内变异，组内变异分解为实验处理变异和误差变异，因此所有被试之间个体差异引起的变异(组间变异)被分离出去。与完全随机设计相比，单因素被试内实验提高了实验处理的统计检验的敏感性。

(二) 单因素多水平被试内设计的应用与分析

研究者考察美感是否影响彩色西方绘画突破抑制的时间(尚俊辰等，2018)，采用单因素被试内设计，自变量是西方绘画的美感等级，包括高、中等和低三个水平，因变量是西方绘画突破抑制的反应时。

通过以下操作控制额外变量：①为排除情绪效价和唤醒度的影响，通过预实验筛选出在美感上存在差异，但情绪效价和唤醒度都匹配的西方绘画作为目标图片。最终选定18张图片，并将图片分成美感低、美感中、美感高三组，每组6张图片，且三组图片的愉悦度和唤醒度匹配。②为控制绘画对比度这一额外变量对实验结果的影响，将预实验选取的18张彩色西方绘画的对比度调成一致。③为了控制顺序效应，试次的呈现顺序采用伪随机方式，按照一次随机生成的数列排序并固定下来，每个被试都采用这个固定的试次顺序。

该实验采用重复测量方差分析考察效应是否显著，当效应显著时，进行事后多重比较，经Bonferroni矫正。对于反应时，首先，剔除定位判断错误的反应时，以及小于和大于整体平均反应时2.5个标准差外的反应时数据，同时剔除每个美感等级平均反应时2.5个标准差外的反应时数据(占全体数据的7.23%)。然后，计算每个被试在美感低、美感中等和美感高的三种条件下的平均反应时。

结果显示，美感等级的主效应显著，$F(2, 38)=3.94$，$p=0.028$，$\eta_p^2=0.172$。t检验表明，美感低的西方绘画反应时显著长于美感中等，$t(19)=2.38$，$p=0.028$，Cohen's $d=0.53$和美感高的西方绘画的反应时，$t(19)=2.30$，$p=0.033$，Cohen's $d=0.52$。美感中等和美感

高两组西方绘画之间的反应时差异不显著，$t(19) = 0.23$，$p = 0.819$。实验结果表明，无意识条件下，美感信息可以得到加工，而无意识加工中颜色是美感形成的重要条件。

第三节 多因素被试内设计

常见的多因素被试内设计是两因素被试内设计和三因素被试内设计。

一、两因素被试内设计

(一) 两因素被试内设计的含义

两因素被试内设计是指有两个自变量，每个自变量有两个或两个以上的处理水平，每个被试接受两个自变量处理水平的结合的设计。两因素被试内设计的基本模式如表6-4所示。最简单的两因素被试内设计是2×2的被试内设计。该设计中有两个自变量：A和B，每个自变量有两个水平(A：a1、a2；B：b1、b2)，共有4个实验处理水平的组合：a1b1、a1b2、a2b1、a2b2。

表6-4 两因素被试内设计的基本模式

实验处理水平的结合			
a1b1	a1b2	a2b1	a2b2
S01	S01	S01	S01
S02	S02	S02	S02
S03	S03	S03	S03
S04	S04	S04	S04
……	……	……	……
S30	S30	S30	S30

在表6-4中，有两个自变量，分别是自变量A和自变量B。每个自变量包含两个水平，分别是a1、a2和b1、b2。S01~S30表示共30名被试参加该实验，每名被试接受两个自变量所有处理水平的结合。为控制顺序误差，每个被试以随机的顺序接受各个实验处理水平的结合。

(二) 两因素被试内设计的应用与分析

研究者考察红色和蓝色对中国汉族大学生情绪唤醒度的启动效应(王婷婷等，2014)，确定了两个自变量：颜色色块和唤醒度，每个自变量有两个水平，采用2(颜色色块：红色、蓝色)×2(唤醒度：高、低)被试内设计。因变量是被试判断词汇真假的反应时。

通过以下操作控制额外变量：①为排除情绪词愉悦度、优势度、具体性、词频和首字词频的影响，通过预实验筛选出在唤醒度上存在差异，但愉悦度、优势度、具体性、词频和首字词频都匹配的情绪词作为目标词材料；②为控制顺序效应，色块、目标词的呈现顺序均随机；③为防止被试实验前的情绪影响实验，在实验任务前被试完成适应任务，即自然观看8张在情绪的唤醒度、愉悦度、优势度上均居中的图片，无须做任务，用以调节被试的情绪；④为避免被试猜出实验目的而影响实验，在实验结束后，主试对被试进行口头测试，若猜出实验目的者，剔除其数据。

实验中，对反应时进行2×2重复测量方差分析，得到两个主效应和一个交互作用；当交互作用显著时，进行简单效应分析。本研究中的交互作用显著，故进行简单效应分析。实验结果如图6-1所示，唤醒度主效应显著，$F(1, 30) = 12.59$，$p < 0.05$，$\eta_p^2 = 0.30$，低唤醒度词汇的反应时显著长于高唤醒度词汇；颜色主效应不显著，$F(1, 30) = 1.57$，$p > 0.05$，$\eta_p^2 = 0.05$，红色和蓝色启动条件的反应时无显著差异；颜色与唤醒度的交互作用显著，$F(1, 30) = 13.73$，$p < 0.01$，$\eta_p^2 = 0.31$。简单效应分析显示，对于高唤醒度词汇，红色启动条件下显著快于蓝色启动条件下，$t(30) = -4.64$，$p < 0.05$；对于低唤醒度词汇，蓝色启动条件下显著快于红色启动条件下，$t(30) = -8.58$，$p < 0.05$。该结果表明在知觉水平上，红色知觉能对高唤醒度情绪的引发作用更强，而蓝色知觉对低唤醒度情绪的引发作用更强。

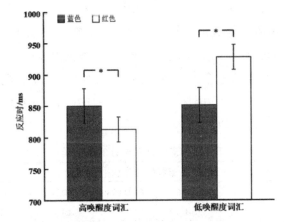

图6-1 高、低唤醒度词汇下红色和蓝色启动条件的反应时

注：竖线代表标准误，* $p < 0.05$。

下面将说明应用SPSS软件包处理两因素被试内设计的主效应、交互作用及简单效应的程序语句。在SPSS中，可以采用菜单模式，单击菜单Analyze→General Linear Model→Repeated Measures 对两因素被试内设计的实验结果进行统计分析，先将两个自变量命名并设置每个自变量的实验处理水平数量，对两个自变量所有处理水平进行结合，再将处理水平的结合纳入被试内变量。如果自变量的水平数大于2，且主效应显著，则表明该自变量至少有两种实验条件之间存在显著差异，可以利用常用的多重比较的方法对其实验结果进行统计分析，如LSD、Bonferroni或者Sidak检验等，检验哪两种实验条件之间存在显著差异。需要注意的是，交互作用显著后再进行简单效应分析。以2(A：a1和a2)×2(B：b1和b2) 被试内设计的重复测量方差分析为例，其简单效应分析运行程序如下。

```
MANOVA a1b1 a1b2 a2b1 a2b2
/WSFACTOR=A (2) B(2)
/WSDESIGN
/DESIGN
/ERROR=WITHIN
/PRINT=CELLINFO(MEANS)
/WSDESIGN=A WITHIN B(1)
A WITHIN B(2)
/DESIGN
/WSDESIGN=B WITHIN A(1)
B WITHIN A(2)
/DESIGN.
```

二、三因素被试内设计

(一) 三因素被试内设计的含义

三因素被试内设计是指有三个自变量，每个自变量有两个或两个以上处理水平，每个被试接受三个自变量所有处理水平结合的设计。三因素被试内设计的基本模式如表6-5所示。三因素被试内设计最简单的是2×2×2因素被试内设计。该设计中有三个自变量：A、B和C，每个自变量有两个水平(A：a1、a2；B：b1、b2；C：c1、c2)，共有8个实验处理水平的结合：a1b1c1、a1b1c2、a1b2c1、a1b2c2、a2b1c1、a2b1c2、a2b2c1、a2b2c2。

表6-5 三因素被试内设计的基本模式

自变量A、B和C处理水平的结合							
a1b1c1	a1b1c2	a1b2c1	a1b2c2	a2b1c1	a2b1c2	a2b2c1	a2b2c2
S01	S01	S01	S01	S01	S01	S01	S01
S02	S02	S02	S02	S02	S02	S02	S02
S03	S03	S03	S03	S03	S03	S03	S03
S04	S04	S04	S04	S04	S04	S04	S04
……	……	……	……	……	……	……	……
S30	S30	S30	S30	S30	S30	S30	S30

在表6-5中，有两个自变量，分别是自变量A、B和C，每个自变量包含两个水平。S01～S30表示共30名被试参加该实验，每名被试接受三个自变量所有处理水平的结合。为控制顺序误差，每个被试以随机的顺序接受各个实验处理水平的结合。

(二) 三因素被试内设计的应用与分析

研究者考察在建立较弱的注意控制定势时，不同类型线索的注意捕获情况(刘丽，白学军，2016)。研究者确定了三个自变量：线索类型、目标类型与线索有效性，每个自变量有两个水平，采用2(线索类型：颜色奇异项线索、突现线索)×2(目标类型：颜色奇异项目标、突现目标)×2(线索有效性：有效、无效)被试内设计。因变量是被试判断目标的正确率与反应时。

通过以下操作控制额外变量：①为控制目标类型的顺序效应，采用区组平衡设计，即一半被试先完成颜色奇异项搜索任务，再完成突现搜索任务，而另一半被试完成的任务相反。②为避免两种线索效应间的相互影响，当目标为颜色奇异项时，颜色奇异项线索为匹配(相关)线索，突现线索为不匹配(无关)线索；而当目标为突现刺激时，恰恰相反。③为避免空间位置影响，目标字母和分心字母出现在每个位置的次数相等。④为避免实验出现初期练习效应，在正式实验前，被试先进行练习实验，反应错误时，给予视觉反馈。⑤为防止任务成绩因被试连续作业的疲劳而系统地下降，被试完成一个区组后应进行短暂休息。

该实验对反应时进行2×2×2重复测量方差分析，得到三个主效应、三个两因素交互作用、一个三因素交互作用。当三因素交互作用显著时，先进行两因素的简单交互作用分析，再进行简单简单效应分析。

对反应时进行了2 (线索类型：颜色奇异项线索、突现线索)×2 (目标类型：颜色奇异项目标、突现目标)×2 (线索有效性：有效、无效)的重复测量方差分析。结果表明(见图6-2)：线索类型主效应不显著，$F(1, 23) = 1.44$，$p > 0.05$，$\eta_p^2 = 0.06$；目标类型主效应不显著，$F(1, 23) < 1$；线索有效性主效应显著，$F(1, 23) = 97.84$，$p < 0.001$，$\eta_p^2 = 0.81$，有效位置的反应时(476ms)快于无效位置时(516ms)。线索类型和线索有效性的交互作用边缘显著，$F(1, 23) = 3.46$，$p = 0.076$，$\eta_p^2 = 0.13$；线索类型、目标类型与线索有效性三者之间的交互作用显著，$F(1, 23) = 24.27$，$p < 0.001$，$\eta_p^2 = 0.51$。进一步分析表明：在颜色奇异项目标条件下，两因素线索类型和线索有效性的简单交互作用显著，$F(1, 23) = 17.06$，$p < 0.001$，$\eta_p^2 = 0.43$，然后对线索类型和线索有效性进行简单简单效应分析，在颜色奇异项线索条件下，有效位置的反应时快于无效位置的，$t(23) = -7.78$，$p < 0.001$，$d = -0.77$；在突现线索条件下，有效位置的反应时也快于无效位置的，$t(23) = -5.49$，$p < 0.001$，$d = -0.36$。在突现目标条件下，两因素线索类型和线索有效性的简单交互作用显著，$F(1, 23) = 16.62$，$p < 0.001$，$\eta_p^2 = 0.42$，然后对线索类型和线索有效性进行简单简单效应分析，在颜色奇异项线索条件下，有效位置的反应时与无效位置的反应时无差异，$t(23) = -1.62$，$p > 0.05$；在突现线索条件下，有效位置的反应时快于无效位置，$t(23) = -7.49$，$p < 0.001$，$d = -0.92$。

实验表明，在涉及注意控制定势较弱的任务中，当搜索颜色奇异项目标时，匹配的颜色奇异项线索和不匹配的突现线索都捕获了注意；当搜索突现目标时，只有突现线索才能捕获注意，而颜色奇异项线索没有捕获注意。

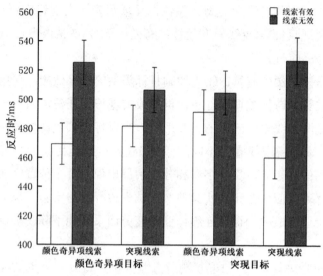

图6-2 两种类型目标下线索类型与线索有效性的交互作用

注：竖线代表标准误。

下面将说明应用SPSS软件包处理三因素被试内设计的对主效应、交互作用及简单效应的程序语句。在SPSS中，可以采用菜单功能对三因素被试内设计的实验结果进行统计分析：单击菜单Analyze→General Linear Model→Repeated Measures，将三个自变量命名并设置每个自变量的实验处理水平数量，从而对三个自变量所有处理水平进行结合，将处理水平的结合纳入被试内变量。如果自变量的水平数大于2，且主效应显著，则表明该自变量至少有两种实验条件之间存在显著差异，可以利用常用的多重比较的方法对其实验结果进行统计分析，如LSD、Bonferroni或者Sidak检验等，检验哪两种实验条件之间存在显著差异。需要注意的是，在三重交互显著后先进行简单交互作用检验，再进行简单简单效应检验。

例如，三因素2(A：A1、A2)×2(B：B1、B2)×2(C：C1、C2)被试内设计的重复测量方差分析的SPSS运行程序如下。

(1) 三重交互显著后两因素的简单交互作用分析的SPSS运行程序。

```
MANOVA A1B1C1 A1B1C2 A1B2C1 A1B2C2 A2B1C1 A2B1C2 A2B2C1 A2B2C2
/WSFACTORS=A(2)B(2)C(2)
/ERROR=WITHIN
/PRINT=CELLINFO(MEANS)
/WSDESIGN=A BY C WITHIN B(1)
          A BY C WITHIN B(2)
/DESIGN
/WSDESIGN=A BY B WITHIN C(1)
          A BY B WITHIN C(2)
/DESIGN
/WSDESIGN=B BY C WITHIN A(1)
          B BY C WITHIN A(2)
/DESIGN.
```

(2) 简单简单效应分析的SPSS运行程序。

```
MANOVA A1B1C1 A1B1C2 A1B2C1 A1B2C2 A2B1C1 A2B1C2 A2B2C1 A2B2C2
/WSFACTORS=A(2)B(2)C(2)
/ERROR=WITHIN
/WSDESIGN=C WITHIN A(1) WITHIN B(1)
          C WITHIN A(2) WITHIN B(1)
          C WITHIN A(1) WITHIN B(2)
          C WITHIN A(2) WITHIN B(2)
/DESIGN.
```

第四节 被试内设计的优缺点分析

在被试内设计中，由于每名被试接受所有的处理水平或处理水平的结合(实验条件)，保证了接受不同实验条件下的被试(同一组被试)的同质性，消除了由于被试个体差异带来的误差，并且减少了被试人数。但是，被试内设计也有局限性，即不同实验处理之间有可能相互影响。

一、被试内设计的优点

(1) 被试内设计排除了被试的个体差异对实验的影响。在被试内设计中，由于参与各个实验处理的被试是相同的，不同处理水平下实验结果的差异不能归结为由被试之间的差异，被试的个体差异得到了很好的控制。

(2) 被试内设计减少被试人数，节省人力资源。在被试内设计中，每一被试接受所有的实验条件，仅需要一组被试即可完成实验，故而需要的被试数量较少。如果在一项实验中有5种实验处理水平，每一种处理水平需要20名被试，若采用被试内设计，需要20名被试即可完成实验，而采用被试间设计，需要100名被试。如此看来，在被试内设计中，每一被试可以提供不同实验条件下的数据，而在被试间设计中，每个被试只能提供一种实验条件下的数据。

在一些特殊领域的心理学研究中，通常很难获得大量的被试，这种情况下节省人力资源就显得十分重要。这些特殊的研究领域被试包括不同疾病的患者、老年人、飞行员、运动员、不同专业领域的专家型人才等。

(3) 被试内设计可以节省实验的时间。如果实验需要大量的时间和精力，可采用被试内设计节约时间。例如，在使用事件相关电位(event-related potentials, ERP)技术的实验中，每一名被试需要很长的准备时间，包含给被试戴帽子、打导电膏及确保每个电极电阻降至一定水平。这时，采用被试内设计就会大大地降低实验准备的时间，在短时间内获得不同实验条件下大量的实验数据。

(4) 被试内设计对统计检验更为敏感。由于同一被试在几种实验处理中的结果倾向于高度相关，显著性检验的标准差值就减少了，导致较小的效应也能够被检测出。从这点来看，被试内设计更容易发现自变量的效应，其实验结果更容易达到统计学上的显著水平。

二、被试内设计的缺点

(1) 在被试内设计中，有时需要被试在实验中花费很长的时间来完成实验任务，导致被试产生疲劳、厌倦的情绪。例如，一项实验需要被试完成6种实验处理水平，完成每一种处理水平需要1小时，如果这个实验采用被试内实验设计，那么每个被试需要6个小时完成实验，显然，这样的实验设计在具体的实施过程中是不现实的，而如果采用被试间设计，每个被试则只需1小时就可完成实验。

(2) 当实验处理产生的作用不可逆时，不宜使用被试内设计。在心理学某些领域的研究中，一旦被试接受了自变量的某个实验处理之后，就很难回到未接受处理前的状态。例如，在学习和记忆、社会心理学某些领域的研究中，有时希望被试的行为在某些特征上发生持久的改变，在接受某一实验处理后要求被试"忘掉刚才记住的10个单词"，或者"再回到看这些记忆材料之前的态度上去"，而这是很难做到的。

(3) 在被试内设计中，由于每个被试要先后接受多个实验处理，一些和时间顺序有关的误差可能混淆实验结果。因研究者安排被试完成实验任务的顺序不同而导致实验结果的误差就是顺序效应。首先，实验处理的呈现顺序可能会改变被试的反应。例如，假设探讨新老品牌可乐在口味上的差异，采用被试内设计考察这一问题。研究者招募了一组被试，并控制其实验前饮食，即在测试的前两个小时被试不能吃或喝任何东西。为了对比新、老品牌可乐喜爱程度，设置两个实验条件：品尝新、老品牌可乐。正式实验时，研究者先让每个被试喝一杯新品牌可乐，喝完后让他们对新品牌可乐喜爱程度进行评分；之后，让被试喝一杯老品牌的可乐，喝完后也要对老品牌可乐喜爱程度进行评分。这样，统计分析新老品牌可乐喜爱程度的平均评分，据此推断新品牌可乐在口味上的差异。假如实验结果是，被试对新品牌可乐的喜爱程度高于老品牌，那么请想一想，这个实验结果是否可靠？答案是实验结果不可靠。这是因为，在两个小时内不吃不喝之后，人们喝什么品牌的可乐都会觉得口感不错。在上述实验过程中，总是让被试在第一次时品尝新品牌可乐，被试对其打高分的原因，既可能是新品牌的口感确实不错，也可能是先喝新品牌可乐后产生了味觉的适应，再喝老品牌可乐时觉得老品牌可乐的口味不如先前的。在这个实验中，实验的顺序这一无关变量混淆了实验结果。

其次，顺序效应会产生累积误差(progressive error)。将累积误差降低至最小的方法之一就是平衡法(详见第三章)。平衡法并不能将顺序效应排除掉，而是将累积误差平均分配到自变量的各个实验处理水平上，确保因顺序效应而产生的误差相互抵消，避免造成自变量在各个实验处理水平的反应产生偏差。这样，各实验处理水平下的差异就只能归因于自变量而非顺序了，这就是平衡法的逻辑。虽然平衡法可以控制因顺序效应而产生的误差相互抵消，但是平衡法适合每次实验时间较短的实验，如心理物理实验中的感知觉实验、反应时实验等。当实验时间较长或试次较多，或者无关变量的效果是非线性的，又或者有些实验处理易产生期望误差时，一般采用随机安排实验处理的方法。

除了上述例子中的顺序效应外，通常还会产生两种顺序效应——练习效应(practice effect)和疲劳效应(fatigue effect)。在先后接受多个实验处理后，被试的表现可能会因为逐渐熟悉实验情景而有系统地提升或下降，即练习效应；或者可能会因为重复作业使被试疲劳，被试在疲劳下很可能会草率地做出判断，使得其表现系统地下降，即产生疲劳效应，这就导致了研究者所获得的实验数据不准确。

(4) 在被试内设计中，由于被试要接受所有的实验处理，先前接受的处理可能对后续的处理产生影响，前一个处理实质性或直接性地改变了被试对后一个处理的反应，这就是传递效应(carryout effect)。如果处理水平1含有一些线索有助于处理水平2的完成，那么在处理水平1、2的顺序中处理水平2的成绩要好于其他顺序中的成绩，因此，传递效应会影响实验的结果。事实上，在实验过程中，研究者不希望先前接受的处理对后续的处理产生影响或污染。

与顺序效应不同，传递效应并不是顺序带来的，而是某个处理对其后的任一处理造成的系统影响，与实验处理本身的性质有关。在控制传递效应方面，可以采用反向平衡和完全平衡，虽然随机区组平衡和拉丁方平衡能有效克服顺序效应，但很难克服两个实验处理之间存在的传递效应。如果实验处理间的相互影响不一致或无法预期，那么通过平衡法仅减小传递效应，却无法达到完全控制的程度。这时对传递效应的控制，可以采取延长处理间隔时间的方式，但间隔的时间必须要足够长，以确保传递效应已基本或完全消失(坎特威茨，罗迪格，埃尔姆斯，1997)。然而，很多情况下间隔时间过长会带来其他无关变量的干扰，并且有些实验不允许有过长的处理间隔期，比如一些感知觉实验，此时只能选择被试间设计。

需要指出的是，尽管被试内设计存在这些缺点，但是，如果当被试内设计和被试间设计都适用时，研究者更倾向于使用被试内设计，这是因为被试内设计的最大优点是对统计检验更为敏感，由被试变异性而导致误差的可能性比被试间设计要小。

思考题

1. 什么是被试内设计？简述被试内设计的类型。
2. 举例说明A×B的被试内设计的基本程序。
3. 评述被试内设计的优缺点。
4. 控制传递效应的方法有哪些？
5. 假设汽车厂家想确定红色与绿色的汽车尾灯，以及尾灯的不同亮度哪一种更有助于后车刹车。请做一个两因素被试内实验设计。

实验操作

实验名称：2×2两因素被试内设计的实验

实验问题：外部刺激环境变化是否会增加内部线索引导的突显项不可预期条件下对突显项的注意捕获。

实验目的：探讨刺激环境变化如何影响内部线索引导的突显项预期性捕获注意，掌握两因素被试内设计。

实验程序：采用额外突显项范式来研究该问题。记录被试完成任务的反应时和正确率。采用2(刺激环境：变化、不变)×2(突显项预期性：可预期、不可预期)两因素被试内设计。所有被试分别完成以下4种条件下的实验：刺激环境变化突显项可预期、刺激环境不变突显项可预期、刺激环境变化突显项不可预期、刺激环境不变突显项不可预期。4种条件分区组呈现，4个区组的顺序在被试间平衡，以此平衡顺序效应。

结果分析：首先，计算每名被试在各个条件下反应正确试次的平均反应时。接下来，采用2×2的重复测量方差分析，检验被试在刺激环境变化和刺激环境不变条件下，突显项可预期和突显项不可预期之间的反应时是否存在差异。

案例分析

下面将介绍一项有关视觉工作记忆被试内设计的实验研究。研究者考察空间构型有序下邻近性对视觉工作记忆中相似性效应的影响(王丽雪等，2021)。

为了实施这个实验，研究者重点关注了相似项目之间的距离、是否插入其他项目，以及是否被检测对视觉工作记忆的影响，由此确立了三个自变量：相似项目间的距离、相似项目间是否插入其他项目、检测项类型，每个自变量有两个水平，采用2(相似项目间的距离：近、远)×2(相似项目间是否插入其他项目：不插入、插入)×2(检测项类型：检测相似项目、检测非相似项目)被试内设计，因变量为视觉工作记忆任务的正确率。采用"相似性效应值"表示相似性效应，相似性效应值=相似项目检测正确率−非相似项目检测正确率。

正式实验开始前进行练习，练习阶段正确率高于75%才能进入正式实验。每种条件48个试次(共240个试次)，随机呈现。每完成60个试次休息3分钟，完成整个实验大约需40分钟。

对相似性效应值进行2(相似项目间的距离：近、远)×2(相似项目间是否插入其他项目：不插入、插入，两因素重复测量方差分析。实验结果显示，相似项目间是否插入其他项目的主效应显著，$F(1, 18) = 11.57$，$p = 0.003$，$\eta_p^2 = 0.39$，不插入其他项目的相似性效应值(0.21±0.15)显著高于插入其他项目(0.12±0.12)；交互作用显著，$F(1, 18) = 4.53$，$p < 0.5$，$\eta_p^2 = 0.20$。简单效应分析显示，相似项目距离近时，不插入与插入其他项目的相似性效应值无显著差异，$p > 0.05$；相似项目距离远时，不插入其他项目的相似性效应值显著高于插入其他项目，$p = 0.001$。

采用被试内设计，在采集数据时需要特别注意顺序效应，每个被试要接受所有的实验处理水平的结合，一种实验处理下的操作会影响另一种实验处理下的操作，即顺序效应。除此以外，还需要注意练习效应与疲劳效应。

在上述实验中，研究者通过随机化呈现实验处理平衡顺序效应；为避免实验出现初期练习效应，在正式实验前，被试先进行练习实验，直到熟悉实验任务；为避免疲劳效应，实验中间设置休息时间，即每完成60个试次休息3分钟。

[案例来源：王丽雪，吕匡迪，张倩，等. 不同空间构型下邻近性对视觉工作记忆中相似性效应的影响. 心理科学，2021：44(2), 258-265.]

第七章　混合实验设计

概要：在前面两章中，我们讲述了被试间设计和被试内设计，两者各有优势和不足。在心理学的实验研究中，有时候无法采用完全被试间设计或完全被试内设计，这时候就需要将两者结合，采用一种新型的实验设计——混合实验设计。混合实验设计是一种较为复杂的真实验设计，吸收了被试间设计和被试内设计的优势，尽量避免两者的缺点。本章将介绍混合设计的含义、特点及类型，两因素混合实验设计和三因素混合实验设计及其相应的数据分析方法。

第一节　混合实验设计概述

一、混合实验设计的含义

混合实验设计(mixed design)也称裂区设计(split-plot design)、被试间被试内混合实验设计，是指将被试间设计和被试内设计相结合的一种真实验设计。在这种实验设计中，包含至少一个被试间因素和一个被试内因素。对于实验中的被试间因素，也称组间因素，每个被试仅接受被试间因素的其中一个水平的处理或者被试间因素一个水平结合的处理；对于实验中的被试内因素，也称组内因素，每个被试要接受被试内因素所有水平的处理或者被试内因素所有水平结合的处理，所以混合实验设计还称组间组内混合实验设计。混合实验设计是心理学研究中较为广泛应用的一种实验设计。

二、混合实验设计的特点及类型

混合设计将被试间设计和被试内设计相结合，因此，它兼具有被试间设计和被试内设计的优势。

(一) 混合实验设计的特点

在具体的实验研究过程中，当采用完全被试内设计或完全被试间设计均不可行时，可以考虑选择混合实验设计。比如，在多因素实验设计中，每个因素的水平数较多，若选用被试间设计，就需要大量的被试；若采用被试内设计，被试需要接受的实验处理水平结合的数量就会很多，容易导致被试疲劳，那么混合实验设计是不错的选择。如果一个自变量的处理会对被试产生长期的影响，如情绪状态，或者如果一个自变量是被试变量，如被试的性别、年龄、认知方式或人格类型等，那么该自变量不能作为被试内因素，只能作为被试间因素，此时混合实验设计还是不错的选择。总之，被试间设计、被试内设计和混合设计各有优缺点，在研究设计中，应该根据实际情形选择合适的实验设计。

(二) 混合实验设计的类型

如前所述，在混合实验设计中，至少包含一个被试内因素和被试间因素。常见的混合实验设计主要有三种类型：混合一个组间因素和一个组内因素的两因素混合设计、混合一个组间因素和两个组内因素的三因素混合设计和混合两个组间因素和一个组内因素的三因素混合设计。

第二节　两因素混合实验设计

一、两因素混合实验设计的含义

两因素混合实验设计是指混合一个组间因素和一个组内因素的设计。该设计有两个因素，其中一个因素为组间因素，另一个因素为组内因素。对于组间因素来说，每个被试仅接受该因素的一个处理水平；对于组内因素来说，每个被试要接受该因素的所有处理水平。

二、两因素混合实验设计的实验模式

两因素混合实验设计的实验模式如表7-1所示。在表7-1中，A因素为组间因素，有2个水平：a1和a2，B因素为组内因素，有3个水平：b1、b2和b3。两个因素的结合共有6种处理水平，分别为a1b1、a1b2、a1b3、a2b1、a2b2和a2b3。S01~S40代表40名被试，需要分为两组，其中一组被试为S01~S20，接受a1与b1、b2和b3三种处理水平结合的处理，即a1b1、a1b2、a1b3；另一组被试为S21~S40，接受a2与b1、b2和b3三种处理水平结合的处理，即a2b1、a2b2、a2b3。

表7-1　两因素混合实验设计的实验模式

A因素	B因素		
	b1	b2	b3
a1	S01 S02 …… S20	S01 S02 …… S20	S01 S02 …… S20
a2	S21 S22 …… S40	S21 S22 …… S40	S21 S22 …… S40

可以采用重复测量的方差分析对两因素混合实验设计的结果进行统计分析。在SPSS中，可以采用菜单功能，单击菜单Analyze→General Linear Model→Repeated Measures，然后设置被试内变量B及水平数3，将被试内变量的不同水平移入被试内变量框中，将被试间变量A移入被试间因素框中。若有协变量，将协变量移入被试间因素框中即可。若分析结果存在两因素的交互效应，需对简单效应进行分析，可用SPSS的程序代码进行统计分析，SPSS程序代码如下。

(1) B因素在a1和a2水平上的简单效应。

MANOVA B1 B2 B3 BY A(1，2)
　　/WSFACTORS=B(3)
　　/WSDESIGN
　　/DESIGN
　　/WSDESIGN=B
　　/DESIGN=MWITHIN A(1) MWITHIN A(2).

(2) A因素在b1、b2和b3水平上的简单效应。

MANOVA B1 B2 B3 BY A(1,2)
　　/WSFACTORS=B(3)
　　/WSDESIGN
　　/DESIGN
　　/WSDESIGN=MWITHIN B(1) MWITHIN B(2) MWITHIN B(3)
　　/DEISGN=A.

三、两因素混合实验设计的优缺点分析

当一个自变量是被试变量，而研究者感兴趣的是这个被试变量的不同水平对另一个因素的影响时，可以采用两因素混合实验设计。

当一个自变量的处理会对被试产生相对持久的影响时，不宜将其作为被试内因素，只能作为被试间因素，可利用两因素混合实验设计提升研究的检验效力。

当两个自变量的水平数都比较多时，使用完全随机设计所需要的被试量很大，而选用被试内设计，每个被试重复测量的次数比较多，会带来练习、疲劳等效应。这时候混合设计可能是一个较好的选择。

在两因素混合实验设计中，被试间因素的处理效应容易与被试的个体差异影响相混淆，因此，结果的精度不够好。但实验中被试内因素的处理效应及两个因素的交互作用的结果精度都很好，因此，如果研究中一个自变量的处理效应不是研究者最关心的，则可以把它作为被试间因素，牺牲它的结果精度，以获得对另一个变量的主效应以及两个变量的交互作用估价的精度。

四、两因素混合实验设计的应用举例

热情与能力是社会知觉的两大基本维度，其中热情与知觉对象的意图有关，而能力与知觉对象是否能够实现意图有关。基于双视角模型，研究者通过三个实验探讨了合作

关系中个体对热情与能力的偏好(闫宜人，刘宁，2023)。基于前人的相关研究工作，研究者提出两个假设：①知觉他人时，在中性情境中热情更重要，但在合作情境中能力更重要；②知觉自我时，无论是中性情境还是合作情境，能力都更重要，并且，这种能力优先效应在合作情境中更明显。

实验1-1采用2(情境：合作、中性)×2(社会知觉维度：热情、能力)混合实验设计，其中，情境为组间变量，社会知觉维度为组内变量，因变量为被试将自己想象成主人公A对陌生人B的热情与能力特质词的选择数量。根据情境将被试分为两组，在合作情境中，需要被试将自己想象成主人公A和陌生人B合作完成一项任务，而在中性情境中，则需要被试将自己想象成主人公A和陌生人B独立完成一项任务(具体情境材料请参考原文献)。研究发现，情境与社会知觉维度主效应均不显著；情境与社会知觉维度的交互作用显著；进一步简单效应分析结果表明，合作情境中个体对他人能力的重视程度显著高于热情，中性情境中个体对他人热情的重视程度显著高于能力。

实验1-1的结果初步支持了假设1。实验1-1的实验任务是要求被试对热情与能力特质词进行选择，但由于被试对每个特质的重视程度可能有所不同。因此，在实验1-2中，将实验任务改为要求被试对热情与能力特质的重视程度进行评定，采用不同的测量方法再次考察知觉他人时合作关系中的两维度偏好。

实验1-2采用2(情境：合作、中性)×2(社会知觉维度：热情、能力)混合实验设计，其中，情境为组间变量，社会知觉维度为组内变量，因变量为被试将自己想象成主人公A对陌生人B的热情与能力特质重视程度的评定分数。研究发现，情境与社会知觉维度主效应均不显著，情境与社会知觉维度的交互作用显著，简单效应分析结果表明，合作情境中个体对他人能力的重视程度显著高于热情，中性情境中个体对他人热情的重视程度显著高于能力。

实验1-1和实验1-2采用不同的测量方法考察了合作关系中个体对他人的热情与能力偏好。考虑到双视角模型中"自我视角下能力更重要"的观点，在利益相互依赖关系中，自我的能力是否依然更受重视？两种情境中自我对能力的重视程度是否不同？因此，实验2采用类似的任务，要求被试将自己想象成情境材料中的主人公A对自我的热情与能力特质的重视程度进行评定，探讨自我视角下合作情境中热情—能力的偏好。

实验2采用2(情境：合作、中性)×2(社会知觉维度：热情、能力)混合实验设计，其中，情境为组间变量，社会知觉维度为组内变量，因变量为被试将自己想象成主人公A对自我热情与能力特质重视程度的评定分数。研究发现，社会知觉维度主效应显著，个体对自我能力的重视程度显著高于热情；情境主效应不显著，情境和社会知觉维度的交互作用显著；进一步简单效应分析结果表明，合作情境中个体对自我能力的重视程度显著高于热情，中性情境中个体对自我能力的重视程度也显著高于热情。为了检验热情与能力两维度在不同情境中是否存在差异，研究者还进行了另一方向的简单效应分析，结果表明，能力在合作情境中的重视程度显著高于中性情境；热情在合作情境中的重视程度与中性情境不存在显著差异。

实验2显示，中性情境中自我的能力更受重视，再次验证了双视角模型中"自我视角下能力更重要"的观点。但更重要的是，该研究首次探究了利益相互依赖关系中个体对自我的热情—能力偏好，研究发现自我的能力在合作情境比在中性情境更重要，这一结果在自我视角下再次支持了利益依赖假说。

总之，研究者通过三个实验，系统探讨了合作关系中热情与能力的偏好，研究结果不仅首次回答了合作关系中热情和能力哪个更重要的问题，还明确了相互依赖关系中热情优先效应转化为能力优先的条件，为利益依赖假说提供了支持。

第三节 三因素混合实验设计

一、有一个组间因素两个组内因素的三因素混合实验设计

(一) 有一个组间因素两个组内因素的三因素混合实验设计的含义

在混合一个组间因素两个组内因素的三因素混合实验设计中，有三个自变量，其中，两个自变量为被试内变量，每个被试均需要接受两个自变量所有处理水平的结合；另一个自变量为被试间变量，每个被试只需要接受其中一个处理水平。这类混合实验设计也称重复测量两个因素的三因素混合实验设计。

(二) 有一个组间因素两个组内因素的三因素混合实验设计的实验模式

有一个组间因素两个组内因素的三因素混合实验设计的实验模式如表7-2所示。在表7-2中，A因素为被试内因素，有两个水平，分别为a1和a2；B因素为被试内因素，有3个水平，分别为b1、b2和b3；A因素和B因素的结合共有6种处理水平，分别为a1b1、a1b2、a1b3、a2b1、a2b2和a2b3，每名被试均需接受这6个实验处理；C因素为被试间因素，有两个水平，分别为c1和c2，需要把被试分为两组，每组接受一种水平处理。例如，共选择48名被试S01~S48参加实验，其中，一组被试为S01~S24，分别接受a1b1c1、a1b2c1、a1b3c1、a2b1c1、a2b2c1和a2b3c1实验处理；另一组被试为S25~S48，分别接受a1b1c2、a1b2c2、a1b3c2、a2b1c2、a2b2c2和a2b3c2实验处理。

表7-2 有一个组间因素两个组内因素的三因素混合实验设计的实验模式

C因素	A因素和B因素处理水平的结合					
	a1b1	a1b2	a1b3	a2b1	a2b2	a2b3
c1	S01 S02 …… S24	S01 S02 …… S24	S01 S02 …… S24	S01 S02 …… S24	S01 S02 …… S24	S01 S02 …… S24
c2	S25 S26 …… S48	S25 S26 …… S48	S25 S26 …… S48	S25 S26 …… S48	S25 S26 …… S48	S25 S26 …… S48

与两因素混合实验设计数据分析方法类似，有一个组间因素两个组内因素的三因素混合实验设计可以采用重复测量两因素的方差分析对其结果进行统计分析。在SPSS中，可以采用菜单功能，单击菜单Analyze→General Linear Model→Repeated Measures，然后设置两个被试内变量及水平数，将两个被试内变量的不同水平的交叉组合移入被试内变量框中，将被试间变量移入被试间因素框中；若有协变量，将协变量移入被试间因素框中。

当混合一个组间因素两个组内因素的三因素实验分析结果存在三因素的交互作用时，可用SPSS的程序代码对简单简单效应进行分析，其中，A因素和B因素均为被试内因素，A因素有两个水平，分别为a1、a2，B因素有三个水平，分别为b1、b2和b3；C因素为被试间因素，有两个水平，分别为c1、c2。SPSS运行程序代码如下。

(1) 被试内B因素在被试内A因素和被试间C因素各个水平上的简单简单效应。

```
MANOVA A1B1 A1B2 A1B3 A2B1 A2B2 A2B3 BY C(1，2)
    /WSFACTORS=A(2)B(3)
    /PRINT=CELLINFO(MEANS)
    /WSDESIGN
    /DESIGN
    /WSDESIGN=B WITHIN A(1) B WITHIN A(2)
    /DESIGN=MWITHIN C(1) MWITHIN C(2).
```

(2) 被试间因素C在A因素和B因素各个水平上的简单简单效应。

```
MANOVA A1B1 A1B2 A1B3 A2B1 A2B2 A2B3 BY C(1，2)
    /WSFACTORS=A(2)B(3)
    /PRINT=CELLINFO(MEANS)
    /WSDESIGN
    /DESIGN
    /WSDESIGN=MWITHIN B(1) WITHIN A(1) MWITHIN B(2) WITHIN A(1)
              MWITHIN B(3) WITHIN A(1) MWITHIN B(1) WITHIN A(2)
              MWITHIN B(2) WITHIN A(2) MWIHTIN B(3) WITHIN A(2)
    /DESIGN=C.
```

(三) 有一个组间因素两个组内因素的三因素混合实验设计的优缺点分析

与两因素混合设计类似，在三因素实验设计中，如果其中一个因素是被试变量或者这个因素对被试产生相对持久的影响，可将该因素作为被试间因素采用混合实验设计，这样能够在一定程度上避免因被试重复测量次数过多带来的练习、疲劳效应等。

如果在研究中，三个因素的水平相对较多，可以考虑将不太关心的那个因素作为被试间变量，这样与完全被试内设计相比，能够在一定程度上减少每个被试重复测量的次数；与完全被试间设计相比，能够减少一定的被试数量。

(四) 有一个组间因素两个组内因素的三因素混合实验设计的实验举例

空间定向是个体在陌生环境中利用地图或导航工具，结合周边信息确定自身位置和行进方向的过程。空间定向涉及对视觉地标的加工、空间绝对方位的确认以及对目标或自身相对方位的确认，是空间导航的关键能力之一。大尺度空间定向是个体在大尺度物理空间环境中定位并导航的过程，若要得到该过程的大尺度空间的全局结构，则需要随着时间和路径的增加而收集到的空间信息来建立。在以往研究基础上，研究者采用虚拟现实技术创建生态效度更高的大尺度动态空间任务，探讨了大尺度空间定向能力是否存在地域差异(宋晓蕾等，2024)。

实验采用2(地域：北方、南方)×2(任务类型：重走、回溯)×3(路线：1、2、3)混合实验设计，其中，地域为组间变量，任务类型和路线为组内变量，因变量为任务完成绩效。研究发现，地域的主效应显著，$F(1, 66) = 18.16$，$p < 0.001$，$\eta_p^2 = 0.22$，说明不同地域对空间定向绩效影响的差异显著，北方被试的绩效显著优于南方被试；任务类型主效应显著 $F(1, 66) = 113.77$，$p < 0.001$，$\eta_p^2 = 0.63$，说明任务类型对空间定向绩效影响的差异显著，被试在重走任务上的绩效优于回溯任务；地域与任务类型交的互作用显著，$F(1, 66) = 5.08$，$p = 0.028$，$\eta_p^2 = 0.07$，贝叶斯因子 $BF_{10} = 7.56$，有中等程度证据支持备择假设。进一步简单效应分析表明，不同地域被试回溯任务绩效差异显著，$F(1, 66) = 23.38$，$p < 0.001$，$\eta_p^2 = 0.26$，北方被试在回溯任务上的绩效显著高于南方被试；不同地域被试重走任务绩效边缘显著，$F(1, 66) = 3.49$，$p = 0.066$，$\eta_p^2 = 0.50$，北方被试在重走任务中绩效边缘显著高于南方被试。为进一步说明不同地域被试在不同任务中的绩效差异，对其绩效差异(绩效差异=重走绩效−回溯绩效)进行2(地域：北方、南方)×3(路线：1、2、3)重复测量方差分析，结果表明，地域主效应显著，$F(1, 66) = 4.29$，$p = 0.042$，$\eta_p^2 = 0.06$，说明南方被试重走与回溯的成绩差异($M=0.40$)显著大于北方被试重走与回溯的成绩差异($M=0.28$)，即南方被试在自我中心参照的重走任务中绩效优势更大，即对南方个体来说使用自我中心参照有更大的优势作用。

上述结果表明，当视角发生变化时，被试在空间定向任务中绩效会降低，路线回溯任务表现显著低于路线重走任务。南方被试在重走任务中自我中心参照有更大的优势作用，因地势崎岖，处在相对不规则、视野不开阔的环境，加之空间文化语言的影响，个体会偏好自我中心参照系。虽然所有被试导航绩效均受视角转换的影响，但北方被试的回溯任务表现显著优于南方被试。即使任务切换视角过程中需要环境中心参照系，对于南方被试也很难较快适应并调动在日常并不偏好的该类参照系。

二、有两个组间因素一个组内因素的三因素混合实验设计

(一) 有两个组间因素一个组内因素的三因素混合实验设计的含义

有两个组间因素一个组内因素的三因素混合实验设计也称重复测量一个因素的三因

素混合实验设计。在这个设计中，有三个自变量，其中一个自变量为被试内变量，每个被试均需要接受该自变量每个水平的处理；另两个自变量为被试间变量，每个被试只需要接受两个自变量所有处理水平结合中的一个。

(二) 有两个组间因素一个组内因素的三因素混合实验设计的实验模式

有两个组间因素一个组内因素的三因素混合实验设计的实验模式如表7-3所示。在表7-3中，A因素为被试间变量，共有a1和a2两个水平；B因素也为被试间变量，共有b1和b2两个水平；A因素和B因素的结合共有4处理水平，分别为a1b1、a1b2、a2b1、a2b2；C因素为被试内因素，共有c1和c2两个水平。S01~S96代表96名被试，根据因素A和B水平组合，需要将被试分为4组，第一组被试为S01~S24，接受a1b1c1、a1b1c2、a1b1c3三种处理，第二组被试为S25~S48，接受a1b2c1、a1b2c2、a1b2c3三种处理，第三组被试为S49~S72，接受a2b1c1、a2b1c2、a2b1c3三种处理，第四组被试为S73~S96接受a2b2c1、a2b2c2、a2b2c3三种处理。

表7-3 有两个组间因素一个组内因素的三因素混合实验设计的实验模式

A因素和B因素水平的组合	C因素		
	c1	c2	c3
a1b1	S01 S02 …… S24	S01 S02 …… S24	S01 S02 …… S24
a1b2	S25 S26 …… S48	S25 S26 …… S48	S25 S26 …… S48
a2b1	S49 S50 …… S72	S49 S50 …… S72	S49 S50 …… S72
a2b2	S73 S74 …… S96	S73 S74 …… S96	S73 S74 …… S96

与有一个组间因素两个组内因素的三因素混合设计的数据分析方法类似，有两个组间因素一个组内因素的三因素混合设计可以采用重复测量的方差分析对其结果进行统计分析。在SPSS中，可以采用菜单功能，单击菜单Analyze→General Linear Model→Repeated Measures，然后设置被试内变量及水平数，将被试内变量的不同水平移入被试内变量框中，将两个被试间变量移入被试间因素框中；若有协变量，将协变量移入被试间因素框中。

当混合两个组间因素一个组内因素的三因素实验分析结果存在三因素的交互作用时，可用SPSS的程序代码对简单简单效应进行分析。其中，A因素和B因素均为组间因素，每个因素均有两个水平，A因素有a1、a2两个水平，B因素有b1、b2两个水平，C因素为组内因素，有三个水平分别为c1、c2和c3。SPSS运行程序代码如下。

(1) 被试内变量C在被试间变量A和B各个水平上的简单简单效应。

```
MANOVA C1 C2 C3 BY A(1，2) B(1，2)
    /WSFACTORS=C(3)
    /PRINT=CELLINFO(MEANS)
    /WSDESIGN
    /DESIGN
    /WSDESIGN=C
    /DESIGN=MWITHIN B(1) WITHIN A(1)
            MWITHIN B(2) WITHIN A(1)
            MWITHIN B(1) WITHIN A(2)
            MWITHIN B(2) WITHIN A(2).
```

(2) 检验其中一个被试间变量A在被试内变量C和被试间变量B上的简单简单效应。

```
MANOVA C1 C2 C3 BY A(1，2) B(1，2)
    /WSFACTORS=C(3)
    /PRINT=CELLINFO(MEANS)
    /WSDESIGN
    /DESIGN
    /WSDESIGN=MWITHIN C(1) MWITHIN C(2) MWITHIN C(3)
    /DESIGN =A WITHIN B(1) A WITHIN B(2).
```

(三) 有两个组间因素一个组内因素的三因素混合实验设计的优缺点分析

在三因素实验设计中，如果有两个因素是被试变量，或者这两个因素都会对被试产生相对持久的影响，可将这两个因素作为被试间因素采用混合实验设计，这样能够在一定程度上避免因被试重复测量次数过多带来的练习、疲劳效应等。

如果在研究中，三个因素的水平相对较多，可以考虑将不太关心的那两个因素作为被试间变量，这样与完全被试内设计相比，能够在一定程度上减少每个被试重复测量的次数；与完全被试间设计相比，能够减少一定的被试数量。

(四) 有两个组间因素一个组内因素的三因素混合实验设计的实验举例

在研究中探讨文章生字密度、文章类型和平均句长对学生阅读理解的影响(编自舒华，1994)，其中，生字密度为被试间变量(A)，共有2个水平(a1和a2)，分别为20∶1和10∶1，平均句长为被试间变量(C)，共有2个水平(c1和c2)，分别为平均句长为20个词和平均句长为10个词。这样就形成了4种情境：生字密度为20∶1，平均句长为20个词(a1c1)；生字密度为20∶1，平均句长为10个词(a1c2)；生字密度为10∶1，平均句长为20个词(a2c1)；生字密度为10∶1，平均句长为10个词(a2c2)。文章类型为被试内变量(B)，共有2个水平(b1和b2)，分别为说明文和叙述文。研究者共选取8篇文章，每一种情境下有两篇文章，一篇说明文和一篇记叙文。研究者招募16名被试参加实验，将16名被试分为4组，分配到a1c1、a1c2、a2c1、a2c2情境中，每一名被试均需要阅读两篇文章。例如，一组的被试阅读a1b1c1(生字密度为20:1，平均句长为20个词的说明文)和a1b1c2(生字密度为20:1，平均句长为20个词的记叙文)。所有被试阅读两篇文章的顺序应该以ABBA的方式平衡。

对研究结果进行重复测量的方差分析显示，生字密度的主效应显著，$F(1, 12) = 60.25$，$p < 0.001$，$\eta_p^2 = 0.83$；文章类型的主效应显著，$F(1, 12) = 21.43$，$p = 0.001$，$\eta_p^2 = 0.64$；平均句子长度的主效应不显著，$F(1, 12) = 1.23$，$p = 0.289$，$\eta_p^2 = 0.09$；文章类型与生字密度的交互作用显著，$F(1, 12) = 42.02$，$p < 0.001$，$\eta_p^2 = 0.78$，文章类型与平均句子长度的交互作用显著，$F(1, 12) = 21.43$，$p = 0.001$，$\eta_p^2 = 0.64$，文章类型与生字密度、平均句子长度的三阶交互作用也显著，$F(1, 12) = 42.02$，$p < 0.001$，$\eta_p^2 = 0.78$。

本节中所介绍的两种三因素混合实验设计是相对较为复杂的实验设计，在采用这类实验设计时应特别注意，如果一个因素可以作为被试内变量，尽可能将其设计为被试内变量，而不是被试间变量，这样可以提高实验的检验力。

思考题

1. 什么是混合实验设计？混合实验设计有哪些优缺点？
2. 简述混合实验设计的原理与实验逻辑。
3. 在运用混合实验设计进行心理学研究时，应该注意哪些方面的问题？
4. 针对某一心理学具体问题，做一个两因素混合实验设计。

实验操作

实验名称：两因素混合设计的实验

实验问题：搜索模式和呈现时间对搜索绩效有何影响？

实验目的：探讨搜索模式和搜索画面的呈现时间如何影响视觉搜索的绩效，掌握两因素混合实验设计。

实验程序：实验设计采用2(搜索模式：奇异项检测模式和特征搜索模式)×2(呈现时间：短时呈现和长时呈现)的混合实验设计，其中搜索模式为被试间变量，呈现时间为被试内变量，因变量为被试完成搜索任务的反应时和正确率。具体操作如下：首先将选取的被试随机分为两组，一组被试采用奇异项检测模式，另一组被试采用特征搜索模式，两组被试均完成短时呈现和长时呈现的搜索任务，不同呈现时间的搜索任务以组块的方式呈现，顺序在被试间平衡。记录被试的反应时和正确率。

结果分析：针对正确率指标，首先计算每种条件下被试的正确率，然后采用2×2的重复测量方差分析先分析被试的正确率，可以得出搜索模式和呈现时间的主效应及两者的交互作用；若交互作用显著，则进一步做简单效应分析。针对反应时指标，首先计算每种条件下被试做出正确搜索的平均反应时，然后采用2×2的重复测量方差分析先分析被试的反应时，可以得出搜索模式和呈现时间的主效应及两者的交互作用；若交互作用显著，则进一步做简单效应分析。

案例分析

下面以凌晓丽等人(2022)完成的一项实验研究为例，分析混合实验设计的原理与研究逻辑。研究采用后悔研究的经典实验范式——连续冒险任务，探讨陌生人或同性朋友在场对个体后悔情绪的影响。实验采用2(有无旁观者在场：有、无)×2(亲密程度：陌生人、朋友)×2(结果类别：非最优、遇到魔鬼)混合实验设计，其中，有无旁观者在场和结果类别均为被试内变量，亲密程度为被试间变量。

首先招募88名女性大学生参与本次实验，并将其随机分配至朋友组和陌生人组，每组44名被试，每组中有一半被试参与开箱子任务，另一半被试作为旁观者参与本次实验。朋友组的旁观者是被试自己带来的朋友，陌生人组的旁观者是随机招募的陌生人。

首先让被试填写亲密度量表，随后，在隔音的房间内进行开箱子任务。在开箱子任务单个试次的流程如图7-1所示，电脑屏幕上会呈现8个箱子，其中7个箱子装的是金币，1个箱子装的是魔鬼，魔鬼的位置是随机的。被试被要求从左到右依次打开箱子，且可自行选择开箱子(按R键)或停止开箱子(按T键)。开任一箱子时，被试均有2 000ms的时间考虑是否继续打开箱子或停止。若在开箱子过程中，被试未打开装有魔鬼的箱子，则收益为本试次中获得的金币；若打开了装有魔鬼的箱子，则本试次中获得的金币清零。当被试遇到魔鬼或选择停止打开箱子后，间隔1 800~2 250ms，呈现本轮任务的结果。结果包含魔鬼所在的位置、获得金币数以及错失金币数，该界面呈现5 000ms。此外，如果被试在主动停止开箱之前未打开装有魔鬼的箱子，则上述结果周围会呈现一个绿色的框；如果遇到了魔鬼，则呈现一个红色的框。最后，呈现一个评分界面，要求被试根据自己的真实感受对本轮的决策进行情绪评定，分数从-4(非常后悔)到4(非常高兴)。

正式实验分为两部分，第一部分实验会有一个陌生人或被试的朋友作为旁观者，坐在被试旁边认真观看被试完成开箱子任务。被试被告知旁观者所坐位置能够清楚地看到的任务界面以及相关的按键、评分结果，旁观者全程保持沉默；第二部分实验则由被试独立完成。每部分实验有56个试次，两部分的顺序进行被试间平衡。正式实验之前，观察者与被观察者均完成了开箱子任务的练习程序，以确保两名被试均熟悉实验任务。此外，被试被告知在整个实验过程中所赚的金币数会影响支付给他们的被试费。

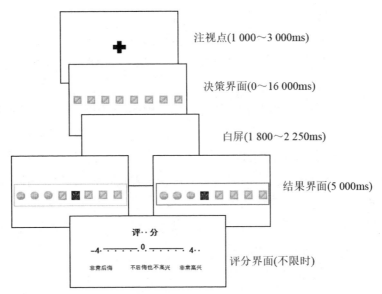

图7-1 开箱子任务单个试次的流程

对两组被试的后悔情绪评分结果如图7-2所示,对该结果进行重复测量的方差分析显示,遇鬼时的评分显著低于非最优条件,$F(1,42)=103.02$,$p<0.001$,$\eta_p^2=0.71$;有旁观者在场时的评分显著高于无旁观者在场,$F(1,42)=4.36$,$p=0.043$,$\eta_p^2=0.09$;亲密程度的主效应不显著,$F(1,42)=0.39$,$p=0.540$;亲密程度、结果类别与有无旁观者在场的三项交互作用不显著,$F(1,42)=1.85$,$p<0.180$。

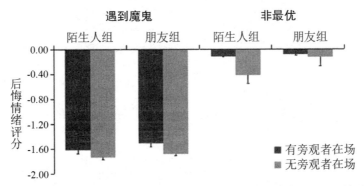

图7-2 不同结果类别条件下,陌生人组与朋友组在有无旁观者条件下的情绪评分

注:误差线代表均值的标准误。

在这个研究设计中,三个变量的性质不同:有无旁观者在场是研究者操纵的一个自变量,是被试内变量;亲密程度是研究者根据被试与旁观者的关系选择的一个自变量,是被试间变量;结果类别是研究者根据被试的选择结果获得的一个自变量,也可看作被试内变量。由此可见,该研究设计采用的是有两个组内变量一个组间变量的三因素混合实验设计。

在对正式实验结果分析之前,研究者对两组被试的人际关系亲密度量表评分与单维关系亲密度量表评分,分别进行独立样本t检验,结果发现朋友组亲密度均显著高于陌生人组，表明研究者对亲密度的操纵有效。另外，研究者还对两组被试在有无他人在场时的遇鬼概率进行有无旁观者在场×亲密度的重复测量方差分析，结果发现，有无旁观者在场与亲密度主效应均不显著，两者交互作用不显著，表明被试遇鬼的概率不受有无旁观者在场和亲密度高低的影响。

该实验的一个主要发现：旁观者在场对个体后悔情绪产生了影响，但实验中并未发现旁观者与个体间的亲密度对后悔情绪的影响。这可能由于实验中选取的被试与朋友相处时间较短，亲密程度不够高。因此，在后续实验中，研究者将与个体更亲密的异性恋人作为旁观者，考察其对个体后悔情绪的影响，结果发现，旁观者与个体之间的亲密度对个体后悔情绪与决策行为冒险性的影响。此外，该研究仅以女性大学生为被试，研究结果对男性大学生并不一定适用。后续研究可以考虑以男性大学生为被试，探讨旁观者及其与个体的亲密程度对后悔情绪的影响。

第八章 小样本实验设计

概要： 本章将介绍曾在实验心理学研究历史上创造过辉煌成就的小样本实验设计。通过学习，明确该设计的含义、特点与类型，了解小样本实验设计的适用范围及评价标准，掌握A-B和A-B-A设计及其主要变式的实验程序，理解小样本实验设计的本质。

研究人员可能会对一只老鼠进行一千小时的研究，而不是对一千只老鼠每只研究一小时，或者对一百只老鼠每只研究十小时。这样做至少在仪器使用的效率以及研究人员花费的时间和精力上，与传统方法是等效的，而且，兼顾到了对个体差异性的认识。统一性或可重复性的最终检验标准不在于所使用的方法，而在于所达到的控制程度。行为的实验分析通常很容易通过这一检验。

——斯金纳(Skinner, 1966)

第一节 小样本实验设计概述

一、小样本实验设计的含义

实验中只包含一个或几个被试的实验设计，称为单被试实验设计(single-case experimental design)或小样本实验设计(small-N experimental design)。它是被试内设计的特例。

这里讲的小样本实验设计所针对的是实验研究，并非一般意义上的个案研究。个案研究是研究者通过对个体进行深入观察，然后对观察结果进行综合整理，从而得出一定的研究结论。如皮亚杰对其两个孩子两岁前的心理与行为进行系统观察，提出了两岁前儿童认知发展的六个阶段论，揭示出两岁前智慧的起源和发展过程。个案研究是一种描述的或观察的方法，研究者没有对变量进行操纵和控制，仅仅是记录观察的结果。因此，个案研究不能够揭示变量之间的因果关系，也得不出因果关系的结论。要想获得因果关系的结论，研究者必须在研究的过程中对变量进行操纵和控制。

与大样本的被试组实验设计(group design)一样，在小样本实验设计中，研究者需要对变量进行操纵和控制，在处理小样本实验设计的内部效度时也需要小心。然而，与被试组实验设计所不同的是，小样本实验设计只有一个或少数几个被试，没有运用随机化的抽样和统计程序。但是，小样本实验设计通过可靠、重复的测量，可以更细致、更准确地了解个体的行为。与被试组设计相比，其优势在于减少被试，结果表示更加简单、灵活，内部效度高。

艾宾浩斯曾经做过心理学科最著名的一个小样本实验——以自己作为唯一的研究对象，用德文字母的一个元音和两个辅音制造出2 300个无意义音节，创造性地使用这些无意义音节作为记忆研究的材料,将实验心理学的研究范式导向人工实验情境。为测量学习和记忆的效果,艾宾浩斯发明了节省法,即通过比较被试初学音节列表的所需次数和经过一定时间间隔后重学次数的差异,来推断记忆的保存量。节省法不仅提供了记忆测量的新方法,更为高级心理过程的量化提供了重要工具,研究开创了新局面。进入20世纪,巴甫洛夫的条件反射研究、华生关于小艾尔伯特习得性恐惧的研究、斯金纳的操作性条件反射研究等都采用单一被试,经过大量的观察和记录,比对不同条件下的实验结果,发现了重要的心理规律。

二、小样本实验设计的特点与类型

(一) 小样本实验设计的特点

1. 重复测量

在被试组设计中,对各组被试通常只需要先分别测量一次,然后将观察值进行平均。但在只有一个被试的情形下,就要对被试的行为进行反复测量。测量过程中的控制极为重要,目的是确保获得被测行为在一段时间内清晰的变化。赫森和巴洛(Hersen&Barlow,1976)指出,测量的过程必须明确具体、可观察、可公开、可重复。此外,这些重复测量必须在完全标准化的条件下进行,包括所使用的仪器设备、参与人员、记录测试时间和每天测量的次数、指导语、具体的环境条件等。

2. 确定基线

小样本实验设计的第一步通常是确定行为的基线水平,用以描述在没有进行任何处理的情况下被试的行为模式。基线测量的结果相当于实验中的参照标准,与被试接受实验处理后产生的行为变化作比较,以便获得实验处理的效应。获取基线数据时,研究者希望得到稳定的行为模式。所谓稳定性(stability)一般指持续一致的水平或趋势,其偏差相对较小。巴洛和赫森(Barlow&Hersen,1973)建议在基线阶段至少要收集三组观察值,以建立数据的大致趋势。一般而言,测量所得的数据并不那么稳定,但观察次数越多,观察者对观察值所显示的数据的一般趋势就越有信心。从这一点上来讲,基线能够让研究者预测未来在无实验处理情况下的行为。就研究而言,图8-1所示三种情形中,最理想的基线形态应是图8-1(a)。

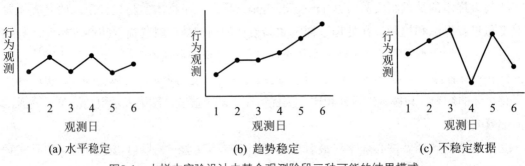

图8-1 小样本实验设计中某个观测阶段三种可能的结果模式

3. 每次更换一个变量

小样本实验设计中，当研究者收集到一个观测阶段明确、稳定的行为模式数据后，实验就可以从一个阶段进入下一个阶段，这个过程称为阶段转换(phase change)。阶段转换本质上是对自变量的操纵，它通过施加、撤出或改变实验处理来完成。这个转换过程启动了一个新的观察，研究者会在一个新的条件下获得一系列新的观测数据，其目的是验证增加或撤销一个实验处理是否会导致被试的行为发生明显改变。如果转换前后被试的行为模式显示出显著性差异，转换的目的就达到了。需要注意的是，研究者必须在每次转换时只操纵一个变量。这是一条基本的实验控制原则。如果同时改变了两个变量，实验就无法分辨到底是哪一个变量引起了被试行为的变化(Smith & Davis, 2016)。

(二) 小样本实验设计的类型

小样本实验设计的上述三个特点集中反映了该设计的基线逻辑(baseline logic)，即在至少两个相邻条件下对行为进行重复测量：基线(A)和干预(B)，若采取干预措施后，与基线相比行为发生了变化，则有可能是干预措施导致了这一变化。基线逻辑是所有小样本实验设计的基础，也就是说，所有的小样本实验设计都只是对基本的A-B范式的延伸或阐释。从基线变化的角度，小样本实验设计可分为基线设计(baseline design)和多基线设计(multiple baseline design)两类。

基线设计常见的有A-B-A设计、A-B-A-B设计、A-B-A-C-A设计和A-B1-A-B2-A设计等。上述设计的前提是：自变量对因变量的作用是暂时的、可逆的。若撤除自变量后因变量的变化无法恢复到基线水平，则有两种可能：自变量的作用并非暂时；自变量的作用未明确证实，或许有其他额外因素影响。

有时，研究者要对同一被试施加的自变量多个水平的效果进行评估，或要对多种情境下的干预效果进行评估，这种情形下研究者就要选择多基线设计，比如A-B多基线设计。该设计特别适合于研究者关注的行为在施加处理后不能回到基线水平的实验，即实验处理可能对被试产生了长期的影响。

三、小样本实验设计适用范围

首先，对于心理物理学研究、临床心理研究、动物学习研究等领域来说，小样本实验设计可能比被试组设计更适合一些。例如，训练儿童克服某种心理障碍或发展某种能力，通过对特定个体的细致考察，有针对性地运用实验法评估处理对该个体的效用，就比用一组的平均结果推测处理对个体影响的被试组设计更加直接有效。

其次，当只需要一个反例就能推翻已有理论或观点时，单被试设计无疑是更为经济的选择。例如，韦斯克兰茨(Weiskrantz, 1995)关于盲视病人D. B.的实验研究发现，在不存在觉察的情况下，患者能够进行复杂的知觉判断，颠覆了以往"知觉一定存在于意识层面的"认识。

再次，如果能够保证研究具有良好的推广性，那么单被试也是合适的。如在特定变量上,总体中个体间只存在无关紧要的差异,小样本实验设计对于研究已经足够,无须大样本取样。

最后,当满足研究条件的被试很少,或研究本身极为耗时费力,需要大量培训或难以控制时,如训练灵长目动物使用信号语言的研究,则单被试实验可以为研究提供现实的解决方案。

四、小样本实验设计的评估变化标准

相比被试组设计,小样本实验设计会使用不同的标准来评估处理效应。常用的标准有两种:实验标准(experimental criterion)和疗效标准(therapeutic criterion)。

(一)实验标准

此标准要求反复证明引入实验处理后会发生行为变化。小样本实验设计通常采用目测分析(直观检查)的手段对干预前和干预后的行为进行比较。基本要求是:用明确的水平(level)或趋势(trend)构建清晰的图形,如图8-2所示。

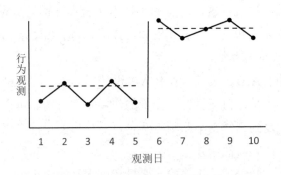

图8-2　前后两个阶段水平的变化

注:水平虚线对应阶段观测平均水平,两个水平线的位置变化显示了阶段间的差异。基线阶段最后一个点与处理阶段的第一个点的纵向差异,表明处理导致了被试行为改变。

首先,从图形判断阶段间水平是否存在差异。一是衡量各阶段的平均水平是否存在变化,如果从一个阶段到另一个阶段观测数据的平均水平有明显的差异,则表明两个阶段之间确实存在差异。二是比较当条件改变时被试的最初反应,比较某一个阶段最后一次观测值与紧接着的下一个阶段的第一次观测值,如果两者相差大,则能说明处理条件的加入或撤出立即带来了被试行为的改变。

其次,要看趋势是否发生改变,如图8-3所示。清晰、明显的趋势变化是两个阶段之间存在差异的有力证据。要证明两个阶段之间有差异,最令人信服的证据是数据模式呈现出较大的、即刻的改变。如果被试行为改变的时间与阶段转换的时间相比有一个延迟,那么会减弱因果关系解释的可信度(格拉维特,佛泽诺,2020)。运用目测分析,如果干预阶段的因变量分数与基线阶段的因变量分数不重叠(水平的变化),或者两阶段的数据趋势不同,则实验标准得以满足。

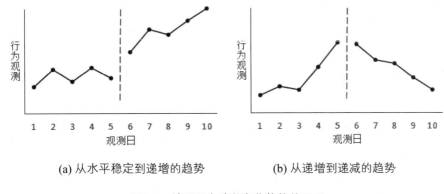

(a) 从水平稳定到递增的趋势　　(b) 从递增到递减的趋势

图8-3　前后两个阶段变化趋势的不同

历史上，对于小样本实验设计结果的分析方法一直存在两种声音。一种就是反对使用统计分析，以斯金纳为代表。持这种观点的学者相信直观上没有造成明显变化的处理要么是太微弱的，要么就是无效的。另外，统计上的显著跟临床显著并不总是相同的，统计显著并不能满足实际的应用。

另一种是支持使用统计分析，持这种观点的学者认为，统计方法可以在一定程度上弥补小样本实验设计在额外变量控制上的问题，尤其是当无法建立稳定的基线，数据出现了比较大的变异时。对于A-B设计的实验结果，一种常用的统计分析是进行两条回归直线的差异性检验，包括处理前和处理后的回归直线斜率与截距的差异检验。

(二) 疗效标准

此标准指的是临床或实际意义，或者处理效应对被试的价值。对于被试而言，处理效应是否消除了某些障碍，或者是否增强了某种日常机能。这个标准比实验标准更难证明。例如，一个有自残行为的儿童在接受处理后，也许会减少50%的自残行为，但每个小时仍会出现50次此类行为。即使实验标准被满足了，但这个儿童的行为仍然离正常水平很远。为了解决这个问题，研究者在某些实验中引入了一种称为社会确认(social validation)的程序。对处理效应的社会确认包括确定处理效应是否让患者产生了某种重大的变化，使其能够正常地生活(比如，某个幽闭恐惧症患者在接受处理之后是否可以乘坐电梯了)。这种确认是通过社会比较法或主观评估法来实现的。

社会比较法(social comparison method)是指将患者在接受处理前和处理后的行为与其正常同伴的行为进行比较。如果参与者的行为不再异于正常同伴的行为，就满足了疗效标准。

主观评估法(subject evaluation method)是指他人是否认为参与者的行为产生了质变。有些实验，或许可以让那些平常与被试有接触且能够对被试进行评估的个体使用某种评估工具对被试的机能进行全面评估，如评级量表或行为核查表。如果这个评估显示患者的机能更加正常，就可以认为满足了疗效标准。

这两种方法都有着自身的局限性,但是都为实验处理条件的疗效提供了附加信息(克里斯滕森等,2018)。

第二节 A-B设计

一、A-B设计的含义

A-B设计是最简单的小样本实验设计。A表示基线阶段,B表示施加实验处理阶段。

与单组前后测设计相同,A-B设计也是首先进行前测,然后进行处理。两者不同之处有以下几个:第一,A-B设计中只使用一个或少数几个被试;第二,A-B设计前测与处理后测量次数相同,而单组前后测设计一般只需要各进行一次;第三,A-B设计测量的时间间隔固定,比如对于时间上持续若干星期的实验来讲,以星期为间隔时间,可以设置每周一测量一次,以天为间隔时间,可以每天上午测量一次,而在单组前后测设计中则没有这么严格。

由于引入实验处理,所观察的行为(如注意分散动作)从A阶段的稳定水平明显变化。正是因为基线和处理阶段进行了反复的测量,提供了对额外变量(如历史)一定程度的控制,所以把下降的原因归于处理似乎是合理的。然而,这并不能完全排除顺序效应和自然成熟等额外变量的作用。

假设有这样一项研究,研究者目的是想矫正小学生上课注意力不集中的行为,因变量的指标是注意分散持续的时间。自变量是在该学生表现出注意力集中的行为之后教师是否给予表扬。在基线建立阶段,研究者每天观察记录小学生上课注意力分散的持续时间,进行多次的观测后,发现该学生注意力分散的持续时间达到了稳定的水平。于是实验进入施加处理的阶段。在处理阶段,研究者要求教师在上课时,发现该学生表现出注意力集中的行为就给予表扬,同时观测其注意力分散的持续时间。结果如图8-4所示,横坐标数据代表观测的天数,纵坐标代表观测到的行为水平(注意分散持续时间),节点代表对该学生每天的情况所作的观测和记录。从第7天开始实施行为矫治程序,同时记录学生在实施治疗期间的行为情况(从第7天到第12天),图中第6天和第7天之间的垂直线表示矫治程序开始的时间,这条线左边的6个点,表示处理前观测到的行为情况,右边的6个点表示处理后的行为变化。用直线将各个数据点连起来,有助于比较处理前后行为模式的改变。从图8-4可以看出,该学生在得到教师的表扬后,其上课的注意力分散的持续时间明显减少。

正如前面提到,尽管处理(表扬)后实验结果(注意力分散)有明显的不同,在推断因果关系时我们仍然要小心。有许多因素(如经历、成熟等)会使内部效度下降,这是由于这些因素很有可能伴随着处理的过程而变化。如果有额外变量与实验处理一起随时间的变化而变化,那么干预阶段的变化既可以归结于处理,也可以归结于额外变量。由于没有对照组,我们不能排除额外变量的影响。

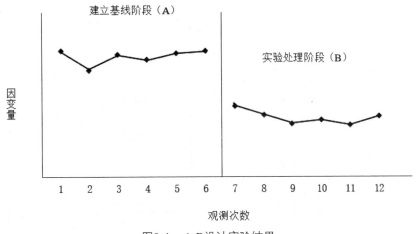

图8-4　A-B设计实验结果

然而实际的情况是，研究者经常使用A-B设计，尽管它在揭示因果关系方面存在不足。原因有二：其一，有些时候将实验处理逆转不现实，如进行某项改革实验且效果良好；其二，执拗于对实验处理逆转违背伦理道德，合情合理的做法是根据治疗实际确定疗程而非选择更严格的A-B-A-B设计；其三，如果实验过程中被试有了学习，那么实验处理的逆转是不可能的。为解决上述问题同时提升实验的内部效度，研究者在实验设计中增加了对照组或对照条件，这样多基线设计就产生了。

二、A-B多基线设计

(一) A-B多基线设计模式

多基线设计保留着A-B设计的基本模式，也使用基线阶段与实验处理阶段相结合的方法。不同的是，该设计需要建立多条基线，当引入实验处理后，如果行为在多条基线上都发生改变，就可以更有力地表明实验处理的有效性。

多基线设计的基本类型包括针对不同研究对象、不同行为和不同情境的三种情况。每种情况下都要有两种以上的水平应用A-B设计。干预条件是以不同的时间间隔，施于每一个研究对象、每一个行为或每一个情境的，如图8-5所示。

多基线设计超越了单个研究对象、单个行为或单个情境的限制，可以对不同对象、不同行为，以及在不同情境中检验干预的效果。运用这种设计方法能够显示当只有运用某种干预措施时，才表现出目标行为的改变，从而证实干预措施和目标行为改变之间的因果关系(莫雷等，2007)。

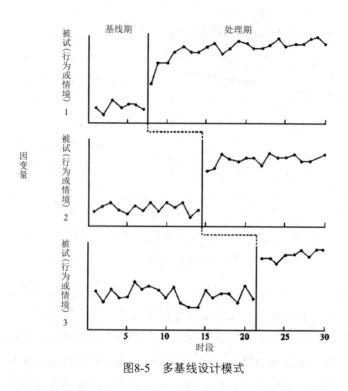

图8-5 多基线设计模式

(二) 多基线设计方法

1. **跨个体的多基线设计**(multiple-baseline design across individuals)

在这种设计中，研究两个或多个被试，保持行为和情境的恒定。对不同被试来说，研究是同时开始的，即同时开始对所有被试的基线观测。在对一个被试的观察获得稳定基线后，只对该被试采取干预。过了一段时间，第二个被试接受干预，以此类推。因此，不同被试接受干预前的基线周期是不同的。只要参与研究的被试不会因其中一人接受干预而受到影响，这个设计就有效。

2. **跨行为的多基线设计**(multiple-baseline design across behaviors)

在这种设计中，对一个被试的两种或更多种分散的、彼此独立的行为进行基线测量。等到所有行为都建立了一个稳定的基线，就可以对其中一种行为进行干预，之后对第二种、第三种行为进行干预，直到对所有行为都采取了干预。这种设计中，对不同行为采取干预的时间间隔是一样的。

3. **跨情境的多基线设计**(multiple-baseline design across situations)

在这种设计中，在两个或多个情境下对一个被试的一类目标行为进行观察。这种设计和跨行为的多基线设计一样，只不过是实验条件以情境替代行为。比如，对比被试在教室和图书馆的学习状态。

多基线设计存在一个根本性难题：为保证这种设计能有效评估处理条件的效果，目标行为或结果必须是互不相关的。如果设计使用了若干个目标参与者，那么这些参与者之间必须不能交流或互动(即发生在一个参与者身上事情必须独立于发生在另一个参与者身上的事情);如果这种设计被用于几个目标结果变量,那么这些结果变量必须是独立的(即一个变量的变化不会自然地引起另一个变量的变化);如果这种设计使用了几种目标情境,那么这些情境也必须是独立的。这里的关键是目标之间不能相互依存(interdependence),如此,一个目标的变化就不会自然地引起其他目标的变化。如果不加注意,就不能控制这种相互依存的问题。例如,某个研究旨在改变个体迟到的习惯,其目标可以是上学迟到、上班迟到和赴约迟到。一旦改变一种迟到习惯可能会对其他类型的迟到行为产生连锁反应。(克里斯滕森等,2018)。

第三节　A-B-A设计

一、A-B-A设计的含义

A-B-A设计即基线-处理-基线设计,是单被试实验设计的主要模式。该设计为实验者提供两次比较的机会,如图8-6所示:①第一个阶段(A)与第二个阶段(B)施加处理后的结果比较;②第二个阶段(B)施加处理后与第三阶段(A)撤去处理后的结果进行比较。这种设计可排除练习或成熟等额外变量的影响,提高实验的内部效度。

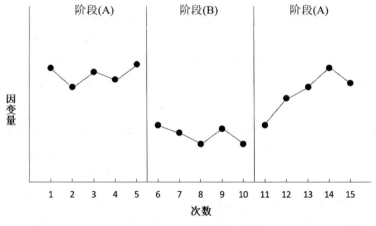

图8-6　A-B-A设计实验结果

A-B-A设计也存在一个问题:当第二个阶段施加处理(B)后,或许会引起被试行为长期的变化,这样在撤去处理后的第三个阶段(A),被试的行为很难回到第一个阶段(A)基线水平。也就是说,A-B-A设计只能用于处理效果可逆的情况,所以该设计也称为反向设计(reversal design)。

在反向设计中,常见的并不是A-B-A设计,而是A-B-A-B设计(见图8-7)。一是因为A-B-A设计最后把被试停在了基线条件,假如实验处理对被试更为有利,这样做并不合理;二是因为A-B-A-B设计再次引入B,能够复制处理效果,从而增强了对实验的控制。

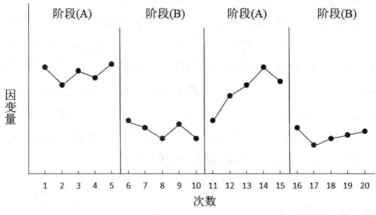

图8-7 A-B-A-B设计实验结果

反向或倒返(reversal)是贝尔等人(Baer et al., 1968)首先使用的术语，是指剔除自变量后，对行为产生的影响，即行为水平倒返回基线的反应模式。而赖滕伯格(Leitenberg, 1973)则认为用移除(withdrawal)这个术语更为准确，因为它表示撤销了干预操作，但并没有假设将发生行为的改变。实际上，尽管"倒返"与"移除"在描述A-B-A-B设计时所包含的意思略有不同，但它们在学术上的区别要大于实践(肯尼迪，2014)。

二、A-B-A-B设计举例

罗曼纽克等(Romaniuk et al., 2002)研究了学生做作业时出现的问题行为，例如摔打、啃咬、抱怨、大哭、乱讲话、离座、涂鸦、扔东西等。实验前进行了功能分析，用以确定维持问题行为的强化物。结果有三名学生的问题行为是为了逃避做学科作业——问题行为最常发生于在做作业过程中得到许可休息时。研究者想要确定，若给学生选择的权利，即让学生选择想做的作业，能否降低他们问题行为出现的频率？

实验包含两种条件：没有选择(A)、有选择(B)。指派的作业项目在两种条件下是相同的。A条件下，每堂课上研究者给学生布置作业，并告知"这是今天要完成的作业"或"现在是做作业的时间"。B条件下，研究者在学生面前呈现4~6项作业，并且问学生："今天你想完成哪项作业?"与此同时，学生也被告知，课堂上可随时提出更换作业的请求。当此两种条件下学生发生问题行为时，研究者会告知该学生："你现在可以休息一下，休息10秒。"

研究者对所有的功能分析和实验环节都安排了录像。行为发生与结束的时间可由录像机计时器提供。行为持续时间占课堂时间的百分比被作为实验的因变量。两位训练有素的研究者对录像带上的数据进行了分析评判。评分者信度是通过对目标行为的发生和不发生的一致秒数除以观察期的总秒数来确定的。评判的时间差不超过1秒都算作一致。

三名学生(布鲁克、玛吉、盖里)的实验结果显示(见图8-8)，提供选择机会与减少问题行为之间有明确的功能关系。

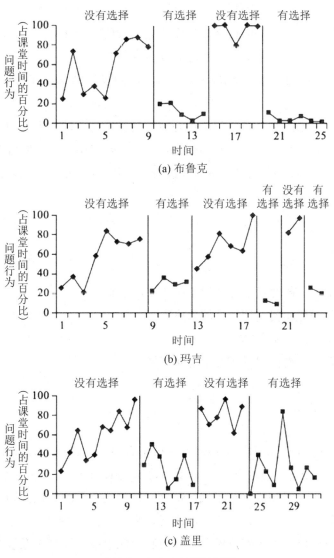

图8-8 A-B-A-B设计实例

布鲁克在无选择条件下有71%的课堂时间表现出问题行为，而在选择条件下这一数据只有8%；玛吉在无选择条件下有65%的课堂时间表现出问题行为，在选择条件下有23%的时间表现出问题行为；盖里在无选择条件下有69%的时间表现出问题行为，在选择条件下有27%的时间表现出问题行为。每位学生出现问题行为情况由没有选择的条件(基线)到有选择的条件急速地减少；当撤除选择，问题行为占课堂时间的百分比恢复(倒返)到基线水平；再给予选择，问题行为占课堂时间的百分比再次下降。A-B-A-B设计使罗曼纽克和同事能够明确且清楚地证明，每位学生问题行为的显著减少是因为提供了作业的选择(Cooper, et al., 2012)。

研究者进一步分析了给予选择减少逃避动机问题行为的机制。一个可能的机制涉及到任务规避性的改变，当被允许选择一项任务时，个体可能会选择厌恶性最小的任务。另外，对强化物的控制本身就可能是一种强化物。因此，允许个体在任务中进行选择可能会使他们对环境进行某种类型的控制，而这种控制只有在过去的问题行为中才能实现。研究首次证明，对于那些因逃避而产生行为问题的人，允许他们对环境中的事件做出选择，是减少该类行为问题的一种实用而有效的策略。

通过上面的实例可以看出，相较A-B设计，反向设计(A-B-A-B)使得研究者不仅可以比较被试基线期与干预期行为表现的差异，更能够通过反复介入和移除干预来证明实验控制性。需要注意的是，在移除干预之后，目标行为应能大致回归到初始基线期水平，因此反向设计需要目标行为具有可逆性(奥尼尔等，2016)。如果自变量具有很强的延续效应，较之A-B-A-B设计采用A-B多基线设计则是更好的选择。

思考题

1. 在什么情形下，研究者考虑使用小样本实验设计？
2. 小样本实验设计如何保证研究的效度？
3. 举例说明A-B-A-B设计的特点。
4. 构建一个多基线设计用以研究某现实问题。

案例分析

米德尔马斯与哈伍德(Middlemas & Harwood, 2020)采用多基线设计，探究了录像示范干预对技术表现自我效能感的影响。录像示范法(video modeling)源于班杜拉(Bandura)的社会学习理论，兴起于20世纪70年代，是一种将需要培养的目标行为过程通过录像记录下来，再供学习者反复观看、模仿，从而习得某种目标行为的干预方法。根据示范者的不同，录像示范法可分为专家录像示范、自我录像示范、同辈录像示范和混合录像示范等。

自我示范与其他示范的不同之处在于，被观察者和观察者是同一个人。班杜拉认为，通过榜样与观察者相似性的最大化，自我示范为学习者提供了强大的掌控体验(mastery experience)。只观看自己的动作表现规范、合理、有效的画面，作为自我提升的榜样参照(如"我以前做过，所以我可以再做一次")。这种自我示范称为积极的自我评价(positive self-review, PSR)。

在一个团队环境中，个人获得反馈的机会可能是有限的。足球运动员会从个性化的视频录像中受益，获取有关技能表现的信息，并通过调节赛前的唤醒水平和心理状态来优化表现。例如，在足球比赛之前，向球员展示经过编辑的、该球员在过去比赛中做出某种榜样行为的视频，该球员就能够利用这些信息做策略上的准备，从而在赛前增强了其个人表现的自信心。

此研究的被试是来自英国职业足球学院的4名男足运动员(平均年龄16.8岁)。为每个被试确定的技术表现动作分别是1号队员：摆脱(turn)、第一次触球(1st touch)；2号队员：传球(pass)、第一次触球；3号队员：头球(header)、抢断(tackle)；4号队员：传球、第一次触球。这4位被试知道参与研究的其他人，但不知道干预的性质，也不知道他们(或其他人)是否接受了干预。研究者从两位教练那里得到了每个表现分项的明确定义。一次成功的传球被定义为"到达目的地的传球"；一次成功的抢断被定义为"完成一次干净的抢断"；一次成功的第一次触球被定义为"一次触球就把球控制住，不需要其他动作来保护球不受对手干扰"；一次成功的头球被定义为"赢得一次干净的头球"；一次成功的摆脱被定义为"转身离开对手以创造空间"。这些动作是足球中场和后卫球员的技术表现要素。

用于研究干预的视频录像制作过程如下：①选择某球员在每周刚刚过去的比赛中某种技术动作(如抢断)的录像片段，每种技术最多5个实例。②由球员本人选择自认为是最为规范的一个动作录像。举个例子，3号被试最初选择了他的4个头球录像。每个都是在对抗中成功做出的高标准动作(自我评价)。这些录像可以采用慢动作和实时速度两种模式重复播放。随着干预的进行，录像或被替换成该球员认为最接近这种技能标准的另外一个实例。③将球员确认是最佳的动作视频配上球员自选的嘻哈音乐，编排成一个时长120～200秒的完整的示范录像。④下一场比赛前通过笔记本电脑将定制的动作示范录像展示给球员。

依照班杜拉(2006)的做法，研究者编制了一份经过改编的足球自我效能感问卷。要求球员对他们在即将到来的比赛中成功执行所选分项(如抢断)的确定性进行评分。例如："根据以下成功抢断的标准(完成一次干净的抢断并赢得球)，我(0～100%)确信我可以成功执行今天比赛中的1/10次抢断、2/10次抢断、3/10次抢断，等等。"自我效能感的得分是通过计算这些渐进式回答的平均百分比来获得的。

实验过程：首先，对每名被试的技术表现和自我效能进行至少4周的观察记录。在因变量达到稳定的基线时，或表现出与预期处理效果相反的方向时，引入得到被试确认的自我录像示范(PSR-VSM)。开始对第一名被试进行自我录像示范干预，其他被试仍保留在基线期。

进入干预阶段的被试接受如下程序的处理。每个比赛日，在赛前到达训练场或球队巴士时，被试被要求完成积极/消极情绪状态赛前测试(positive and negative affect schedule–situational，PANAS-pre)以及对比赛重要性/难度的认知测量。然后在开球前60-90分钟，在一个安静区域，通过笔记本电脑接受PSR-VSM赛前干预。观看视频后，被试要完成自我效能和情绪(PANAS-post)测量。球员们能够将PSR-VSM整合到他们现有的赛前程序中，对他们的准备工作几乎没有干扰。

整个测试持续13周。

结果分析：研究者运用目测分析(visual inspection)对技术表现和自我效能感进行了评判。考虑了视觉数据显示的六个特征，即①水平、②趋势、③变异性、④效果的即时性、⑤重叠和⑥数据模式在类似阶段的一致性。另外，考虑到单被试实验设计中视觉分析对数据准确解释的局限性，研究者将结果拿给另外一位并不知道调查最初目的、身份独立的研究人员进行了分析讨论。

对结果的目测分析显示，与各自的基线期相比较(见图8-9)，通过干预在赛前自我效能感分数上有明显变化的是：球员1的摆脱、球员3的头球、球员4的传球。这些变化清晰，没有重叠。而在球员1和4的第一次触球方面，没有观察到这些变化。对于球员2的传球和第一次触球、球员3的抢断方面，也观察到了一定的变化，不过对比干预前后，重叠的数据点排除了任何趋势改变的判断。

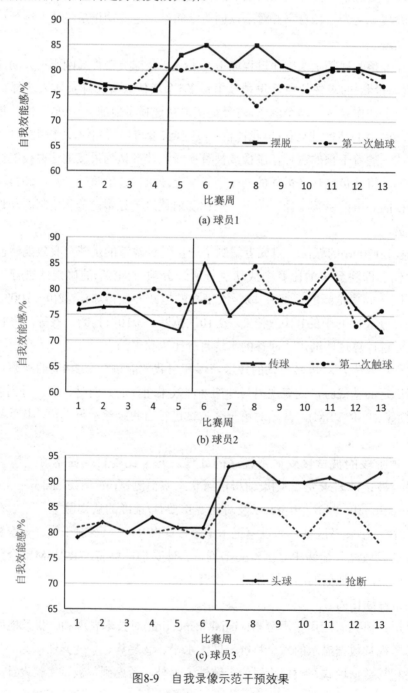

图8-9 自我录像示范干预效果

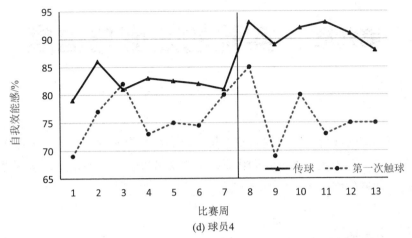

(d) 球员4

图8-9 自我录像示范干预效果(续)

结果表明，私人定制的赛前自我示范录像干预提升了足球运动员关于特定技术动作的自我效能感，这对于过去以小组为中心的视频干预训练方式来讲，是一种新的突破。

可以看出，此项行为研究运用了跨个体的多基线单被试实验设计。多基线设计只需要一个转换——从基线到处理，然后对第2个被试或第2种行为重复这一转换过程，以此提高处理效应的可信度。它不要求回归基线，因此非常适合处理效应持续时间长，甚至永不消退的情况。

[案例来源：Middlemas S, Harwood C. A pre-match video self-modeling intervention in elite youth football[J]. Journal of Applied Sport Psychology, 2020, 32(5)：450-475.]

第九章 实验的效度与信度

概要：应当如何评价一个心理实验？第一，实验是否明确、有效、可操作；第二，实验是否可重复、可验证。本章我们将学习实验的效度和信度的概念，掌握提高信度、效度的方法，理解信度、效度之间的关系。

第一节 实验效度

一、实验效度的含义与类型

实验效度是指实验方法能够达到实验目的的程度，即实验结果的准确性和有效性。库克(Cook)和坎贝尔(Campell)提出4种实验效度，分别是内部效度(internal validity)、外部效度(external validity)、统计结论效度(statistical conclusion validity)和构念效度(construct validity)。

(一) 内部效度

内部效度是指实验的自变量与因变量之间因果关系的明确程度。当自变量发生变化时，因变量随之发生改变(时序关系)，而当自变量恒定时，因变量不发生变化(共变)，是自变量而不是其他因素引起了因变量的变化(排除其他可能的解释)，那么这个实验具有较高的内部效度。可见，内部效度与额外变量的控制有关。

某项研究考查单词音节数与学习难易程度之间的关系。实验中选取了1～3个音节(自变量为单词音节数，有3个水平)的单词让被试进行学习，以正确回忆率作为因变量指标。结果发现被试学习的单词音节数越多，正确回忆率越低。据此得出结论：单词的音节数是导致学习难易程度变化的因素。然而，在此例中，研究者忽略了一个重要情况——音节短的单词使用频率高，而使用频率高的单词学习难度低，词频这个额外变量在实验中没有得到有效控制，混淆了本实验要证明的单词音节数与学习难易程度之间的因果关系，对额外变量的无效控制，降低了实验的内部效度。

(二) 外部效度

外部效度也称生态学效度，是指实验结果能够推论到样本的总体及其他同类现象中的程度，即实验结果的普遍性和适用性。

詹金斯(Jenkins，1979)的记忆实验四面体模型提供了4个评价这种普遍性和适用性的维度：①用其他被试人群也能得到同样结果吗？②用其他实验材料也能得到同样结果吗？③用不同的实验处理和不同的自变量操纵方式也能出现同样的结果吗？④用其他类型的测验也会出现同样的结果吗？概括而言，就是一个特定的结果能否从诸如被试、材料、情境以及因变量的测量等几个方面推广出去。

(三) 统计结论效度

它是内部效度的一个特例，特指统计结果揭示的自变量与因变量间的关系能够真实代表自变量与因变量关系的程度，即处理效应数据分析程序的有效性和准确性。如果实验条件或统计检验不够严密、精确，基于这些研究程序得出的结论可能会出现错误。

统计结论效度不涉及系统性偏向来源问题，而是研究误差变异的来源和如何恰当运用统计显著性检验的问题，故统计结论效度与两个条件有关：一是数据的质量，应根据数据类型、分布和量表特征等选择相应统计方法，如计数性数据使用非参数检验，计量数据使用参数检验；二是统计检验的假设，选择统计方法前，要考虑数据特征是否满足该方法的统计检验假设。

(四) 构想效度

构想效度又称构念效度或构思效度，是指实验研究假设和观测指标的理论构想及其操作的有效性。它是在实验研究初期形成实验假设和进行实验设计时必须考虑的因素。构想效度决定研究设想能否以实验的形式表现出来。

要达到较高的构想效度，首先要求研究题目来源合理，在理论上兼具一定的重要性和独特性；其次要求理论构想既要在逻辑上严谨，又要体现一定的层次性；最后，要对实验研究中的自变量和因变量分别给出严格的操作定义(白学军，2017)。

二、实验效度之间的关系

实验的内部效度、外部效度、统计结论效度和构念效度是相互联系和相互影响的。统计结论效度实际上是内部效度的特例，它们都涉及研究本身的因果关系和统计检验的可靠性。构念效度则与外部效度有一致之处，即它们的基本点都在于研究的适用性和结果的普遍性。如果某一关系对于特定的总体、背景和时间都成立，那么这也明确了研究的构念效度。构念效度与外部效度之间的主要差异是：前者所指的目标总体较难具体确定，而后者往往要求明确实际存在的特定总体、背景和时间等条件。

4种效度的相对重要性主要取决于研究的具体目的和要求。一般来说，可以在保证研究内部效度和构念效度的情况下，提高统计结论效度和外部效度。然而，从影响研究效度的因素可以看到，用于提高某一种研究效度的措施，很可能会降低另一种研究效度。例如，采用严密的实验方法有助于提高内部效度，但因受多种条件限制而得出的实验结果可能会缩小其适用范围，从而影响外部效度；又如，通过多次重复操作实验程序或可验证构念效度，但重复所带来的练习或疲劳等问题可能影响内部效度。效度之间的制约关系需要实验设计者事先从全局进行规划，明确不同效度的优先顺序，在不同的措施之间做出适当权衡，从而避免不必要的效度损失。影响研究效度的因素多种多样，但大致可以分成四类：与被试有关的因素；测量与具体研究方法方面的因素；研究构思与程序设计因素；实验条件与不同因素的交互作用。在确定各个研究效度的重要程度以后，就可以从被试、测量方法、构思与程序以及交互作用4个方面入手，改善和加强研究的效度(王重鸣，2001)。

三、影响实验效度的因素

(一) 内部效度的影响因素

1. 历史

实验都经历一个时间过程，在这一时间历程中，存在一些强化或弱化反应的因素，使反应变量发生偏移，反应结果不真实。比如，在内隐记忆的时间间隔效应研究中，被试可能碰巧在测验间隔时间从手机上读到了与实验内容类似的材料，从而使随后的测验出现一种记忆效果增强的效应。控制历史因素应多措并举。比如，在实验设计环节增加对照组；实验时消除可能的干扰；实验后主动了解被试作答情况，根据掌握的信息判断是否做事后统计控制。

2. 选择

选择对内部效度的影响主要表现为没有用随机取样的方法选择被试或随机分配被试，使被试在实施实验处理之前就存在差异。对结果的分析进行处理时，又未采用相应的方法加以鉴别分析，故其结果的差异难以说清是由自变量的效果还是原有被试的差异造成的，此时，只依数据的表面差异情况做出结论，自然会降低实验的内在效度。

3. 被试的成熟与自然成长

如果实验跨度时间长，被试在此过程中身体生长或心理变化(成熟)，可能影响实验结果的真实性。在药物或心理干预治疗中，要区分自然康复的作用，可设计添加自然对照组和安慰剂组。在教育研究中也应特别注意学生的自然成长对实验结果的影响。

4. 测验经验

在使用前测、后测的实验研究中，通常情况下，即使没有接受任何实验处理，后测分数也会比前测分数高一些。其中可能包括练习的效果和要求特征的影响。克服的方法是，增设一个无实验处理、仅有前后测的对照组。如果实验组后测分数与前测分数的差值明显高于对照组，就可以证实自变量的作用。

5. 实验工具

呈现自变量和测定反应变量的仪器或其他工具应当具有稳定性，不应受到环境、使用时间、实施者或其他因素的影响。另外，不同测量工具间的可比性也是重要的额外变量。如使用不同单词词表考查学生的学习效果，就要考虑词表的可比性。

6. 统计回归

统计回归也称为向正态分布的平均数回归。统计回归经常发生在某种处理条件下具有极端分数的情况中。例如，在第一次测量时成绩特别高，在第二次测量时，成绩很可能只比平均数高一点(向正态分布的平均数回归)；或者，第一次测量时成绩特别低，在第二次测量时，成绩很可能只比平均数低一点(也是向正态分布的平均数回归)。当实验分组是由某些具有极端特性的被试构成(如高焦虑组和低焦虑组)时，统计回归将对实验的内部效度造成极大的影响。

为避免统计回归产生的自变量混淆，研究者在匹配被试时须考虑两组(高、低焦虑组)被试本身是否同质，保险的做法是分别在两组匹配出水平相当的两个亚组，即高焦虑组匹配分成A和B两个组，低焦虑组匹配分成C和D组两个组，然后把A、C作为实验组，B、D分别作为A、C的对照组。由此，便可清晰地分离出自变量的作用。此外，利用统计控制进行协方差分析，在某种程度上也能降低统计回归对实验内部效度的影响。

7. 被试流失

实验过程中，如果一个自变量水平下退出实验的被试人数比另一水平的多，就有可能导致因被试缺失差异而影响实验内部效度的问题。这种情况在长期的追踪实验中更容易发生。因此，在研究前后应当做好被试个人信息的收集，采用事前通知、重要性强调、知情同意书等方式避免被试流失，事后应对丢失的被试反应结果进行分析，寻求补救措施。

8. 被试选择和实验处理的交互作用

被试的各种特征会使实验处理效果具有特定含义，导致对被试的选择和实验处理存在交互作用。如被试的年龄与成熟、被试的志愿性(是否义务参加实验)、对被试实施处理或测验的时机等，都是容易造成自变量混淆的因素。随机化法可以在某种程度上控制这些额外变量，保证研究的内部效度。

(二) 外部效度的影响因素

内部效度是外部效度的保证，故影响内部效度的额外因素同样也会影响外部效度。除此之外，我们还要考虑一个外部效度的核心问题——取样，包括研究内容的取样、研究样本的取样和研究情境的取样(张明，张亚旭，2010)。

1. 研究内容的取样

研究内容的取样包括研究变量、研究程序以及研究材料和测验的取样。研究者对自变量和因变量的操作定义是根据所使用的工具或方法加以考虑的。比如，拟对认知干预影响儿童的攻击性行为进行研究有三种操作：一是以儿童对人偶玩具的攻击性行为作为测量指标；二是通过在幼儿园的自然观察，将观察结果进行编码分析；三是通过家长和教师问卷获得儿童的攻击性行为表现。这里给出了三种对因变量测量的方法,在进行外部推论时,三种方法的解释力要有所差异。

2. 被试样本的代表性

一般而言,从有代表性的样本推论出的总体与真实的总体情况基本接近。要保证参与实验的被试具有代表性,理论上应从预期推论、解释同类行为现象的总体中进行随机取样。这样结果的外部效度才是有保证的。例如,选择一些智力水平较高的学生进行教法改革实验,实验结果显示问题导向式教学优于传统教学。如果将这种结果直接推广到所有的学生,就可能造成推论错误。因为参加实验的对象是具有高智力水平的学生,他们也许比其他学生更能从问题导向式教学法中获益。所以,在推论更大总体时,研究者要考虑总体与样本的同质性,从更大的总体范围抽取代表性的样本。

3. 研究情境的取样

实验室实验是在严格控制的条件下进行的,实验环境的人为性使实验结果难以用来比对日常生活中的行为现象。要提高研究的生态效度,应增大实验情境与现实情境的相似性。这种相似性越高,实验结果的推广性也就越高。研究中还可纳入更多的实验变量,辅以多因素实验设计及相应的统计分析方法,尽可能地接近研究结果所要应用的实际情景。此外,还可以增加现场实验,在自然情境下对被试进行观察,或者采用间接观察、参与观察等方式利用多样化的研究情境,提高实验的外部效度。

(三) 统计结论效度的影响因素

1. 统计功效

对于在总体中有关联的两个变量,在某一特定样本中检验出其存在显著关系的可能性,称为统计检验力,即检验统计量能够检测到真实效应的能力。低统计检验力可能导致统计决策的错误(犯II型错误),即研究者得出在此样本中两变量不存在共变(未达到统计上的显著性)的结论,但实际上这两个变量在总体中有显著相关。低统计检验力问题可以通过以下措施来补救:一是在研究中采用更大的样本;二是提高组间效应量;三是在统计分析之前设定一个更为宽泛的α值作为显著性水平(如用$p<0.10$,而不是$p<0.05$)。最好是在实验开展之前,通过先验分析估量得出合理有效的统计结论的可能性(拉姆瑞尔等,2022)。

2. 统计检验假设

大多数统计显著性检验要求必须满足某些统计假设。如果样本数据无法满足这些假设,统计检验的精确性就会降低,对统计分析结果的解释也会不够准确。比如抽样人群不符合正态分布和方差齐性的假设,会导致错误地支持或不支持研究假设。我们可以利用不同统计检验方法的特定假设,并且在报告中明确我们的研究是否遵循了这些假设,以便读者辨识我们的研究是否选择了正确的统计方法用以回答研究问题。

3. "钓鱼"问题

当研究者为了寻找"显著差异",对数据集所有可能的变量均进行了两两比较时,将导致统计检验中出现假阳性结果的可能性更大。正确的做法是在一定的理论指导下谨慎而有计划地进行统计比较,而不是对变量之间所有可能的配对都作比较,力求降低Ⅰ型错误的概率。

4. 测量的可靠性

低信度的测量会夸大估计值的标准误。测量的标准误(SE)的公式为 $SE = S\sqrt{1-r_{xx'}}$,式中:S为标准差,$r_{xx'}$为测量信度。

可见,测量信度($r_{xx'}$)降低以后,测量的标准误会明显增大。因为标准误在做出统计差异推论时起着关键性作用,所以测量信度低,统计结论效度也就降低。提高测量信度的办法是运用具有高相关项目的较长测验或者采用较大分析单位,例如采用小组均值代替个人分数。

5. 实验处理实施的可靠性

研究者之间的差异或同一研究者在不同时间采用了不同方式实施实验处理,都会使实验处理不够标准化,这将增大误差变异并减少发现真实差异的可能性,进而降低统计结论效度。因此,应尽可能使实验处理的实施标准化。

6. 被试的随机异质性

在研究中,有的被试比较容易受到实验处理的影响,而有的被试不易受到实验处理的影响,研究者在被试那里几乎发现不了实验效应。对于这种被试随机异质性的问题,可以通过选择相对同质的被试(被试间设计)或采用被试内设计的办法加以解决。这两种方法都有利于减少误差变异量,提高统计结论效度。

(四) 构想效度的影响因素

1. 对研究构念的理解

如果研究构念没有被充分地解释和分析,就会形成一组并不能充分表征这个构念的操作。构念发生混淆,将导致研究中使用的操作表征多个构念。而构念水平上的混淆则表现为,研究只是考察了构念(如智力)的几个水平,却给出了有关整个构念的推论。为避免这些问题,最好先充分查阅有关资料,弄清概念的确切含义,然后选择恰当的操作指标。

2. 拟采用的研究手段与程序

选择合理的可操作、可验证的实验程序是保证实验构想效度的关键环节。我们要谨防常见的方法错误,如单一操作偏差、单一方法偏差。

单一操作偏差是指采用单一操作来表征某个构念时,通常会导致对构念的表征不充分,并降低构想效度。例如研究焦虑状态,可用三种不同的指标来测量:心跳的次数、皮肤电和焦虑状态问卷得分。因为焦虑状态包括生理和知觉成分，如只用一种测量手段，很难代表此构念的全貌。

单一方法偏差是指测量同一个特质时，因使用不同的资料收集方法或不同的反应记录方式而引起的构念效度改变的问题(莫雷等，2007)。例如，是用面对面的访谈还是借助聊天工具访谈，是使用纸笔测试还是网络测试。这些问题本身与研究问题无关，但伴随着研究内容而存在。被试可能因这些额外因素的变化，对因变量产生不同的反应。

对于实验中有可能出现的实验者效应和被试者效应，建议采用双盲控制，即让主试和被试都不知晓实验目的和实验方案的情况下进行实验。

第二节　实验信度

一、实验信度的含义与类型

(一) 实验信度的含义

实验信度(reliability)是指实验结论的可靠性和前后一致性的程度。如果重复实验，所得结果每次基本一致，就说明该实验具有较高的信度。

(二) 实验信度的类型

1. 评分者信度

评分者信度(inter-rater reliability)指不同研究者去测量同一反应，观测结果间的一致性程度。常见的评估指标有以下几个：通过计算不同评分者在同一个项目上给出相同评分的比例而得到的简单一致性(percent agreement)；考虑了随机一致性的可能性，适用于分类数据的两个评分者间的一致性指标Cohen's Kappa；可用于多个评分者的Fleiss' Kappa；用于测量连续数据评分一致性的内部一致性系数(intraclass correlation coefficient，ICC)；适用于包含缺失值的任何尺度数据(称名、顺序、等距和比率)的Krippendorff's Alpha，等等。不同的评分者信度计算方法适用于不同的数据类型和研究设计。在选择具体方法时，需要根据数据特点和研究需求进行选择。一般来说，Cohen's Kappa和Fleiss' Kappa常用于分类数据，而ICC和Krippendorff's Alpha适用于连续数据和多评分者场景。评分者信度是评估测评工具和评分过程质量的重要指标，评分者信度高，说明实验未受研究者方面可能的误差影响。

2. 重测信度

重测信度(test-retest reliability)指用同一程序对被试的反应进行两次测量，用相关分析或差异的显著性检验方法，评价一致性的程度。用两次测量结果间的相关分析或差异的显著性检验方法，可以评价信度的高低。结果越是相关，差异越不显著，信度就越高。在统计学上，重测信度的大小等于同一被试在两次测量上所得分数的皮尔逊积差相关系数。重测信度高，表明结果具有较好的跨时间(情境)的稳定性。

3. 项目间信度

项目间信度(inter-item reliability)即同质性信度，指用测验、问卷或其他工具来测量相同变量时，其不同项目所得结果间的一致性。较常见的评估项目间信度的方法是计算全部项目的Cronbach's Alpha系数。另外一种评估指标是分半信度。采用分半法时，首先解决的问题是如何将测验分成可比较的两部分。考虑到测验题目前后难度水平可能不同，而且受试者准备状态、练习、疲劳等因素的作用在测验前半段和后半段也有所不同，一般采用奇偶分半，即将测验的奇数题为一组，偶数题为一组，再求取两部分成绩的相关。如果研究工具不同项目均围绕同一核心内容，则研究工具的内部具有同一性。

二、如何提升实验信度

(一) 增加样本量

决定实验信度的一个关键因素是样本量。样本量越大，样本统计值越接近总体参数值，样本更能代表总体。所以，一般实际研究中，都尽量使样本量增加到最大限度。这样不仅可以提高结果的信度，还能增强统计检验的效力，更能保证自变量对因变量存在影响，统计分析的结论犯II型错误的可能性越小。然而，样本量越大，可能导致I型错误的增加。原因是当样本容量很大时，任何与原假设很小的差异都可能在统计意义上是显著的，而实际上可能并不显著。为此，研究者可以使用事前检验力分析，即通过事先估计效应量(effect size)并设定自己可以接受的统计检验力水平和α值的大小，来计算适宜的样本量。

例如，我们要对比不同教学方法的效果，把教法作为被试间变量，将学生的智力水平作为协变量，如果我们选择G*Power软件估算样本量，大体可分三步进行。第一步，选择合适的统计方法。这个例子中我们需要使用协方差分析(ANCOVA)来分析数据，故在软件界面的"Test family"下拉菜单中选择F tests，然后，在"Statistical test"中选择"ANCOVA: Fixed effects, main effects and interactions"。第二步，选择功效分析的类型。在"Type of power analysis"选择"A priori: Compute required sample size-given α, power, and effect size"。第三步，设定参数，进行计算。在"Input parameters"部分输入所需的效应大小(effect size)、显著水平(significance level)和统计功效(statistical power)等数据。"Effect size f"原则上应该根据以往同类研究中获得的效应值(如偏η^2)计算后填入，G*Power提供了简便的换算方式。此外，"Effect size f"可以保留默认值，"α err prob"选"0.05"(默认)，"Power(1-β err prob)"填入"0.8"。"Numerator df"是方差分析中计算F值时的分子自由度，即要检验的自变量的自由度，通常等于水平数减1。在"Number of groups"填入处理组数，"Number of covariates"填入协变量的数目。确认输入信息后，便可计算得到研究所需最小样本量。

(二) 进行验证性实验

实验信度本质上就是可验证性的问题。要保证实验的信度，就应鼓励研究者进行验证性的实验。直接验证和系统验证是常见的两种实验验证方式。直接验证即保持原样的重复实验。运用系统验证时，研究者试图变化那种先前被认为与实验结果不相关的因素，即在实验中引入新的自变量。基本逻辑是：若原始实验中发现的某种现象是真的，尽管重做时其中一些因素发生了变化，但原来的实验结果应该仍然会出现；如果重做时原始实验的结果不再产生，那么研究者就在他的实验中发现了重要的边界条件。在直接验证中，研究者尽可能准确地重复原实验，看能否在第二次得到同样的实验结果；而在系统验证中，研究者的兴趣不在于精确地重复，而在于发现某一心理现象的边界条件。

这里有一个例子：科恩等人(Cohn et al., 2019)在40个国家进行了一项钱包丢失实验，以衡量"全球公民诚实度"，引起了全球范围内的关注，但也引发了对将电子邮件回复率作为公民诚实唯一度量标准的争议。仅仅依赖这一项度量，可能忽视了展现公民诚实行为的文化差异。为了考查这个问题，杨芊等人(Yang et al., 2023)在中国进行了一项扩展重复研究，利用电子邮件回复和钱包寻回来评估公民诚实。研究发现，中国的公民诚实度水平明显较高，钱包寻回率高于科恩等人(Cohn et al., 2019)研究中报道的水平，而电子邮件回复率保持相似。原研究团队对该项研究进行了反馈(Tannenbaum et al., 2023)，赞同杨芊等人在复制丢钱包实验中对"诚实"运用多种测量的做法，认为跨文化研究中使用单一的结果测量方法可能会限制普适性，同时也指出了这项验证实验存在的模型建构问题。验证研究团队(Zhang et al., 2023)很快给予了建设性的回复，指出原研究中的概念框架完全基于个人决策模型，而实际情况是绝大多数的钱包处理涉及多个个体，因此，原有的框架需要进行革新。与此同时，越来越多的学者以不同的方式参与到文化与公民诚实关系的研究中来。这种学术上的频繁互动有助于澄清事实，有利于提升研究的信度，符合科学研究之宗旨。

三、信度和效度之间的关系

信度和效度是评价实验的两个主要方面。效度与信度之间既相互关联又相互制约。就像用一把尺子测量一张纸的长度，如果尺子是有信度的，我们可以预期，无论何时何地用它去测量这张纸，结果都应该是一致的。而效度本身包括两种不可或缺的内涵：首先，测量工具必须是可信的；其次，测量工具对测量对象而言必须是恰当的，如果不恰当，那么测量结果也不可能客观地反映出测量对象的属性。概括而言，效度就是使用可信的工具来恰当地测量对象。比如，用上面那把尺子来测量一片碎纸屑的长度，虽然测量工具是可信的，却不是有效的。因为尺子的刻度值太大，无法真实反映碎纸屑的长度。此时，测量工具对测量对象而言就是不恰当的。而可信的游标卡尺就可能是有效的测量工具，游标卡尺必须可信是不能缺少的前提。从这些分析可以看出，效度和信度之间的关系是非对称的，即有信度不一定有效度，但有效度就一定有信度，信度是效度的必要条件而非充分条件。一个具有良好效度的实验，将得益于其对变量关系的明确把握，因而其结论往往也具备高度的可重复性；反过来，一个信度高的实验，则需要在保持其可重复验证优点的同时，设法提高其结论的推广价值。良好的效度和信度是评价实验设计成功与否的关键，而雄厚的理论基础、周密的思考和设计、谨慎科学的态度则是保证实验效度和信度的必备素质(郭秀艳，2019)。

思考题

1. 什么是内部效度？其影响因素有哪些？
2. 什么是外部效度？如何提高外部效度？
3. 什么是统计结论效度？如何保证该效度？
4. 什么是构念效度？对于一项研究，它意味着什么？
5. 四种效度之间的关系是怎样的？
6. 什么是信度？有哪些类型？分别如何计算？
7. 我们如何看待实验的信度与效度？

实验操作

实验名称：裁判吹罚一致性分析

实验问题：如何计算评分者信度，验证实验的可靠性？

实验目的：模拟裁判对疑似犯规动作的吹罚，学习掌握通过Cohen's Kappa计算，分析判罚结果的一致性。

实验材料：纸、笔、计算机。

实验程序：

1. 构建模拟数据

假设由两位裁判分别对10段视频中出现的疑似犯规动作独立进行是否吹罚的评判，每名裁判各给出10个评判结果，这样构成了包含有两种评判结果的判罚矩阵，如表9-1所示。

表9-1 称名变量一致性矩阵

裁判乙	裁判甲		合计
	犯规	不犯规	
犯规	4	2	6
不犯规	1	3	4
合计	5	5	10

2. 评估判罚一致性

所构建的模拟数据反映了两个评分者对每个样本进行了两种分类，故适合采用 Cohen's Kappa 计算评分者信度。

实验结果：

1. 用公式计算

Kappa 的计算公式为

$$\kappa = \frac{P(a) - P(e)}{1 - P(e)}$$

其中，κ 表示 Kappa，$P(a)$ 表示观察到的一致性百分比，$P(e)$ 表示由于偶然性而产生预期一致性的概率。对于表9-1中的数据，$P(a)$ 是观察到的一致性百分比，等于对角线值之和除以样本总数，$(4+3)/10 = 0.70$。要计算 $P(e)$ 需要观察由表9-1得出的边际平均值，即裁判甲、乙判定犯规的情况，分别是5/10和6/10。如果在裁判之间随机分配评判结果，则判定犯规一致的概率为$0.50 \times 0.60 = 0.30$，判定不犯规一致的概率为$(1-0.50) \times (1-0.60) = 0.20$。任何偶然的一致总概率为 $0.30+0.20 = 0.50$。所以，本例中 $\kappa = (0.70 - 0.50) / (1 - 0.50) = 0.40$。

Kappa取值范围为 -1 到 1，其中 1 表示完全一致，0 表示巧合一致，-1表示完全不一致。Landis 和 Koch(1977) 提供了Kappa值对应的一致性尺度解释，小于0.20表示较差(slight agreement)，0.21～0.40表示一般(fair agreement)，0.41～0.60表示中等(moderate agreement)，0.61～0.80表示较强(substantial agreement)，0.81～1.0表示强(perfect agreement)。

2. 运用SPSS计算

(1) 首先构建数据表格，其中"1"代表判罚犯规，"0"代表不判罚。

(2) 在主菜单中选择Analyze(分析)→Descriptive Statistics(描述统计)→Crosstabs(交叉表)命令；分别将"甲"和"乙"变量放入行和列栏；单击Statistics(统计)，选择Kappa，单击Continue(继续)，如图9-1所示。

(3) 其他栏目选择默认情况下，单击OK(确定)，得到如图9-2所示的结果，与前面利用公式计算结果一致。

另外，根据研究设计和数据特点，利用SPSS的可靠性分析，选择Analyze→Scale→Reliability Analysis命令，还可以计算Fleiss's Kappa和 ICC。使用SPSS计算Krippendorff's Alpha，须下载并运行Hayes和Krippendorff 提供的 SPSS KALPHA插件(Hayes & Krippendorff，2007)。

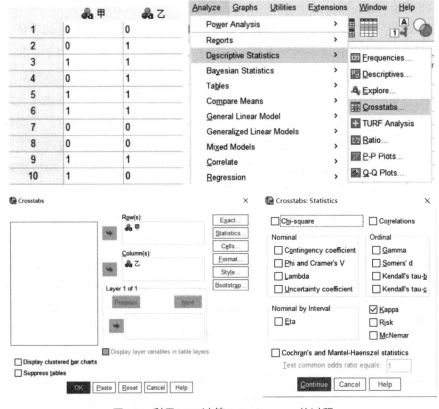

图9-1 利用SPSS计算Cohen's Kappa的过程

图9-2 利用SPSS计算Cohen's Kappa的结果

案例分析

2014年《科学》(Science)杂志封面刊登了托马斯·塔尔汉姆等人的研究(Talhelm et al., 2014)。这是一个关于中国人的心理学研究，它将中国南北方的文化差异归结为不同耕种文化，也就是"水稻区的南方人更集体主义，小麦区的北方人更个人主义"。为什么水稻、小麦种植会跟文化有关呢？其中一大原因是，水稻需要使用灌溉系统，对人力的要求也更多，不同农民之间需要协调，整个村庄相互依赖，他们会建立起一些互助的系统。几千年来，这种文化就会更偏向于整体性思维。而种小麦对于集体工作的要求稍低，一家一户就可独立完成，所以他们的文化会相对自由，更独立一些。为了检验"水稻理论"，研究者在中国的北京、福建、广东、云南、四川和辽宁6个地区对1 162

名汉族大学生进行了调查。其中一个测试包含有若干三个项目的清单，比如一只兔子、一条狗和一根胡萝卜。在每个清单列表中，要求学生选择两个属于一组的项目。早期的研究发现，分析性思考者通常根据类别对项目进行分组，所以兔子和狗在一起。整体性思考者倾向于寻找关系，比如吃胡萝卜的兔子。研究者发现，来自种植水稻比例高地区的学生，更容易进行关系性的配对，更倾向整体性思考。研究者还用量化工具测量了人们潜意识里的自我及其思维方式，发现个人主义者思维更偏向逻辑分析，而集体主义者更讲究整体分析。研究者评估了被试对待朋友和陌生人的区别程度，发现来自种植水稻比例高的地区的人更可能对朋友表现忠诚。至于对待陌生人的态度，两组被试差异不大。而在人均GDP基本一致情况下，研究者指出种植小麦比例高的地区的人比种植水稻比例高的地区的人创新能力更强。塔尔汉姆等人认为，"水稻理论"是应用于水稻种植区的文化，而不仅仅是应用于种水稻的人，只要你生活在水稻文化地域，即便你从未亲自种过水稻，照样能够继承水稻文化。研究者指出，生活在小麦区和水稻区的中国人虽都是整体性思维，偏重相互依存性，看重忠诚/裙带关系(holistic-thinking, interdependent, and loyal/nepotistic)，但生活在水稻区的南方人在这三方面都要高于生活在小麦区的北方人。进而推论，中国水稻文化与小麦文化是两种不同类型的文化：南方的水稻文化更倾向于东亚文化，北方的小麦文化看起来更像西方文化。

"水稻理论"登上《科学》杂志封面后，掀起了一波讨论热潮。以朱滢为代表的学者对塔尔汉姆等人的研究视角给予积极评价，同时也提出水稻理论能否成立有待检验。学者认为，不仅是研究测量的结果需要重复验证，而且研究所用的测量任务较单一，仅限于量表测量，缺乏更为严格的行为实验和神经科学的证据(朱滢，2014，2015)。阮建青等(Ruan et al.，2015)批评"水稻理论"在使用中国国家专利局提供的专利登记所在地数据时，没有考虑到许多专利是以大学或研究机构所在地登记，而不是"水稻理论"研究者以为的按专利申请人出生时所在的省份登记。在排除大学或研究机构注册的专利地点这一可能的干扰变量后，分析结果可能不再符合"水稻理论"的预测。另外，研究者认为塔尔汉姆等人的研究存在着样本偏差、测量误差、模型设定错误等问题，高估了水稻种植在塑造文化心理和创新性方面的作用。汪凤炎(2018)结合考古学、历史学、古典哲学和文学文献等方面的证据，揭示"水稻理论"缺少文化生态效度，难以解释中国人尤其是中国古人偏好整体思维的缘由。

关于"水稻理论"的基本假设存在诸多争议，已有的实证检验结果相互矛盾，支持证据尚不充分。姚志强(2021)提出，为了对"水稻理论"进行更有效的系统性检验，可以考虑从以下几个方面改进研究设计：一是被试方面，抽取大学生以外的群体，如中小学生、农民等，以提高研究的外部效度；二是在世界各地选择水稻与小麦种植区，收集种植区的各类相关数据，评估不同种植区的群体心理差异，并提供可能的理论解释；三是改进测试任务和测量方式，提高测量的信度和效度；四是基于集体主义/个体主义的概念框架，从思维方式、裙带关系、自我概念等方面对"水稻理论"进行系统性重复检验。

[资料来源：编者整理]

第十章 反应时方法

概要：心理学实验研究中使用最早、应用最广泛的反应变量之一就是反应时。因为任何心理活动都需要时间，而时间又相对容易客观测量。我们可以测量完成一定的工作所需要的时间；也可以测量限定时间段内完成的工作量。在这两种情形中，我们测量的反应时的因变量都是速度。速度可以作为完成作业的一种指标，掌握一种工作越熟练，越能够更快地完成它；速度也可以作为产生一种行动以前所进行的内部过程复杂性的指标，内部过程越复杂，它所消耗的时间必然越长。由此可见，在心理学实验研究中，反应时作为一种测量指标，起着非常重要的作用。在本章中，我们将介绍反应时概述、反应时的影响因素、反应时的测量方法，最后对应用反应时技术的研究案例进行评价分析。

第一节 反应时概述

本节主要介绍反应时的定义、类型，及其测量工具的发展。

一、反应时的概念

有机体对外部刺激的反应并不是在受到刺激的同时就立即做出的，总是会耗费一定的时间，而反应时(reaction time或者response time，RT)是指从刺激呈现开始到被试做出明显反应的这段时间。需要指出的是，刺激的呈现引起了一种过程的开始，该过程在机体内部进行时是潜伏的，直至该过程到达肌肉这一效应器时，才产生一种外显的，对环境的反应，因而反应时也被称为反应潜伏期(reaction latency)。具体来讲，完成某项任务的反应时大致可以划分为5个阶段：①感觉器官接受刺激，产生神经冲动；②神经冲动经外周感觉神经元传入大脑神经中枢系统；③大脑神经中枢系统对传入的信号进行加工和处理，发出信号；④信号从大脑中枢神经系统传出，经由外周运动神经元传至效应器；⑤效应器做出反应。其中大脑神经中枢对传入的信号进行加工和处理所费的时间最多，其反应时的神经传导过程如图10-1所示。

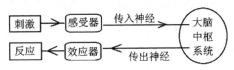

图10-1 反应时的神经传导过程示意图

二、反应时的研究简史

回顾反应时的研究历史，我们会发现研究者对反应时的探索早于实验心理学的出现，甚至可以说早期对反应时的探索和研究在一定程度上为实验心理学以及后来的认知心理学奠定了方法学的基础。

个体对刺激的反应通常会在刺激出现后延迟一定时间才做出，且这种延迟存在个体间的差异。这种现象最初是由天文学家观察到的，所以说历史上有关反应时的研究其实始于天文学。在天文学的历史上，德国天文学家贝塞尔比较了自己与天文学家阿格兰德的反应时间的差异，写成公式A-B = 1.223秒(A是阿格兰德的观测数据，B是贝塞尔的观测数据)，并于1822年刊布于世，该公式就是"人差方程式"。它反映了两个观察者对刺激反应时的个体差异。

1850年，德国生理学家赫尔姆霍茨(Helmholtz)开展了历史上第一个反应时的实验，并成功测量了神经元的传导速度。他首先测量了蛙的运动神经的传导速度，测得的结果大约为26m/s。随后，他尝试用微弱的电击刺激人类被试不同部位的皮肤，发现人类神经元的传导速度大约为60m/s。尽管现在看来这一结果相对粗略，但是赫尔姆霍茨所采用的测量方法在科学发展史上有着十分重要的意义，它表明神经传导速度这种内在的活动是可以被测量的，这为后来实验心理学研究中利用反应时测量一些内在心理现象和过程提供了重要的启示。

真正把反应时引入心理学研究的是荷兰的生理学家弗兰西斯科斯·唐德斯(Franciscus Donders)。他于1868年在《关于心理过程的速度》(*The speed of mental processes*)一文中，尝试利用反应时来测量各种心理活动所需要的时间，进而提出了三种不同类型的反应时，以及一套测定这些反应时的方法，即唐德斯反应时ABC和减数法。科学心理学之父冯特很快意识到唐德斯计算心理活动时间这一工作的重要性，带领学生利用反应时对知觉、注意和联想等一系列的心理过程进行测量。随着反应时在心理学研究中的广泛应用，1873年，奥地利生理学家西格蒙德·埃克斯纳(Sigmund Exner)在论文中首次提出了"反应时"一词。

20世纪50年代中期之后，认知心理学开始兴起和发展，关于反应时的测量方法和研究日益丰富起来。认知心理学主张研究心理活动本身的结构和过程。在此背景下，贝尔实验室的认知心理学家扫罗·斯腾伯格(Saul Sternberg)(1969)在减数法的基础上，对短时记忆信息提取所涉及的信息加工阶段进行研究，提出了反应时加因素法，使得在利用反应时解释心理过程方面的研究向前推进了一步，但这种方法并不能直接测量某一特定加工阶段所需要的时间。汉密尔顿(Hamilton)等人(1977)又提出了一种新的实验技术——"开窗"实验，利用这一技术可以直接测量每个加工阶段所花费的时间。此外格林沃德(Greenwald)等人(1998)提出的内隐联想测验也是反应时研究的重要成果。

三、反应时测量工具的发展

在利用反应时作为反应变量的实验研究中，要求研究者必须对反应时进行精确测量。历史上，研究者对反应时的测量精度不断提出新的标准，发展出越来越精确的反应时测量工具。反应时测量精度的提升与科学技术的发展是密不可分的。

通常来说，对反应时进行有效和精确测量的仪器必须包括三个组成部分：刺激呈现装置、反应装置以及计时装置。测量反应时的过程中，将刺激呈现装置和反应装置连接在计时装置上，记录从刺激出现到个体做出反应之间的时间，因此，这三部分装置都可能影响反应时测量的精度，反应时测量技术的提升也同样围绕着这三部分装置的更新迭代。

(一) 刺激呈现装置

对于刺激呈现装置，准确的反应时测量依赖三个方面：发出刺激信号，激活计时装置，不能对参与者造成任何额外的干扰。早期使用的简单的刺激呈现电路在呈现刺激的时候往往会发出声响，如果实验主试和被试在同一间实验室，那么这种声响就会成为一种额外刺激，影响被试的反应，进而影响反应时测量的精度。由于刺激呈现装置和计时装置的启动可能有不同的潜伏期，这种刺激呈现装置在测量精度方面也不够理想。目前，使用的电子刺激呈现装置是由程序控制的，能够较好地排除干扰，并且在计时同步方面也做得比较好。对于刺激呈现装置，如果能够呈现预备信号，提醒被试做好反应准备则更好。

(二) 反应装置

对于反应装置，研究者总是希望它能够在被试做出反应的同时迅速地终止计时装置的工作。但是未经良好设计的反应装置往往成为反应时测量误差的重要来源。反应装置的设计至少需要考虑按键带来的机械阻力和被试的操作习惯等方面的因素。以往研究者使用过琴键式反应键、轻触式微动开关、按压式并增设自锁继电装置，其中，最后一种装置既可以减少被试的疲劳又能够避免实验主试产生混乱。不同类型的反应时测量对于刺激和反应键都有特殊的要求。比如采集被试的言语反应则需要增益高、失真小的电路系统和性能完善的言语反应键。

(三) 计时装置

作为反应时测量技术的核心部件，计时装置的发展也经历了一个漫长过程，最初研究者利用简单机械计时器，此后发展出了复杂机械计时器、电子计时装置，而计算机则是今天最广泛使用的高精度计时装置。

1. 简单机械计时器

简单机械计时器利用巧妙的设计思路和物理学原理，可以在简陋的条件下完成较高精度的时间测量，其中，自由落体直尺计时器和单摆微差计时器最具代表性。

自由落体直尺计时器是由皮耶龙(Piéron，1928)基于自由落体的物理学原理提出的一种简便易操作的计时方法。该方法要求主试将一根直尺笔直地按在墙上，尺子的零点朝下，要求被试将拇指放在直尺的零点处，准备按压直尺以阻止其自由下落，但不要接触到直尺。实验开始时，主试说预备1~2秒钟后突然松开直尺，被试一旦发现直尺开始自由下落时就立即按压住直尺，被试按压住直尺的刻度就是直尺下落的距离，根据自由落体定律，就可以计算出被试的反应时。

根据公式：$S = \frac{1}{2}gt^2$，可以推导出：$t = \sqrt{\frac{2S}{g}}$。式中，t代表反应时，以秒为单位；S代表直尺下落的距离，以米为单位；g代表重力加速度($9.8m/s^2$)。

该方法可用来测量视觉反应时，在借助一些附加装置后，也可用来测量听觉、触觉及其他比较复杂的选择反应时，是一种简便易行的测量反应时的方法。

单摆微差计时器最先由恺泽(Kaiser，1859)运用于天文学上的人差测量，通过观察两个不同摆长的摆锤在视觉上重合来推算出人造星体通过望远镜中心点的时间，后来经由桑福德(Sanford，1889)改进，用长短摆在视觉上的重合来测量心理反应时。根据单摆振动定律，单摆的振动周期t与摆长l和重力加速度g有以下关系。

$$t = 2\pi\sqrt{\frac{l}{g}}$$

实验前，预先进行校准，使长摆每分钟摆(一来一回，一个周期)75次，短摆每分钟摆77次，那么，长摆和短摆的一个周期之差为20毫秒。

图10-2 单摆微差计时器

实验时由主试先按下长摆键，被试看到长摆摆动后立即按下短摆键，观察短摆首次追上长摆所用的周期数，便可求得反应时的值。在观察两摆的摆锤在视觉上重合时，常常有三次不易分辨先后，以中间一次为准。微差计时器是一种手动计时器，图10-2为单摆微差计时器。

2. 复杂机械计时器

复杂机械计时器在本质上仍然是一套机械设备，但是通常具有自己的动力机构，因此在复杂度和精确度上远高于简单机械计时器。其中，时间描记器和钟表计时器较具代表性。

时间描记器(chronographic)也称记纹鼓(kymograph drum)，是早期生理心理研究中常用的仪器，今天精密的生理记录仪仍采用其工作原理。时间描记器利用一个等速运动的表面，如记纹鼓或摄影胶片，来记录刺激和反应的痕迹，并根据两个痕迹间的距离算出反应时，如图10-3所示。只要控制运动的表面速度不变，同时，在运动表面上画出清晰的时间标记，就能简便而且准确地求得反应时。我们一般用每秒振动100次的电音叉，在其臂上安装一支画笔，连续在运动表面上(纸带)画出时间标记，然后找出刺激与反应间的振动数就能算出反应时。

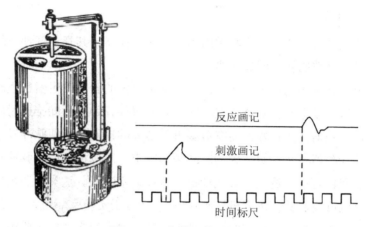

图10-3 记纹鼓及其时间描记

(资料来源：Woodworth & Schlosberg，1954)

早期使用的钟表式计时器有希普计时器和邓拉普计时器。

钟表匠希普(Hipp，1843)应用钟摆的原理创制出一种可测量1毫秒的计时器，这是早期心理实验室精密计时器的雏形。如图10-4所示，这种计时器是由两部分构成：①一个迅速运动的时钟构件，在刺激没有发出时，就让它先开动达到常态速度，反应后就停止；②用一个轻齿和连串的装置来移动实际测量反应时的指针。刺激和反应都在齿轮上有记录。随着生产和制钟工艺的发展，希普计时器不断得到改进。

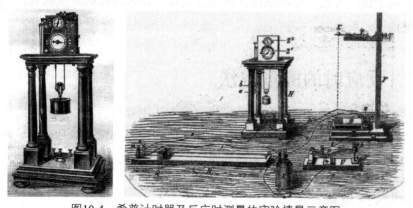

图10-4 希普计时器及反应时测量的实验情景示意图

(资料来源：Nicolas & Thompson，2015)

1910年，邓拉普尝试使用眼睛运动来解释人差方程式中的经典问题：看到钟的指针指向何时与听到钟鸣之间的视听差异。为了实现这一目标，邓拉普发明了电动机计时器(1918年)，即后来广为人知的邓拉普计时器。邓拉普计时器的构造略优于希普计时器，它以电磁离合器代替希普计时器上的弹簧装置。邓拉普计时器虽然也很笨重，但为设计更新的钟表式计时器奠定了基础。今天的钟表式计时器虽然不断更新，但是其基本部件仍是一个电动机和一个离合器。电动秒表、电子钟表也均是在这种计时器的基础上发展而成的,这些计时工具的演进为反应时研究提供了数量更多、质量更高的可靠工具。

3. 电子计时装置

电子计时装置是现代心理学实验常用的精密计时仪器,其基本部件一般采用晶振元件、集成电路及荧光数码管时间显示器。

现代化的电子计时器构造大致如下:一个频率恒定的脉冲发生器产生时间脉冲,通过一个控制器,输送至电子计数器;控制器在被测事件开始的瞬间接通时间脉冲信号,输入至计数器,计数器开始计数;而在被测事件结束的瞬间,切断脉冲发生器与电子计数器的通路,使计数器停止计数。因为脉冲频率固定,所以根据所记脉冲数即可折算成客观时间。一般我们可借十进位氖灯或计数管直接显示时间。这类仪器虽然价格高昂,但使用便利,精确度高,其精确度可达到1毫秒,适合于实验室使用。

目前使用计算机编程记录反应时在心理学实验研究中得到了广泛应用。然而,使用计算机编程计时仍需注意以下几点:首先,最好与专用的外接设备相配合来呈现刺激和记录反应时。因为普通的显示器、键盘和鼠标等设备仍然有一定的延迟和阻力等问题,专用的外接设备可以有效缩小这类误差。其次,精确的计时程序需要在DOS系统下运行才能达到理想的效果,而具有分时机制的Window系统需要与一些专用软件相配合才能实现相对精确的计时。心理学实验目前比较流行的专用编程软件有E-Prime、基于Python的Psychopy软件包,以及基于Matlab的PsychToolBox软件包等。

随着近代科学和实验技术的不断发展,实验仪器不断更新,反应时的测量精度已经大大提高。由于反应时差异非常细微,在实验设计和设备选择的时候需要仔细考虑,确保最大精度地记录反应时。

第二节 反应时的测量方法

心理学实验研究中常用且经典的反应时测量方法主要包括减数法、加因素法和开窗实验。其中减数法是反应时测量方法的基础,加因素法和开窗实验是在减数法的基础上发展而来的,是对减数法的推进。下面将介绍这三种经典的反应时测量方法。

一、减数法反应时

(一)减数法反应时的基本原理及实验逻辑

受天文学家关于人差方程式研究和赫尔姆霍茨测定神经传导速度研究的影响,荷兰生理学家唐德斯于1868年发表了《关于心理过程的速度》,文中提出了测定心理过程时间的方法,即减数法反应时。减数反应时的实验逻辑是减法法则,即安排两种实验任务,这两个任务只在某个方面不同,而在其他方面都一样。如果两种任务的反应时有差别,那么这两种任务的反应时之差即为此心理过程所需要的时间。减数法反应时方法最初被用来测定某一心理过程所需的时间,但反过来看,心理过程总是需要花费时间的,因此也可以用某两个反应时的差别推断某一个心理过程的存在。唐德斯发展了三种反应时任务，即简单反应时任务、选择反应时任务和辨别反应时任务，后人将它们称为唐德斯反应时ABC。

A反应时，也称简单反应时(simple reaction time)，是指给被试呈现一个刺激，仅有一个反应键，当刺激呈现时，被试就立即对它做出反应所测得的反应时，A反应时也称基线时间(baseline time)，如图10-5(a)所示。B反应时，也称为选择反应时(choice reaction time)，是指给被试呈现多个刺激，并提供多个反应键，刺激与反应键一一对应，当刺激呈现时，被试选择相应的按键做出反应所测得的反应时，如图10-5(b)所示。C反应时，也称为辨别反应时(identification reaction time)，是指给被试呈现多个刺激，但仅提供一个反应键，要求被试仅对多个刺激中事先规定好的某个刺激进行反应，而对其他刺激不做反应所测得的反应时，如图10-5(c)所示。如图10-6所示，如果用C反应时减A反应时，那么所得的反应时差值就是辨别刺激过程所需要的时间，即辨别时间；同样，用B反应时减C反应时所得的反应时差值就是选择反应过程所需要的时间，即选择时间。于是，通过对特定任务的反应时进行比较(相减)，就可得到某一特定心理过程所需的时间。

(a) A反应时图解　(b) B反应时图解　(c) C反应时图解

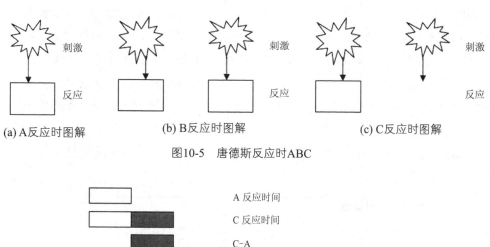

图10-5　唐德斯反应时ABC

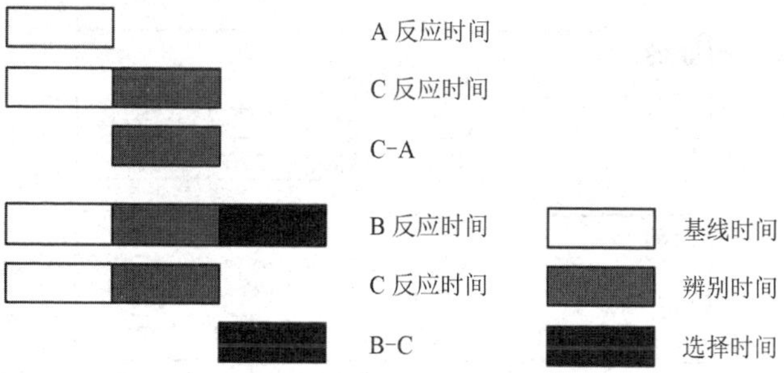

图10-6　减数法图解

尽管唐德斯反应时ABC是此后的一百年时间里反应时研究遵循的基本模式，但也有不少学者对这种模式质疑，认为ABC三种反应时不能进行简单的相加，即C反应时不是在A反应时的基础上简单增加分辨时间获得的，B反应时也不是在C反应时的基础上增加选择反应获得的。例如，冯特的学生卡特尔(Catell)对反应时进行研究时，揭示了选择反应时比简单反应时更长的原因。他指出，被试做简单反应时任务时，注意完全集中于即将出现的刺激和将要做出反应的手指，当刺激呈现时，被试眼睛→大脑→手指之间的神经通路已经准备好了，因此，其反应时比较短；而选择反应时测试则需要更多更复杂的神经通路接通的准备，相应的心理状态也比较复杂，因此，其反应时就长。卡特尔的论述实际上说明了减数法反应时的缺陷——选择反应时与简单反应时在反应准备方面也不一样。

(二) 减数法反应时的应用——表象的心理旋转实验

减数法反应时在认知心理学中得到了广泛应用。认知心理学利用减数法反应时既可以研究信息加工的某个阶段，也可以证实某一心理过程的存在。下面以心理旋转实验为例介绍对减数法反应时的应用。

20世纪70年代前后，认知心理学家对大脑中是否存在视觉表象的信息表征形式展开争论。心理旋转(mental rotation)实验就是在这样的背景下进行的，其目的是证实视觉表象的存在。所谓心理旋转是指在心理内部将所知觉的对象予以旋转，从而获得相应知觉经验的心理加工过程。库珀(Cooper)和谢泼德(Shepard)(1973)在视觉信息加工的论文集中使用非对称性的字母或数字(J、G、R、2、5、7)为实验材料，根据不同的呈现方向(正的、反的)以及不同的倾斜角度(0°、60°、120°、180°、240°、300°)构成12种情况，如图10-7所示(以R为例)。参与者的任务是要忽略字母旋转的角度判断呈现的刺激是正像还是镜像。

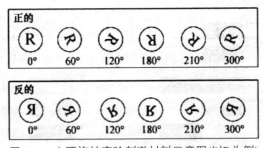

图10-7　心理旋转实验刺激材料示意图(以R为例)

(资料来源：Cooper & Shepard，1973)

在实验刺激呈现之前，研究者给被试提供了一些提示信息，共包含5种不同的实验条件：①没有前行信息提示，先呈现2秒的空白信号，然后呈现测试刺激，要求被试做出正像还是镜像的判断；②有字符前行信息提示，先呈现2秒的字符信息，然后呈现测试刺激，并要求被试做出反应；③有方位前行信息提示，先呈现用箭头提示字符方位2秒，然后呈现测试刺激并要求被试做出反应；④分别提示字符信息和方位信息，先呈现

2秒的字符提示信息，接着在4种不同间隔时间内呈现方位信息，然后呈现测试刺激并要求被试做出反应；⑤同时提示字符信息和方位信息，先呈现旋转一定角度的字符2秒，接着呈现空白1秒，然后呈现测试刺激并要求被试做出反应。5种实验条件的示意图如图10-8所示。

实验结果如图10-9所示，在前三种提示条件下，字符的旋转角度越大，被试的反应时越长。而最后两种提示条件因为在刺激之前参与者已经完成了心理旋转，所以没有出现明显

图10-8 Cooper和Shepard(1973)5种实验条件的示意图(以正120度为例)(资料来源：郭秀艳，2004)

的反应时差异。进一步分析发现，当被试需要在心理上对字符进行旋转才能做出正确反应的时候，反应时会比不用在心理上旋转就能做出正确反应的反应时要长，并且需要在心理上旋转字符的角度越大，反应时也越长。例如，在旋转角度为60°和120°的两个任务中，被试需要分别将字符R从60°和120°旋转到0°，并做出正像、镜像判断。在这一过程中，除了在心理上旋转的角度不同之外，其他条件均相同。因此，完成两种任务所需要的反应时之差就是在心理上完成旋转相应角度所需要的时间。库珀和谢泼德得出的这个结果有力地证实了心理旋转过程的存在，为大脑中存在视觉表象的信息表征形式提供了实验证据。

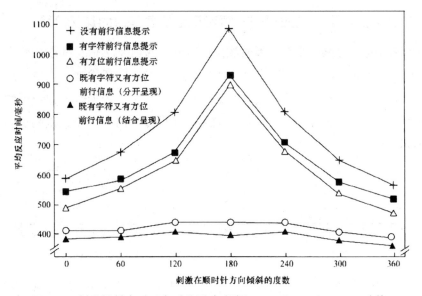

图10-9 刺激倾斜度对反应时的影响[根据Cooper和Shepard(1973)改编]

二、加因素法反应时

(一) 加因素法反应时的基本原理及实验逻辑

贝尔实验室的认知心理学家斯滕伯格(1969)发展了唐德斯的减数法反应时的逻辑，提出了加法法则，该方法被称为反应时的加因素法(additive factors method)。该方法并不是对减数法的否定，而是对减数法的发展和延伸。相加因素法的一个基本前提是：人的信息加工过程是系列进行的，而不是平行发生的，是由一系列加工阶段按照先后顺序组成的。因此，在加因素反应时的实验中，研究者认为完成一个作业所需的时间是这一系列信息加工阶段分别所需时间的总和。

加因素法反应时的实验逻辑是：如果两个因素的效应是相互制约的，即一个因素的效应可以改变另一个因素的效应，那么这两个因素只作用于同一个信息加工阶段；如果两个因素的效应是独立的，是可以相加的，那么这两个因素各自作用于不同的信息加工阶段。通过改变一个或多个因素，可以观察到反应时的变化，从而来确定这个任务中的各个阶段的信息加工。

在应用加因素法进行实验的时候，研究者首先要找出影响反应时的各种因素，然后通过改变一个或几个因素的水平来验证各个加工阶段。比如，一个任务的反应时受到两个因素的影响，同时，它们对总反应时的影响是相互独立的，即不管一个因素的水平如何变化，另一个因素对反应时的影响是恒定的，说明在这个任务中至少有两个加工阶段，这两个因素分别影响这两个不同的阶段。加因素法就是通过探索有相加效应的因素来区分不同的加工阶段，从而尝试找出某一任务所包含的所有信息加工阶段，以推测出整个信息加工的过程。

(二) 加因素法反应时的应用——短时记忆信息提取的加工阶段

斯滕伯格(1966，1969)使用加因素法反应时开展短时记忆信息提取的研究。在这个研究中，首先，给被试依次呈现1~6个数字(识记项目)，并要求被试记住这些数字，然后呈现一个数字(探针项目)，要求被试判断这个测试数字是否为刚才识记过的。从探针项目呈现到被试做出是否反应的时间间隔就是被试的反应时。单个试次的实验流程图如图10-10所示。

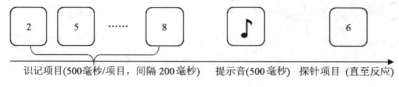

图10-10　短时记忆信息提取实验单个试次的实验流程

通过一系列的实验，斯滕伯格从反应时的变化上确定了对提取过程有独立作用的4个因素，即探针项目的质量、识记项目的数量、反应类型和每个反应类型的相对频率。这4个因素分别对应4个独立的加工阶段，如图10-11所示。

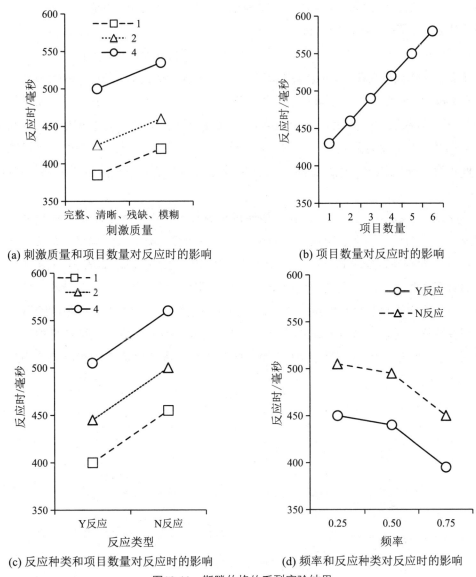

图10-11 斯滕伯格的系列实验结果

第1阶段为探针项目编码阶段。斯滕伯格通过改变探针项目的质量,发现对一个完整、清晰项目的反应比对一个残缺、模糊项目的反应更快一些,而且,改变这个探针项目的质量仅影响截距,而不改变直线的斜率,表明存在探针项目编码阶段,如图10-11(a)所示。

第2阶段为顺序比较阶段。通过改变识记项目的数量,即记忆集的大小,发现记忆表的大小与反应时之间存在线性关系,表明存在顺序比较阶段,如图10-11(b)所示。进一步的研究同时操纵了探针项目的质量和识记项目的数量,研究发现探针项目的质量对反应时的影响在不同识记项目数量下是相似的,即两者不存在交互作用,根据加因素法的实验逻辑,探针项目的质量与识记项目的数量影响的是不同的加工阶段,即在探针项目编码阶段之后存在独立的顺序比较阶段。斯滕伯格又将斜线向左延伸至纵轴,纵轴上的点提供了记忆集为0时的反应时,即在假定没有探针项目编码和顺序比较阶段,还存在只做决定和组织反应所花费的时间。

第3阶段为反应决策阶段。被试需要对探针项目做出Y反应(肯定反应,即探针项目在识记项目集中)或者N反应(否定反应,即探针项目不在识记项目集中),表明被试需要在Y和N两种反应类型之间做出决策,即存在反应决策阶段。进一步的研究同时操纵识记项目的数量和反应类型两个因素,研究发现不管记忆集的大小如何,N反应的反应时均长于Y反应的反应时,这意味着N反应难于Y反应,且反应类型与识记项目数量之间不存在交互作用。因此,顺序比较阶段之后存在独立的决策阶段,如图10-11(c)所示。

第4阶段为反应组织阶段。斯滕伯格通过操纵某一种反应(Y或N)出现的频率,研究发现反应类型的相对频率会影响反应的时间。提高任意一类反应的频率,都会使这类反应的组织更为容易,反应时下降,表明了反应组织阶段的存在,如图10-11(d)所示。进一步的研究同时操纵反应类型和反应类型的相对频率,研究发现反应类型和反应类型的相对频率之间也不存在交互作用。因此,决策阶段之后存在独立的反应组织阶段。

斯滕伯格通过独立或成对地操纵上述的4个因素,提出了短时记忆信息提取过程存在4个独立的加工阶段,即刺激编码阶段、顺序比较阶段、决策阶段和反应组织阶段,如图10-12所示。

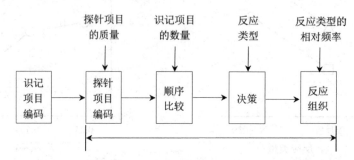

图10-12　短时记忆的信息提取实验的加工阶段示意图
(资料来源: Sternberg, 1969)

斯滕伯格提出的加因素法反应时引起了许多心理学家的兴趣,并引发了大量的研究,得到了很多实验的支持,但是,也引起一些批评和质疑。加因素法反应时的前提是,人类的信息加工是系列进行的,一些心理学家认为信息加工存在着平行加工的可能。更重要的是,通过独立的和交互作用的效应来确定信息加工阶段也遭到了众多研究者的质疑。例如,帕奇勒(Pachella, 1974)提出,两个因素可能以相加的方式共同作用于同一个加工阶段,或者它们可能分别作用于不同的加工阶段并相互产生影响。此外,加因素法反应时首先假设信息加工是系列的,然后推测信息加工的各个阶段,这有一种循环论证的倾向。尽管如此,斯滕伯格的加因素法反应时的理论及实验仍然对反应时方法的发展起到了推动作用。

三、开窗实验

减数法和加因素法的反应时实验都无法直接测量某一个特定加工阶段所需要的时间,且需要通过严密的推理才能被确认。有一种实验技术能够比较直接地测量每个加工阶段的时间,从而能够比较明显地看出这些加工阶段,就好像打开窗户,外面的景色一览无遗了,因此这种实验技术被称为"开窗"(open window)实验,它是反应时实验的一种新形式。

开窗实验可由汉密尔顿等人(1977)和霍克(Hockey)等人(1981)提出的字母转换实验为例加以说明。首先,给实验被试呈现1~4个英文字母,并在字母后面标上一个数字,如"F+3"或"KENC+4"。然后要求被试根据字母和后面的数字完成字母转换任务,例如,当呈现"F+3"时,要求被试说出英文字母表中F后面第3个位置的字母"I",即"F+3"将F转换为"I";同样,"KENC+4"的正确回答应该是"OIRG",但这4个转换结果要一起说出来。凡是字母为多个时,都只做一次反应。实验的具体流程如下:现以"KENC+4"为例,4个字母由被试自行控制,一个一个地相继出现。被试首次按键就可以看见第一个字母K,同时开始计时,并要求被试做出声转换,即说出"LMNO",被试需要记住"O";然后,按键,看见第二个字母E,再作转换,如此循环直至4个字母全部呈现完毕,并最后做出回答"OIRG",停止计时。由于出声转换的开始和转换结束的时间都有记录,因此,根据该实验的反应时数据,我们可以明显地看出完成字母转换作业的三个加工阶段:编码阶段、转换阶段和储存阶段,如图10-13所示。

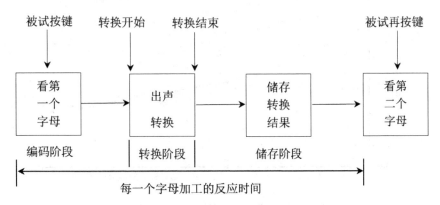

图10-13　开窗实验:字母转换作业的加工阶段示意图

(资料来源:王甦,汪安圣,1992)

不难看到,这种开窗实验的优点是引人注目的,但也存在着一些问题。例如,可能在后一个加工阶段出现对前一个阶段的复查,贮存阶段有时还包含对前面字母的转换结果的提取和整合,并且它难以与反应组织分开。尽管如此,开窗实验具有减数法和加因素法所没有的特点,只要精心安排运用得当,有些问题还是可以避免的,并可以获得有价值的资料,仍然不失为一种好的方法。

第三节 反应时的影响因素

在测量反应时的实验研究中,研究者需要操纵刺激变量或者选择被试的机体变量,运用一定的实验设备,观测被试在不同实验条件下的反应时和正确率。因此,反应时常常会受到外界刺激和被试的主体因素的影响。下面将从这两个方面分别加以介绍这种影响。

一、外界刺激因素

刺激的强度、刺激的数量、刺激的时空特征、刺激作用的感觉通道、刺激的类型都与反应时有着密切的关系。

(一) 刺激的强度

刺激的强度通常是指刺激的物理强度。刺激的物理强度通过心理强度这一中介变量影响被试的反应时。一般来说,当刺激的强度很弱时,反应时通常会比较长;当刺激逐渐增加强度至中等或较高强度时,反应时就会逐步缩短。而且,随着刺激强度的增加,反应时最初缩短得比较快,当刺激强度增加到一定水平时,反应时缩短的速度越来越慢,直至停留在一个较为稳定的水平上,即达到了反应时的极限。科菲尔德(Kohfeld,1971)在相同标度下测量了视觉和听觉的简单反应时,结果发现,随着刺激信号强度的增加,反应时缩短,如图10-14所示。

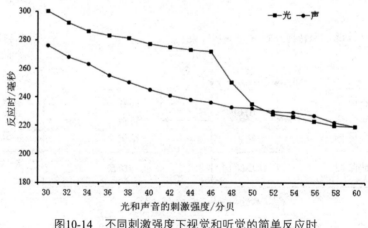

图10-14 不同刺激强度下视觉和听觉的简单反应时

(资料来源:Kohfeld,1971)

(二) 刺激的数量

刺激的数量也会影响到被试的反应时。一般来说,需要加工并做出反应的刺激数目越多,所需要的反应时越长。比如,在辨别反应时任务中,随着要辨别的刺激数目的增加,个体的反应时会有所延迟。关于需要做出选择或辨别的刺激数目与反应时的关系,早期的心理学家曾做过多项研究。其中,默克尔(Merkel,1885)用公式揭示了两者之间的函数关系：RT=lg N。其中，RT为反应时，N为辨别刺激的数目(转引自Hick, W. E., 1952)。20世纪50年代，卡克尼(Gauge)绘制了目前公认的选择数目与反应时的关系曲线图(见图10-15)。研究发现，反应时并不随选择项目的增多而线性增长，当刺激项目从两个增加到三个时，反应时的增量小于0.07秒。

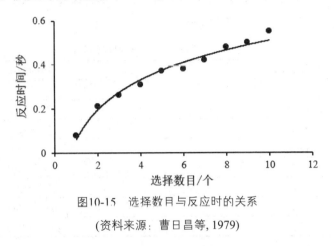

图10-15 选择数目与反应时的关系

(资料来源：曹日昌等, 1979)

(三) 刺激的时间特征

刺激的呈现时间是影响反应时的一个时间特征。弗罗伯格(Froeberg, 1907)探讨了光刺激呈现的持续时间对反应时的影响，结果发现，当光刺激的呈现时间较短时，反应时相对较长；而随着刺激呈现时间的延长，对其反应的时间就会缩短。当光刺激的呈现时间达到24毫秒和48毫秒的时候，被试的反应时并无显著差异，说明刺激的呈现时间达到一定程度后，反应时就不再缩短，这就是刺激在时间维度上的累积效应。

从一个刺激出现到另一个刺激出现的时间间隔，即刺激启动的时间差异(stimulus onset asynchronies，SOA)是影响反应时的另一个时间特征。当被试需要对序列呈现的两个刺激进行反应时，两个刺激之间的SOA较短时会影响被试对第二个刺激的反应，反应时会变长；随着SOA的延长，对第二个刺激的反应时会缩短，当两者之间的SOA较长时，对第二个刺激的反应时趋于稳定，这种现象也被称为心理不应期现象(psychological refractory period，PRP)。

(四) 刺激的空间特征

刺激的空间特征是指刺激的物理面积大小以及刺激呈现的空间位置(或者作用于感觉器官的部位)。增加刺激的物理面积，会使感受器官的神经细胞在空间维度上进行累积，所产生的神经兴奋就会有所增加，反应时就会缩短，即为刺激的空间累积效应。当刺激的物理面积足够大时，反应时就会趋于稳定。弗罗伯格(1907)采用不同面积上的铂纸反光作为刺激进行研究，结果发现，测得的反应时随着铂纸面积的增加而缩短。刺激的空间累积效应不仅体现在视觉刺激方面，也体现在听觉刺激和其他感觉方面。

刺激作用于感觉器官的不同部位也会影响反应时，同样强度的视觉刺激，作用于外周视野时被试的反应时要比作用于中央窝视觉区域的反应时更长。

(五) 刺激作用的感觉通道

刺激发生作用的感觉通道类型也会影响被试的反应时。不同感觉通道的简单反应时如表10-1所示。从表10-1可以看出，视觉、听觉和触觉接受的是来自单一通道的感觉刺激，相比较而言，触觉和听觉的反应时短于视觉，冷觉、温觉、嗅觉、痛觉和味觉等接受来自多个通道的感觉刺激，反应时较长。

表10-1 不同感觉通道的反应时

感觉通道	反应时*/ms
触觉	117～182
听觉	120～182
视觉	150～225
冷觉	150～230
温觉	180～240
嗅觉	210～390
味觉	308～1 082
痛觉	400～1 000

*注：被试为训练有素的成人。
(资料来源：赫葆源，张厚粲，陈舒永等，1983)

不仅不同感觉通道刺激的反应时不同，同一感觉器官接受到不同刺激时，其反应时也会有所不同，比如同为味觉刺激的酸、甜、苦、咸等，咸味的反应时最短，而苦味的反应时最长。

(六) 刺激的类型

如果刺激是来自不同感觉通道的复合刺激，那么被试反应会快于来自单一通道的刺激。托德(Todd，1912)比较了不同感觉通道对单一刺激和复合刺激的简单反应时，结果如表10-2所示，当光和电击联合呈现时，测得的反应时比单独呈现光或者电击时测得的反应时更短，而当光、声和电击联合呈现时，所测得的反应时则会更短。

表10-2 单一刺激与复合刺激的反应时

刺激	反应时/ms
光	168
电击	141
声音	135
光+电击	139
光+声音	133
电击+声音	125
光+电击+声音	120

(资料来源：Todd J. W., 1912)

以上介绍了刺激的强度、复杂程度、时间特征、空间特征、感觉通道和刺激类型等因素对反应时的影响。实际上，个体往往将这些刺激特征作为一个整体进行加工并做出反应。刺激的物理属性的变化通过影响个体所知觉到的刺激的心理强度，进而影响个体的反应时。

二、主体因素

在记录反应时的研究中，被试本身往往是一个很难控制的主体因素。被试的适应水平、动机水平、准备状态、个体差异、反应速度与准确率的权衡等众多的身体和心理因素都会影响到反应时。

(一) 适应水平

适应(adaptation)是指在刺激物的持续作用下，被试感受器所发生变化的现象。被试感受器官的适应水平会影响其反应时。霍夫兰德(Hovland，1936)的实验结果支持了这一观点。该实验要求被试先看不同照度水平的墙壁，待眼睛达到一定适应水平之后，再测量被试对距离12寸处、直径为20毫米、照度为250烛光圆块的反应时，结果如表10-3所示(5名被试，每人在每种条件下100次反应的平均结果)。由此可见，不同适应水平条件下的反应时有明显的不同。

表10-3　不同光适应条件下的反应时

适应水平(尺·烛光)	200	150	100	50	0
反应时/ms	154	146	144	140	131

(二) 动机水平

动机是指个体为了满足某种需要而形成的行为倾向。一般来说，在反应时的实验中，被试希望尽快地做出反应。实验实施者针对实验结果而设定的奖惩规则会给予被试额外的动机，对被试的反应时也会产生影响。比如焦恩纳森(Johenason，1922)进行听觉反应时的测定，通过设置三种实验条件激发被试的动机水平：①激励条件，告知被试每次测得的反应结果；②惩罚条件，当被试的反应慢于某一水平时，就给予电击；③常态条件——没有附加动机的影响。实验结果表明，常态条件下，反应时最慢；惩罚条件下的反应时最快；激励条件下的反应时居中，如图10-16所示。

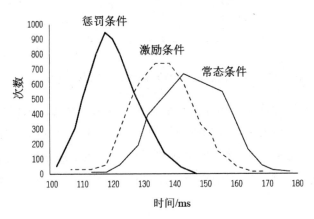

图10-16　动机水平对反应时分布的影响(资料来源：Johenason，1922)

(三) 准备状态

被试的准备状态显然会影响其反应时。从发出预备信号到呈现刺激这段时间称为预备时间。预备时间的长短决定了被试的准备状态，如果预备时间太短，被试来不及做好反应的准备，这样刺激出现时，反应时就会增加；而如果预备时间太长，参与者的最佳准备状态又会趋于松懈，反应时也会增加。托尔福德(Telford，1931)对20名被试的听觉反应时进行研究发现，准备时间为1~2s时，被试的反应速度最快。值得注意的是，如果准备时间一直恒定，被试会掌握这种规律可能会出现抢步，这种现象在简单反应时中尤为明显。因此，研究者一般会将准备时间设置在1~2s之内的随机时间。

(四) 个体差异

被试个体之间的差异会影响到反应时。比如年龄差异，在成年以前，个体的信息加工速度随着年龄增长而加快，因此，反应时会变短；而中年以后，个体信息加工速度随着年龄增长而减慢，因此，反应时会加长。再如智商差异，不同选择反应数目的反应时与智商之间存在着较高正相关，然而，简单反应时与正常智商之间不相关。

(五) 反应速度与准确率的权衡

个体的反应标准也会影响其反应时。在反应时任务中，心理加工过程的复杂程度和反应时的长短存在一定的对应关系，当完成实验任务所需要的心理加工过程越复杂，被试完成这个实验任务的反应时就会越长，反之则会变短。然而，在反应时任务中，除了反应时这个因变量外，还有准确率这个因变量。如图10-17所示，被试有时会以牺牲准确率为代价去换取更快的反应速度，有时则相反，以牺牲反应速度为代价来换取较高的准确率。这就是反应速度与准确率的权衡(speed-accuracy tradeoff, SAT)(Garrett，1922；Wickelgren，1977)。

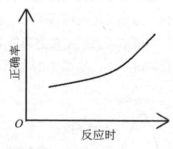

图10-17　反应速度(反应时)与准确率(正确率)的权衡关系

一方面，被试人格特征会影响速度与准确率的权衡。有的被试相对保守，他倾向于对刺激进行充分加工之后才进行较为有把握的反应，这样的准确率会比较高，但反应时则会延长；而有的被试相对冒进，他更倾向于根据刺激呈现初期所积累的部分信息，在对刺激未进行充分加工之前就做出反应，这样的反应时就会比较短，但准确率会比较低。

另一方面，研究者的要求也会影响被试对速度与准确率的权衡。研究者要求被试保持较高的准确率，被试的反应时就会延长；而研究者要求参与者尽快做出反应，被试的准确率就会下降。一般而言，研究者进行反应时实验时应当同时考虑速度和准确率两个指标，明确告知被试反应的标准。如果只选择其中一个指标时，应对另一个指标有所交代。比如，在反应时实验中，研究者通常要求被试在保证正确的前提下尽快做出反应。

(六) 其他因素

如疲劳、疾病、酒精、药物、心理状态等都会影响到被试的反应速度。例如，饮酒、吸毒会降低人们的反应速度，这也是国家禁止饮酒、吸毒人员驾车上路的原因。

第四节 反应时技术的应用

在本节中，我们将介绍一些应用反应时技术(如内隐联想测验和飞行员选拔)的研究实例，并对其进行评价与分析。

一、内隐联想测验

一直以来，社会认知领域的内隐研究难有起色，而原因不外乎：传统的投射测验或情景测验来推测被试的内隐态度的方法很难量化；已有的内隐认知的研究方法虽然可以量化，但很难直接借鉴到态度、观念等社会认知研究中。1998年，基于反应时范式的内隐联想测验成功实现了内隐社会认知研究量化的梦想。内隐联想测验(implicit association test，IAT)是由西雅图华盛顿大学社会心理学家格林沃德(Greenwald)等人在1998年提出的，该方法弥补了以往关于内隐社会认知测量的不足。随着IAT的不断完善，其解释能力也在不断增强。IAT是以反应时为指标，通过一种计算机化的分类任务来测量两类词(概念词与属性词)之间自动化联系的紧密程度，进而对个体的内隐态度进行测量。

(一) 内隐联想测验的基本程序和原理

下面以格林沃德等人(1998)的花—虫IAT实验为例，简述其基本程序。①呈现概念词的样例图像，要求被试尽快进行分类反应，并记录反应时。在花—虫的IAT实验中，概念词为"花"或者"虫"，样例为某种花或虫的图像，要求被试看到特定图像时按相应的键进行分类反应。②呈现属性词的样例，要求被试尽快进行分类反应，并记录反应时。在花—虫的IAT实验中，属性词为褒义词(如漂亮、芬芳等)或者贬义词(如恶心、讨厌等)两类，要求被试看到特定词语时尽快按相应的键进行分类反应。③执行联合任务1，要求被试对概念词和属性词的联合做出反应。概念词和属性词的组合有两种可能的关系：相容和不相容。相容是指被试对两个词语的内隐态度是一致的，例如，被试对花的态度比对虫更为积极，因此，花和褒义词为相容关系，而虫和褒义词为不相容关系。在进行IAT实验之前，我们无法得知被试对概念词和属性词形成的词对联合中哪些是相容的，哪些是不相容的，所以，需要采用两个联合任务来测量。在联合任务1中，要求被试在花的图像和褒义词同时出现时按左键,虫的图像和贬义词同时出现时按右键。④对联合任务1进行测试。⑤为了配合联合任务2的实施,交换左右键反应的内容,再次要求被试对概念词样例进行反应。⑥执行联合任务2,联合任务2和联合任务1的反应内容正好相反在昆虫的图像和褒义词同时出现时按左键,在花的图像和贬义词同时出现时按右键。⑦对联合任务2进行测试。整个过程就包含7个阶段,如表10-4所示。

表10-4 花—虫IAT的实验程序

阶段	试次数	练习/测验	左键反应的对象	右键反应的对象
1	20	练习	花的图像	虫的图像
2	20	练习	褒义词	贬义词
3	20	练习	花的图像+褒义词	虫的图像+贬义词
4	40	测试	花的图像+褒义词	虫的图像+贬义词
5	20	练习	虫的图像	花的图像
6	20	练习	虫的图像+褒义词	花的图像+贬义词
7	40	测试	虫的图像+褒义词	花的图像+贬义词

(资料来源:Greenwald et al., 1998)

对被试的反应时数据进行如下分析:①选取两个测试阶段的数据,即第4阶段和第7阶段的数据;②删除两个联合任务测试阶段中前两个试次的数据;③将短于300 ms的反应时记为300 ms,长于3000 ms的反应时记为3000 ms,不对错误试次的反应时进行任何处理,不删除极端被试的数据;④为了获得方差足够稳定的统计量,对反应时数据进行对数转换;⑤求出两个测试阶段反应时的均值;⑥将相容和不相容联合测试反应时的均值相减即为所求得IAT效应。具体来说,就是将虫+褒义词的反应时与花+褒义词的反应时相减,将花+贬义词的反应时与虫+贬义词的反应时相减,就得到了被试对花和虫的内隐态度。

为什么不相容与相容任务的反应时之差可以作为IAT效应呢?依据唐德斯反应时减数法的原理,反应时的长短反映出该反应任务中所包含的加工过程的复杂程度,反应时越长意味着心理加工过程越复杂。在相容任务中,概念词与属性词的关系和被试的内隐态度一致,或者说两者的联系较为紧密,此时,做出反应更依赖自动化加工,相对较容易,因而,反应速度快。而在不相容任务中,概念词与属性词的关系和被试的内隐态度不一致或缺乏紧密的联系,被试会产生认知冲突,此时,做出反应需要依赖复杂的意识加工,相对较难,因而,反应速度慢。格林沃德发现,花+褒义词的反应时快于虫+褒义词的反应时,说明花+褒义词的联合与被试的内隐态度更一致,被试对花的态度更为积极。

(二) 内隐联想测验的变式及应用

内隐联想测验促进了内隐态度测量的发展,但是,IAT任务还存在一些问题,比如,IAT只能获得被试的相对内隐态度,无法测量个体对单一概念或者多个概念的态度或评价。例如,在花—虫内隐测试中,实验结果只能说明相对于虫来说,人们对花更为积极，相对于花来说，人们对虫的态度更为消极，而不能说明人们对花的态度到底是积极还是消极的。另外，IAT忽略了错误率提供的信息，被试在反应的时候会做出速度与准确性的权衡，当被试的反应速度加快时，准确性必然会受到影响。另外，IAT测试比较繁杂，在测试任务之前还要进行多次练习任务，而且这些任务之间的顺序安排也会影响实验的结果。在IAT之后，研究者提出了一些新的实验程序变式来解决上述问题。

米尔克(Mierke)等人(2001)指出，IAT最大的不足就是被试会对概念词和属性词进行重新编码，这种编码与研究者所要测量的态度无关，会污染IAT效应。比如，概念词的知觉特性会影响被试的重新编码，被试对于蛇和河流作为一类、银币和披萨作为一类的反应要快于蛇和银币作为一类、河流和披萨作为一类的反应，因为蛇与河流、银币与披萨在形状上更为接近。为了避免重新编码对IAT效应的影响，迪·霍夫尔(De Houwer)(2001)设计了外在情感西蒙任务(extrinsic affect Simon task，EAST)，该任务需要4种词语材料：5个消极名词、5个积极名词、5个消极形容词和5个积极形容词。这些词语以不同的颜色呈现，并要求被试对其做出不同的反应。具体来说，形容词以白色呈现，要求被试对词义做出判断，对积极形容词按P键，对消极形容词按Q键；名词以彩色呈现，要求被试对刺激的颜色做出判断，一半被试在看到名词以绿色呈现时按P键，看到名词以蓝色呈现时按Q键；另一半被试则要求进行相反的按键反应。记录被试对名词的反应时和错误率。研究发现，被试对积极名词做积极反应比对消极名词做消极反应要快，错误更少；同样，对消极名词做消极反应比对消极名词做积极反应要快，错误更少。在这个任务中，被试对形容词的判断(积极或消极)使得按键获得了相应的积极或消极的意义，从而影响了对名词的颜色的判断，当判断积极名词颜色时的按键与判断积极形容词语义时的按键相同，则会加速判断，如果与消极形容词的按键相同，则会阻碍判断。

EAST任务比较灵活，能够同时比较被试对多个对象的评价。比如，将彩色名词换为被试自己的名字、他人的名字、花或者虫等。结果发现，被试对自己的名字做积极按键时反应速度最快，错误最少，而对昆虫做消极按键时，反应速度最快，错误最少，这说明被试对自己名字的态度最为积极，对昆虫的态度最为消极。

二、飞行员的选拔

(一) 飞行员选拔的主要任务

飞行员是驾驶飞机或其他航空器的人员。这一职业对飞行员的身体和心理都提出了较高的要求。从心理方面对飞行员进行选拔主要侧重在飞行员心理动作技能、智力/能力倾向和人格特征方面的测量。其中，心理动作技能测试主要包括反应速度测试、心理动作协调性测试、空间关系评估(距离判断)测试和平衡感测试等。智力/能力倾向测试主要包括智力纸笔测验和飞行素质测验。德国人曾将能力倾向测验定义为"飞行感觉"来形容飞行员对飞机与地面的相对高度保持警觉的能力，并加以测试。人格特征测试主要包括选择适宜的人格特征，主要有稳定性、条理性、自制力、不急不躁等方面的特点

(裴剑涛和张侃,1993)。

(二) 选择反应时的应用——飞行员的反应速度测试

执行军事飞行任务极端危险,要求更高,看起来微不足道的失误都会给飞行员本人、机组人员和地勤人员带来致命的后果。尽管心理运动技能对高级作业人员选拔和评价的意义迄今没有定论,但世界各国军方都十分重视心理运动技能在飞行员选拔中的重要作用。复杂选择反应时测试是传统且经典的心理测试,虽然测试方式及操作简单,但由于其涉及感知觉的准确性及速度、动作速度及手眼协调等心理运动能力,在飞行员选拔中一直备受关注。

飞行技术水平多效标系统是在工作分析、查阅国内外文献、实际调研和德尔菲(Delphi)专家评估基础上建立起来的一套用于评价等级飞行员飞行技术水平的效度指标体系。该评价系统包括20个条目、8项指标,分5个等级评价。其中,8项指标是在对210名飞行员全面评价基础上,通过因子分析获取的。这8项效度指标为分析判断能力(F1)、快速反应能力(F2)、掌握新技术能力(F3)、操纵能力(F4)、空中打靶能力(F5)、克服飞行错觉能力(F6)、飞行能力综合评价(F7)和学习飞行模式(F8)。刘旭峰等人(1999)对空军现役飞行员109人进行复杂反应时测试并进行效度分析。在屏幕上呈现4种灯光,每一种灯光都是随机等概率出现,分别对应双游戏杆前后的按键,要求受测试人员根据灯光的颜色分别做相应的按键反应,计算机记录受测试人员每次按键反应的反应时。结果发现,歼击机飞行员的复杂反应时为493 ± 115 ms,运输(轰炸)机飞行员的复杂反应时为485±111 ms。他们将109名飞行员复杂选择反应时测验的平均反应时与8项效度指标做相关分析,并在分别控制年龄、文化程度和飞机机种等因素条件下,观察相关系数的变化。结果表明,109名飞行员的平均反应时与效标F5和F7有显著相关,反应正确率与F2和F7之间有显著相关。上述结果表明,选择反应时测试能够预测飞行员的快速反应能力、空中打靶能力和飞行员的整体飞行能力。

思考题

1. 什么是反应时?什么是简单反应时?什么是选择反应时?什么是辨别反应时?
2. 什么是减法反应时?说明减法反应时实验的原理与逻辑。
3. 什么是加法反应时?说明加法反应时实验的原理与逻辑。
4. 在反应时实验中,如何能够更加准确地测量反应时?
5. 实施反应时实验需要注意哪些方面的问题?
6. 反应时实验的数据处理应该注意哪些方面的问题?
7. 举例说明反应时技术在实践中的应用。

实验操作

1. **实验名称**：简单视觉反应时实验

   实验问题：不同颜色的灯光是否对简单反应时产生不同的影响。

   实验目的：探讨灯光颜色对简单反应时的影响，掌握测量简单反应时的方法。

   实验材料：安装有测量简单视觉反应时程序的电脑。

   实验程序：招募一批被试参与实验。实验在暗淡房间内进行，单个试次的操作如下，首先，在电脑屏幕中央呈现注视点800ms；然后，呈现空屏 200～300ms；之后，在屏幕上呈现一个圆形，圆形的颜色随机取自4种可能的颜色(红、绿、黄、蓝)中的一种，要求被试看到圆形后，立即做按键反应，按键后圆形消失，呈现空屏500 ms进入下一试次。整个实验包含200试次，每种颜色50次。记录被试每次按键反应的反应时。

   结果分析：首先，计算每名被试在四种不同颜色条件下的平均反应时。然后，采用重复测量的方差分析，分析4种颜色下的简单反应时是否存在差异；如果差异显著，需要做进一步的配对比较，分析哪些颜色之间的简单反应时差异显著。

2. **实验名称**：视觉选择反应时实验

   实验问题：不同颜色的灯光是否对选择反应时产生不同的影响。

   实验目的：探讨灯光颜色对选择反应时的影响，掌握测量选择反应时的方法。

   实验材料：安装有测量视觉选择反应时程序的电脑。

   实验程序：招募一批被试参与实验。实验在暗淡房间内进行，单个试次的操作如下，首先，在电脑屏幕中央呈现提示的红灯800 ms；然后，呈现空屏 200～300ms；之后，在屏幕上呈现一个圆形，圆形的颜色随机取自4种可能的颜色(红、绿、黄、蓝)中的一种，要求被试看到红色的圆形尽快按D键，看到绿色的圆形尽快按F键，看到黄色的圆形尽快按J键，看到蓝色的圆形尽快按K键；按键后圆形消失，呈现空屏500ms，进入下一试次。整个实验包含200试次，每种颜色50次。记录被试每次按键反应的反应时。

   结果分析：首先，计算每名被试在四种不同颜色条件下的平均反应时。然后，采用重复测量的方差分析，分析4种颜色下的选择反应时是否存在差异；如果差异显著，需要做进一步的配对比较，分析哪些颜色之间的选择反应时差异显著。

案例分析

实验名称：在复合刺激中信息量与反应时的关系。

实验程序：在暗淡实验室中，研究者采用自动控制的刺激呈现装置进行实验(徐联仓，1963)。主试首先按确定的程序将各个刺激顺序呈现在屏幕上，每次实验中各刺激出现的概率相同，但出现的顺序随机。每个刺激呈现时间为5秒，两个刺激的间隔不固定，通过被试按键/不按键记录被试的反应时。实验采用了复杂程度不同的刺激，每一类刺激又分为阴极和阳极。每种刺激各具有一定的信息量。其中，简单刺激只有一种选择标志(颜色)。阳极为黑色正方形、阴极为灰色正方形，这里只有1bit的信息量，中等刺激有两种选择标志(颜色和大小)。阳性刺激为黑色大正方形和灰色小正方形，阴性刺激为黑色小正方形和灰色大正方形，这里有2 bit的信息量。复杂刺激有三种选择标志(颜色、大小、位置)，这里有3 bit的信息量。

实验结果与讨论： 结果发现正确反应时与信息量之间的关系为RT=0.315log(n+1)，其中，RT表示反应时，n是指在不同刺激中取值，分别为2、4和8。本实验采用变化刺激本身的复杂性来增加信息量，观察到了反应时随着信息量的增加而延长的现象。由于反应的方式始终未变，输入性信息量对反应时的影响更重要。

实验结论： 反应时随着信息量的增加而延长。

[案例来源：徐联仓. 在复合刺激中信息量与反应时的关系[J]. 心理学报，1963，7(1)：44–49.]

第十一章 心理物理学方法

概要：本章主要介绍了传统心理物理学方法和现代心理物理学方法。心理物理法(psychophysical method)是研究心理量和物理量之间的对应关系的方法。1860年，费希纳所著《心理物理学纲要》的面世，宣告了心理物理学的诞生。在此后的发展中，信号检测论((signal detection theory)的引入为心理物理法带来了更大的突破，被称为现代心理物理学方法。信号检测论成功地把人的主观因素和客观感受性分离，提升了人们对传统心理物理法中的感觉阈限概念的理解及测量，推进了心理物理学的全面发展。

第一节 经典心理物理法

1860年，费希纳出版了《心理物理学纲要》一书，其最核心的内容是感觉阈限的测定和心理量表的制定，为心理物理学研究方法的发展奠定了基础。

阈限(threshold)又称感觉阈限(sensory threshold)，是传统心理物理学的核心概念。根据传统心理物理法的基本假设，只有当物理刺激达到一定的强度时，才能引起人们的感觉。这个强度将刺激引起的感觉系列划分为性质不同的两大部分：一个部分是其刺激多数情况下能引起感觉；另一个部分是其刺激多数情况下不能引起感觉。这样就能理解感觉阈限的真正含义。

绝对阈限(absolute threshold)的理论定义是刚好能够引起心理感受的刺激大小。按照这种说法，低于绝对阈限的刺激强度我们是感觉不到的，而高于绝对阈限的刺激强度我们总是能感觉到的。绝对阈限示意如图11-1所示。

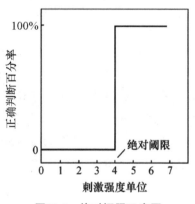

图11-1 绝对阈限示意图

阈限虽然容易理解，但却不易测量。在实际测量中，不存在一个心理感受从无到有的突变点，因此仅根据理论定义是无法测量阈限的。现实中，对应于一系列强度由小到大的刺激，对强度小的刺激，我们感觉到的概率小些；对强度大的刺激，我们感觉到的概率大些，即绝对阈限不是一个单一强度的刺激，而是一系列强度不同的刺激。

在心理物理法的实验中，通常用恰好能引起某种感觉(或差别感觉)的刺激值的均数来表示阈限。按照惯例，心理学家把有50%的次数被觉察到的刺激值定为绝对阈限，如图11-2所示。

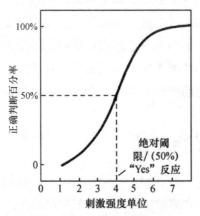

图11-2 现实中绝对阈限实测图示

同样地，当物理刺激的强度不断变化时，它们的强度只有达到一定的差异，才能引起差别感觉。这种刚好能引起差别感受的刺激变化量，叫差别阈限(differential threshold，difference limen，DL)。差别阈限的操作定义是，在多次重复实验中，有50%的实验次数能引起差别感觉的两个刺激强度之差。

一、阈限的测量

下面介绍费希纳最早提出的三种经典的阈限测量法：最小变化法、恒定刺激法和平均差误法，以及在传统心理物理法实验设计中常见的实验误差及实验控制的方法。

(一) 最小变化法

最小变化法(minimal-change method)，又称极限法(limit method)、序列探索法(method of serial exploration)、最小可觉察法(或最小差异法)(method of least difference)等，是测量阈限的直接方法。它的主要特点就是将刺激按递增或递减系列的方式，以间隔相等的小步变化，寻求从一种反应到另一种反应的瞬时转换点或阈限的位置。利用这种方法既可以测定绝对感觉阈限，也可以测定差别感觉阈限。

1. 绝对阈限的测定

采用最小变化法测定绝对阈限时，刺激系列分为递增(记为↑)和递减(记为↓)两种，每个序列一般选择10～20个刺激强度水平，递增与递减变化的间隔(梯度)相等，按强度大小排列，随机选择。递增序列的起点安排在被试基本觉察不到的物理刺激强度范围内，随机选择；递减序列的起点安排在被试基本可觉察到的物理刺激强度范围内，随机选择。表11-1是用最小变化法测定音高绝对阈限的记录，可以看到递增系列和递减系列交替呈现，起点随机选择，直至反应发生转折。

为了更准确地测量阈限，每个刺激序列一般都需要测定50次左右。各序列从起点开始，按递增或递减方向，依次呈现给被试。主试以"有""无""怀疑"或"+""−""？"记录被试的反应，不可放弃。每个序列都要进行到被试的反应发生转折时才能停止，即在递增时直到第一次报告"有"，递减时直到第一次报告"无"。之后，该系列才停止，然后进行下一个系列。

刺激的增减幅度应尽可能地小，目的是系统地探求被试由一类反应到另一类反应的转折点，即刺激强度多大时，由无感觉变为有感觉，或由有感觉变为无感觉。

计算绝对阈限时，首先计算每个刺激系列的阈限，被试反应转折点处对应的两个刺激强度的中点就是这个系列的阈限，如在表11-1中，第一个递减序列中的阈限值=(13+12)/2=12.5；然后，将所有系列阈限值相加除以总次数20，便是最后求得的绝对阈限值。

2. 差别阈限的测定

利用最小变化法来测量差别阈限时，每一次实验中比较两个刺激：一个是标准刺激(standard stimulus，用S_t表示)；一个是比较刺激(comparison stimulus)，又称变异刺激(variance stimulus，用S_v表示)。标准刺激强度大小不变，比较刺激按递增或递减顺序排列。标准刺激在每次比较时都出现，比较刺激按递增或递减系列与标准刺激匹配呈现，直到被试的反应发生转折。标准刺激和比较刺激可同时呈现，也可先后呈现。在测量差别阈限时，将被试的报告分为四类反应：比较刺激大于标准刺激，记为"+"；比较刺激等于标准刺激，记为"="；比较刺激小于标准刺激，记为"−"；当被试在比较时表示怀疑，可记作"？"。表11-2是用最小变化法测定时间差别阈限的示例表，可以看到交替进行的递增和递减序列。

表11-1 以极限法测定音高绝对阈限的记录

次数 增减系列	1	2	3	4	5	6	7	8	9	10	11	12	13	14	15	16	17	18	19	20
21	↓	↑	↓	↑	↓	↑	↓	↑	↓	↑	↓	↑	↓	↑	↓	↑	↓	↑	↓	↑
20	+																			+
19	+				+				+											+
18	+		+		+		+		+									+		+
17	+		+		+		+		+									+		+
16	+		+		+	+	+		+			+		+		+		+		+
15	+		+		+	+	+		+			+		+		+	+	+		+
14	+	+	+	+	+	+	+	+	+	+		+		+	+	+	+	+	+	+
13	+	+	+	+	−	+	+	+	+	+	+	+	+	+	+	+	−	+	+	−
12	−	−	−	−	−	−	+	+	+	−	+	−	−	−	−	−	−	−	−	
11	−	−	−	−	−	−	−	−	−	−	+	−	−	−	−					
10		−	−	−	−	−		−	−	−			−							
9		−		−	−															
8		−																		
7																				
6																				
5																				
阈限值	12.5	12.5	11.5	12.5	12.5	10.5	11.5	12.5	11.5	13.5	10.5	12.5	11.5	10.5	11.5	10.5	12.5	10.5	11.5	11.5

刺激值——乐音频率(Hz)

总平均值 $M = 11.7$ $\sigma = 0.87$ $\delta_M = 0.20$

(资料来源：赫葆源、张厚粲、陈舒永，1983)

表11-2 以最小变化法测定时间差别阈限的记录

次数		1	2	3	4	5	6	7	8	9	10	11	12	13	14	15	16
增减系列		↓	↑	↓	↑	↓	↑	↓	↑	↓	↑	↓	↑	↓	↑	↓	↑
变异刺激	0.56			+										+			
	0.52		+	+					+			+		+		+	
持续时间/秒	0.48		+	+			+		+	+		+		+			
	0.44	+	+	+			+		+	+		+		=	+	+	+
	0.40	=	=	=	=	+	=	+	=	=	+	=	+	=	=	=	=
	0.36	−	−	−	=	=	−	=	−	=	−	=	=	−	−	=	=
	0.32	−	−	−	=	−	−	=	−	−	=	−	−	−	−	−	−
	0.28	−	−	−		−	−	−		−		−	−	−	−	−	−
	0.24	−		−			−			−					−		−
	0.20																−
上限		0.42	0.42	0.42	0.42	0.38	0.42	0.38	0.42	0.42	0.38	0.42	0.38	0.46	0.42	0.42	0.42
下限		0.38	0.38	0.38	0.34	0.30	0.34	0.34	0.34	0.38	0.30	0.38	0.34	0.34	0.34	0.38	0.34

$M_{上限} = 0.412$ $M_{下限} = 0.350$ DL = 0.031   PSE = 0.381

(资料来源：赫葆源、张厚粲、陈舒永，1983)

差别阈限的计算比绝对阈限复杂，先要求得一系列的数据。具体计算方法如下：

(1) 求出差别阈限的上限和下限。在递减系列中，最后一次"+"到非"+"（即"="或"−"或"？"）之间的中点为差别阈限的上限(upper differential threshold)，用L_u表示；最后一次非"−"到"−"之间的中点为差别阈限的下限(lower difference threshold)，用L_l表示。

(2) 求得在递增系列中最后一次"−"到非"−"之间的中点，用L_l表示；求得最后一次非"+"到"+"之间的中点，用L_u表示。上限与下限之间的距离为不肯定间距(interval of uncertainty)，用IU表示。

(3) 不肯定间距的中点是主观相等点(point of subjective equality，PSE)。在理论上主观相等点应与标准刺激(S_t)相等，但实际上两者有一定的差距，这个差距被称为常误(constant error，CE)。

(4) 取不肯定间距的一半，或者取上差别阈限(DL_u)和下差别阈限(DL_l)之和的平均值，即为绝对差别阈限，用DL表示，德语为differenz limen。用不肯定间距来表示差别阈限，差别阈限就是不肯定间距的一半。

以上阐述可用公式表示为

$I_u = L_u - L_l$

$DL_u = L_u - S_t$

$DL_l = S_t - L_l$

$PSE = (L_u + L_l)/2$

$CE = S_t - PSE$

$DL = (DL_u + DL_l)/2$

3. 误差及其控制

在使用最小变化法测量绝对感觉阈限时，要注意对误差的分析和控制。根据实验的操作过程，测定绝对阈限产生的误差主要有4种：习惯误差(error of habituation)和期望误差(error of expectancy)，练习误差(error of practice)和疲劳误差(error of fatigue)。

(1) 习惯误差和期望误差。习惯误差(error of habituation)是指由于被试在长序列中有继续作同一种判断的倾向所引起的误差。如在递增系列中连续说"无"或"否"，在递减系列中连续说"有"或"是"。由于习惯误差的存在，递增系列中，阈值就会偏高；而在递减系列中，阈值就会偏低。与习惯误差相反的是期望误差(error of anticipation)，表现为被试由于期望目标刺激尽快到来，而导致当刺激和感觉还未发生变化时就提前做出相反判断的倾向。一旦产生期望误差，则在递增系列测定阈限时，阈限值会偏低；在递减系列测定阈限时，阈值会偏高。

阈值用符号T(threshold的第一个字母)来表示。如果在递增系列中求得阈值大于在递减系列中求得阈值，即表示有习惯误差；反之，如果在递增系列中求得阈值小于在递减系列中求得阈值，则表示有期望误差。

为了让习惯误差和期望误差尽可能相互抵消，最小变化法中应交替呈现递增和递减序列，并且随机选择每个序列的起点。

(2) 练习误差和疲劳误差。练习误差(error of practice)是由于多次重复实验，被试逐渐熟悉了实验情景，或对实验产生了兴趣和学习效果，从而导致反应速度加快和准确性逐步提高的一种系统误差。相反，实验多次重复，由于随着实验进程而发展的疲倦或厌烦情绪的影响，而导致被试反应速度减慢和准确性逐步降低的一种系统误差，称为疲劳误差(error of fatigue)。疲劳会使阈限升高。

为检查有无这两种误差，就要分别计算前一半实验中测定的阈限与后一半实验中测定的阈限。若前一半实验中测定的阈限比后一半实验中测定的阈限高，并且差别显著时，就可以认为在测定过程中有练习因素的作用；若前一半实验中测定的阈限比后一半实验中测定的阈限低，并且差别显著时，就可以认为在测定过程中有疲劳因素的作用。

为了平衡练习和疲劳的影响，要求最小变化法的递增和递减系列按照ABBA法安排，交替进行。

在采用最小变化法测定差别阈限的实验中，除要考虑并设法控制上述误差外，还要考虑到被试的主观因素可能带来的影响。当个体较为谨慎时，除非明显感到比较刺激与标准刺激的差异，不会做出"大于"或"小于"的反应，这样测得的不确定性区间相对较大，得到的差别阈限值会比较大；相反，如果被试比较自信，就会在有轻微的差别感觉时做出"大于"或"小于"反应，测得的不确定性区间相对较小，差别阈限值也会比较小。人格与感受性同时对被试的反应产生影响，这种影响无法分离，也是这一方法的一个明显缺陷。

利用最小变化法测定差别阈限要注意以下几点：第一，递增、递减系列要保持数量一致，以抵消习惯误差和期望误差；第二，每一系列的起始位置要随机变化，以防止被试形成预测；第三，递增和递减系列交替排列，以平衡练习误差和疲劳误差；第四，标准刺激与比较刺激每次呈现的相对关系(时间先后关系或空间位置关系)也可能构成干扰因素。通常采用多层次ABBA法进行控制(见表11-3)。

表11-3 ABBA法的控制形式

比较刺激系列呈现顺序	↓	↑	↑	↓
标准刺激呈现位置	左右	右左	右左	左右
相继呈现的先后顺序	前后	后前	前后	后前

(二) 平均差误法

平均差误法(method of average error)，又称调整法(method of adjustment)、均等法(method of equation)。它是实验者规定某一刺激为标准刺激，要求被试调节另一比较刺激，使后者在感觉上与标准刺激相等。客观上，比较刺激与标准刺激不可能完全一样，于是，每一次比较就会得到一个误差，把多次比较的误差平均起来就得到平均误差。因为平均误差与差别阈限成正比，所以可以用平均误差来表示差别感受性。

平均差误法的特点是呈现一个标准刺激，令被试再造、复制或调节一个比较刺激，使它与标准刺激相等。由于平均差误法要求被试亲自参与，这种方法更能调动被试的实验积极性。

1. 绝对阈限的测定

当平均差误法用于测定绝对阈限时，没有真正意义上的标准刺激存在，但可以假设，此时的标准刺激为零，即让被试每次将比较刺激与"零"相比较。这样，绝对阈限的测量程序和差别阈限就完全一致了，绝对阈限就是被试每次调节结果的平均数。

2. 差别阈限的测定

用平均差误法测定差别阈限，要有两个刺激：一个是标准刺激，一个是比较刺激。被试每次都反复调整比较刺激，直到他感觉与标准刺激相等为止。平均差误法测定差别阈限，所得的只是一个估计值，称为平均差误(average error, AE)。平均差误有两种计算方法。

(1) 对每次的调整结果(X)与主观相等点(PSE，即多次调整结果的平均数)之差的绝对值加以平均，这个差别阈限的估计值用AE_M表示，公式为

$$AE_M = \frac{\sum |X - PSE|}{N}$$

(2) 对每次调整结果(X)与标准刺激(S_t)之差的绝对值加以平均作为差别阈限的估计，用AE_{S_t}表示，公式为

$$AEs_t = \frac{\sum |X - S_t|}{N}$$

3. 误差的控制

平均差误法实验中常常出现动作误差、空间误差、时间误差。动作误差指因被试所采用的动作方式不同而过高或过低估计比较刺激的反应倾向。空间误差指标准刺激和比较刺激呈现的空间位置导致的反应倾向。时间误差指标准刺激和比较刺激相继呈现导致的反应倾向。例如，在实验中，为了消除空间误差，标准刺激在左边和右边的次数应各占一半；为了消除动作误差，被试从长于和短于标准刺激处开始调节的次数也各占一半；为了控制时间误差，标准刺激和比较刺激相继呈现顺序，可采用多层次的ABBA法。

(三) 恒定刺激法

恒定刺激法(method of constant stimulus)，又称次数法(frequency method)、正误法(true-false method)。它是心理物理学中最准确、应用最广的方法，可用于测定绝对阈限、差别阈限和等值，还可用于确定其他很多种心理值。恒定刺激法的特点是以相同的次数呈现少数几个恒定的刺激，通过被试对每个刺激觉察到的次数来确定阈限。

恒定刺激法具有如下特点：①主试从预备实验中选出少数刺激，一般是5～7个，这几个刺激在整个测定过程中是固定不变的；②刺激是随机呈现的，每种强度刺激的呈现次数相等，一般每种刺激呈现50～200次；③在统计结果时，必须求出各个刺激变量引起某种反应(有、无或大、小)的次数。在恒定刺激法中，所用的刺激数目少，且不需要随时调整刺激的强度，刺激是随机呈现的，可以避免期望误差和习惯误差。但是，刺激的改变是有一定方向的，被试在实验中猜测的成分比较多，因而构成了较大的误差。需要注意的是，在实验之前需要选定刺激，所选的最大刺激强度应是每次呈现均有不低于95%的可能性被觉察到；所选的最小刺激强度应是每次呈现均只有不超过5%的可能性被觉察到。选定呈现刺激的范围之后，再在这个范围内取距离相等的刺激，每种刺激强度呈现不得少于50次。

1. 绝对阈限的测定

(1) 确定自变量。恒定刺激法的自变量也是刺激强度，在强度变化系列中选择5～7个强度恒定的刺激。选择这些刺激点首先要确定刺激的范围，即根据研究经验和预先测试找到经常感觉不到(感觉到的概率小于5%)至经常感觉得到(感觉到的概率大于95%)的刺激强度范围。范围确定后，根据范围的宽度确定5～7个等距刺激点。

(2) 确定反应变量。用恒定刺激法测定绝对感觉阈限时，每呈现一次刺激都要求被试报告是否感觉到，即报告"有"或"无"。根据被试对不同刺激所报告"有"或"无"的次数求出各自的百分率，以此计算阈限。利用恒定刺激法测定两点阈的实验记录如表11-4所示。

表11-4　测定两点阈的实验记录

刺激的距离/毫米	8	9	10	11	12
报告"两点"的次数	2	10	58	132	186
正确判断的百分率	1%	5%	29%	66%	93%

(资料来源：Woodworth，Schlosberg，1954)

(3) 绝对阈限的计算。利用恒定刺激法计算被试的绝对感觉阈限的方法中，较为简明和较为常用的是S-P作图法。

S-P作图法的程序是把刺激值S分列在横轴上，白分数值P列在纵轴上，用直线连接各数据点。在25%、50%和75%各水平上做水平横线，记下这三条水平横线与数据线相交的位置，在相交处向横轴做垂线。这样可以计算出，当P为多少时达到刺激阈值或50%的水平，如图11-3所示。

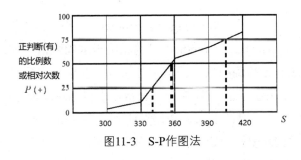

图11-3　S-P作图法

注：垂直虚线表示四分位数和中数的位置。阈值可以通过计算中数的方法获得。

根据阈限的操作定义，两点阈应为50%的次数被感觉到的刺激大小，但是在表11-4中，没有一个刺激的判断次数恰好50%被感觉到；当刺激为10毫米时，其正确判断率为29%；当刺激为11毫米时，其正确判断率为66%。由此可推断，满足操作定义的阈限值必在10~11毫米。为了求出这个值，可以使用S-P作图法和直线内插法求两点阈。

S-P作图法具体步骤如下：先以刺激作为横坐标，以正确判断的百分数作为纵坐标，画出曲线。然后从纵轴50%处画出与横轴平行的直线，与曲线相交于点a，从点a向横轴画垂线，垂线与横轴相交处就是绝对阈限。如图11-4，这个实验的两点阈就是a点对应的横坐标10.57毫米。

也可用内插法公式计算绝对阈限，计算方法如下：

$$DL = S_1 + (S_2 - S_1)(50\% - P_1) / (P_2 - P_1) = 10 + (11-10)(50-29)/(66-29) = 10.57(毫米)$$

DL为绝对阈限；P_1为感觉到刺激的次数稍小于50%的百分数，对应的刺激强度为S_1；P_2为感觉到刺激的次数稍大于50%的百分数，对应的刺激强度为S_2。

但是这种方法的缺点比较明显，没有充分使用实验数据，容易受到取样误差的影响，尤其是当实验次数相对较少时，取样误差和随机误差的影响会更加明显。

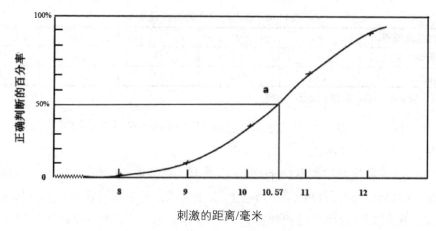

图11-4 S-P作图法和直线内插法求两点阈

(资料来源：Woodworth & Schlosberg，1954)

除上述方法外，平均Z分数法(averaged Z scores)、最小二乘法(Leasts quares)、斯皮尔曼分配法(Spearman distribution method)等也能用来求阈限值。如运用平均Z分数法，可以避免直线内插法不够精确的缺点。这种方法首先要求把实验结果的P值比例转换为标准分数Z分数，这可以通过查P-Z转换表来获得，求得绝对阈限。最小二乘法是比平均Z分数法更为精确的方法。用最小二乘法作直线时，要先确定直线方程：$Y=a+bX$。采用这种方法需将纵轴的Y值(即恒定刺激求得的P值)转化成对应的Z分数，使X(恒定刺激法中的刺激即S)与Y的关系转化为直线关系，因为最小二乘法只适于两个变量有线性关系的情况。

2. 差别阈限的测定

采用恒定刺激法测量差别阈限时，首先要确定一个标准刺激和若干个比较刺激。

(1) 确定自变量。确定比较刺激和标准刺激的强度及范围，并在该范围内选取5～7个强度的刺激，把其中一个作为标准刺激(一般为中等强度的刺激)，其余作为比较刺激。

(2) 确定反应变量。被试按照比较的原则，对呈现的刺激进行比较。如果是三类反应，要求被试判断呈现的刺激与标准刺激的强度相比是"大于""相等"还是"小于"。主试根据被试的反应记录"+""="或"-"。如果是两类判断，则要求被试判断呈现的刺激与标准刺激的强度相比是"大于"还是"小于"。比较刺激要随机呈现，每个比较刺激与标准刺激至少要比较100次。

(3) 差别阈限的计算。差别阈限的计算方法一般采用内插法和作图法，求出被试的上差别阈限和下差别阈限。下面以质量的差别阈限测定为例进行说明。

① 三类反应的差别阈限的计算。以200克的质量作为标准刺激，从185至215克中以5克的间隔选择7个质量作为比较刺激。刺激呈现后要求被试以口头报告方式作三类反

应,即"大于""相等"和"小于"。比较刺激随机呈现,分别与标准刺激比较至少100次,进而计算每种刺激在以上三种反应中各自的比例,实验结果如表11-5所示。

表11-5 用恒定刺激法测定重量差别阈限的结果

比较刺激/克	比较的结果/%			
	"+"	"="	"−"	"+" + "="
185	5	4	91	9
190	12	18	70	30
195	15	25	60	40
200	30	42	28	72
205	55	35	10	90
210	70	18	12	88
215	85	9	6	94

(资料来源:赫葆源,张厚粲,陈舒永,1983)

根据表11-5的数据用直线内插法求差别阈限。依表11-5中的"+""="和"−"三纵列对应数据描出三条曲线,以直线内插法求得50%的次数被判断为比标准刺激重的重量为204.5克,50%的次数被判断为比标准刺激轻的重量为196.5克(见图11-5),这两个数值分别称为上限和下限(即L_u=204.5克,L_l=196.6克)。根据上限和下限,就可计算:差别阈限DL=204.5−196.5/2=4(克)

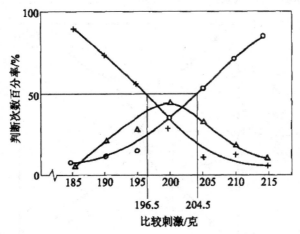

图11-5 用直线内插法求解差别阈限值(图例:——○——为50%的次数被判断为比标准刺激重,——×——为50%的次数被判断为比标准刺激轻,——△——为相等判断曲线)

(资料来源:赫葆源,张厚粲,陈舒永,1983)

三类反应的差别阈限的计算方法如下:

上差别阈限$(DL_u) = X_上 - X_等 = 204.5 - 200 = 4.5$(克)

下差别阈限$(DL_l) = X_等 - X_下 = 200 - 196.5 = 3.5$(克)

差别阈限$(DL) = (DL_u + DL_l)/2 = (4.5 + 3.5)/2 = 4$(克)

公式中,$X_上$、$X_等$和$X_下$分别为判断为"+""="和"−"时感觉量的平均数。

也可以这样计算,差别阈限$DL = (204.5 - 196.5)/2 = 4$(克)

② 两类反应的差别阈限的计算。

用恒定刺激法测定差别阈限，让被试作三类反应时，若被试较为自信，则做出"相等"的反应就较少；若被试较为谨慎，则做出"相等"的反应就较多，这样会直接影响到差别阈限的大小。为了消除这类影响，建议只让被试作"大于"和"小于"两类判断，即使在分不清大小时，也必须选择其一。两种判断的实验结果如表11-6所示。

表11-6 两种判断的实验结果

比较刺激/克	"+"的比例	"−"的比例
185	0.07	0.93
190	0.21	0.79
195	0.28	0.72
200	0.55	0.45
205	0.73	0.27
210	0.79	0.21
215	0.90	0.10

(资料来源：赫葆源，张厚粲，陈舒永，1983)

对于两类反应，用内插法求50%"大于"或"小于"反应对应的刺激量是毫无意义的。这种情况下，应取纵坐标75%[标准刺激完全能辨别的质量(即纵坐标100%)和与之不能完全辨别的质量(即纵坐标50%)的中点]作直线内插与两条曲线相交，求得上限与下限。由图11-6可见，L_u=206.6克，L_l=192.8克，差别阈限(DL)为(206.6 − 192.8) / 2 = 6.9(克)。

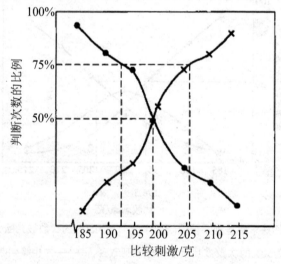

图11-6 两种判断的实验结果曲线(图例：——×——为50%"大于"反应对应的刺激量，——●——为50%"小于"反应对应的刺激量)

(资料来源：赫葆源，张厚粲，陈舒永，1983)

这样求得的差别阈限与前面所提到的操作定义不相符合，因为上限和下限与标准刺激比都有75%的次数可辨别，所以常把这种差别阈限称为75%差别阈限，它是差别阈限中的一种。

二、三种传统心理物理法的比较

费希纳的三种心理物理学方法成为实验心理学中的经典内容之一，在现代实验心理学的基础研究和应用研究中仍有广泛应用。这三种方法各有优缺点，对此可从以下几个方面来比较(郭秀艳，2011)。

(一) 从感觉阈限的含义上来比较

恒定刺激法最符合阈限"50%觉察概率"的操作定义，这是因为其结果本身就是基于这一标准通过直线内插法或其他方法求得的。值得注意的是，采用两类反应(即"大于"和"小于"反应)的恒定刺激法求差别阈限时，得到的是75%差别阈限，并不符合差别阈限的操作定义。

最小变化法求得的阈限值也较符合感觉阈限的操作定义，此法系统地探查感觉的转折点，具体准确地体现了感觉阈限的含义。

平均差误法的阈限计算方法与最小变化法颇为相似，只是它将刺激调整到与标准"相等"的这一操作要求，和阈限操作定义中"50%觉察到差异"比起来略有不同，因此被认为符合操作定义的程度较低。

(二) 从被试方面来比较

最小变化法和恒定刺激法都要求大量的实验次数，且实验单调，容易引发被试的疲劳和厌烦，会在一定程度上影响被试的情绪和动机，带来较大的误差，进而影响阈值的精确性。但是在平均差误法实验中，被试的主动参与能激发其实验兴趣。在这方面带来的随机误差要小于最小变化法和恒定刺激法。

(三) 从误差方面来比较

三种实验方法会产生不同类型的误差。最小变化法产生的是期望误差、习惯误差和系列误差。恒定刺激法较适合测量那些不方便随意改变的刺激的感觉阈限，又因为刺激是随机呈现的，不会像最小变化法那样产生期望误差和习惯误差。但是在使用三类反应时，不确定区间受主观因素影响明显。使用两类反应虽然可以避免不确定区间稳定性方面的问题，但是迫使被试做出某种反应，容易使被试产生逆反情绪。另外，在恒定刺激实验中，刺激随机呈现，被试的判断具有较多猜测的成分，易产生较大误差。平均差误法实际上测到的只是一个近似值，结果不能与其他方法的阈限相比较。

(四) 从效率方面来比较

平均差误法的效率最高，此外该方法让被试主动参与测定工作，可以改变他们由于任务单调重复而产生的厌倦情绪，从而使测定结果更准确。恒定刺激法的每一组数据都可以用上，效率也很高，而最小变化法中被试要回答和主试要记录的次数很多，但计算阈限时只用到少部分数据，所以效率最低。

以上各方法的优缺点都是相对而言的，使用哪一种方法要根据实验要求、被试情况和刺激性质而定。但要对两个阈限值进行比较时，这两个阈限值必须是用相同方法测试得到的。

费希纳提出的方法成功地完成了测量感觉阈限的任务，确立起了感觉临界点的心物对应关系。但是，仅有感觉阈限的测量是远远不够的，阈限之上的感觉同样也需要精确的量化。因此，心理物理学的第二个重要目标就是建立起阈上感觉量与物理刺激量之间的对应关系，我们将在第二节中进行介绍。

第二节 心理量表制作法

研究物理量与心理量的关系，仅仅测量感受性是不够的，还需要了解阈上刺激与感觉量的关系。由于阈上感觉是连续变化的，与阈限相比，不能直接使用刺激量的变化来推算心理量的变化，心理物理学进一步提出了对阈上感觉进行量化的方法，即使用心理量表来表示阈上刺激与心理量的关系。

心理量表是指狭义的心理物理量表(psychophysical scale)，即用来表示心理量与物理量之间关系的图表。有了这种对照表，就可以从刺激量大小了解相应的心理量大小，也可以从心理量大小了解相应的刺激量大小。依据有无等距的量化单位以及绝对零点，心理物理量表可分为三个不同水平，即顺序量表(ordinal scale)、等距量表(equal interval scale)和比例量表(ratio scale)。

一、顺序量表及其制作

顺序量表又称等级量表，是要求被试按照给定的标准，将事物排出一定顺序，构成一个物理量和心理量的对照表。顺序量表是一种比较粗糙的量表。这种量表既无相等的单位又无绝对零点。心理物理学中建立顺序量表的主要方法有等级排列法(rank-order method)和对偶比较法(method of paired comparison)。

(一) 等级排列法

等级排列法是一种制作顺序量表的直接方法。等级排列法的具体步骤如下：先把许多刺激同时呈现，请多个被试按照一定标准把这些刺激排序；主试把所有被试对同一刺激评定的等级加以平均，就能求出每一刺激各自的平均等级；最后把各个刺激的平均等级赋予数值排出顺序就是顺序量表。

比如，采用等级排列法对10张广告按照喜好程度进行排序。具体方法如下：首先选取17个被试组成样本，然后要求每一被试对10张广告进行排序，判断为最好的广告给数字1，判断为最差的给数字10，用1到10的数字来确定每张广告的名次，最后计算各广告的平均等级，根据计算结果按照大小排列，就得到顺序量表，如表11-7所示。

表11-7 等级排列法的实验结果

评分者	广告									
	A	B	C	D	E	F	G	H	I	J
1	5	3	4	7	1	9	2	8	6	10
2	4	2	5	6	1	10	3	7	8	9
.	.	.	.	.	.	.	.	.	.	.
.	.	.	.	.	.	.	.	.	.	.
.	.	.	.	.	.	.	.	.	.	.
17	6	3	4	8	1	7	2	5	10	9
等级总和	86	53	57	98	20	152	55	131	133	150
平均等级(MR)	5.06	3.12	3.35	5.76	1.18	8.94	3.24	7.71	7.82	8.82
名次	5	2	4	6	1	10	3	7	8	9

(资料来源：杨治良，1983)

表11-7中，平均等级(MR)=等级总和/17，名次是根据平均等级由小到大排列，即平均等级越小，名次越靠前。用等级排列法建立顺序量表，要注意以下两点：第一，最终的顺序排列取决于所有被试给出的平均等级，诸如广告评定者的性别、年龄、文化程度等差异都可能影响最终的评定结果，所以要求样本能够代表实验试图研究的人群总体；第二，每一个被试只进行一次排序，所以等级排列法对被试的利用率不高，且难以排除被试在唯一一次排序中的各种随机误差。

(二) 对偶比较法

对偶比较法又称为比较判断法。对偶比较法具体步骤如下：先把所有要比较的刺激配成对[因为每一刺激都要分别和其他刺激比较，假如以n代表刺激的总数，那么配成对的个数是$n(n-1)/2$]，然后一对一对地呈现，让被试依据刺激的某一特性进行比较，并判断两个刺激中的哪一个表现得更为突出；最后按每个刺激各自明显高于其他刺激的百分比的大小排列成序，即可制成一个顺序量表。

比如，要求被试根据自己的喜好对5种样品进行比较。10对配对样品的比较过程中，如果配对的样品同时呈现，则易产生空间误差(space error)，为消除这种误差，一般在样品以AB形式呈现后，再以BA形式呈现一次；如果配对样品相继呈现，则易产生时间误差(time error)，为消除这种误差，需要对样品呈现顺序进行调整平衡。

如纵F与横G比较，如果被试认为"F"更好，则在纵F与横G交叉单元格中写上"F"。为了避免空间和时间误差，则需再次进行实验，如果在第一轮实验中，F在G的左边或F先于G呈现，那么在第二轮中，F则在G右边或G后呈现。所以，每个单元格都有两个结果，括号内的为第二轮实验的结果。比较结果如表11-8所示。

表11-8 对偶比较法的实验结果

比较	F	G	H	I	J
F	—				
G	F(F)	—			
H	F(H)	G(G)	—		
I	F(F)	G(I)	H(I)	—	
J	F(F)	G(G)	H(H)	I(J)	—
第一轮	4	3	2	1	0
第二轮	3	2	2	2	1
总计	7	5	4	3	1
顺序	1	2	3	4	5

顺序量表的制作相对比较简单。但这类量表反映的信息比较少，它作为一种评估量表，既无绝对零点，也无相等单位，只能测量不同事物的某种排序和相对等级高低，无法提供不同感觉量间的差异大小信息，也不能确定心理量与物理量之间的关系。

二、等距量表与费希纳定律

等距量表是一种有相等单位，但没有绝对零点的量表。它不仅能体现心理量上的顺序关系，还可以确定两个刺激引起的心理量的相对大小，但不能确定两个刺激的绝对大小和比例关系。

(一) 将顺序量表转化为等距量表

顺序量表转化为等距量表的过程主要涉及确定等距单位，使得各元素之间的距离相等。一个基本的制作步骤如下所述。第一步，建立顺序量表。按照某种特征或属性的大小、高低、先后等顺序，将元素进行排列，形成顺序量表。这个量表只表示各元素之间的相对顺序，而不涉及具体的数量或距离关系。第二步，确定等距单位。在顺序量表中，各元素之间的距离并不相等，因此需要确定一个等距单位，使得各元素之间的距离相等。这可以通过对顺序量表中的元素进行评分，并计算相邻元素之间的评分差来实现。具体的方法有感觉等距法(equal sense distance method)(如二分法)和差别阈限法(differential threshold method)等。第三步，转换量表。一旦确定了等距单位，就可以将顺序量表转化为等距量表了。

(二) 制作等距量表的方法

1. 感觉等距法

感觉等距法是制作等距量表最直接的方法，通过将一种感觉分成主观上的若干相等距离来制作等距量表。帕拉托(Plateau)使用的二分法(bisection method)是感觉等距法最早和最简单的形式。依次类推，就可以得到一个等距量表。该量表上的感觉量是有相等单位的。

在具体实验中，按是否要求被试同时确定多个主观差异相等的中间刺激，感觉等距法又分成"同时"(simultaneous)和"渐进"(progressive)两种方法(见图11-7)。"同时"法中最简单的是二分法(bisection method)。二分法通常呈现两个刺激A和C，要求观察者选择第三个刺激B，使得A和B之间的距离等于B和C之间的距离。当然，"同时"法不限于二分，也可用平均差误法同时分出几个等份来。"渐进"法，即一次只要求被试选择一个刺激来等分一个感觉距离，然后在两个更小的感觉距离上进行等分。

渐进 二分程序	同时等分程序				
	A	B	C	D	E
1	A		C		E
2	A	B	C		
3			C	D	E

感觉强度 →

图11-7 用同时或渐进法制作等距量表

2. 差别阈限法

差别阈限法是制作等距量表的一种间接方法，通过在不同强度的基础上测量差别阈限来制作等距量表。具体地说，就是先测出感觉的绝对阈限(DL)，并以此为量表的起点；然后以绝对阈限为标准刺激，确定第一个差别阈限；再以绝对阈限加上第一个差别阈限的刺激强度为基准，测量第二个差别阈限；依次类推，就可以制作一个等距量表。在这个等距量表上，刺激增加一个差别阈限，感觉量就增加一个最小可觉差(just noticeable difference，JND)。差别阈限法指出，每一个最小可觉差在心理上都是相等的，因此可以用最小可觉差作为心理物理量表的等距单位。于是，差别阈限法构建的心理物理量表具有以下特点：绝对阈限对应了心理物理量表的零点；最小可觉差(差别阈限)是心理物理量表的单位；心理物理量表的值由绝对阈限以上最小可觉差的总数决定，例如，某个刺激在绝对阈限上有3个最小可觉差，刺激量为DL+JND1+JND2+JND3，其在心理物理量表上的值就是3。

以刺激强度为横坐标，以绝对阈限以上的最小可觉差数为纵坐标，画出的心理物理关系图就是等距量表，如图11-8所示，ϕ表示刺激的强度水平，ψ表示心理量的大小。可以发现，随着心理感受的梯级增高，为产生下一个最小可觉差，在刺激值方面需要的增加量越来越大。这说明心理量的变化和物理量的变化并不是一致的，即相等的心理量并不对应相等的物理量。

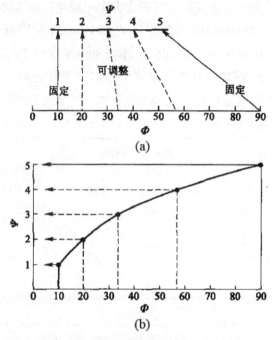

图11-8 利用差别阈限法制作的等距量表

(资料来源：郭秀艳，2011)

德国生理学家韦伯(Weber)发现刺激的差别阈限是刺激本身强度的线性函数。对于任何同一类的刺激，产生一个最小可觉差所需增加的刺激量，总是等于当前刺激量与一个固定分数的乘积，这个固定分数被称为韦伯分数(Weber's fraction)，即 $\Delta I / I = K$。其中，ΔI 代表差别阈限的大小，I 代表刺激的强度水平，K代表韦伯分数，这个公式也叫做韦伯定律。不同刺激条件和不同感觉通道下得到的韦伯分数差异很大，但是韦伯分数的存在说明了一个重要事实：所有刺激的强度水平与其差别阈限的大小之间存在固定的函数关系。

韦伯定律与费希纳定律

三、比例量表与史蒂文斯定律

比例量表，又称比率量表(ratio scale)，是最高水平的心理物理量表，既有绝对零点又有相等单位，因此，它可以测量对象之间的差别，还可以确定它们之间的比例，是一种较理想的量表。心理物理学中制定该量表的主要方法是分段法和数量估计法。

(一) 分段法

分段法(fraction method)是通过对一个感觉量加倍或减半或取任何其他比例来建立心理量表的方法。具体做法如下所述：第一步，呈现一个固定的阈上刺激，将其作为标准，让被试调整比较刺激，使比较刺激引起的感觉与标准刺激成一定比例，例如2倍、3倍、1/2或1/3等，这样可以获得某一强度的比较刺激与其所引起的不同感觉量之间关系的量表；第二步，变化标准刺激的强度，选择一个比较刺激进行调整，从而产生不同物理刺激强度与其所对应的不同比例感觉量之间关系的量表。分段法是制作比例量表的最直接方法。

例如,以1000赫兹、40分贝声音的主观响度为1宋,通过变化声音物理强度获得主观响度为0.5宋的物理强度数值,依次类推,便可以获得声音物理强度和主观响度的心理物理量表,如图11-9所示。

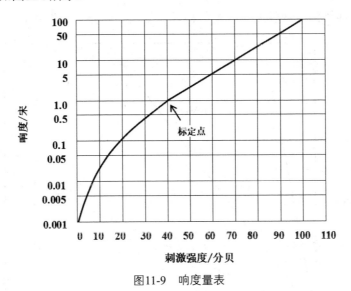

图11-9 响度量表

(资料来源:杨治良,1998)

(二) 数量估计法

数量估计法(method of magnitude estimation)也是制作比例量表的一种直接方法。

首先,它是一种感觉的直接测量法。其次,数量估计法要求被试根据心理感受直接按其强度赋予数值,而不必通过中介变量或中介反应。具体的操作过程如下:第一步,主试呈现一个标准刺激(如一个长度刺激),赋予标准刺激一个主观值(如10),让被试以这个主观值为标准,将其他比较刺激的主观长度用数据表示;第二步,计算出每组被试对每个比较刺激量估计的几何平均数或中数,以刺激值为横坐标,感觉值为纵坐标,即可制成感觉比例量表。

制作比例量表应注意以下问题:一是被试能否正确使用数字,这是影响实验结果的重要因素;二是被试在判断中易受其他心理因素的影响,如动机、环境干扰等,实验误差较大,很难保证量表的等比性质。

20世纪中叶,心理学家史蒂文斯(Stevens)指出,心理量和物理量之间的共变关系,并非如费希纳定律所描述的那样是对数函数关系,而应该是幂函数关系。史蒂文斯根据多年的研究结果,提出了刺激强度和感觉量之间关系的幂定律(power law):

$$S = bI^a$$

公式中,S为物理量I的幂函数,即感觉量;b和a是不同感觉通道和刺激强度决定的常数和幂指数。该指数值决定了按此公式所作心物关系曲线的具体形状。例如,当指数值为1.0，心理量与物理量的关系曲线是一条直线，即刺激量和感觉量之间为简单的正比关系；指数大于1，则为正加速曲线；指数小于1，便为负加速曲线。图11-10是1961年史蒂文斯的一个实验。该实验用数量估计法分别测量了明度感觉、线段主观长度以及受电击的感觉强度与相应的物理刺激强度之间的关系，受电击的感觉强度的增长速度比产生电击的物理强度快得多(a=3.5)，而明度的感觉强度的增长速度却比光能增长慢得多(a=0.34)，线段的主观长度和线段的物理长度则有同样的增长率(a=1)。

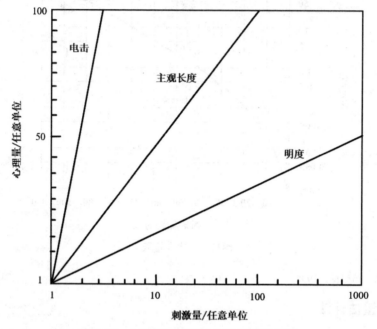

图11-10　心理量和物理量的关系(对数坐标)

(资料来源：Stevens, 1961)

数量估计法为制作心理物理量表提供了一种有效的方法，很多采用史蒂文斯定律制作的量表也支持了幂定律。

从分段法和数量估计法实验得到的证据支持幂定律，而制作等距量表的实验结果又支持了对数定律，也有一些研究支持韦伯定律。可以看出，心理量与物理量两者究竟是一种什么样的数量关系，并没有肯定的结论。

但心理物理量表提供了心理量和物理量之间的对应关系，为研究心理量和物理量之间的共变关系——心理物理函数和心理物理定律创造了条件，尤其是史蒂文斯的幂定律的提出，更是成为传统心理物理法向现代心理物理法发展的转折点。

总之，心理物理学为探讨心理量和物理量之间的关系提供了一种有效的度量方法，对心理学和物理学的理论研究及现实应用具有重要的理论和实践意义。

第三节　信号检测论

传统的心理物理学方法所测定的阈限，包含着对刺激的感受性(即辨别刺激的能力)

和被试判定刺激是否出现的标准。尽管在使用传统的心理物理学方法时，曾考虑到被试的态度、偏好、倾向和所采用的标准对测量阈限所产生的影响，并且采取了一些措施来消除这些影响，但这一系列的措施，只能使影响阈限的估计因素保持恒定，并不能测出被试的反应标准，也不能把反应标准和辨别力分开。

20世纪50年代，信号检测论最早由坦纳和斯韦茨(Tanner & Swets，1954)等人引入心理学的研究中，后来它被越来越多的心理学家接纳，发展成为现代心理物理学的重要内容。信号检测论(signal detection theory，SDT)的出现改变了传统心理物理学对阈限概念的理解，与传统心理物理法测量人的感受性相比，其最大优点是信号检测论不仅可以测量个体的感受性或辨别能力，而且能够测量出个体的反应倾向或者在做出决策时的判断标准。信号检测论的引入，大大推动了阈限概念和测量方法的发展。

一、信号检测论的基本原理

信号检测论本是信息论的一个重要分支，主要研究信息传输系统中信号的接收。信号检测论进入心理学后，成为现代心理物理学的重要组成部分。人的感觉器官和中枢神经系统可以看成一个信息处理系统，人作为一个接收者对刺激的辨别问题可等同于在噪声中检测信号的问题，因此，就有可能应用信号检测论中的一些概念和方法对人的神经系统进行分析。通常，可以把刺激看作信号(signal)，把刺激中的随机物理变化和感知过程中的随机变化看作噪声(noise)。

信号检测论假设，对信号和噪声的感觉强度都会受到各种随机因素影响，因此，不论是只呈现噪声刺激，还是信号和噪声刺激同时呈现，被试的反应都不是唯一的，而是在心理感受量值(感觉强度)上形成两个分布：信号+噪声分布(常简称信号分布)和噪声分布，如图11-11所示。由于信号总是叠加在噪声背景之上，总体上信号分布总是比噪声分布的心理感受更强些。信号检测系统对刺激做出响应的性质取决于刺激的效应强度和系统设定的判定标准。一般而言，系统设定的标准越高，虚报噪声的概率越小，同时漏报信号的概率也会越大；系统设定的标准越低，击中信号的概率就越大，同时其虚报噪声的概率也越大。

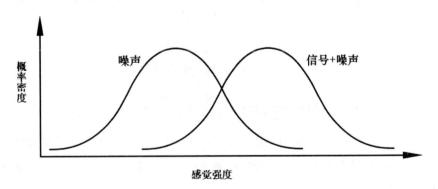

图11-11　噪声、信号+噪声的理论分布

信号检测论的实验中，有时只呈现"噪声"刺激(noise，以N表示)；有时信号刺激+噪声刺激同时呈现(signal-plus-noise，以SN表示)，让被试对信号刺激做出反应。

实验中N和SN都会有各自出现的概率。这个概率称为先定概率(或先验概率)(prior probability)。同时被试判断决策的后果也会有相应的奖惩办法。研究发现，阈限除了受到感受性因素影响外，还受到被试主观因素的影响——刺激出现的概率或判断的后果，会在一定程度上影响被试的反应倾向。

在信号检测实验中，实验任务往往是要求被试依次判断各刺激是否含有信号。因此，被试对有无信号出现的判定可以有4种结果(如表11-9)。

表11-9 信号检测过程中的反应和概率

刺激	反应	
	有信号	无信号
信号+噪声(SN)	击中P(H)	漏报P(M)
噪声(N)	虚报P(Fa)	正确拒斥(CR)

(1) 当信号出现时(SN)，被试报告为"有"，称为击中(hit)，以y/SN表示。这个判定的概率被称为击中率，以P(H)或P(y/SN)表示。

(2) 当只有噪声出现时(N)，被试报告为"有"，称为虚报(false alarm)，以y/N表示。这个判定的概率被称为虚报率，以P(Fa)或P(y/N)表示。

(3) 当有信号出现时，被试报告为"无"，称为漏报(miss)，以n/SN表示。这种判定概率被称为漏报率，以P(M)或P(n/SN)表示。

(4) 当无信号而只有噪声出现时，被试报告为"无"，这称为正确拒斥(correct rejection，CR)，以n/N表示。这个判定的条件概率被称为正确拒斥率，以P(CR)或P(n/N)表示。

在信号检测论的分析中，如果用概率表示4种反应结果，则击中率和漏报率之和等于1，虚报率和正确拒斥率之和也等于1，只要知道击中率和虚报率，就可以求得其他两种反应的概率。因此，通常人们根据被试对信号的击中率P(H)和虚报率P(Fa)来计算被试的判断标准和感受性，进而揭示被试判断标准的严格性和感受性的高低。计算公式为

$$P(H) = \frac{\text{击中的次数}}{\text{击中的次数} + \text{漏报的次数}}$$

$$P(Fa) = \frac{\text{虚报的次数}}{\text{虚报的次数} + \text{正确拒斥的次数}}$$

例如，呈现100次信号被试回答说"是信号"的有26次(击中)，则漏报74次；呈现100次噪声被试回答说"是信号"的有6次(虚报)，则正确拒斥94次。那么，这次实验的击中率和虚报率为

$$P(\text{H}) = \frac{\text{击中的次数}}{\text{击中的次数} + \text{漏报的次数}} = 26/100 = 0.26$$

$$P(\text{Fa}) = \frac{\text{虚报的次数}}{\text{虚报的次数} + \text{正确拒斥的次数}} = 6/100 = 0.06$$

二、信号检测论的两个独立指标

信号检测论把对刺激的判断看成对信号的侦察并做出抉择的过程，其中既包括感觉过程也包括决策过程。感觉过程是神经系统对信号或噪声的客观反应，它仅取决于外在刺激的性质，即信号和噪声之间的客观区别；而决策过程受到主观因素的影响。前者决定了被试的感受性大小，信号检测论实验多选用辨别力指标 d' 作为反映客观感受性的指标；后者则决定被试的决策是偏向于严格还是偏向于宽松，信号检测论用似然比β或报告标准C来对反应偏向进行衡量。因为信号检测论认为感觉过程和决策过程是相互独立的，所以对应的辨别力指标和反应偏向指标也是相互独立的。

如果被试的辨别能力较强，就能更准确地判断有无信号，击中概率就较大，虚报概率较小；如果被试的辨别能力较弱，则击中概率就小，虚报概率就大。因此，击中概率和虚报概率能反映被试信号辨别能力的高低。

如果被试在进行有无信号判断时比较谨慎，只有当感觉强度比较大时才报告有信号，对信号的漏报就会比较多，相应的虚报概率就比较小；如果被试比较冒进，有比较微弱的感觉强度就说有信号，被试的漏报概率就会下降，虚报概率则会上升。因此，被试的击中概率和虚报概率也可以反映被试的判断标准的高低。也就是说，可以从被试的击中概率和虚报概率来估计被试的判断标准。

当被试进行信号判断时总有一个标准(C)，这种判断标准取决于信号呈现的先验概率和被试的价值取向、性格特征和外在奖惩条件。当感觉强度大于这个标准时就报告有信号，如果感觉强度没有达到标准就报告无信号。当提高判断标准时，击中概率就会降低，虚报概率也会降低；当降低判断标准时，击中概率会提高，虚报概率也会提高。

那么，如何计算信号检测者的信号辨别力指数并估计被试判断标准的高低呢？

信号检测论有两个独立指标：一个是感受性或辨别力指数(d')，表示感知能力，又称为感觉敏感性(sensitivity)；另一个是反应偏向(response bias)，可用似然比值(β)，有时也用判断标准(C)来表示，它包括利益得失、动机、态度等因素。

(一) 感觉辨别力指标

辨别力指数(d')是衡量被试辨别力大小的一个参数。信号检测论认为，重复呈现同一刺激并不产生相同的感觉量。因此，当多次呈现同一刺激时会形成同一刺激的一个感觉量分布，而且刺激信号和噪声形成的感觉分布均是正态分布，两个分布的标准差相等，信号加噪声分布的平均数大于噪声分布的平均数(见图11-12)，两个分布重叠的部分可能是由信号引起的，也可能是由噪声引起的。

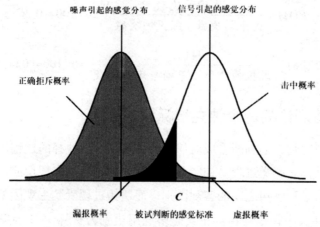

图11-12 信号和噪声的感觉分布及各概率分布

从图11-12可以看出,信号和噪声两个分布重叠得越多,距离越小,越难区分;相距越远,则越容易辨别。因此,可以用两个正态分布的距离作为信号检测者对信号的辨别力指数。

对同一个被试来说,在噪声强度不变的情况下,信号强度越大,就越容易从噪声中将信号分辨出来,这样,噪声分布的平均数M_N和信号加噪声分布的平均数M_{SN},相差越大,这两个分布的重叠部分就越小。信号强度越小,就越不容易从噪声中将信号分辨出来,此时信号加噪声分布的平均数与噪声分布的平均数相差越小,两个分布的重叠部分越大。

信号检测论的最主要贡献是在反应偏向与反应敏感性之间能做出区分。一方面,击中概率可以因为检测者持严格的反应标准而降低;另一方面,击中概率也可能因为敏感性的降低而降低。敏感性可以表现为噪声分布$f_N(X)$与信号加噪声分布$f_{SN}(X)$之间的分离程度。两者的分离程度越大,敏感性越高;分离程度越小,敏感性越低(见图11-13)。

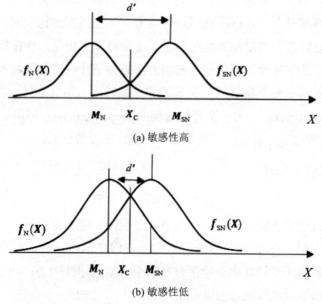

图11-13 反应偏向(β)相同时两种敏感性(d')的情况

噪声分布$f_N(X)$与信号分布$f_{SN}(X)$的分离程度既受信号的物理性质影响，也受被试特性的影响。

因此，$f_N(X)$与$f_{SN}(X)$之间的距离就可作为敏感性的指标，称为辨别力(d')，其公式为

$$d' = (M_{SN} - M_N)/\sigma_N = Z_{SN} - Z_N = Z_{击中} - Z_{虚报}$$

也就是说，辨别力指数(d')等于两个分布的平均数之差除以N分布的标准差。当N分布与SN分布均为常态分布时，$d' = Z_{击中} - Z_{虚报}$，其中，$Z_{击中}$和$Z_{虚报}$可以通过先求得击中概率和虚报概率，然后查$P-Z-O$转换表得出。只要在检测实验中通过计算得到了击中概率和虚报概率，就可以根据正态分布下的$P-Z-O$转换表计算出C点到两个分布峰值的距离(以Z分数表示)。在信号引起的效应强度分布中，坐标C到其峰值的距离等于Z_{SN}，Z_{SN}是以击中概率借助$P-Z-O$转换表得到的标准分值；在噪声引起的效应强度分布中，坐标C到其峰值的距离等于(Z_N)，Z_N是以虚报概率借助$P-Z-O$转换表得到的标准分值，所以两个分布的峰值的距离为辨别力。d'越大，表示敏感性越高；d'越小，表示敏感性越低。

下面我们通过固定反应偏向(β)来看辨别力(d')的变化，如图11-14所示。

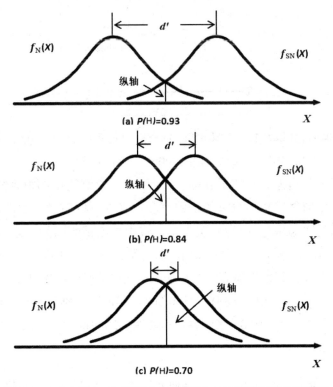

图11-14　反应偏向(β)相同时，敏感性(d')可能出现的三种情况

(1) 在输入感觉刺激比较强，被试敏感性强的情况下，当信号加噪声出现时，击中率为93%；当噪声单独出现时，虚报率为7%，如图11-14(a)所示，则

$$d' = Z_{击中} - Z_{虚报} = 1.476 - (-1.476) \approx 3$$

以上是根据"击中"和"虚报"概率，再通过$P-Z-O$转换表求得的。图11-14上横轴的单位是噪声$f_N(X)$时的Z值，纵轴单位是概率密度。

(2) 当感觉鉴别能力降低时，"击中"和"虚报"分布两者相互接近。例如，当中等情况时，击中率为84%，虚报率为16%，如图11-14(b)所示，则

$$d' = Z_{\text{击中}} - Z_{\text{虚报}} = 0.994 - (-0.994) \approx 2$$

(3) 被试相对不敏感，或刺激相对比较弱，击中率下降为70%，虚报率增为30%，如图11-14(c)所示，则

$$d' = Z_{\text{击中}} - Z_{\text{虚报}} = 0.524 - (-0.524) \approx 1$$

此外，在实际的实验结果中，被试的击中率$P(H)$和虚报率$P(Fa)$并不总是在0~1范围内，有时也会出现$P(H)$和$P(Fa)$为1或0的情况。在这种情况下，我们无法通过P-Z-O转换表查得Z值与O值，从而无法计算d'、β值。为此，研究者(Macmillan & Creelman, 1991; Snodgrass et al., 1988; Upton, 1978)提出以下方式对数据进行校正。

方式一：

$$P(H) = \frac{\text{击中的次数} + 0.5}{\text{击中次数} + \text{漏报次数} + 1}$$

$$P(Fa) = \frac{\text{虚报的次数} + 0.5}{\text{正确拒绝次数} + \text{虚报次数} + 1}$$

方式二：

$$1 \longrightarrow 1-1/(2N)$$
$$0 \longrightarrow 1/(2N)$$

其中，N指信号[计算$P(H)$]或噪声[计算$P(Fa)$]刺激的总量，击中率(或虚报率)为1时，可校正为$1-1/(2N)$；击中率(或虚报率)为0时，可校正为$1/(2N)$。

举例：有研究从自恋人格特质出发，采用信号检测论中的辨别力d'作为衡量指标，统计各组识别愤怒、恐惧表情的击中率和虚报率。以恐惧—中性表情识别为例，将恐惧表情判断为"恐惧"记为一次击中，将中性表情判断为"恐惧"记为一次虚报。根据击中率和虚报率计算辨别力(d')，探讨了自恋对识别愤怒和恐惧两种威胁性表情的影响。研究发现，识别愤怒表情时自恋组的辨别力($M=3.18$，SD=1.35)显著高于非自恋组的辨别力($M=2.14$，SD=0.83)，$p<0.001$，然而在识别恐惧表情时自恋组与非自恋组辨别力差异不显著，$p>0.05$(张元春，王晓明，2023)。

(二) 反应偏向

反应偏向可由两种方法计算：一种是似然比值，另一种是报告标准。

1. 似然比值β

被试的每一次感觉过程都会产生一定的心理感受量值x。这个x必定落在噪声分布和信号分布所覆盖的心理感受范围内。如果x很弱并离开了信号分布，就必定来自噪声分布；反之x很强并离开了噪声分布，也就一定是信号。问题集中在信号分布和噪声分布重叠的中间感受区域上：这一区间的x值即可能对应于信号，也可能对应于噪声，对于此区间内任意一个x来自信号分布或噪声分布的可能性，可以用其在两个分布中对应的纵线高度(即概率密

度值O_{SN}和O_N)来衡量。x对应的两个分布上的纵线高度之比称为似然比(likelihood ratio)。

信号检测论假设，观察者选择某一个似然比的值作为产生"信号""噪声"两种反应的分界点，或称决策标准(β)，意指信号加噪声引起的特定感觉的条件概率与噪声引起的条件概率的比值，其数学定义为判断标准水平上信号分布的纵轴与噪声分布的纵轴之比，即

$$\beta = 纵轴_{击中}/纵轴_{虚报} = O_{击中}/O_{虚报} = O_{SN}/O_N$$

式中"O"代表纵轴。

β的计算方法是，先将击中率转换为Z分数Z_{SN}，虚报率转换为Z分数Z_N，再将Z_{SN}和Z_N转换为正态分布曲线上的概率密度值O_{SN}和O_N，最后求得似然比值。

如图11-15(a)所示，一般认为，$\beta > 1$，击中概率为0.28，虚报概率0.06，通过查P-Z-O转化表，$O_{击中}$的值为0.3368，$O_{虚报}$的值为0.1192，则$\beta \approx 3$，说明被试掌握的标准较严格；β值接近或等于1[图11-15(b)，$\beta = 1$]，说明被试掌握的标准不严格也不宽松；$\beta < 1$[图11-15(c)，$\beta = 1/3$]，说明被试掌握的标准较宽松。

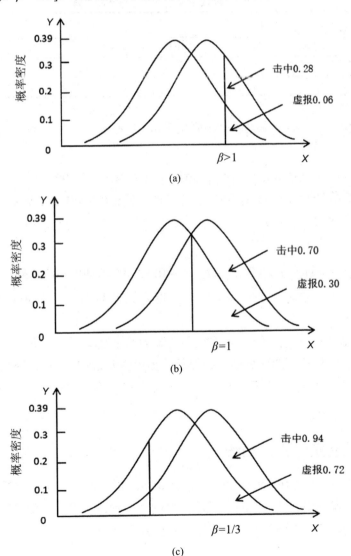

图11-15 当辨别力d'固定不变时，击中概率、虚报概率和反应判定标准间的关系

2. 报告标准C

信号检测论中用以表示反应偏向的另一个指标是报告标准,又称判断标准(或判定标准),用符号C表示。C是横轴上的判定标准位置,C的单位要转换成刺激强度单位,它的计算公式为

$$C = (I_2 - I_1)/d' \times Z_1 + I_1$$

式中I_2为高强度刺激;I_1为低强度刺激;Z_1为低强度刺激时的正确拒斥概率的Z值。C值越大,表示被试的判断标准越严格。

例如,在再认实验中,一般有两组图片,一组是"新的"(即未见过的),一组是"旧的"(即已看过的)。在实验中,先让被试看一组图片,然后将这组图片与另一组图片混合。被试在再认过程中,根据自己确定的标准,回答"新的"或"旧的"。假如在再认图片的实验中,新、旧图片各50张,就获得了如表11-10所示的结果。

表11-10 再认实验中刺激——反应矩阵

刺激	反应	
	旧	新
旧刺激	42	8
新刺激	4	46

(资料来源:杨治良,1983)

在这个实验中,在横轴上设新刺激强度为0,旧刺激强度为1,就可先求得辨别力指数(d')值。

$$d' = Z_{击中} - Z_{虚报} = 0.994 - (-1.405) = 2.399$$

公式中的数值是通过P–Z–O转化表所查得的,数值0.994是击中概率42/50的Z值,数值(-1.405)是虚报概率4/50的Z值。

这样,求出了d'值,就可算出C值:

$$C = (I_2 - I_1)/d' \times Z_1 + I_1 = (1-0)/2.399 \times 1.405 + 0 = 0.59$$

C值0.59是在判定轴上的位置,C略靠近I_2,所以可以认为被试掌握的标准略严格。

辨别力指数d'和似然比值β是信号检测实验的两个基本参数,辨别力指数d'能够直接反映被试对信号和噪声的区分能力;似然比值β可以反映被试在判断信号时的主观标准,它独立于辨别力指数。信号检测论的最大优点就是将被试对信号辨别能力的测量与其判断的主观标准分离开来。

三、接受者操作特征曲线

接受者操作特征曲线(receiver operating characteristic curve),简称ROC曲线,又称为感受性曲线。也就是说,曲线上各点反映着相同的感受性,它们都是对同一信号刺激的反应,只不过是在几种不同的判定标准下所得的结果而已。

接受者操作特征曲线就是以虚报率为横轴，击中率为纵轴所组成的坐标图。根据表11-10资料绘制的接受者操作特征曲线如图11-16所示。图11-16中过原点的对角线称为机遇线，即完全没有感受性，只靠猜测，在不同判断标准下，所得的击中率和虚报率相等，各点基本上落到这条机遇线上。点(1, 1)表示被试对于所有的刺激都说"有"，判断标准非常低。

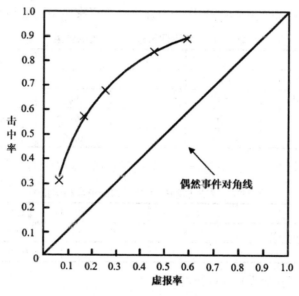

图11-16　接受者操作特征曲线

ROC曲线是当判断标准连续变化时，所得到的不同击中率与虚报率各点的连线。在先定概率较小并且虚报的惩罚数相对较大时，被试会提高判断标准而尽量减少虚报，不轻易做出"是"反应，被试反应的击中率和虚报率都比较低，其在特征曲线上的坐标点靠近左下角的原点，这时显示其判断标准偏高。相反，在先定概率较大并且击中的奖励数相对较大时，被试会降低判断标准，尽量增加击中数，倾向于多做"是"反应，被试反应的击中率和虚报率都较大，其在特征曲线上的坐标点靠近右上角的(1, 1)点，这时显示其判断标准偏低。

总之，感受辨别力 d' 可由ROC曲线的弯曲程度表示，判断标准C或β可由ROC曲线上某点切线的陡峭程度表示。曲线的曲率越大，表明被试的辨别力越大；曲线上点切线的斜率越大，即越靠近左下角(0, 0)点，则表明被试的判断标准越严格。

四、信号检测论的实验方法

(一) 有无法

这个方法要求事先选定SN刺激和N刺激，并规定SN和N出现的概率，然后以随机方式呈现SN或N，要求被试回答，刚才的刺激是SN还是N。根据被试对呈现刺激的判断结果来估计$P(y/H)$和$P(y/Fa)$。

(二) 评价法

有无法只允许被试使用一个判断标准，某个刺激引起的感觉离判断标准多远并不清楚。而评价法允许被试使用几个判断标准，如使用6个等级的确信程度，会有5个判断标准$C1$、$C2$、$C3$、$C4$、$C5$。强度不同的感觉分属于不同的评价等级，反应的确定程度可以表现出来。评价法的一轮实验可以获得有无法多轮实验的结果。

如一个实验，SN和N各呈现600次，用评价法进行实验得到的结果如表11-11所示。

表11-11 采用评价法进行实验的结果

确信程度	6	5	4	3	2	1
$f(SN.Ri)$	176	154	101	66	59	44
$f(N.Ri)$	24	54	66	96	162	198
$P(Ri/SN)$	0.29	0.26	0.17	0.11	0.10	0.01
$P(Ri/N)$	0.04	0.09	0.11	0.16	0.27	0.33

将$C5$以下的各标准下的击中率与虚报率进行累加，如表11-12所示。

表11-12 累加后的各标准下的击中率和虚报率

判断标准	$C5$	$C4$	$C3$	$C2$	$C1$
$P(H)$	0.29	0.55	0.72	0.83	0.93
$P(Fa)$	0.04	0.13	0.24	0.40	0.67

各标准下的d'与β如表11-13所示。

表11-13 各标准下的d'与β

判断标准		$P(H)$	$P(Fa)$	d'	β
$C5$	P	0.29	0.04	1.197	3.972
	Z	−0.533	−1.750		
	O	0.3424	0.0862		
$C4$	P	0.55	0.13	1.251	3.871
	Z	0.125	−1.126		
	O	0.3958	0.2116		
$C3$	P	0.72	0.24	1.288	1.083
	Z	0.582	−0.706		
	O	0.3368	0.3110		
$C2$	P	0.83	0.40	1.207	0.655
	Z	0.954	−0.253		
	O	0.2532	0.3864		
$C1$	P	0.93	0.67	1.037	0.371
	Z	1.476	0.439		
	O	0.1343	0.3623		

思考题

1. 什么是最小变化法？什么是恒定刺激法？什么是平均差误法？什么是信号检测论？
2. 用最小变化法测量绝对感觉阈限时的操作定义是什么？用平均差误法测量差别感觉阈限时的操作定义是什么？
3. 传统心理物理法测量人的感受性时，可能产生哪些实验误差？应该采用哪些方法克服这些实验误差？
4. 采用最小变化法测量绝对感觉阈限时可能产生哪些误差？如何避免？
5. 三种传统心理物理法测量感受性的程序及其优缺点分别是什么？
6. 与传统心理物理法相比，信号检测论有何优点？
7. 如何计算信号检测实验中的似然比值和辨别力指数？

实验操作

1. **实验名称**：恒定刺激法测量质量差别阈限

实验目的：

使用恒定刺激法测量质量的差别阈限，旨在通过实际操作加深对差别阈限概念的理解，学习和掌握使用恒定刺激法测量差别阈限的原理和技术。差别阈限是指刚刚能引起感觉的最小差别，即50%的实验次数能引起差别感觉的那个刺激强度之差。

实验材料：

标准刺激：选择一种中等质量的圆柱体作为标准刺激，例如100克的圆柱体。

比较刺激：选择一系列质量不同的圆柱体作为比较刺激，这些刺激应在标准刺激质量的上下范围内变化，如88克、92克、96克、104克、108克、112克等。

实验台：用于固定和呈现刺激。

记录工具：包括记录表、笔或电子记录设备，用于记录被试的反应。

遮眼罩(可选)：用于控制视觉干扰，确保被试仅通过触觉感受重量。

实验程序：

(1) 准备阶段：

确定标准刺激和比较刺激，并准备相应的圆柱体。

设定实验环境，确保安静无干扰。

排出各对刺激呈现的顺序，确保标准刺激和比较刺激随机配对，且每对比较多次(如10次或14次)，以消除顺序误差。

(2) 实验指导：

让被试坐在实验台前，用遮眼罩遮住眼睛(如果使用)。

主试用标记标出圆柱体固定位置，确保每次呈现刺激的位置一致。

告知被试实验流程，即每次呈现两个圆柱体，先呈现一个(标准刺激或比较刺激)，然后呈现另一个，要求被试判断第二个圆柱体比第一个是重还是轻，或是两者相等。

(3) 实验阶段：

主试按照预定顺序呈现刺激，每次呈现两个圆柱体，时间间隔不超过1秒，避免被试的第一个刺激感觉消退。

被试用拇指和食指拿起圆柱体，上下掂两下后放下，然后判断第二个圆柱体的质量与第一个相比是"重""轻"还是"相等"。

主试记录被试的反应，用"+""-"或"="分别表示"重""轻"和"相等"。

每比较一定次数(如10次)后，让被试休息2到3分钟，并自由活动手臂，以消除疲劳和干扰。

(4) 数据收集与处理：

整理记录，将标准刺激在后呈现的情况转换为比较刺激比标准刺激的判断。

统计每个比较刺激比标准刺激轻、重和相等的次数，并计算相应的百分数。

以比较刺激的质量为横坐标，以反应各变量刺激重于、轻于和等于标准刺激的次数百分数为纵坐标，绘制三条曲线。

通过作图法或直线内插法求出差别阈限的上下限，计算绝对差别阈限和相对差别阈限。

知识点：

(1) 差别阈限的概念：理解差别阈限是指刚刚能引起感觉的最小差别。

(2) 韦伯定律：验证韦伯定律是否适用于本实验中的质量差别阈限，即差别阈限与标准刺激强度的比例是否恒定。

(3) 恒定刺激法的应用：学习并掌握恒定刺激法在测量感觉阈限中的应用，包括实验设计、操作过程和数据处理。

(4) 实验设计与控制：了解如何通过随机化、标准化和重复测量等方法控制实验变量，减少误差。

通过上述实验，可以系统地测量和验证质量的差别阈限，并加深对心理物理学中相关概念和方法的理解。

2. 实验名称：最小变化法测量听觉绝对阈限

实验目的：

测定听觉绝对阈限：利用最小变化法精确测量个体在听觉上能够感知到的最小声音强度。

理解个体差异：探究不同个体在听觉绝对阈限上可能存在的差异，以及这些差异可能受到哪些因素的影响(如年龄、性别、听力状况等)。

掌握实验方法，通过实际操作，学习并掌握最小变化法在心理物理学实验中的应用。

实验材料：

声音刺激发生器：用于产生不同强度的声音刺激，这些声音刺激可以是纯音或复合音，具体取决于实验设计或提前制作好的声音刺激。

耳机或音响设备：用于将声音刺激呈现给被试，确保声音刺激能够准确传递到被试的听觉系统。

记录工具：如纸笔、计算机或专门的实验记录软件，用于记录被试的反应和实验结果。

实验程序：

为了减少外界噪声对实验的干扰，确保实验的准确性，实验应在隔音室或相对安静的环境中进行。

(1) 准备阶段：

确定实验的基本参数，如声音刺激的起始强度、变化增长、呈现次数等。

向被试解释实验目的、要求和操作步骤，确保被试理解并准备好进行实验。

(2) 实验阶段：

递增系列：从低于被试预期阈限的声音强度开始，逐渐增加声音强度，直到被试报告能够听到声音。记录此时的声音强度作为递增系列的阈限估计值。

递减系列：从高于递增系列阈限估计值的声音强度开始，逐渐减小声音强度，直到被试报告听不到声音。记录此时的声音强度作为递减系列的阈限估计值。

重复递增和递减系列多次，以获得稳定的阈限估计值。

(3) 数据处理：

计算每个递增和递减系列的阈限估计值。

采用适当的方法(如取所有系列阈限估计值的平均值)来确定最终的听觉绝对阈限值。

知识点：

(1) 感觉阈限的概念：通过实验验证感觉阈限是客观存在的，即存在一个最小的声音强度，当声音低于这个强度时，个体无法感知。

(2) 最小变化法的有效性：证明最小变化法是一种有效的测量感觉阈限的方法，能够精确地测定个体在听觉上的绝对阈限。

(3) 个体差异的存在：通过比较不同被试的听觉绝对阈限值，验证不同个体在听觉感知能力上存在差异。

(4) 实验控制的重要性：强调在实验过程中控制各种可能干扰实验结果的因素(如外界噪声、被试的注意力状态等)的重要性，以确保实验结果的准确性和可靠性。

3.实验名称：调整法测量长度差别阈限

实验目的：

掌握调整法的基本含义与测验程序：通过实际操作，了解调整法的原理和实施步骤。

学习如何用调整法测量长度的差别阈限：通过实验，学会运用调整法来测定物体长度的差别阈限，即人们能够感知到的最小长度变化量。

探究影响长度差别阈限的因素：如年龄、性别、注意广度等，以及这些因素如何影响个体的感知能力。

实验材料：

计算机及实验心理学虚拟实验系统：用于呈现标准刺激和比较刺激，并记录被试的调整结果。

两根不同长度的线段：一根为标准刺激(长度固定)，另一根为比较刺激(长度可变)。线段的材质、粗细、颜色等应保持一致，以消除其他因素的干扰。

实验程序：

(1) 准备阶段：

确定实验仪器和材料，如计算机及实验心理学虚拟实验系统、两根不同长度的线段(一根为标准刺激，长度固定不变；另一根为比较刺激，长度可变)。

向被试说明实验目的、要求和操作方法，确保被试理解并准备好进行实验。

(2) 实验阶段：

呈现标准刺激，让被试观察并记住其长度。

随后呈现比较刺激，要求被试通过调整比较刺激的长度，使其与标准刺激在视觉上相等。

被试调整完毕后，记录比较刺激的长度值。

重复上述步骤多次(通常为多次循环，每次循环内比较刺激的长度随机变化)，以收集足够的数据。

(3) 数据处理：

计算每次实验中比较刺激与标准刺激长度之差的绝对值。对所有差值求平均，得到平均误差(AE)，该值即为所求的长度差别阈限。

知识点：

(1) 感觉阈限的概念：感觉阈限是指能够引起感觉的最小刺激量。在本实验中，长度差别阈限即为能够引起被试感知到的最小长度变化量。

(2) 心理物理法的应用：调整法作为心理物理法的一种，通过被试的主观调整来测量感觉阈限，具有操作简便、结果直观等优点。

(3) 个体差异对感知能力的影响：通过实验可以探究不同个体(如不同年龄、性别、注意广度等)在感知长度差别阈限上的差异，从而了解个体差异对感知能力的影响。

4. **实验名称**：不同先验概率条件下信号检测实验

实验目的：学会使用有无法进行记忆的信号检测实验，了解先验概率对辨别力和判断标准的影响。

实验材料：

三套各100张图画卡片。

实验程序：

(1) 选出1名被试，将先验概率定为0.2、0.5、0.8，分别使用一套图画卡片进行实验，并画出记录表格(见表11-14)。

表11-14 信号检测实验数据记录表

序号	0.2			0.5			0.8		
	卡片号	是否SN	反应	卡片号	是否SN	反应	卡片号	是否SN	反应
1									
2									
……									
100									

(2) 当先验概率为0.2时，选出第一套图画卡片中的20张作为信号让被试学习一遍。然后将此套100张卡片随机安排顺序一一呈现给被试，要求其依次判断是否为信号，记录被试反应。

(3) 被试认完一套卡片后，休息一会儿。改变先验概率为0.5(即选出第二套图画卡片中的50张作为信号让被试学习)，重复上述步骤进行实验。最后是先验概率为0.8的实验。

知识点：

(1) 分别计算出三种先验概率下被试再认识别的击中率、虚报率。
(2) 根据击中率和虚报率，进一步计算出d'、β和C值。
(3) 根据三种先验概率下的击中率、虚报率绘制出ROC曲线。
(4) 根据本实验结果，分析先验概率对辨别力和判断标准的影响。
(5) 若将本实验的先验概率变成0.1、0.3、0.5、0.7、0.9，ROC曲线会发生什么样的变化？

案例分析

研究问题：应用信号检测论分析，考察拥挤感启动对威胁性面部表情识别的影响。本研究预期，拥挤感启动条件下，与个人空间侵犯相关的防御机制激活，对威胁性表情的加工与对自然属性威胁的加工类似，表现为早期阶段知觉敏感性的下降，而非晚期阶段反应偏向的变化。结合愤怒表情有更高的人际距离需求及行为相关性的这一特点，进一步预期，与恐惧相比，愤怒表情加工更容易受到个人空间侵犯的影响，表现为拥挤感启动条件下愤怒表情识别中知觉敏感性的下降。

研究方法：采用3(拥挤启动条件：人群拥挤、视觉密集、非拥挤)×2(威胁性表情类型：愤怒、恐惧)两因素被试内实验设计，因变量为表情识别任务的辨别力(d')、判断标准(β)，以及表情强度评分。实验材料：拥挤启动图片，面孔情绪图片。

实验程序：实验分6个block，分别在3种不同拥挤启动条件下进行愤怒—中性或恐惧—中性表情识别任务，顺序在被试间随机，每个block由20个trial组成，随机顺序呈现威胁性和中性表情图片各10张。实验流程如图11-17所示。

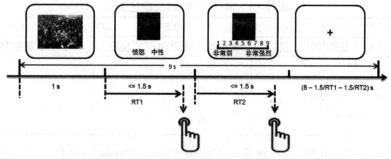

(a) 人群拥挤启动条件下的愤怒表情识别任务实验流程

(b) 三种启动材料示例

图11-17　表情识别任务的实验流程

结果与讨论：人群拥挤启动条件下，愤怒表情识别的辨别力显著低于非拥挤条件，情绪强度评分显著高于非拥挤条件，效应量均为中等，拥挤感启动对愤怒表情识别判断标准及恐惧表情识别各指标的影响未达到统计显著性水平。此外，各指标上视觉密集与非拥挤条件间的差异均未达到统计显著性水平，排除了上述人群拥挤与非拥挤条件之间的差异源自视觉特征因素混淆的可能性，表明拥挤感体验的启动是影响表情识别的主要因素。

研究结论：拥挤感启动降低了愤怒表情识别的敏感性，增强了个体对愤怒表情的强度评估。

[案例来源：王静文，焦艳，孙世月. 拥挤感启动对威胁性表情识别知觉敏感性的影响[J]. 心理科学，2020：43(2)，452-459.]

第十二章 记忆与学习

概要：本章内容涉及记忆与学习的实验研究方法。前两节主要介绍与记忆实验研究有关的内容，包括记忆的过程及类型、记忆实验研究中常用的实验变量以及记忆实验研究常用的实验范式。后两节主要介绍与学习实验研究有关的内容，包括学习的概念、学习实验中常用的实验变量，以及学习实验研究中常见的两种实验范式：外显学习的实验范式和内隐学习的实验范式。

记忆与学习是两个有着紧密联系的过程。记忆是人脑对过去经验的保持和再现，学习则是依赖于经验使自身行为发生相对持久变化的过程。记忆常常作为学习效果的直接指标，如果没有记忆，学习就无从谈起。拥有正常的记忆和学习功能，是人们保存、积累经验，表现出合适的心理和行为，以适应环境的必要条件。因此，记忆与学习的实验研究是心理实验中最活跃而又最富成效的领域之一。

第一节 记忆概述

2016年的《科学美国人》杂志回顾了过去10年中最重要的10个脑科学研究领域，"有趣的记忆"名列其中。在科技部科技创新2030"脑科学与类脑研究"重大项目2021年度59个指南方向中，排在第12位的是"记忆存储与提取的神经机制"。在科学杂志 Science 创刊125周年之际，公布了125个人类迄今为止还不能很好地回答的问题，其中，排在第15位的是"记忆如何存储和提取"。近一百多年来，运用实验的方法来研究记忆是科学心理学研究中最活跃的领域之一。

当代著名的记忆心理学家图尔文(Tulving, 1995)将记忆研究划分为三个阶段。第一阶段始于艾宾浩斯(Ebbinghaus, 1885)的研究，约至1960年结束。这一阶段的研究以正常成人为被试，以无意义音节作材料，注重实验设计以及对这些材料进行学习与遗忘基本现象的精确测量。第二阶段始于1960年前后，随着认知心理学兴起，计算机模拟记忆过程，信息加工范式逐渐成为主流，研究者开始更多地采用自由回忆、线索回忆、再认以及各种记忆判断的实验程序，将记忆划分为感觉记忆、短时记忆和长时记忆，注重研究记忆的编码、储存和提取过程。第三阶段始于1980年前后，是记忆研究的认知神经科学阶段。这一阶段不仅在研究方法与技术、研究问题的选择方面进一步拓宽，而且短时记忆被扩展为工作记忆(working memory)，将长时记忆区分为情景记忆(episodic memory)、语义记忆(semantic memory)和程序记忆(procedural memory)。

一、记忆过程和记忆类型

心理学对记忆的研究和认识一般沿着两条主线来开展：一是记忆过程，二是记忆类型。

(一) 记忆过程

记忆是一种复杂的过程，按照信息加工观点，将人的记忆系统与计算机的存储系统进行类比，可将记忆分为编码(encoding)、存储(storage)和提取(retrieval)三个相继的加工阶段。编码是人们获得个体经验的过程，或者说是对外界信息进行形式转换的过程，它在整个记忆系统中有不同的层次或水平，而且，是以不同形式存在的。存储是把个体经验以一定形式保持在人们的大脑中，是编码和提取过程的中间环节。提取则是根据任务需要从大脑中将已有的信息进行调用的过程。只有经过这些过程的外界信息，才能成为个体可以保存和利用的经验。

从记忆过程来看，提取不是必然发生的，只是作为检验是否记住的手段，信息的编码和存储就可以构成记忆，但如果没有提取，则无法确定是否记住。这也是实验心理学中考察记忆的基本逻辑：如果没有成功提取，我们就可以认为没有记住。存储是不能离开提取而独立存在的，存储与提取只在它们的相互作用中确认对方的存在。记忆是一种复杂的过程，涉及编码、存储与提取的相互关系，这看似简单的三个过程之间的关系，其实是非常复杂的，成功的编码常常依赖于以前记忆的知识表征，而知识的存储也常常伴随着再编码的过程。

(二) 记忆类型

1. 感觉记忆、短时记忆和长时记忆

从时间进程上来看，人的记忆过程从刺激输入开始，依次经历感觉记忆(sensory memory)、短时记忆(short term memory)和长时记忆(long term memory)三个阶段。感觉记忆是指感觉刺激停止之后所保持的瞬间映像。感觉记忆中的大量信息很快就会衰退，只有被注意到的部分信息才会进入短时记忆。短时记忆指的是那些能够维持几秒至一分钟以内的记忆，强调记忆的保持时间。短时记忆中的信息经过复述或经由各种编码策略加工后可进入长时记忆。长时记忆是指储存时间在一分钟以上，乃至终生难忘的记忆。

心理学家巴德利(Baddeley)在现有的记忆理论中发现了两个反常问题：①短时记忆要经过不断复述才能进入长时记忆，复述时间越久，长时记忆就越牢固，但后来的研究发现，记忆复述的次数长短并非关键；②如果记忆是从短时记忆经复述进入长时记忆，那么，该如何解释一些失忆症患者短时记忆受损而长时记忆却是完好的呢？为了对这两个问题进行探究，巴德利和希奇(Hitch)(1974)提出了工作记忆的多成分模型，并用"工作记忆"(working memory)替代原来的"短时记忆"概念。工作记忆是人类用于短暂存储和操作信息的认知系统，个体通过工作记忆对外部环境中的重要信息进行短暂存储与加工，用以指导行为。值得注意的是，当前学术界关于工作记忆和短时记忆的定义还没有明确、统一的表述，但主流观点认为工作记忆是短时记忆和控制加工系统的

综合。

巴德利和希奇提出的工作记忆的三成分模型得到了大多数学者的认可。该模型认为工作记忆系统包含三个子系统：视觉空间模板(visuospatial sketchpad)、语音环路(phonological loop)和中央执行系统(central executive system)。视觉空间模板又称为视觉工作记忆，主要负责短暂存储和加工视觉信息，包含空间工作记忆和客体工作记忆两个子系统。语音环路负责短暂存储和加工语音信息。中央执行系统是工作记忆的核心成分，是一个资源有限的注意控制系统，负责调节各子系统之间以及它们与长时记忆的联系，具有控制和监督功能，也负责注意的协调和策略的选择与计划。中央执行系统既可以与视觉空间模板、语音环路协同发挥调节作用，也可以在一些认知加工中与视觉空间模板和语音环路相互分离而独立发挥作用。后来，巴德利(2000)认为工作记忆的三成分模型忽视了不同特征的信息如何整合，以及如何保持这些整合的信息。于是，在原模型的基础上增加了一个新的子系统——情景缓冲器(episodic buffer)。情景缓冲器是一个能用多种维度代码如语音、视觉编码储存信息的暂存系统，是语音环路、视觉空间模板和长时记忆之间的信息整合的平台。情景缓冲器受中央执行系统的控制，将不同来源的信息整合成完整的信息。情景缓冲器与语音环路、视觉空间模板三个子系统处于同一水平，都在中央执行系统控制下独立工作或相互协作。

这样，工作记忆三成分模型被修订为工作记忆四成分模型，包含视觉空间模板、语音环路、中央执行系统和情景缓冲器。同时，巴德利(2000)将工作记忆的四个成分与长时记忆相联合，分为三个层次：第一层，即最高层次，是完成最高级控制过程的中央执行系统；第二层是不同特征信息的暂时加工系统，包括视觉空间模板(客体和空间等信息)、情景缓冲器(信息整合等)和语音环路(语音信息等)三个辅助子系统；而处于最下层的是长时记忆，与第二层相对应，包含视觉语义记忆、情景记忆和语言记忆。中央执行系统和三个子系统属于流体认知系统，长时记忆则属于晶体认知系统。工作记忆的四成分模型强调工作记忆和长时记忆之间的联系，以及四个成分之间信息整合的加工过程。工作记忆四成分模型如图12-1所示。

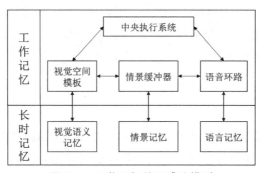

图12-1　工作记忆的四成分模型

2.情景记忆和语义记忆

按照记忆存储的知识类型不同，长时记忆分为情景记忆(episodic memory)和语义记忆(semantic memory)。情景记忆是关于个人经历过的事件的记忆，如"我昨晚去了超市""我上个月参加过某个会议"等，它总是与个人生活中特定的时间或地点相联系。语义记忆是关于世界各种知识的记忆，是对语词、符号、公式、概念、规则等抽象事物的记忆，如化学公式、物理定理、乘法规则、英语单词等。

3. 外显记忆和内隐记忆

根据记忆的意识性，记忆分为外显记忆(explicit memory)和内隐记忆(implicit memory)。外显记忆是指在意识的控制下，过去经验对当前作业产生的有意识的影响，是通过有意识的直接测试来表现的。内隐记忆是指在个体无法意识的情况下，过去经验对当前作业产生的无意识的影响，是通过对记忆的无意识的间接测试表现出来的。

4. 前瞻记忆和回溯记忆

前瞻记忆(prospective memory)是指对于未来要执行的行为的记忆。回溯记忆(retrospective memory)是指对过去发生的事件的记忆。研究者使用情景模拟法研究前瞻记忆。在研究前瞻记忆的年龄效应实验中，伦德尔(Rendell)和克雷克(Craik)(2000)采用"虚拟一周"游戏来模拟日常生活情境。在游戏中被试通过投掷色子获得前进点数，按照点数在面板上的时间方格前进，在到达特定时间方格(由主试规定)时，完成主试事先布置的前瞻记忆任务。随着对前瞻记忆的深入研究，麦克丹尼尔(McDaniel)和爱因斯坦(Einstein)(2000)采用实验的方法探索前瞻记忆(详见本章第二节前瞻记忆实验研究范式)。

5. 错误记忆和真实记忆

按照提取的准确性，记忆分为错误记忆(false memory)和真实记忆(veridical memory)。错误记忆是错误地报告出那些未呈现过的词或从未发生过的事。真实记忆是正确报告出曾经呈现过的词或发生过的事。集中联想程序(Deese-Roediger-McDermott, DRM)范式是错误记忆的经典研究范式，是罗迪格(Roediger)和麦克德莫特(McDermott)(1995)在德泽(Deese)(1959)研究基础上进行改进的范式。该范式分为学习和测验两个阶段，在学习阶段识记语义关联词语(如护士、医院等)，在测试阶段被试需要回忆或再认这些词语，不仅需要判断已经呈现过的词语，还要判断一些语义关联但没有在学习阶段呈现过的关键诱饵词(如医生)。一般情况下，关键诱饵词容易被认为是呈现过的词语，诱导记忆错误。

6. 个人语义记忆和个人情景记忆

自传体记忆(autobiographical memory)是个体对自己亲身经历的事件或情境的回忆，是在日常生活中自发产生的与自我经验相联系的信息存储和提取系统。自传体记忆分为两类：个人语义记忆(personal semantic memory)和个人情景记忆(personal episodic memory or personal event memory)。个人语义记忆是对与个人有关的语义记忆，如家人的名字、家庭住址等；而个人情景记忆是对具体事件的记忆，如清早坐班车上班时感受的气味、温度与声音，通常采取视觉表象的形式进行编码，对自传体记忆的研究多集中在个人情景记忆。高尔顿(Galton,1883)提出的线索词方法是自传体记忆的主要研究方式,他以自己为被试,先提出某个单词,之后在规定时间内记录该单词诱发的信息,结果显示这些信息主要是自己童年和成年期的事件记忆。

7. 元记忆和客体记忆

按照记忆的加工控制层面,记忆可以分为元记忆(metamemory)和客体记忆(object memory)。元记忆是在记忆活动之前、活动过程中和提取之后个体对自己记忆活动的计划、监督、调节和控制,是个体所具有的与自己的记忆活动有关的信念及监控系统。元记忆研究的经典范式为学习-学习判断-回忆-知道感判断-再认-回溯性信心判断[Learn-JOL-Recall-Judgment(FOK)-Recall-RCJ]范式,该范式是在哈特(Hart)(1965)提出的研究FOK的范式基础上进行改进的。元记忆研究的经典范式包含三个阶段,分别为学习-学习判断(Learn-JOL)、回忆-知道感判断(Recall-FOK)、再认-信心判断(Recall-RCJ)。而客体记忆则是对客体相关信息进行编码、储存和提取的信息加工过程。

二、记忆实验中的变量

记忆研究的成果和方法息息相关,方法上的创新既要求研究者具有了解现有方法的基础,还需对具体条件、设计思想等方面的问题作统筹考虑。为此,我们在这里讨论记忆实验中常用的实验变量。

(一) 自变量

在记忆实验中,可操纵的自变量相当丰富,较为常见的自变量是材料的性质,当采用某种材料发现某种现象时,往往会在其他性质的材料上进一步验证该现象。字母、数字、颜色、形状、无意义音节、单词、词组、句子、段落或一篇完整的文章,都是常用的实验材料,而且这些材料本身也存在很多可操纵的变量,例如,以词表作为实验材料,词长、词频、词性(具体或抽象)等的差别都有可能导致不同的实验结果。然而,记忆实验中的自变量并不限于刺激材料,还包括其他方面的自变量。①刺激方面:刺激呈现的速率、刺激的时间间隔、刺激的空间位置和距离、学习的遍数和时间等,以及刺激作用的感觉通道或方式。例如,信息以听觉、视觉形式加工对记忆保持是否有不同影响?这方面的问题在记忆增强、错误记忆领域引起研究者较多关注。②编码方面:从记忆的"编码-储存-提取"过程来看,指导语、记忆策略的操纵是研究学习者如何进行编码,继而对记忆保持产生影响。③记忆测验的方式,是回忆还是再认?或以其他方式考察被试最终的掌握水平。④被试特征方面,如年龄、能力、知识背景、人格特质、病态(如脑病患者)。

(二) 因变量

按照实验的内容和记忆过程的特点,可将记忆实验的因变量分成两大类:回忆类和再认类。回忆类实验要求被试全部或部分再现先前所学习的刺激材料;再认类实验则要求被试在面对测试材料时,判断测试材料是否被学习过,通常在两个或多个选项中做出反应。回忆和再认测验的因变量通常采用正确率或错误率,有时也会采用其他衍生的形式,如信号检测论中的辨别力指数d'。在再认测验中也可将个体的反应时作为考察记忆效果的因变量。

除了反应时和正确率这些传统的记忆测量指标,关于记忆的研究越来越受到认知神经科学的影响,电生理和神经影像学技术所提供的指标可以揭示各大脑区域在记忆加工中是如何活动的。事件相关脑电位(event related potentials,ERP)技术可以用来探查大脑中信息加工的时间进程,ERP成分中的P300是刺激呈现后在约300毫秒的时候头皮出现的一个正波(positive),该成分参与人的复杂认知活动,包括感觉、记忆、理解、推理等。功能磁共振成像(functional magnetic resonance imaging,fMRI)技术具有非常好的空间分辨率和相对理想的时间分辨率,常用的fMRI指标是血氧水平依赖(bloodoxygen level dependent,BOLD)。该技术利用fMRI的高空间分辨率,以特定区域的BOLD水平为因变量来分析与认知过程相关的特定脑区。

(三) 控制变量

记忆实验对额外变量的控制要求是非常严格的,因为某个额外变量一旦未得到有效控制,就可能成为影响实验结果的干扰变量。一般来说,在各种实验条件下需要保持恒定的变量有以下几个:学习材料的数量、刺激呈现方式与速率、刺激的时间间隔、感觉通道、样本大小、实验环境、被试者分布,以及指导语等。当然在某些研究条件下,它们也可以是研究者感兴趣的自变量。

此外,实验设计中还存在一些无从确切把握的干扰因素,包括被试的动机、态度和情绪等社会性的额外变量,以及机体内部的变量,如饥饿、病症和疲劳等。认识到有这一干扰因素,无非让实验研究者更加重视控制额外变量。

第二节 记忆实验研究的范式

从艾宾浩斯开始,记忆研究的实验方法究竟有多少种已经无法计数了。旧的实验方法不断被取代,而新的实验方法不断被提出且名目繁多,我们选择其中常用的实验方法加以介绍。

一、外显记忆实验研究范式

外显记忆测验要求被试有意识地回忆先前所学的材料,是以评价记忆和学习的结果——新知识的保持为核心的,具体方法可分成两类:回忆法和再认法。

(一) 回忆法

回忆法(recall method),又称再现法(或复现法)(reproduction method),是当原来的识记材料不在面前时,要求被试者再现原来识记材料的方法。回忆法主要包括系列回忆任务、对偶联合回忆任务、自由回忆任务。

1. 系列回忆任务

在系列回忆任务中，向被试反复呈现系列刺激材料，例如一系列的词表，要求被试按照先前呈现的顺序对材料进行学习和回忆，材料会被反复呈现和测验，直到被试能够准确无误地将它们再现出来。记忆的效果通过被试正确回忆出的每个系列位置上的项目数量或错误的数量来进行测量。麦凯里(McCrary)和亨特(Hunter)(1953)发现，影响系列学习和回忆的主要因素是每个项目在系列材料中的位置，对于系列开始位置和结束位置上的项目，学习起来容易一些，错误率低；而对于中间位置上的项目，学习起来则难得多，如图12-2所示。根据信息加工的观点，这可能与注意和信息加工的策略有关。

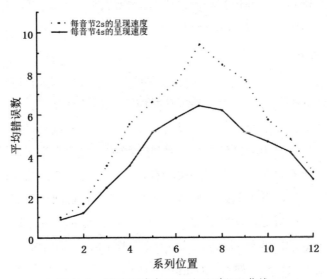

图12-2 以不同速度呈现的系列学习曲线

(资料来源：McCrary & Hunter, 1953)

2. 对偶联合回忆任务

在对偶联合回忆任务中，向被试呈现两个配对的项目，分别称为刺激项目和反应项目。对偶回忆法实验一般有两种程序：检验法和预期法。

检验法的程序如下：先向被试呈现一系列的刺激-反应项目对，然后单独呈现刺激项目，让被试回忆与之相对应的反应项目，以检验记忆效果。重复检验程序，直到被试全部回忆出反应项目。为防止被试产生预期，每次重复检验程序时，需改变刺激的呈现顺序。

不同于检验法，预期法的程序如下：首先，单独呈现刺激项目，要求被试努力预想对应的反应项目；其次，将刺激项目和反应项目成对呈现。刺激材料全部呈现完毕后，改变顺序进行第二轮。每出现一次刺激项目就要求被试尝试报告反应项目，不管被试能不能报告，间隔一过就同时呈现刺激项目和相对应的反应项目作为强化。如此重复，直到被试把反应项目全部记住。

在对偶联合回忆实验中,刺激材料和配对项目是极其重要的变量。安德伍德(Underwood)等人(1960)的研究表明,学习材料越有意义,就越容易记住,并且,这对于与刺激项目配对的反应项目而言更显突出。佩维奥(Paivio)等人(1975)还发现,具体的词汇能唤起生动的心理表象,使得联合刺激物更容易被记住,这表明词的具体性是衡量记忆难度的一个重要因素。此外,刺激物的相似性是引起对偶联合学习的最强有力的一个因素。当刺激相似性低时,更容易记忆;而相似性高时,记忆则受到干扰(Hintzman,1967)。有研究者使用视觉对偶联合范式,在实验中要求被试学习名人图像和动物图像之间的关联,通过评估记忆识别特异性以及睡眠前后被试线索回忆的成绩,以此测量视觉对偶联合范式是否能够揭示睡眠在记忆巩固中的作用,结果显示,与相同的清醒时间间隔相比,白天小睡可以提高记忆和辨别能力的稳定性。相比之下,联合的线索回忆并没有表现出明显的睡眠依赖效应(Schmidig et al., 2024)。

3. 自由回忆任务

自由回忆任务是记忆实验中的经典方法,通常用于直接测量长时记忆。通过分析系列位置效应,自由回忆任务还常常用来区分短时存储和长时存储。

自由回忆任务的程序很简单,就是呈现一系列项目让被试尽可能多地记住。与系列回忆任务不同的是,在自由回忆任务中,被试无须按呈现顺序回忆,只要能够回忆出呈现过的材料即可。研究表明,自由回忆实验存在系列位置效应。系列位置效应主要表现为首因效应和近因效应,首因效应是指系列中开头几个项目回忆较好,近因效应是指系列中最后几个项目回忆最好,而回忆效果较差的中间部分称为渐近线。根据实验结果所画出的两头高中间低的曲线就叫系列位置曲线(见图12-3)。研究者认为,近因效应来自短时存储,而首因效应来自长时存储(Parkin,1993)。

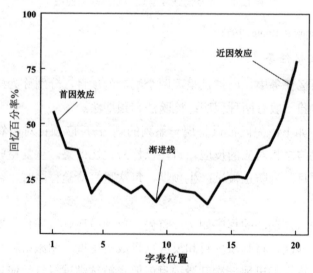

图12-3 自由回忆任务的系列位置曲线

(资料来源:Parkin, 1993)

(二) 再认法

使用回忆法的研究主要考察被试将学习材料从记忆中提取出来的过程，通常被试都能提取出一定数量的项目。然而，事实上，无论被试如何努力回忆和提取，仍然会有一些项目是他们明明知道却无法表达出来的。那么，该如何对这部分记忆进行检测？研究者通常会采用再认法。

在再认法中，向被试同时呈现学习过的材料和未学习过的干扰材料，让他们判断是不是先前学习或记忆过的，以此来考察先前学习过的材料是否能够被正确地觉察出来。

再认法主要为是/否再认和迫选再认。是/否再认测验程序分为学习和测试两个阶段。在学习阶段，呈现一系列项目(如词语)让被试识记；而在测验阶段，向被试呈现其学习过的材料，并在其中混杂一些新的未学习过的材料(新项目和旧项目的数目可以相等也可以不等)，让被试根据他们是否学习过做出"是"或"否"的反应。实验程序要求被试做出"二选一"。但上述方法中存在一个问题：被试猜中的概率会很高。因此，研究者会更多地采用迫选再认测验。迫选再认测验是一种多项选择测验。在测验中呈现给被试多种选择，其中只有一个是正确的，要求被试选出正确的答案。这样就减少了对问题猜测的可能性，因此该方法要优于是/否再认法。然而，从理论上讲，无论采用何种方法，都会受到猜测因素的干扰。

二、内隐记忆实验研究范式

外显记忆是概念驱动过程，是有意识的，并需要注意资源的过程；而内隐记忆是材料驱动过程，是无意识的，且不需要注意资源的过程。内隐记忆实验逻辑的重点是如何在实验中分离内隐记忆和外显记忆。这种分离逻辑的核心是将内隐记忆和外显记忆分别对应于两种不同的、可测量的指标，以达到区分的目的。

(一) 任务分离程序

人们沿着上述思路发展出两类测验：直接测验和间接测验。直接测验，就是传统的记忆测量法，如自由回忆任务和再认法等，通过指导语明确要求被试有意识地回想他们经历过的某些事件，并从记忆中提取出来。间接测验在指导语上不要求被试有意识地提取过去学习的信息，通过在某些特定任务上的成绩来间接推断被试是否拥有对这些信息的记忆。

任务分离程序是采用间接测验的形式分离内隐记忆和外显记忆的研究程序。该程序的逻辑是，如果完成不同测验任务所需要提取的信息是不同的，那么参与任务的心理加工过程也不相同，用不同的测验任务便可以揭示出不同的心理机能。如果同一自变量使不同测验任务有不一致或类似的结果，我们便可推测，完成这些不同测验任务时的心理状态和过程之间存在差异或是类似的(郭秀艳，2004)。内隐记忆的间接测验有很多种类型，但其原理基本相似，可以大致分为词干补笔任务和知觉辨认任务两大类。

1. 词干补笔任务

词干补笔任务是具有知觉特征的启动任务,是测量启动效应常用的范式,也是测量再认和内隐记忆的范式。在英文的补笔任务中,让被试学习一系列单词后,测验时提供单词的某几个字母,让被试补写其余几个字母而构成一个有意义的单词,例如把"_re__se"补笔为"precise"。残词补全是补笔的另一种形式,被试在学习一系列单字后,把缺一些字母的残词补全为一个有意义的单词,如将"res____"填成"resume"。在中文的残词补全任务中,被试在学习一系列汉字后,把一些缺少部首或只有部分笔画的汉字补全为一个整字,例如把"马"补笔为"驰"。

虽然词干补笔测量的是一些永久性的知识,但研究发现,这些知识的提取也依赖于实验中所发生过的事件。例如,在完成res____时,如果被试最近学过"resume"这个词,尽管可以有多种完成的方法(如research,response,respect),但他们有更大可能会用"resume"这个词来完成。在测验时并不提示被试要采用之前学过的词来补全,即便未提示被试回忆先前所学单词以完成这一测验,他们的测验成绩还是自动得到了提高,因此,可以说这一过程包含了对记忆的内隐测试。也就是说,学习过的词的补笔正确率显著高于未学习过的,这种测验成绩的提高被称为启动效应。通过在这些测验中所表现出来的启动的量就可以衡量内隐记忆的效果,例如,将学习过的和没学过的词在进行词干补笔或残词补全时的正确率(或速度)进行比较,两者之间的差异大小用来反映内隐记忆效应。除了字词作为实验材料外,研究者还采用其他实验材料,如图片等。

2. 知觉辨认任务

在知觉辨认任务(perceptual identification)中,被试先学习一系列单词,之后,在速示条件下,如30毫秒/个,对学过与未学过的单词进行辨认。得到的结果通常是,学过的单词辨认正确率显著高于未学过的。模糊字辨认任务(word fragment identification)是知觉辨认任务的一种变式。在该任务中,被试先学习一系列单词,之后对所呈现模糊的单词进行辨认。

(二) 加工分离程序

任务分离程序成功揭示了内隐记忆和外显记忆在机能、特征上的诸多差异,但也有研究者指出其存在一些缺陷。首先是任务分离程序存在逻辑方面的缺陷。任务分离程序先假设内隐记忆的存在,再假设直接测验的结果反映的是外显的记忆过程,间接测验的结果反映的是内隐的记忆过程,无法确定直接测验是否完全排除了内隐记忆的参与,这就导致了循环论证问题,以及很难保证测验任务的纯净性。其次是直接测验和间接测验的可比性问题,如果两种测验任务本身是不可比的,那么两个任务之间的实验性分离似乎也就没什么特别的意义了。基于这些问题,雅可比(Jacoby)(1991)提出了加工分离(process dissociation)程序,其思路是如何去分离在一个记忆任务中可直接观察到的意识与无意识成分的贡献,从而分离出记忆的外显成分和内隐成分。

加工分离程序依赖于以下三个基本假设:①意识性提取和自动提取是彼此独立的加

工过程,这一假设是加工分离程序的核心;②意识性提取和自动提取在包含和排除测验中的性质是一样的;③意识性提取的操作表现为全或无(要么能再认,要么不能再认,不存在出错的情况),而自动提取则是有对有错的。也就是说,那些通过意识性提取获得的信息不仅能被主动地报告出来,也能被主动地排除掉。

加工分离程序包含两种测试条件:第一种是包含条件,意识成分和无意识成分共同促进作业成绩,两者的关系是协同关系;第二种是排除条件,意识成分和无意识成分对作业成绩的影响相反,两者的关系是对抗关系。相应地,加工分离程序设计两种不同的指导语来进行两种测验:一类是包含测验,要求被试用先前学习过的项目完成测验,如果回忆不起来,也可以用其他任何适合的信息,包含测验反映的是有意识提取和无意识熟悉性的共同作用;另一类是排除测验,要求被试用首先想到的但又不能是先前学习过的项目来完成测验,反映的是排除意识加工之后的无意识熟悉性的作用。排除测验的测验逻辑是无意识加工提高测验成绩而意识加工则起相反作用,例如,在排除测验中被试尽管有意识地避免使用一个他曾经学习过的项目来完成测验,但是他还是这样做,则说明无意识加工在起作用。排除测验中包含这样一种测验逻辑,即无意识加工提高测验成绩而意识加工则起相反作用。例如,如果被试在排除测验中使用一个他曾经学习过的项目来完成测验(尽管有意识地避免这样做),则说明无意识加工在起作用。排除测验可以反映排除意识加工之后的无意识熟悉的作用。通过这样的两个测验,可以成功地分离意识加工和无意识加工。设置意识过程与无意识过程的"协同"条件(包含测条件),以及意识过程与无意识过程的"对抗"条件(排除测验条件),通过计算两者的正确率,就能够将混合于各种任务之中的意识成分和无意识成分分离出来。

加工分离程序将意识性提取与自动提取看作两种独立的加工过程,体现的是一种对抗逻辑,这不依赖于对直接测验和间接测验的分离,并在一定程度上摆脱了分离逻辑所面临的直接和间接测验中存在记忆任务的内部心理加工过程不纯净的问题,为分离自动的和意识控制的记忆加工提供了一个有效的途径。

三、工作记忆实验研究范式

当前工作记忆研究领域普遍采用的研究范式包括n-back任务、变化觉察范式和连续报告任务。

(一) n-back任务

n-back任务是让被试观看一系列逐个呈现的项目(如字母、数字或者空间位置),然后要求被试从第m个项目起判断每一个出现的项目是否与前面刚出过的倒数第n个项目相匹配。这里的"匹配"是指两个项目的某个特征相同或完全相同。图12-4表示"2-back"任务,要求被试判断每一个出现的字母是否与前面刚呈现过的倒数第2个项目相匹配。字母"S"出现后,在相隔1个字母"P"后再次出现,即这个"S"与倒数第2个字相同,因此被试应该对它回答"是"。

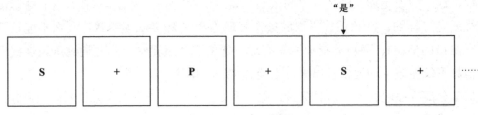

图12-4　2-back任务

n-back任务的特点是可以通过控制n的大小来操作工作记忆的负荷，从而考察不同记忆负荷下工作记忆的加工机制。n越大，需要更新的信息越多，刷新操作则越困难，对中央执行功能的要求就越高(Ren et al., 2023)。n-back任务不仅需要被试对工作记忆中的项目进行保持和更新，还需要抑制对邻近项目的反应，因此完成该任务的绩效反映了个体工作记忆的中央执行功能。

(二) 变化觉察范式

目前视觉工作记忆研究普遍采用的范式是由菲利普斯(Phillips)(1974)首先引入的变化觉察范式(change detection paradigm)(见图12-5)。典型的变化觉察范式包括三个阶段：①记忆阶段：向被试呈现一组视觉刺激，称为记忆项，每个记忆项由一个或多个特征定义而成(如红色圆形)，记忆项通常呈现几百毫秒；②延迟阶段：视觉刺激消失后，屏幕只呈现背景色而无任何视觉信息，可通过改变间隔，操纵保持识记内容的持续时间，通常为900 ms；③检测阶段：再次向被试呈现一个或一组视觉刺激，称为检测项，要求被试判断检测刺激与记忆刺激相比较是否发生了变化，并做出"相同"或"不同"的反应。通常以被试判断的正确率和容量作为任务指标，容量的计算公式：$K=(H-F)S$，其中，S表示呈现的刺激数量，H表示击中率，F表示虚报率(Rouder et al., 2011)。研究者根据所关注的问题，通过操纵呈现的项目个数、项目的特征组成、项目变化的类型等方式考察被试在各种条件下的记忆成绩，从而对所研究问题做出推断。

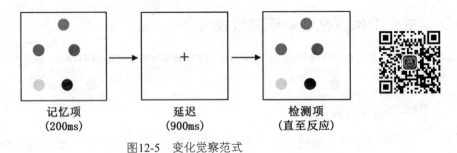

图12-5　变化觉察范式

变化觉察范式下的任务设计有着多种变化形式。例如，检测项呈现方式有整体呈现(whole display)和单检测项(single probe)两种。前者是指检测项的数量与记忆项相同，通常只变化检测刺激中的一个项目，要求被试判断检测刺激与记忆刺激是否完全相同。后者是指检测阶段只呈现一个刺激项，要求被试判断该刺激项是否曾呈现于记忆项中。

此外，变化觉察范式下的双任务设计也经常被视觉工作记忆的相关研究采用。如拉克(Luck)等(1997)和惠勒(Wheeler)等(2002)的经典研究中均采用了双任务设计来控制或排除言语编码对视觉工作记忆的影响作用；福尼(Fougnie)和马鲁氏(Marois)(2006)则采用双任务设计把视觉工作记忆任务与多客体追踪任务相结合，试图将工作记忆容量与注意容量进行分离。

(三) 连续报告任务

连续报告任务(continuous report task)可以用于确定工作记忆表征是否随着集合大小的增加而变得不那么精确(见图12-6)。每个试次都是先从记忆项开始，之后是保持延迟阶段，然后是检测阶段。检测阶段包括一个位置提示和色轮，要求被试单击色轮以报告所提示位置上项目的颜色。如果提示位置上项目的颜色保持在工作记忆中，那么被试所报告的颜色应接近实际颜色，即反应偏差会很小。因变量为被试实际报告的颜色与原始颜色值之间的差，即所报告颜色的误差水平。使用最大似然估计法(Maximum Likelihood Estimation)将每个被试每个条件下所报告颜色的误差水平分为三个参数，即误差的均匀分布(Pm)、误差的冯·米赛斯(von·Miss)分布的均值(μ)和标准差(SD)。连续报告任务中除了使用颜色作为实验材料外，研究者还采用其他实验材料，如棒条的方向等。

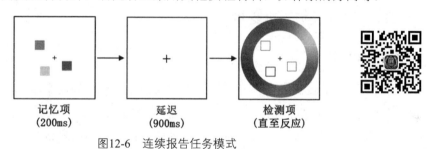

图12-6 连续报告任务模式

(资料来源：Luck & Vogel, 2013)

四、前瞻记忆实验研究范式

前瞻记忆(prospective memory)是指对于未来要执行的行为的记忆，例如，记得下班回家前去快递点取快递，记得与朋友在约定时间逛街等。前瞻记忆的研究范式往往都是在告知被试要在将来的某一时刻执行某一项任务，插入一定时间或其他任务，以考察其在规定的时间到来后是否能记得所要执行的任务。

麦克丹尼尔(McDaniel)和爱因斯坦(Einstein)(2000)首次采用了实验的方法探索前瞻记忆，该方法的具体程序如下：首先在正式实验开始前通过指导语告诉被试有两类任务，其中一类是进行中任务(ongoing-tasks)，另一类是前瞻记忆任务，比如在碰到某个特定的事件时进行某种操作，如按下反应键。在进行中任务开始执行之前，要求被试完成干扰任务，目的是避免前瞻记忆任务保存在工作记忆中。其次，根据按下反应键的正确率评估前瞻记忆任务的执行情况。因变量为被试的反应正确率，用以评估被试前瞻记忆任务的执行情况。在实验中，研究者安排的两类任务是工作记忆任务和按键任务。结果出现了转换适当加工(transfer appropriate processing，TAP)效应，即进行中的任务和靶事件加工类型一致时，前瞻记忆的成绩好于不一致时的现象。

第三节 学习概述

一、学习的概念

学习是人之为人的基本需要，是生存之本。学习是依赖于经验引起的个体行为的相对持久的变化。学习过程不能直接被观察，是在机体内部进行的，只能在一定的条件下从行为的变化、解决问题等方面的表现去推论，或在与其他个体的相互比较中发现。

外显学习和内隐学习这两个概念起源于认知心理学，是根据学习的发生和学习结果的获得是否具有意识性划分的。外显学习指有意识地获取知识的学习过程，其学习的结果是外显的、能够被学习者知晓的知识；内隐学习指无意识获取知识的过程，学习者没有学习知识的意识，但其所获得的知识却能在他们的实际运用中体现出来。

二、学习实验中的变量

(一) 自变量

学习实验中的自变量多种多样，有不少与记忆实验中的自变量相同。常见的自变量是材料的性质，包含言语和非言语材料。材料的内容及其意义性与鲜明性、难度、长度、熟悉性、系列位置，以及是中文还是外文，都是常用的言语学习材料。非言语材料有图形、实物、动作等，及其意义性。这些学习材料可由研究者根据需要确定是否作为自变量。

然而，学习实验中的自变量并不限于学习材料，其他方面的自变量大致还包括以下几类：学习材料的呈现方式，例如，全部呈现法、提示法、联合对偶法等；学习方法，例如，机械学习与意义学习、整体学习与分段学习、学习程度等；被试方面，例如，被试的身体状况、动机、内驱力等。

(二) 因变量

学习测验的因变量一般采用正确率或错误率，有时也会采用其他衍生的形式，如信号检测论中的辨别力指数 d'。在序列反应时任务中，通常将个体的反应时作为考察的因变量。除了这些传统的测量指标，学习心理学研究越来越受到认知神经科学的影响，电生理和神经影像学技术所提供的指标可以揭示各大脑区域在学习过程中是如何活动的。

(三) 控制变量

前文所列的很多自变量属于同一材料的不同属性特征，如意义性、难度、长度等。

在一项研究中，这些属性特征不可能同时作为自变量，有时只能选其中一两种特征作为自变量，其余的都作为控制变量需加以控制。此外，在实验设计中也存在一些与记忆实验一样的无从确切把握的干扰因素，包括被试的动机、态度、情绪等社会性的额外变量，以及机体内部的变量，如身体状态。

第四节　学习实验研究的范式

一、外显学习实验研究范式

外显学习实验研究主要围绕条件学习、认知性学习和文字学习进行。条件学习又称条件反射，在行为主义思想指导下，按刺激－反应(S-R)的模式进行，强调的是联结的形成，重点考察反应是如何获得的，以及反应是如何与刺激建立联系的。这类实验对学习的研究起了很大作用，揭示了学习活动的一些基本规律。然而，条件学习难以解释某些行为，特别是人类的学习。认知主义心理学家认为应关注认知过程的作用，即个体如何获取信息、做出计划和解决问题。他们提出认知性学习，认为学习者在记忆中形成一种认知结构，这种认知结构起到维护和组织在学习情境中所发生的各种事件信息的作用，如顿悟实验、认知地图实验。这些实验的早期研究对象主要是动物。而文字学习又称言语学习，是面向以人类为研究对象的学习，实验材料是文字材料，如字、词、句子、数字等，还有无意义音节、几何图形、无意义图形等。这里主要介绍以人类为研究对象的文字学习研究范式。

(一) 系列学习范式

系列学习范式是研究在事物之间建立顺序关系的学习实验方法。学习材料一般为七至十几个项目的词表，实验时以一定的速率，通常是2秒/个，并按固定的顺序一个一个地呈现，要求被试按顺序记住每个项目在顺序中所占的位置。从第二遍开始用提示法进行学习，即先呈现一个"x"号，然后让被试说出字表的第一项，再出现第一项具体内容，既是为了核对，又是为提示下一个项目，依次类推，直到被试能够正确再现字表项目，就算学会。因变量为被试所学的遍数、各项目的正确率等。

(二) 对偶学习范式

对偶学习是研究配对学习的实验方法，实验材料一般为七八对词语，先呈现一对项目，一般为2秒/对，在一定时间(一般为3秒)的间隔后呈现下一对项目，依次呈现全部的项目。从第二遍开始，先呈现一对项目中的一个词(即刺激词)，之后让被试回忆该对项目中的另一个词(作为反应词)，被试做出反应后，不管是否正确，紧接着给予反馈，即呈现反应词，依次呈现各对项目。每遍实验中各对项目的呈现顺序是随机的，以避免各对项目之间建立联系。

二、内隐学习实验研究范式

在具体研究范式上,人工语法范式、序列学习范式是当前内隐学习研究领域普遍采用的研究范式。

(一) 人工语法范式

人工语法范式由雷伯(Reber,1967)首次提出,是内隐学习最早和最重要的研究范式。该范式以一套复杂的语法规则为核心,将语法规则作为通过内隐学习预期能够习得的知识,而被试是否能够内隐习得,要根据分类操作任务的成绩来衡量。

典型的人工语法可以用语法图来表示。在图12-7中,由箭头相连的状态(圆圈)数量是固定的,箭头连接不同的字母。语法字符串的生成由第一个状态开始,然后按照箭头所示的方向运行,到达出口状态为止。而凡是不能由语法图生成的字符串都是非语法字符串。例如,YPW、YPPW、WFPWFCF是语法字符串,而YFPW、WFPY则是非语法字符串。这样的人工语法也被称为限定状态语法。

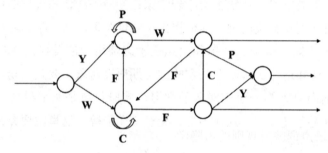

图12-7 语法图

(资料来源:Berry & Dienes,1993)

在实验中,记忆组被试首先对限定状态语法生成的字符串进行记忆,然后,在测验阶段,被告知这些字符串的顺序符合一种复杂规则,要对语法字符串和非语法字符串进行分类。而对于规则发现组被试则进行有意识的学习规则。雷伯(1967)发现被试记忆的字符串越多,对新字符串进行分类就越容易,新字符串的分类正确率为69%,显著高于随机水平50%,而且记忆组的分类成绩高于规则发现组,这表明被试习得了语法规则,限定状态语法的学习是内隐的。

(二) 序列学习范式

在人工语法范式中,通过语法图产生的字符串是一次性呈现给被试的,难以模拟发生在具有时间性和方向性的前后关系规则,如自然语言现象。序列学习范式解决了这个问题,呈现的先后顺序具有规则,并考察序列规则能否被内隐习得。序列学习范式的变式众多,其中序列反应时任务具有典型意义。

序列反应时任务由尼森(Nissen)和比勒姆(Bullemer)(1987)首创。实验中,被试面对4个小灯,并且必须在任何小灯亮起后尽快按对应键反应。小灯亮起的位置顺序符合一定的序列规则，如："4321234121"。结果随着练习次数的增多，被试的反应时会逐渐下降；将规则序列改为随机序列，被试的反应时就会大幅变慢，然而将刺激序列再次变为原先的规则序列，反应时就回到原先较快的水平上。这说明被试的反应时变快是由于习得了序列的规则，可以预测下一刺激位置，从而使反应变快。在外显测试中，给出一个刺激，要求被试直接预测下一个刺激的位置，结果发现被试对序列规则并没有外显的掌握。这种对序列规则的学习被认为是内隐的，内隐学习的量可以用规则序列反应时和随机序列反应时的差来衡量。

上述所提到的研究方法分别注重对不同规则、在不同情境下的内隐学习的研究。作为一种无意识的学习机制，内隐学习普遍存在于任何学习任务之中。

思考题

1. 内隐记忆的实验方法有哪些？
2. 简述工作记忆的有关实验方法。
3. 如何设计前瞻记忆任务？
4. 内隐学习的研究方法有哪些？

实验操作

实验名称：汉语声调映射规则的内隐学习实验

实验问题：汉语声调映射规则是否能够内隐习得。

实验目的：通过探究汉语声调映射规则的内隐学习，加深对内隐学习实验方法的理解。

实验程序：可以采用实验组和对照组来研究该问题。实验过程中先将被试随机分配到实验组和对照组；然后，对于实验组的被试来说，整个实验包含学习阶段和测验阶段，而对于控制组被试来说，没有学习阶段，整个实验只包含测验阶段。在学习阶段，让被试听一些由汉语音节构成的长度为10的无意义声音串，这些声音串的前5个音和后5个音符合平仄水平映射规则，即如果第1个音为平声(1声或2声)，那么第6个音就为仄声(3声或4声)，如果第2个音为仄声，那么第7个音就为平声，以此类推。在测验阶段，让被试对一些新的声音串是否符合规则进行分类判断，记录被试对声音串是否符合规则的对错。

结果分析：首先，计算每一名被试在测试阶段的分类正确率，计算公式为$(N_c+0.5)/(N+1)$，其中N_c是正确反应的数量，N是被试反应的总数。然后，采用独立样本t检验，检验实验组和对照组被试在分类正确率上的差异是否显著。

案例分析

下面将介绍一项采用变化觉察任务探讨场独立-场依存认知方式如何调节抑制无关信息进入工作记忆的实验研究案例。

研究问题：场独立-场依存认知方式能够影响学业成绩、选择性注意和工作记忆，然而，场独立-场依存认知方式如何调节选择性注意和工作记忆尚不清楚。因此，本研究使用事件相关电位(ERP)技术，以对工作记忆加工负载敏感的对侧差异波(contralateral delay activity，CDA)，对此问题进行探讨。

研究方法：实验材料是7种容易区分的颜色(红、蓝、绿、紫、黄、黑、白)。实验采用2(认知方式：场独立、场依存)×3(记忆任务：2个目标、4个目标、2个目标+2干扰)的被试内实验设计，其中，认知方式变量包含两个水平，分别是场独立和场依存，不同认知方式研究对象的选取是通过图形镶嵌测验选择典型的场独立型和场依存型被试；记忆任务变量包含3个水平，2个目标为箭头指向2个目标并无干扰项，4个目标为箭头指向4个目标并无干扰项，2个目标+2干扰为箭头指向2个目标并伴随有2个干扰项。因变量是记录被试变化觉察任务的正确率，并记录EEG信号，脑电分析指标是对工作记忆加工负载敏感的对侧差异波CDA。采用变化觉察任务，具体的任务流程是，先呈现1000ms的注视点"+"，随后在注视点上方呈现200ms的箭头线索，之后在300~400ms空屏后呈现100ms的记忆项，当记忆项消失后屏幕是900ms的空屏，最后呈现的是检测项，要求被试尽量准确判断检测项是否出现在记忆项中。

研究结果与讨论：行为研究结果发现，场独立被试2个目标与2个目标+2干扰的记忆成绩无差异，而场依存被试2个目标+2干扰的记忆成绩显著低于2个目标。说明场独立被试在抑制无关信息进入工作记忆的能力方面优于场依存被试。ERP结果发现，场依存被试记忆2个目标+2干扰与记忆4个目标时的CDA无差异，均显著高于记忆2个目标，而场独立被试记忆2个目标和2个目标+2干扰的CDA无差异，均显著低于记忆4个目标。这说明相比场独立被试，场依存被试不能有效地选择目标信息，而是有更多的无关信息进入工作记忆。

研究结论：个体的场独立-场依存认知方式调节工作记忆表征，场独立者比场依存者能更有效地选择目标信息并抑制无关信息进入工作记忆。

[案例来源：Jia S, Zhang Q, Li S. Field dependence–independence modulates the efficiency of filtering out irrelevant information in a visual working memory task[J]. Neuroscience, 2014(278): 136-143.]

第十三章 思维与决策

概要：思维与决策领域的研究主要关注人类如何思考、形成观点、做出选择以及这些过程如何影响行为和结果。本章内容涉及思维概述及研究的发展，思维研究的主要内容及其主要研究范式，并对具有较大理论价值和实践价值的创造性思维和无意识思维进行了梳理。对于决策领域，本章重点论述了决策研究的几种主要宏观研究范式和具体实验范式。

思维与决策领域的研究涉及心理学、经济学、管理学、神经科学等多个学科，具有显著的跨学科性。这种跨学科的研究有助于拓宽研究视野，丰富研究内容，提高研究的综合性和创新性。思维与决策领域的研究成果对于个人和组织都具有重要的现实指导意义。通过研究人类思维过程和决策制定的规律，可以帮助个人提高决策质量，降低决策风险；同时也有助于组织优化决策流程，提高组织绩效。尽管思维与决策领域的研究取得了丰富的成果，但仍面临一些挑战和不足。例如，如何更准确地测量和评估思维过程和决策质量？如何更好地应对复杂和不确定性的决策情境？如何更有效地将研究成果应用于实践中？等等。这些挑战和不足需要研究者不断探索和努力。

第一节 思维实验

一、思维概述

(一) 思维的概念

思维是指大脑对现实的间接反映，是最高级、最难把握的心理过程之一。借助于思维，人们可以理解或把握那些没有直接感知过的，或根本不可能感知到的事物，推知事物过去的发展历程，认识事物的本质，推测事物未来的发展趋势。借助于思维，人们可以将同一类事物的共同本质特征抽取出来加以概括，也可以发现不同类事物之间的联系和区别。

(二) 思维的分类

1. 根据思维的凭借物(思维的内容或思维的发展水平)分类

根据思维的凭借物(思维的内容或思维的发展水平)，可将思维分为直观动作思维(实践思维)、具体形象思维、抽象逻辑思维。

(1) 直观动作思维(实践思维)，是指在思维过程中，以具体、实际动作作为支柱的思维。这种思维所要解决的任务目标一般是直观的、具体的。例如，婴幼儿用动作表达自己的想法与诉求；修车师傅在修车时，动作开始时，思维就运作了；动作结束时，思维也结束了。

(2) 具体形象思维，是指在思维过程中，借助于表象而进行的思维。表象是这类思维的支柱。例如，儿童借助于苹果、香蕉、铅笔等来进行计算。

(3) 抽象逻辑思维，是指在思维过程中，以概念、判断、推理的形式来反映事物本质属性和内在规律的思维。概念是这类思维的支柱。例如，初中生在进行数学公式的推理时，体现的就是抽象逻辑思维。

2. 根据思维的逻辑性分类

根据思维的逻辑性，可将思维分为直觉思维和分析思维。

(1) 直觉思维，是指未经逐步分析就迅速对问题答案做出合理的猜测、设想或突然领悟的思维。例如，警察在破案过程中通过蛛丝马迹在一群人中直接识别出犯罪嫌疑人的身份。

(2) 分析思维，是指基于逻辑和推理，逐步分析问题并得出结论的思维。

3. 根据哲学的思考方式分类

根据哲学的思考方式，可将思维分为辩证思维、归纳思维和演绎思维

(1) 辩证思维，是指通过对矛盾、对立、变化等因素的全面考虑，以及从整体和具体事物之间的关系中发现事物的本质和规律的思维。

(2) 归纳思维，是指从特殊到一般的思考方法，从具体的个体或实例中总结出普遍的规律和原则，并将其应用于更广泛的范围。

(3) 演绎思维，是指从一般到特殊的推理方法，从已知的一般原理出发，逐步推导出具体的结论的思维。

4. 根据思维方式分类

根据思维方式，可将思维分为发散思维和聚合思维。

(1) 发散思维也称为求异思维，是指在解决一个问题时，沿着各种不同的方向去进行积极的思考，找出符合条件的多种答案、解决方法或结论的思维。

(2) 聚合思维也称为集中思维、求同思维或辐合思维，是一种与发散思维相对的思维模式，是指个体将已有的信息、知识或经验进行汇集和整合，以寻求一个正确或最佳答案的思维。这种思维模式强调对已有信息的分析和综合，以达成一个确定的结论或解决方案。

5. 根据思维的创新水平分类

根据思维的创新水平，可将思维分为常规思维和创造性思维。

常规思维，是指用常规的方法和现成的程序解决问题的思维。

创造性思维，是指在思维过程中，重新组织已有的知识经验，沿着新的思路寻求产生一些新颖的前所未有的、有创造想象参加的且具有社会价值的思维。

以上分类方式并非完全独立的，它们之间可能存在交叉和重叠。同时，思维的分类还可以从其他角度进行，如思维的独立性。

(三) 思维研究的发展历程

思维研究的发展可以追溯到古代哲学家对心智和认知过程的探讨，但真正的科学研究始于近代。以下是思维研究发展的一些重要阶段和里程碑。

1. 哲学和心理学的早期探讨

古希腊哲学家如柏拉图(Plato, 前384—前322)和亚里士多德(Aristotle, 前427—前347)等，在他们的著作中对心智、认知和思维进行了探讨，为后世的思维研究奠定了基础。

近代心理学，尤其是结构主义和行为主义学派，对思维过程进行了更为系统的研究。早期，心理学家关注重点是有意识思维。在心理学史上，将实验法引入思维研究领域，开启了思维实验研究的先河，真正将思维当作心理学专门研究课题的，是冯特的学生德国心理学家瓦尔德·屈尔佩(Oswald Külpe, 1862—1915)。

2. 认知心理学的兴起

20世纪50年代，认知心理学作为心理学的一个分支开始兴起，它专注于研究人类的思维，包括知觉、记忆、学习、问题解决等。认知心理学的发展推动了信息加工理论的兴起，该理论将人类的思维过程比作计算机的信息处理过程，为理解思维过程提供了新的视角。如格式塔学派从完形的角度探讨问题解决过程。格式塔心理学的主要代表人物沃尔夫冈·苛勒(Wolfgang Köhler, 1887—1967)在对黑猩猩的学习进行了长期的悉心研究后，提出了思维的"顿悟说"，反驳了桑代克的"试误说"。他认为，学习的成功或问题的解决并不取决于不断尝试错误，而取决于对问题情境中的事物之间关系的认知。

3. 神经科学的发展

随着神经科学的发展，人们开始从神经层面研究思维过程，探索大脑与思维之间的关系。功能磁共振成像(fMRI)等神经成像技术的应用，使得人们能够直接观察大脑在思维过程中的活动模式，为揭示思维的机制提供了更为直接和深入的证据。

4. 人工智能和机器学习的发展

人工智能和机器学习领域的发展，推动了计算机模拟人类思维过程的研究；深度学习等技术的出现，使得计算机能够模拟人类的某些复杂思维过程，如图像识别、自然语言处理等。

5. 跨学科研究的兴起

随着研究的深入，人们发现思维过程特别复杂，涉及多个学科的知识。因此，跨学科研究成为思维研究的一个重要趋势，包括心理学、神经科学、计算机科学、哲学等多个学科的交叉融合。

在思维研究的过程中,也涌现了一些重要的理论和模型,如皮亚杰的认知发展阶段理论、加德纳的多元智能理论、斯腾伯格的智力三元论等。这些理论和模型为理解思维过程提供了不同的视角,推动了思维研究的发展。

总体来说,思维研究的发展是一个不断深入和拓展的过程,涉及多个学科的交叉融合和协作。随着技术的不断进步和研究的深入,我们对思维过程的理解将越来越深入,越来越全面。

二、思维的研究范式

在思维研究的不同历史阶段,研究者采用了不同的研究方法。早期的符兹堡学派主要采用实验内省法研究思维,而后的格式塔学派和行为主义学派主要借助行为测量方法对思维进行探讨。随着认知心理学逐渐取代行为主义,内省式的言语报告法再次得到认可,与行为测量法一起成为两大主要的思维研究方法。与此同时,随着认知心理学的指导思想不断深入人心,思维越来越多地被看成一种类似于计算机的信息加工系统,思维研究开始着力于探讨信息单元的内部表征和计算机模拟思维的可能性,因而,两种新兴的研究方法——建构认知模型和计算机模拟技术应运而生。近20年来,随着脑功能成像技术的发展,认知神经科学技术也越来越为研究者所接受。

目前对思维的研究主要集中在概念形成、推理、问题解决、创造性思维、无意识思维等方面。

(一) 概念形成的研究范式

1. 概念形成的研究

概念是思维的基本单元,思维是以某种算法或规则对概念进行操作的过程。概念形成(concept formation)是指人对事物本质属性的认知过程,是人学会按照一定规则对事物进行正确分类的过程。在概念形成的实验中,对任一刺激做出反应之前,被试都必须从假设库中取出一个或几个假设,并根据假设做出反应,即对假设进行检验。如果被试得到正确反馈,他们会继续沿用这一假设,否则,被试将舍弃这一假设,并到假设库中再寻找另一假设来代替现有的假设,如此反复,直到某个假设被反复验证为正确时,概念就形成了。

2. 概念形成的典型研究范式——人工概念

布鲁纳(Bruner)、古德诺(Goodnow)和奥斯汀(Austin)于1956年设计了著名的人工概念实验。人工概念以图片形式呈现,如图13-1所示。这些图形具有4个维度:形状、颜色、数目和边框。每个维度又分为三个水平,即各有三个属性或值。形状维度有十字形、圆形和方形三个属性;颜色维度有绿、黑、红三个属性;数目维度有1、2、3三个属性;边框维度也有1、2、3三个属性。每张图形卡片都具有这4个维度的各一个属性,所以每张卡片都和其他卡片在某些维度上不同。这样的卡片共81张(3×3×3×3)。

实验前，研究者必须事先规定某个维度的某一属性(如红色)或几个维度的属性(如绿色方形)为某个人工概念的特有属性，即这一人工概念由这些维度和属性构成，这些维度和属性被称为有关维度和有关属性，而其他维度和属性则被称为无关维度和无关属性。具有所规定的全部有关属性的卡片就是人工概念的肯定实例。

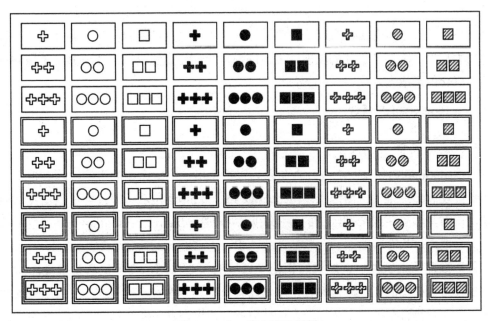

图13-1　人工概念实验材料

注：卡片中，空白代表绿色，涂黑代表黑色，斜纹代表红色。

(资料来源：Bruner, Goodnow, &Austin, 1956)

实验开始时，主试告知被试本实验有一个特定的概念，这个概念由某一属性或某些属性组成，被试的任务是发现这些属性，从而形成这一概念。实验中，主试首先向被试呈现一张肯定实例卡片，并明确告知这是肯定实例，其次让被试从其他卡片中选取一张他认为属于这一概念的卡片，每次被试选取后，主试都要对被试选择的正误给予反馈。实验一直进行，直到被试的选择不再出错，则表明被试形成了该概念。

例如，主试思维中的概念是单线边框内三个黑色圆形的图形，即具有形状(属性：圆形)、颜色(属性：黑色)、数目(属性：3个)和边框(属性：单线)的属性。如果被试猜测方形，主试反馈为错误实例；如果猜测圆形，主试反馈为正确实例。其他属性也以此方式进行。直到被试的选择不再出错，最后形成属性为单线边框内三个黑色圆形的图形概念，即图13-1中，左起往右第5列，从上起往下第三行的图形。

实验以被试选取实例的正确率(即获得正反馈的百分率)作为被试是否在逐步逼近答案的指标。如果在概念形成的过程中，被试的正确率呈线性稳步提高，则可以说明被试是以渐变的方式逐步习得某一概念的；如果在概念形成过程中，被试的正确率开始始终处于某一基线上，或上升很慢，达到某一时刻，便一下子跳跃到100%，则说明被试是以突变的方式习得某一概念的。

布鲁纳发现被试的思维策略可分为两大类型：一类是整体策略(或聚焦策略)，即将第一个正例看作第一个概念假设，再根据其他正例依次改进；另一类是部分策略(或扫描策略)，即将第一个正例的一个属性作为第一个概念假设，再检验这个属性对于其他正例是否也是正确的，如果不是，则检验下一个属性，由此逐步确定有关属性，并排除无关属性。

布鲁纳的人工概念实验有助于我们认识人类形成概念的过程，但这种纯人工概念环境在很大程度上降低了研究的生态效度，因而，我们还无法仅根据该研究结果预期日常生活中概念的形成方式。

(二) 推理的研究范式

1. 概念及类型

推理(reasoning)是以一个或几个命题为根据得出一个新命题的思维过程。推理主要有演绎推理和归纳推理。演绎推理(deductive reasoning)就是从一般性的前提出发，通过推导，得出具体陈述或个别结论的过程。归纳推理(inductive reasoning)是以观察到的多个事实为根据，从而归纳出一个概括性的认识。

科学推理是科学哲学、形式知识论等领域的核心课题，为解决科学推理的相关问题，多种路径相继涌现。概括而言，这些路径可以归为两种研究范式——关系范式和程序范式。前者将科学推理方法处理为证据命题与假说命题之间逻辑关系的研究路径；后者将科学推理方法处理为从有限数据序列(或和给定假说一起)得出相应行为和推测的程序，以计算知识论(computational epistemology)路径为代表。

推理心理学是人们用心理学研究方法对推理这一思维过程的有关规律进行科学研究后所获得的知识体系。心理学对"人类推理"领域的实验研究始于威尔金斯(Wilkins, 1928)发表的"不同内容对形式三段论推理能力的影响"，至今近百年来，有许多心理学家按心理学的研究范式在这一领域进行了科学研究，通常的研究范式是"按心理学研究范式设计实验揭示什么因素会影响某种推理行为结果"，而后在此基础上，"提出某种理论来解释为什么会出现这些实验结果"(胡竹菁, 2015)。

2. 演绎推理的研究范式

1) 三段论推理

(1) 概念及特点。三段论推理是演绎推理中的一种简单推理判断，它包括一个包含大项和中项的命题(大前提)、一个包含小项和中项的命题(小前提)以及一个包含小项和大项的命题(结论)三部分。具体来说，三段论实际上是以一个一般性的原则(大前提)以及一个附属于一般性的原则的特殊化陈述(小前提)，引申出一个符合一般性原则的特殊化陈述(结论)的过程。

三段论的特点包括以下几个。①形式化逻辑：三段论推理是一种形式化的逻辑推理，其前提和结论都是基于逻辑关系的。②演绎推理：三段论推理是一种演绎推理，即从一般到个别的推理方式。它通过前提之间的逻辑关系推导出结论，因此具有一定的可靠性和准确性。③前提的限制性：三段论推理的前提必须是真实和明确的，否则结论就可能是错误的。④结论的可证明性：由于三段论推理是一种演绎推理，因此其结论是可证明的。只要前提真实和逻辑关系正确，就可以通过三段论推理推导出结论。⑤推理的灵活性：三段论推理是一种灵活的推理形式，可以用于各种领域和主题的推理。

例如：

大前提：所有的X是Y；

小前提：Z是X；

结论：所以Z是Y。

心理学研究关心的两个问题：一是在真实情境下的演绎推理会遵循严格的逻辑规则吗？二是人们在推理过程中会受哪些因素的影响？

(2) 研究范式。心理学对三段论推理的具体实验研究范式主要采用纸笔测验法进行。对三段论推理进行研究的目的主要是探查影响人们在三段论推理时正确选择结论的有关因素。

实验中所用的推理题在材料性质上主要有两类：一类是抽象材料的题目，另一类是具体材料的题目。实验时，可以选择其中的一种，也可以两种都选择。

(3) 理论解释。三段论推理研究发现了影响实验结论的气氛效应理论和信念偏差效应。

① 气氛效应理论。伍德沃斯和塞尔斯(Woodworth & Sells，1935)等人设计了一个实验，让被试做如下抽象材料的题目：

如果所有的X都是Y；

如果所有的Z都是Y；

则所有的X都是Z。

让未受过形式逻辑训练的被试对题中的结论表示赞同或不赞同，结果有58%的被试表示赞同。

之后，稍微改变一下题目：

所有的X都是Y；

所有的X都是Z；

所以，___Y___Z。

让被试填出上述题中的结论，结果78%的被试得出的结论是"所有的Y都是Z"。

伍德沃斯和赛尔斯由此提出演绎推理的气氛效应(atmosphere effect)理论，即推理的前提条件所具有的性质，会造成某种气氛，从而引导个体得出某种结论。

② 信念偏差效应(belief bias effect)，即人们在演绎推理中评价结论的有效性或推出结论时，常常受到已有知识的影响，表现出接受可信结论、拒绝不可信结论的倾向(Evans et al.，1983)。说明推理者对结论的接受与否，受到已有知识的影响，而不管其

实际的逻辑有效性如何。

材料内容对推理影响的例子：

前提1：所有的马都有四条腿；

前提2：鹿有四条腿；

结论：所以鹿是马。

根据被试对上述结论的接受情况，研究者发现了信念偏差效应。这种推理忽视了两个事物之间可能存在的其他重要差异，仅仅基于一个共有的特征就做出了错误的结论。信念偏差效应会使人们倾向于把他们能为之构建一个合理的现实世界模型的结论判断为正确的，而把那些他们不能为之构建合理现实世界模型的结论判断为错误。这种偏差可能来自人们对特定问题或情况的信仰、期望或信念，甚至可以是对自己的预设观念。尽管上面的推理在形式逻辑上有一定的合理性，但论点与他们的信仰或期望相悖，他们会倾向于拒绝这个论点。

胡竹菁(1996)由此首次提出了个体在进行推理的心理加工过程中，在判定结果是否正确时，会受其知识结构中已有的"推理形式"和"推理内容"两种不同判定标准的影响。

三段论推理可以帮助人们更好地理解概念之间的关系，提高思维的清晰度和准确性。在决策和解决问题的过程中，三段论推理可以作为一种有效的推理方法，帮助人们从不同的角度思考问题，找到最优的解决方案。此外，三段论推理还可以帮助人们避免一些常见的思维误区，如过度概括、以偏概全等。在与人交流和沟通时，三段论推理还可以帮助人们更好地组织和表达自己的思想，提高沟通的效果和质量。

2) 条件推理

心理学研究中的"条件推理"通常是指形式逻辑学中所说的"前提中含有充分条件假言命题的推理"。心理学对条件推理的实证研究主要包括三种实验范式：演绎推理实验范式、Watson四卡问题实验范式、概率推理实验范式(胡竹菁等，2016；Manktelow, 2012；Eysenck et al., 2015)。上述三种实验研究范式的发展顺序是从"演绎推理"到"四卡问题"再到"概率推理"。下面以经典的四卡问题的实验范式为例进行条件推理说明。

沃森(Watson，1966)设计了四卡片选择任务来研究条件推理。所谓四卡片问题的研究，实际上是对"如果……那么……"这种推理问题的研究。沃森继1966年的开创性研究后，对四卡片问题进行了深入研究。下面从实验目的、实验方法和实验结果等方面对这类研究进行介绍。

实验目的：探讨被试对给定规则的真伪进行验证时的心理活动规律。

实验方法：实验中所用的材料是以四张卡片为一组的卡片若干套。在每组卡片中，每张卡片的一面有一个数字，另一面有一个字母。例如，其中一个任务中的4张卡片如图13-2所示。主试首先给被试呈现4张卡片，告诉被试每张卡片的一面有一个数字，另一面有一个字母，并告诉被试这组卡片的一个规则："如果卡片的一面是元音字母，那么另一面是偶数"。被试的任务是说出：为了检验这个规则的真伪，需要翻看哪些卡片。

图13-2 选择作业的刺激卡片

实验结果表明，46%的被试翻看了卡片"E"和卡片"4"；33%的被试选择翻看卡片"E"；只有大约4%的人做出了正确选择，即翻卡片"E"和卡片"7"。

因此，沃森等人认为，在检验某个假设或某个规则的时候，被试往往具有一种强烈的对规则的证实倾向，而很少产生证伪规则的倾向。

3. 归纳推理的研究范式

归纳推理(inductive reasoning or induction)是从特定的事件、事实向一般的事件或事实推论的过程，是将知识或经验概括简约化的过程。归纳推理的心理学实验研究起自瑞普斯(Rips，1975)的研究，当前归纳推理研究主要集中在三个领域：归纳论断力度的判断、个体归纳推理能力的发展、归纳推理能力的认知神经机制。

(1) 归纳论断力度的判断研究。这是归纳推理领域研究得最多的问题，主要讨论个体从特殊到一般的方式得出某种结论时的归纳信心或力度(inductive confidence or inductive strength)，即探讨归纳判断的力度问题。研究者主要提出了4个理论模型：瑞普斯(Rips，1975)提出的回归模型(regression model，RM)，奥舍等(Osherson, et al.，1990)提出的相似性覆盖模型(similarity coverage model，SCM)，斯洛曼(Sloman，1993)提出的基于特征的归纳模型(feature-based inductive model，FBIM)，海特(Heit，1998)提出的贝叶斯模型(Bayesian Model，BM)。回归模型预测了单前提归纳论断力度的大小。相似性覆盖模型力图说明多前提归纳论断的力度判断问题，并将单前提论断作为多前提的一个特例。基于特征的归纳模型进一步发展了相似性覆盖模型，其最重要的差别在于它只需要对项目或类别间的特征重叠大小加以评估，而不需评估特定类别与其上位水平的结论类别相似性的覆盖程度。这三个理论模型的共同特点是追求归纳推理过程中项目之间的知觉特征相似性，故被称为"基于知觉相似性的归纳理论"。贝叶斯模型将归纳推理看作一种或然性推理，利用归纳推理能够通过先验概率对后验概率加以预测的特点，来预测归纳推理的力度判断。但贝叶斯模型会导致许多与直观概率判断相悖的结论，从而形成诸多的认知困境，这对贝叶斯推理的有效性形成了挑战。

(2) 个体归纳推理能力的发展研究。关于归纳推理能力的发展，斯劳斯基(Sloutsky，2001)和海特(Heit，1998)分别讨论了多源信息(类别标签与特征相似)对儿童归纳推理的影响和前提多样性效应在儿童归纳推理活动中的发展，但这类研究是相当零散的。关于儿童归纳推理多样性效应的考察，主要采用4种研究范式：判断力度迫选法、寻找证据法、属性扩展法和归属法。

(3) 归纳推理能力的认知神经机制研究。归纳推理的认知神经科学研究，刚起步不久。研究方法大致有两种：一是研究有特定脑区损伤的病人，观察他们在解决某种类型的推理任务时是否存在困难，如果存在困难，则可以将这一特定脑区与这种推理联系起来；二是用脑功能成像技术如PET、fMRI来研究正常人的哪一些脑区会因为特定的推理过程或推理任务而被选择性地激活。

4. 归纳推理和演绎推理的关系

归纳推理和演绎推理是否属于同一认知加工过程是推理心理学研究领域的热点问题。总体上，病理研究、元分析、事件相关电位(ERP)研究更多地支持单过程理论，而运用fMRI、PET等技术的研究更倾向于支持双过程理论的观点。由于实验范式的多样性以及研究手段的缺陷等，现有研究仍无法针对这一问题得出确切结论。在未来的研究中，应多关注推理的加工过程中有关时间进程的研究，建立更科学合理的心理推理理论(雷明等，2018)。

(三) 问题解决的研究范式

1. 概念

问题解决即认知操作的一种目标定向过程。它需要问题解决者运用并重组已有的信息、知识和经验，去寻找新的策略方法、制定实施的方案，朝着问题的目标状态进行内隐性操作(思维)和外显性操作(动作)的过程(Anderson, 2000)。问题解决主要包括了以下三点：首先，问题解决具有目的指向性；其次，问题解决是一系列的操作；最后，这种操作是一种认知操作。

2. 典型研究范式

问题解决的研究范式有两种：一种是表征水平(representational level)的研究，另一种是社会文化水平(social-cultural level)的研究，两者互为补充。

1) 表征水平的问题研究范式

人们的内部心理过程是可以通过某种方式表征出来的，并为人们所研究和分析(Kayser et al., 1999)。这种表征的方式通常是一些"构件(construct)，如思维模式、图式、概念、规则和理论等"。在表征水平研究范式的背后有两个假设：一个假设是个体对知识的思维表征是认知的"中介状态(mediating state)"；另一个假设是通过分析个体对刺激的反应(如分析个体思维的口语报告)就可能得到他们的内部认知模式。

在表征水平研究范式下，人们一般用三种研究方法对问题解决进行去情境化(de-contextualization)的研究，即实验法、口语报告分析方法和人工智能模型法。

河内塔问题是表征水平的问题研究范式的代表之一。如图13-3所示，在一块木板上有1、2、3三个立柱，在立柱1下放着三个圆盘，小的在上面，大的在下面(初始状态)。让被试将立柱1上的三个圆盘移到立柱3上(目标状态)。条件是：每次只能移动一个圆盘，不得把大的圆盘放在小的圆盘上，可以把立柱2作为中转。当然移动的次数越少越好。那么，如何来移动圆盘呢？

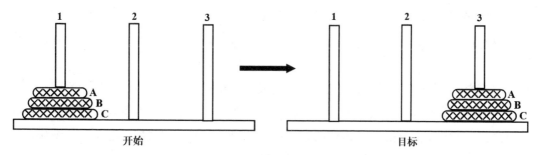

图13-3 三个圆盘的河内塔问题

如图13-3所示,目标状态是将3个圆盘从立柱1移到立柱3。根据推理,目前初始状态与目标状态的最大差异是圆盘C不在立柱3上,要消除这一差异,选择的操作是把圆盘C移到立柱3上,这就建立了第一个子目标。但根据规定,只有当圆盘C上没有其他圆盘时才可移动,现在圆盘C上有圆盘B和圆盘A,因此,建立的第二个子目标是先移动圆盘B。但圆盘B上有圆盘A,要先将圆盘A移开才行,这又是一个子目标。现在,移动圆盘A的条件成熟,于是将圆盘A移到立柱3,将圆盘B移到立柱2,再将圆盘A移到立柱2圆盘B上面,这样就可将圆盘C移到立柱3上。这时当前状态与目标状态的一个重要差异是圆盘B不在立柱3上,要消除这个差异需建立另一个子目标,先将圆盘A移到立柱1,然后方可将圆盘B移到立柱3的圆盘C上,最后将圆盘A移到立柱3上。至此达到了问题的目标状态,即按规定将3个圆盘都移到立柱3上。

2) 社会文化水平的问题研究范式

社会文化水平研究范式反对将知识看作去情境化的单一实体(entity)。问题不仅存在于个体的脑袋中,还利用表意系统(如语言)存在于特定的实践共同体中,存在于具体的社会环境中(Greeno,1997)。在这样的范式影响下,诊疗式访谈(clinical interview)被人们用来研究问题解决的思维过程。

诊断式访谈起初是由皮亚杰(Piaget,1973)发展起来的,具体做法是用儿童能听懂的语言和他们对话,巧妙地引导他们在对话过程中暴露自己的思维活动,以此来揭露儿童隐藏的认知模式。

3. 两种研究范式的区别和联系

表征水平的问题研究范式着重于个人的认知过程和结构,希望获得所有人都适用的问题解决规律;社会文化水平观点从系统观点出发,强调个体与内嵌于其中的社会环境的相互作用以及个体的独特认知特点。表征水平和社会文化水平研究是可以互相补充的。社会文化水平的问题研究范式忽略的个人认知过程和结构,可以由表征水平的问题研究范式的个人认知观点来弥补;反之,表征水平的问题研究范式没有考虑进去的社会文化背景,可从社会文化的视角来解释(周玉霞,李芳乐,2011)。

4. 问题解决的研究阶段及研究取向的演变

问题解决心理学的研究发展过程主要经历了问题解决的外部行为研究、问题解决的主体内在知识经验研究、问题解决的信息加工研究、问题解决的信息加工与建构主义相结合的研究4个阶段。问题解决的研究取向也随之出现了4个演变特点：从动物到机器到人类，再到人类个体差异的研究；越来越重视实践性、应用性，特别是教育教学的指导性研究；问题解决越来越趋于内在的、本质化的研究；问题解决越来越趋于精细化，从静态化走向动态化的研究(蔡笑岳，于龙，2008)。

(四) 创造性思维的研究范式

创造性思维不仅是人类灵性与智慧的高级表现，还在科学发现、创造发明活动中起到关键作用，是推动社会进步与技术革新的原动力，甚至被誉为人类文明的源泉(Dietrich & Kanso，2010)。

1. 概念

从字面含义理解，首先具有"创造性"的事物一定是与众不同、别出心裁的，其次"思维"的形成与认知加工密不可分，所以"创造性思维"必定包含一系列的认知活动。

创造性思维是一种复杂的高级认知活动，其概念至今没有统一的界定。对创造性思维的理解主要有三种倾向——过程、能力和结果。过程观认为，创造性思维是已有知识相互联结产生的，需要经过一系列的认知加工过程；能力观认为，创造性思维是人的一种独特的思维品质；结果观侧重于运用创造性思维形成的产品或方案。斯滕伯格(Sternberg)和卢巴特(Lubart)(1996)认为创造性思维作为创造性的核心，是个体以新的方式解决问题的高级思维活动。经济合作与发展组织(OECD)在《PISA2021创造性思维框架(第三版)》中提出了更具操作性的创造性思维定义，即创造性思维指有效地参与想法产生、评价和改进，从而形成原创且有效的解决方案、促使知识提升和想象力有效表达的能力。

2. 典型研究范式

创造性思维的研究范式主要是采用测量法。例如，采用托兰斯创造性思维测验(Torrance test of creative thinking, TTCT)和替代用途测验(alternative uses test, AUT)等任务来评估，主要测量思维的流畅性、变通性、精致性和独创性得分。创造性思维国际典型测量工具如表13-1所示。

表13-1 创造性思维国际典型测评工具

工具名称	南加州大学发散性思维测验	托兰斯创造性思维测验	威廉姆斯创造力评估包	青少年科学创造力测验	威斯康辛卡片分类测验
编制者	吉尔福特(Guilford, G. P.)	托兰斯(Torrance, E. P.)	威廉姆斯(Williams, F. E.)	胡卫平	伯格(Berg, E. A.)

(续表)

测验内容	言语测验、图形测验，共14道题	言语测试、图画测验、声音和词语测验，共12个分测验	测验包中包含创造性思维测验、创造力倾向量表、威廉姆斯评价表三部分。	物体应用、问题提出、产品改进、问题解决、科学实验、产品设计6个开放性题目	是一种单项神经心理测定，主要用于评估个体的认知灵活性、问题解决能力、抽象思维和适应性等方面的能力，共有4张刺激卡片和128张反应卡片
测验时间	约50分钟	约90分钟	约40分钟	60分钟	约30分钟
测验对象	中学文化水平以上的人	各年龄阶段(从幼儿园到研究生)，四年级以下儿童需进行个别口头施测	小学四年级至高中三年级	中学生	正常成人、儿童(6岁以上)、精神疾病患者、脑损伤者、非色盲者
测验形式和评分	呈现开放式问题，根据反应的流畅性、变通性和独特性评分	呈现开放式问题，言语测试根据流畅性、变通性、独创性分别评分，图画测验根据流畅性、变通性、独创性、精密性评分，声音和词语测验根据独创性评分	呈现开放式问题，根据流畅性、独创性、变通性、精密性和标题评分	呈现开放式问题，根据思维的流畅性、灵活性和独创性评分	刺激卡置于前方，被试将反应卡依次放在刺激卡下方，十试掌握分类原则并对被试的每张卡片分类进行反馈。根据完成分类数、正确应答数、错误应答数、持续性错误数和学习到学会评分
优点	对指导语、评分标准与程序、信效度均有说明，是后续理论和测量方法的基础。	具有良好的信效度，是世界上运用最广泛的创造性思维测验，有多个语言版本	指导语、评分标准、信效度有说明，操作简单、便捷	编制过程结合东西方文化背景，具有良好的信效度	是为数不多的能够较敏感的检测出有无额叶局部脑损害的神经心理测验之一，尤其是对额叶背外侧部病变较为敏感，对由不同原因引起的智力缺陷者也有鉴别作用
缺点	缺乏效标关联效度，评分者的知识背景会对测验分数产生影响	测验题目与实际创造性活动差别较大，预测效度不高	对施测条件较为敏感，不同的测验形式(如严肃式和游戏式测验)会对被试成绩产生影响	目前使用范围不够广泛，相关研究结论较少，难以进行研究之间的比较	应用范围不够广泛，相关研究结论较少，方法较为复杂

(资料来源：余继，夏欢欢，2021)

目前，创造性思维的研究主要从任务和个体差异两个取向展开。创造性思维的研究已经逐渐发展到基于脑的研究范式阶段。越来越多的学者开始利用事件相关电位(ERP)和功能磁共振成像(fMRI)技术来解析创造性的脑机制。该取向的研究侧重于通过比较不同类别群体创造性思维的活动表现和神经机制来深化人们对创造性本质的认识。

3. 顿悟

创造性思维的过程包括4个阶段，分别是准备期、酝酿期、明朗期和验证期。在明朗期，人们突然获得了问题的答案或解决方法，即会有顿悟发生。顿悟是创造性思维过程中的一个重要过程，它能够帮助人们突破思维僵局、促进知识整合、激发创新灵感。下面对顿悟进行介绍。

1) 顿悟的概念及心理机制

顿悟(insight)的研究始于格式塔心理学家柯勒，柯勒对当时占主导地位的桑代克的"尝试—错误"学习理论提出了挑战，证明问题解决过程可以以"突变"而不是"渐变"的方式发生，因而具有重要的理论意义。

顿悟被认为是突然地、直觉性地以及清晰地获得问题解决方法的过程(Bowden, Jung-Beeman, Fleck, & Kounios, 2005)。西方心理学家较多关注顿悟，将其定义为"主体通过观察，在对问题全局的整体把握或对由起始状态达到相应目标的途径有所了解的情况下，在主体内部建立起手段和相应目标之间完形关系的过程"，重点是分析这一过程中的大脑运行机制和思维认知原理(沈汪兵等，2012)。

作为收敛性的创造性思维过程，顿悟过程包含三个要素：①旧的无效的思路被抛弃(即打破思维定式)；②新的有效的问题解决思路的实现(形成新异联系)(罗劲，2004)；③会有一种恍然大悟的感觉，伴随着强烈的"啊哈"体验(Bowden & Jung-Beeman, 2007；Bowden et al., 2005)。这三个要素是判断顿悟是否发生的标准。

首先，从认知过程来看：①顿悟问题是以全或无的方式解决的，即由于顿悟中信息加工的非连续性，导致在没有阶段性局部信息产生的情况下，顿悟会突然降临(Smith & Kounios, 1996)。柯勒通过对黑猩猩的行为实验证明了问题解决过程可以以"突变"而非"渐变"的方式产生(Köhler, 1925)。②顿悟起始于问题表征的构建和重构。初始表征激活潜在有用的知识元素(类别、组块、概念、约束、方法、算子、程式、规则和图式等)，这些元素先验地定义了一个可能的问题解决空间。新的问题表征使长时记忆中保留的其他可能的图式被激活并迁移到当前的问题情境中来，使所涉及的问题空间得以改变或延展。如果新的问题空间包含答案，问题即得到完美解决(Knoblich, Ohlsson, Haider & Rhenius, 1999；hlsson, 1992)。

其次，从情感过程来看，顿悟的情感成分主要由惊讶和个体感受的突发性构成。具有"惊喜"的情感元素。

现代心理学解释顿悟如何产生主要有三种理论观点。①表征转换(representation change)。该观点主张顿悟的实现在于将面对的问题有效地做出另外的表征或变换一种提出方式。②进程监控(progress monitoring)。该观点认为顿悟是在保持必要努力程度的前提下不断缩小问题解决的当前状态与目标状态之间的差异。③原型激活。该观点认为顿悟的获得是主体在短时间内成功建立起了靶问题与原型(prototype)之间的联系，其中原型指过去积累的信息和知识。

2) 顿悟的研究范式

(1) 顿悟问题解决的远距离联想范式。梅德尼克(Mednick，1962)发明了远距离联想测验(remote associates test，RAT)。主试在测验中给被试呈现3个貌似无关的单词，被试的任务是找到第4个与这3个词都有联系的词。在远距离联想上的成绩可以反映个体发现事物之间有用且新颖的联系的能力。

① 远距联想范式有3个特征：一是对于寻找答案的方法没有指明，且还可能误导被试最初的思路；2是被试无法报告他们解决问题的思维过程；三是在解决RAT题目时被试通常有顿悟的体验。这3个特征被认为是研究创造力的核心。

② 远距离联想范式的基本程序如下：首先，在屏幕上给被试呈现3个刺激单词，要求被试找到与这3个都有联系的第4个单词。在实验中有三种时间限制(2s、7s、15s)，被试要在规定的时间内解决问题，被试找到答案或者时间到了，屏幕侧面都呈现180 ms的目标词，被试既不能快速地读出来，也不能判断这个目标词是否为正确答案。

③ 远距离联想范式的优势主要有以下几个方面：容易实施测量，问题解决时间短，一个测验可以在一个小时内完成，收集数据比较方便；题目结构清晰，比传统的测量创造力的问题容易，无关变量容易控制；答案明确，容易判断对错；视觉呈现空间小，呈现时间短，呈现方式灵活；该测验不需要特殊的技能，适用广泛。这符合创造性测量的要求，即尽量减少领域知识的影响，适用不同学历、不同年龄的被试(邢强，2011)。

(2) 顿悟研究的内隐学习范式。海德尔和罗丝(Haider & Rose，2007)提出了一种研究顿悟问题的内隐学习范式，通过内隐学习任务分析顿悟过程。这种研究主要想通过被试对实验情境隐含规律的口头报告来了解顿悟的机制。

① 内隐学习范式的基本程序。内隐学习任务中的数字减少任务(number reduction task，NRT)比较适合顿悟研究。在NRT实验过程中，被试在屏幕上会相继看到6个数字，这6个数字是由3个不相同的数字按顺序排列而成的。例如，1、4、9在试验中按不同的顺序出现"999141"，被试的任务是根据以下两个规则在下面一行输入数字：如果相邻的两个数字相同，那么输入一个相同的数字(同一规则)；如果相邻的两个数字不同，那么被试要在下面输入第三个数字(相异规则)。在图13-4中，被试一开始看到两个数字"99"，根据同一规则，被试在下面输入"9"，接着下一个数字"9"就会出现，被试把出现的数字和刚才输入的数字进行比较，输入"9"；然后把出现的"1"与刚输入的"9"比较，根据相异规则要输入"4"；数字串的最后一个结果输入时要被试按"Enter"键确认。

在标准的NRT中，被试所处理的数字串包含以下潜在规律：第2个数字总是和第5个数字相同，第3个数字总是和第4个数字相同。换句话说，参与者回答的第4和第5个数字，是回答的第2和第3个数字的镜像。因此，在整个试验中，参与者产生的反应模式是"９９４４９"、"１４９９４"或"９４１１４"。

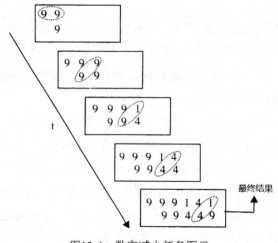

图13-4 数字减少任务图示

② 用NRT研究顿悟的可行性。首先，NRT具有动态监控性。NRT的表面特征和任务中规则的建立是任意的，可以进行修改。这是NRT一个明显的优势，这种动态变化的实验范式便于直观的监控顿悟的发生。其次，NRT易于判断顿悟的开始点。NRT中出现顿悟的一个重要指标就是RT-drop。RT-drop是指在两个连续训练之间，参与者的反应时间在训练开始时略有下降，然后出现突然的急剧下降，出现的反应时间均值的最大差异点(RT-Divergence)。这种RT下降是由参与者对潜在规律的洞察、顿悟引起的。最后，NRT易于研究顿悟过程。NRT是一个多实验的研究范式，被试会反复进行同一类型的任务，便于研究顿悟过程。

(3) 顿悟问题解决的谜语范式。谜语范式即使用谜语作为实验材料，通过向被试呈现提示来研究顿悟过程。在实验中，先向被试呈现谜语，令其进入对特定问题的准备和思索状态，在其无法解答的情况下，向其呈现提示，被试在看到提示的瞬间便会产生顿悟，这样就能在短时间内获得足够数量的顿悟过程，并可以锁定顿悟发生的时间，从而确定在顿悟时发生了怎样的大脑活动。

但是这种研究也有缺陷。傅小兰(2004)指出，呈现提示引发的顿悟与经典的顿悟不同，被试只需理解给出的提示，看清问题陈述与答案的关系就能解决问题，这可能只是领悟而不是严格意义上的顿悟。

邱江和张庆林(2011)等依据顿悟的原型激活理论，用学习—测试的二阶段实验范型来进一步探讨顿悟问题解决的脑机制。他们用中国传统的字谜作为实验材料，在学习阶段让被试学习一个原型字谜，在测试阶段，让被试去解决一个同型的靶字谜，通过原型字谜的学习，被试可以获得解决靶字谜的启发性信息，从而较快猜到字谜的答案，达到顿悟。图13-5、图13-6分别为"一对一"和"多对多"学习—测试刺激呈现流程。

图13-5 "一对一"学习-测试的刺激呈现流程

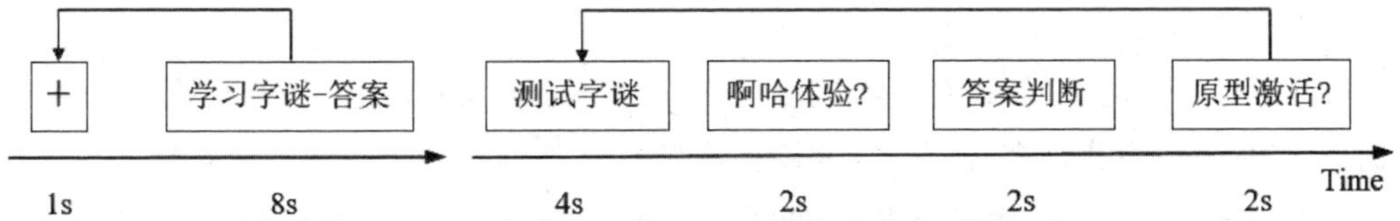

图13-6 "多对多"学习—测试的刺激呈现流程

3) 顿悟的脑机制研究

对于顿悟脑机制的研究,一直以来都存在较大的难度:①在自然状态之下,顿悟发生的时间点是不可控的。②从脑成像技术上考虑,可靠的分析需要通过对相当数量的、可重复观察的同类心理事件进行叠加才能够获得,而经典的实验室条件下所使用的顿悟问题(如六火柴问题、蜡烛问题、双绳问题,九点问题等)只有为数不多的几个,并且这些问题的性质、特征、复杂程度等也都各不相同,因而,难以作为脑成像研究的实验材料。③字谜、谜语、远距离联想以及变位字谜等作为实验材料虽然解决了数量问题,能够进行脑机制研究,但归结到一点,这些材料都还停留在非科学问题(如知识贫乏问题)上,带有人工性问题的特点。利用这些问题虽然能在实验室的条件下对高级认知活动进行研究,也能对额外变量进行良好控制,但其生态效度不高。

总之,从性质上看,远距离联想测验是一项分析任务,它可能更多地与人的概念整合能力相联系;NRT的很多特点都很适合认知神经科学的研究,但它是一个规则学习的过程,能否当作顿悟问题解决还是一个问题。对于谜语范式的批评主要集中在顿悟和领悟的区别上,毕竟"催化"的顿悟与自发的顿悟是不同的,而邱江等(2011)对谜语范式的改进从一定程度上克服了这一缺点。从谜语的性质上看,谜语的解决更接近顿悟问题解决,谜语范式是比较适合顿悟研究的范式。

(五) 无意识思维的研究范式

1. 概念

无意识思维是指当注意指向其他无关对象时所发生的与目标或任务相关的认知性或情感性思维过程(Dijksterhuis & Nordgren,2006)。狄克斯特霍伊斯(Dijksterhuis)等人在一系列实验的基础上,提出了无意识思维理论。该理论认为,无意识思维和有意识思维具有不同的加工特点:①容量方面。有意识思维加工容量小,而无意识思维则相对不受加工容量的限制。②权重方面。有意识思维往往会高估某些属性(例如,易于用言语表达的信息)的重要性,而无意识思维更善于把握事物各属性的自然权重(Bos, Dijksterhuis, & Van Baaren, 2011)。③规则方面。有意识思维可以依据规则进行精确计算,而无意识思维只能给出粗略估计。但最近,瑞克(Ric)和穆勒(Muller)(2012)发现,无意识思维可以进行简单的加法运算。④自上而下和自下而上加工。由于受结果预期和图式的影响,有意识思维是一个自上而下的加工过程,而无意识思维将信息慢慢整合并依据总体做出判断,是一个自下而上的加工过程(Bos & Dijksterhuis, 2011)。⑤聚合与发散。有意识思维及其记忆搜索过程是聚合式的,而无意识思维则倾向于发散式(Yang et al., 2012)。

2. 典型研究范式

研究无意识思维的范式有两阶段范式(Dijksterhuis，2004)：①呈现刺激阶段。向被试呈现复杂问题(靶问题)信息。如4栋公寓信息，每栋有12个特性，分正性(如面积很大、地点很好)与负性(如房东不友善)两类。其中，一栋较好(正性>负性)，一栋较差(负性>正性)，另两栋中性；②测验阶段。信息呈现完毕，随机将被试置于(分配到)立即决策组、意识思维组和无意识思维组。在"立即决策组"，被试立即决策(在九点量表上对每栋公寓打分)；在"意识思维组"，被试专心思考4分钟后决策；在"无意识思维组"，被试分心作业4分钟后决策。通常在"无意识思维组"，所做决策显著优于前两组。

总之，从实验方法方面来看，无意识思维研究具有三个方面的特征：①无意识思维的研究主要采用实证研究方法。通过实验设计和数据收集来分析无意识思维的特征和影响，探究无意识思维在个体行为、决策和认知过程中的作用。②在无意识思维研究中，信息编码是一个重要的实验方法。研究者通过呈现不同类型的信息(如文字、图像、声音等)，观察和分析这些信息在个体无意识状态下的加工和编码过程，以揭示无意识思维的信息加工机制。③研究者还关注目标和无意识思维加工机制之间的关系。他们通过设计实验任务，让被试在不同目标条件下进行无意识思维加工，以探究目标对无意识思维加工过程的影响。

从实验范式来看，主要运用了Dijksterhuis无意识思维理论的经典实验范式、内隐学习实验范式和内隐记忆实验范式。Dijksterhuis无意识思维理论的经典实验范式包括三个步骤：信息呈现阶段、被试分组阶段和判断阶段。首先，向被试呈现多个备择选项及其特征信息；然后，将被试随机分配到不同实验条件下；最后，让被试对选项进行选择和评价。这个范式被广泛用于研究无意识思维在决策过程中的作用。在内隐学习实验研究中，研究者通常设计一些复杂的规则或模式，让被试在不知不觉中学习这些规则或模式，通过测试被试在特定任务中的表现来评估他们是否掌握了这些规则或模式。这种范式有助于揭示无意识思维在自动学习和知识获取中的作用。在内隐记忆实验研究中，研究者通常让被试在特定情境下接触某些信息(如单词、图片等)，在一段时间后测试被试对这些信息的记忆情况。这种范式有助于探究无意识思维在记忆过程中的作用，以及无意识记忆与有意识记忆之间的区别和联系。

在应用层面上，无意识思维效应已在决策、人员选拔和创造性问题解决等诸多领域均得到应用。未来研究应重点关注改进无意识思维的研究范式，寻找更多影响无意识思维效应的中介变量，关注无意识思维加工结果如何上升到有意识层面，研究无意识思维的加工方式及其在真实和高风险任务情境中的应用(李建升等，2016)。

总之，无意识思维研究在实验方法和实验范式层面上注重实证研究和数据分析，通过设计各种实验任务和范式来探究无意识思维在个体行为、决策和认知过程中的作用和影响。

第二节 决策实验

一、决策概述

(一) 决策研究的影响

人们每天都在做大大小小的判断和决策，小到每天吃什么，大到人生的重要决定，甚至是国家大事，其重要性不言而喻。因此，"人类如何进行决策"成为近几十年来心理学、行为科学、经济学和神经科学等学科关注的重大科学问题。心理学家丹尼尔·卡尼曼(Daniel Kahneman)因为"把心理学特别是关于不确定条件下人的判断和决策的研究思想结合到了经济学中"而获得2002年诺贝尔经济学奖。美国芝加哥大学布斯商学院行为科学与经济学教授、决策研究中心主任理查德·塞勒(Richard H. Thaler)于2017年获得诺贝尔经济学奖，理查德·塞勒的主要研究领域为行为经济学和行为金融学，其核心课题是经济决策背后的心理学。

决策研究在中国发展迅速，到2019年7月，已经分别在北京、南京、上海、杭州举行了四届决策与脑研究国际研讨会暨全国决策心理学学术年会，会议得到中国科学技术学会"高端专题学术交流活动项目"的支持。该会议是中国心理学会决策心理学专业委员会为加强中国行为决策和脑科学研究者与国际同行的学术交流，扩大中国心理学特别是决策心理学研究的国际影响而主办的国际研讨会，包括美国判断与决策学会主席戈德斯坦(Daniel Goldstein)教授在内的多位知名学者做了专题报告，会议获得了巨大成功。会议主题及专题报告包含变化世界中的人类决策、决策与未来、决策理论、神经经济学、风险和冲突条件下的决策、社会性决策、决策中的判断和启发式策略、有限理性视角下的合作观、决策中的个体差异、决策行为规律、决策脑机制、大数据与智能决策等方面。2023年7月，由辽宁师范大学脑与认知神经科学研究中心在大连主办的时间与决策的脑机制研讨会，旨在从脑科学层面探讨个体时间心理及决策之间的关系。继在北京大学举办的第一届(2017年)、第二届(2019年)"决策与神经经济学博士生论坛"及华东师范大学举办的第三届(2022年)"决策与神经经济学研究生论坛"后，2024年9月在华东师范大学举办"决策与认知计算神经科学研究生学术论坛"，旨在揭示人类决策认知计算机制，并将其转化为新的人工智能理论和算法，进一步推动通用人工智能的发展、服务于国家重大需求。

上述会议促进了跨学科的综合发展，为决策与脑科学相关研究的成果应用到管理、金融、生物、医学等其他领域打下了基础，推动了中国决策与脑科学研究的发展，进而助推了社会发展。

(二) 围绕决策形成的学科

决策(decision making)的狭义概念是选择、确定策略，其广义概念是对存在不确定因素的备选方案做出抉择的行为，决策最重要的目的是寻找最优化决策。

目前围绕决策形成了以下几个有影响的学科。

1. 决策心理学

决策心理学是研究心理现象及其规律在决策过程中的作用和影响机制的科学，其研究主要包含两方面内容：①行为决策理论，包括最大期望效用理论、主观期望效用理论、前景理论；②影响决策行为的因素，探讨心理现象与决策行为之间的关系，如情绪、个性、动机、态度等对决策行为的影响作用。

2. 行为决策

行为决策是研究人们如何进行判断与选择的科学。在半个多世纪的发展过程中，行为决策的理论、方法和结果受到广泛的重视，近20年的行为决策研究展现了出乎意料的应用价值，如行为助推，就能有效地帮助各级政府和各类组织制定和实施公共政策，继而更好地服务于社会大众，其独到之处在于：它既不必取道行政命令，也无须借助经济杠杆，而是通过提供简约且低成本的选择架构，使人们的行为朝着预期的方向改变，并对管理、金融、生物学、医学、法律等其他多个领域产生了重要影响。

3. 决策神经科学

决策神经科学(decision neuroscience)是打开大脑决策加工的"黑匣子"，是一门新兴的前沿学科，是管理科学新的学科生长点。它是在传统的行为决策科学研究的基础上发展起来的一门交叉学科，该学科试图利用神经科学的成像技术，结合认知科学和心理学的最新进展，与管理科学中的决策科学相结合来研究人的决策行为背后的加工机制。在过去的几十年中，神经科学技术取得了巨大的进步，也带动了决策科学在神经科学方面的相应进步。

二、决策的研究范式

目前，决策心理学的研究范式还不统一，主要有标准化范式、描述性范式和进化论范式。

(一) 标准化范式

标准化范式也称经济学范式，其目标是建立最优化或完全理性的、普适的决策模型，主要代表理论是期望效用理论和主观期望效用理论。

1. 期望效用理论

基于"完全理性"观点的决策理论倾向于用数学模型来模拟人的决策过程，最具代表性、影响最大的当数诺依曼和摩根斯腾(Neumann & Morgenstern，1947)提出的"期望效用理论"(expected utility theory)。期望效用理论是一种标准化行为理论，主要观点是：决策者能够全面权衡信息并做出最优决策，人们所做的选择总是具有最大的期望效用值。期望效用值可以用备择方案的结果的发生概率与该备择方案的效用值之间的函数来表示：

$$E(期望效用值)= P(某结果发生的概率) \times U(该结果的效用值)$$

例如，假设两家公司(公司一和公司二)提供了两份工作，初始工资相同，在公司一工作第一年工资增长20%的机会是50%；在公司二工作第一年工资增长10%的机会是90%，决策者会选择哪家公司呢？根据期望效用理论，公司一的效用值U_1=20%，结果发生概率P_1为50%，期望效用值$E_1 = P_1U_1$=50%×20%=10%；公司二的效用值U_2=10%，结果发生概率P_2为90%，期望效用值$E_2=P_2U_2$=90%×10%=9%，所以，决策者会选择公司一。

2. 主观期望效用理论

受到"有限理性"观点的影响，研究者认为人们在决策过程中，并非完全按照客观存在的效用值和概率计算期望效用值，效用值和概率的估计会受到人的主观因素的影响。故而，萨维奇(Savage, 1954)提出了主观期望效用理论(subjective expected utility theory)。该理论用主观概率代替了期望效用理论中的客观概率，用主观效用值代替了期望效用理论中的效用值。尽管相对于期望效用理论，主观期望效用理论体现了人类决策行为中的非理性特点，但是，它并未彻底摆脱"完全理性"观点的支配，仍然试图用数学模型来解释人的决策过程。

(二) 描述性范式

描述性范式是目前主要的研究范式，是在继承和批判标准化范式的基础上成长起来的。描述性范式以西蒙提出的"有限理性"概念为指导思想，认为人是理性的，但理性是有限的，并借用心理学的研究成果与方法，研究决策者的真实决策行为，探讨详述决策过程中的认知、思维及其他心理过程的作用。

在此基础上，研究者建立起许多描述性决策理论，卡尼曼(Kahnman)和特沃斯基(Tversky)不仅提出前景理论，还发现人类决策的许多启发式偏差乃至缺陷。

1. 前景理论

卡尼曼和特沃斯基提出的前景理论(prospect theory)解释了人们如何评估备选项以及如何做出决定。前景理论的要点可以用图13-7来表示。图13-7中横坐标表示事物的客观状态，可以是金钱的赚赔、工作的得失等。纵坐标表示主观状态或对事物变化的心理反应，也称为价值。

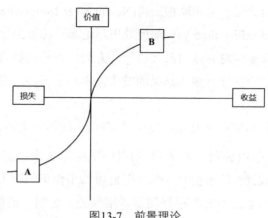

图13-7　前景理论

前景理论将决策制定分为转化、合并和决策三个阶段。在转化阶段,结果被解码为相关的参照点,并赋予了主观价值,概率转化为决策权重。在合并阶段,主观价值和决策权重合二为一。在决策阶段,期望价值被评估或一个前景被选择。前景理论的核心观点在于价值函数的主观性。价值函数具有三个显著的特征:①价值函数有一个参照点,这是使相关结果如低价值被知觉为损失,高价值被知觉为收益的焦点水平。②在参照点附近,这个价值函数的形状变化显著,高于参照点,即在获益的范围内,价值函数呈凸型(曲线B),表现了递减的边际价值;低于参照点,即在损失的范围内,价值函数呈凹型(曲线A)。③损失面的价值函数的坡度要比收益面的陡峭,意味着对损失的反应要比对收益的反应敏感得多。

前景理论可以很好地对人们的决策行为和结果进行预测,是一个有用的描述决策模型。

除此之外,卡尼曼和特沃斯基还研究了人们决策时所使用的方法。他们认为,当面临时间有限、信息不完全等不确定的决策情境时,人们依赖于启发式(heuristics)而不是正规的分析方法。但在某些情况下,启发式方法的使用可能会导致一些可以预测的系统性偏差。

综上,相对于早期的预期效用理论,前景理论更反映了人们真实的决策行为。现实生活中,人们做决策时,并非完全理性的,而是会受到多种心理因素的影响。前景理论以经济学领域为研究背景,试图探明这些非理性的心理因素对人们决策行为的影响,将心理学研究和经济学研究有效地结合起来,揭示了在不确定性条件下的决策机制,开拓了一个全新的研究领域。

2. 描述性范式下的启发式偏差

在决策模型的讨论中,我们提到决策者经常依赖于捷径和经验法则(卡尼曼和特沃斯基称之为启发式)来节省精力和简化决策程序。通常,这些捷径有助于人们迅速做出令人满意的决策,但是也可能造成严重的偏差和对理性的偏离。因此,认识这些偏差可以有效地帮助决策者在利用某些经验法则的同时,避免其负面的破坏作用。目前发现了一些常见的决策偏差：证真性偏差(confirmation bias)、过度自信(overconfidence)、易得性偏差(availability bias)、代表性偏差(representative bias)、锚定偏差(anchoring bias)、事后通偏差(hindsight bias)、随机性错误(randomness error)、承诺升级(Escalation of commitment)、框架效应(framing effect)等。下面以框架效应为例作简单介绍。

问题呈现方式的不同会导致人们做出不同的决策，这种现象叫做框架效应。特沃斯基和卡尼曼(1981)最早对框架效应进行了研究，他们做了一个著名的实验：

假定美国正在为预防一种罕见疾病的暴发做准备，预计这种疾病会使600人死亡。现在有两种方案，对这两种方案疗效的科学估计如下所述：

(一) 采用A方案，可以救200人；采用B方案，救活600人的可能性有1/3，600人全部死亡的可能性有2/3。你认为哪一种方案可行？

(二) 采用A方案，会使400人死亡；采用B方案，无人死亡的可能性有1/3，600人全部死亡的可能性有2/3。你认为哪一种方案可行？

描述(一)是疾病案例的积极框架的版本。显然，活下来是一种获益，此时人们不愿意冒险，更愿意选择A方案。描述(二)是疾病案例的消极框架的版本，死亡意味着失去，此时人们更倾向于冒险，更愿意选择方案B。而事实上，两种情况的结果是完全一样的。救活200人等于死亡400人；600人无一死亡的可能性为1/3等于600全部死亡的可能性为2/3。

从心理上说，显然是选项的表征导致了这种差异。在积极框架版本中，大多数回答者(72%)确定选择救活200人的选项，他们倾向于风险规避而不是冒险。在消极框架版本中，大多数回答者(78%)确定选择B选项，他们倾向于冒险而不是风险规避。

在案例中，前景理论用以下的逻辑预示这种结果：在积极的框架版本中，参照点是救活200人，结果知觉为可能获益，概率为1的救活200人比概率为1/3的救活600人更有吸引力；在消极的框架版本中，参照点是无人死亡，结果知觉为可能损失，概率为1的400人的死亡不如概率为2/3的600人死亡有吸引力。可见，在获益领域内，我们寻求风险规避；在损失领域内，我们寻求风险突破。

框架效应得到了很多研究的证实。前景理论到目前为止是最有影响力的叙述框架的理论，与其他模型相关的实证研究还很少。框架模型可以基于它们强调问题的方面分为认知的、动机的和隐喻模型。框架效应告诉我们，框架会在很大程度上影响决策者是回避风险还是趋近风险。

(三) 进化论范式

该范式从生物进化的角度强调个体适应环境的重要性，认为客观世界是不确定的、复杂的，生物体能对如此复杂的客观世界做出正确判断，说明他们在长期进化过程中已经成为归纳推理的"行家里手"。进化论范式提倡生态理性，即强调"决策的机制就是充分利用环境中的信息结构以得出具有适应价值的有用结果"，以及个体在适应环境过程中获得识别环境信息结构的功能。

从本质上讲，进化论范式也是描述性的，它从关心和描述个体的实际决策行为出发，寻找个体决策的有效策略——启发式策略。

自西蒙(Simon，1947)提出有限理性(bounded rationality)概念以来，心理学家围绕这个概念展开的卓有成效的研究。西蒙、泽尔腾(Selten)和卡尼曼先后开展关于人类有限理性问题的研究而获得诺贝尔经济学奖。人类的理性是有限的(既不是非理性的，又不是纯理性的)，在这一点上他们是完全一致的。但关于这种有限理性可能产生的后果却存在不小的分歧。

一种观点倾向于把有限理性及其衍生出来的启发式看成人类决策活动经常产生谬误或偏差的源泉或表现。卡尼曼、斯洛维克(Slovic)和特沃斯基(1982)有一本重要著作，名字就叫做《不确定条件下的判断：启发式与偏差》。在他们的研究中表现了这种倾向。

另一种观点倾向于认为，有限理性及其衍生出来的启发式足以使人类在现实环境中做出合理判断和决策。现实环境并不苛求人类和动物，并不要求人类和动物时时处处都做出最优化选择和决策，所以，任何人都不必为自己理性资源的有限而忐忑不安。相反，那些奢望通过无限理性实现最优化目标的理想主义者反而是不合时宜的。这就是西蒙所谓的"满意性"(Satisficing)原则所包含的思想。

德国马克斯·普朗克(Max Planck)社会人类学研究所的吉仁泽(Gigerenzer)教授与卡尼曼和特沃斯基于20世纪90年代展开了一场论战，被后人(Samuels, Stich & Bishop, 2002)称为"理性战争"(the rationality wars)。

吉仁泽及其所带领的"适应行为与认知研究组"(center for adaptive behavior and cognition，简称 ABC 研究组)的主要贡献有以下两个：①在坚持有限理性假设的前提下，创造性地提出了"生态理性"(ecological rationality)的概念，即判断理性的标准应该是决策规则(或策略、方法)与现实环境(包括自然和社会环境)之间的匹配或拟合程度。当它们能够匹配或拟合于现实环境时，从生态学角度看就已经足够了。有机体是否有理性或其做出的判断和决策是否合理，应该用现实的外在标准来判断，而不是用唯理论者所推崇的不切实际的最优化标准来判断。②当面临复杂的现实决策任务时，他们就应该且必须采用简洁而"精明的"(smart)方法来配置和使用其资源。吉仁泽教授和"ABC研究组"发现并提出了再认启发式、采纳最佳启发式等一系列"快速节俭启发式"(见表13-2)。他们通过大量实验证明这些简单决策规则是节省信息的合理而高效的认知策略，并纳入其提出的适应性工具箱。

表13-2 十种启发式及其定义

启发式	定义
再认启发式(Goldstein & Gigerenzer，2002)	若两个(或多个)选项中的一个得到了再认，那么推断它具有较高的效标值
频数启发式(Schooler & Hertwig，2005)	如果一个选项比另一个选项被再认得更快，那么推断它有较高的效标值

(续表)

启发式	定义
采纳最佳启发式(Gigerenzer & Goldstein，1996)	①按照线索的效度搜索线索；②一旦遇到能够区分两个选项的线索，终止搜索；③选择该线索支持的那个选项
记数(单元加权线性模型；Dawes,1979)	数出支持各个选项的线索数量(无须加权)，选择受到最多线索支持的那个选项
满意性(Simon,1955)	搜索选项，选择超过抱负水平的第一个选项
1/N等同启发式(DeMigurel, Galarppi & Uppal，2006)	平等地分配资源给N个选项中的每一个
缺省项启发式(Johnson & Goldstein，2003)	如果有一个缺省项，那么不做任何决策
一报还一报(Axelrod，1984)	首先合作，然后模仿对手最近一次行为
模仿多数(Boyd & Richerson，2005)	观察同伴中多数人的行为，模仿它
模仿成功(Boyd & Richerson，2005)	寻找最成功者，模仿他或她的行为

综上，标准化范式认为其决策人的人性观是完全理性人，决策质量的评判标准是决策是否达到了最大期望效用。

描述性范式认为其决策人的人性观是有限理性人，决策质量的评判标准是决策是不是满意标准。

进化论范式认为其决策人的人性观是生态理性人，决策质量的评判标准是决策是不是对应性标准，即将决策策略与外部世界联系起来进行评价，而不是与内在连贯性联系起来进行评价的标准，它主要考察决策的准确性、节俭性和速度。

三、决策研究的实验范式实例

1. 囚徒困境

1950年，美国兰德公司的梅里尔·弗勒德(Merrill Flood)和梅尔文·德雷希尔(Melvin Dresher)拟定出"困境"的相关理论，后来由顾问艾伯特·塔克(Albert Tucker)以囚徒方式阐述，并将其命名为"囚徒困境(prisoner's dilemma)"：两个共谋犯罪的人被关入监狱，不能互相沟通情况。如果两个人都不揭发对方，则由于证据不确定，每个人都坐牢一年；若一人揭发，而另一人沉默，则揭发者因为立功而立即获释，沉默者因不合作而入狱十年；若互相揭发，则因证据确实，两人都判刑八年。由于囚徒无法信任对方，倾向于互相揭发，而不是同守沉默，最终导致纳什均衡((Nash equilibrium)[1]仅落在非合作点上的博弈模型。

囚徒困境是两个被捕的囚徒之间的一种特殊博弈，说明在对合作双方都有利时，为

---

[1] 纳什均衡，又称为非合作博弈均衡，是博弈论的一个重要术语，由约翰·纳什(John Nash)在1951年提出。在一个博弈过程中，无论对方的策略选择如何，当事人一方都会选择某个确定的策略。如果每个参与人都无法单方面(在其他参与人都不改变策略的情况下，自己改变策略)改善自己的处境，此时的局面称为"纳什均衡"。需要注意的是，纳什均衡不一定是最优的，例如囚徒困境。

什么保持合作也是困难的。囚徒困境是博弈论的非零和博弈中具有代表性的例子,反映个人最佳选择并非团体最佳选择。虽然困境本身只属模型性质,但现实中的价格竞争、环境保护、人际关系等方面,的确频繁出现类似情况。

2. 最后通牒博弈

实验心理学和实验经济学中常用最后通牒博弈(ultimatum game, UG)研究决策。最后通牒博弈是一种由两名参与者进行的非零和博弈。在这种博弈中,一名提议者向另一名响应者提出一种分配资源的方案,如果响应者同意这一方案,则按照这种方案进行资源分配;不同意,则双方收益都为零。

最后通牒博弈实验始于1982年的德国柏林洪堡大学。在该校经济学系的古斯(Werner Guth)等三位教授的支持下,42名学生每两人一组参加了一项名为"最后通牒"的有趣的博弈论实验。实验中两个人分4马克。其中一个人扮演提议者(proposer)提出分钱方案,他可以提议把0和4之间任何一个钱数归另一人,其余归自己。另一人则扮演回应者(responder),他有两种选择:接受或拒绝。若是接受,实验者就按他们所提方案把钱发给两人;若是拒绝,钱就被实验者收回,两个人分文都拿不到。

为防止交情、一时冲动、事后的社会议论等因素起作用,实验采取双盲方式。提议者和回应者都不知道对方是谁。在实验规则宣布后,他们有一天的时间作慎重考虑,然后提议者填一张表报个数字,再由实验主持者将分配方案交给回应者,回应者决定是拒绝还是接受。

按照利益最大化原则,这个博弈的均衡点是很明确的:对于回应者来说,分给自己的钱数,不管多少,只要不为零,则比起拒绝,接受总有更大的利益,他应该选择接受;既然回应者能接受任何不为零的钱数,那么提议者为自己利益计算,分给对方一点小钱就够了。

实验结果显示,不论是对提议者还是对回应者的行为,博弈论对最后通牒博弈没有得出一个有说服力的解释,而且,也不能对现实世界中人们的真实行为提出满意的预测。主持实验的古斯等教授指出原因在于受试者是依赖其公平观念而不是利益最大化来决定其行为的。实验中人们所表现出来的公平分配的倾向与传统经济学中"经济人"的假设明显不相符。

3. 爱荷华博弈

爱荷华博弈任务(Iowa gambling task, IGT)是一种模拟现实决策情景的实验室任务,主要用于研究人们在面对不确定性和风险时的决策过程。该任务由爱荷华大学的研究人员安托万·贝拉沙(Antonine Bechara)等人(1994)开发,主要用于研究腹内侧前额叶皮质(vmPFC)损伤患者的决策缺陷。

在IGT中,参与者被要求在4副纸牌(A、B、C、D)中做出选择,每张纸牌都代表着一定的奖励和惩罚。某些选项(A和B)的即时回报比较丰厚,但潜在的风险也较大;而某些选项(C和D)则相反,即时回报较小,但风险也较低。具体来说,选择纸牌A每次给

100美元的奖励，但连续10次有5次35~150美元的惩罚；选择纸牌B每次给100美元的奖励，但连续10次有一次1250美元的惩罚；选择纸牌C和D的奖励和惩罚则相对较少。参与者不知道纸牌中奖励和惩罚的具体数量和频率，只能根据每次选择后的反馈来逐渐学习并优化自己的决策。

IGT涉及风险采择和概率学习两个因素，可以揭示参与者在决策过程中的风险偏好、学习速度以及适应环境的能力。IGT的决策情景与现实生活中的许多决策情景相似，因此，它被广泛用于心理学、神经科学、经济学和精神病学等领域的研究中。

近年来，研究人员对IGT进行了多次改进和扩展，以适应不同的研究需求。例如，通过改变奖励和惩罚的数量和频率，可以研究不同条件下的决策行为；通过引入情绪因素，可以研究情绪对决策过程的影响；通过与其他神经成像技术结合，可以探究决策过程在大脑中的神经机制。

总体来说，IGT是一种重要的实验室任务，可以为我们深入理解人类的决策过程提供有力的工具。

思考题

1. 思维研究的主要内容有哪些？其发展趋势是什么？
2. 思维研究的实验范式有哪些？
3. 思维研究在人工智能领域的应用前景如何？
4. 创造性思维的定义与核心特征是什么？有哪些影响因素？
5. 创造性思维的实验范式有哪些？如何培养和发展创造性思维？
6. 决策的相关理论有哪些？
7. 决策研究的三大主要范式是什么？具体决策研究常见的实验范式有哪些？
8. 查阅相关文献，了解风险决策和跨期决策研究的最新进展。

实验操作

1. 实验名称：爱荷华博弈任务(Iowa gambling task)实验

实验问题：个体的风险偏好会影响个体的决策

实验目的：探究个体的风险偏好

实验程序：用软件如E-prime、Psycopy等编写实验程序。基本程序如下：电脑屏幕呈现4张不同的卡牌，通过不同的按键(R、I、C、M)选择卡牌，每个按键对应不同的奖励或者惩罚。要求被试从4张卡牌中选择一张，被试的目的是尽可能赢得更多的积分。卡牌中奖惩的详细设置：按键R对应的卡牌每次给150分的奖励，但是连续10次有1次900分的惩罚；按键I对应的卡牌每次给的奖励是200分，但是连续10次有1次2000分的惩罚；按键C对应的卡牌每次给出150分的奖励，但是连续10次有4次扣分的情况，分别扣

125分两次、145分两次；按键M对应的卡牌每次给出200分的奖励，但是连续10次有4次扣分的情况，分别扣310分两次、465分两次。因此，从长远来看，按键R和C对应的卡牌是长期有益的牌，因为它们尽管短期收益很少，但长期来看利益大于损失。按键I和M对应的卡牌是长期不利的牌，尽管这两张牌能带来更多的短期收益，但是从长远来看，损失更大。在任务开始之前，参与者并不知道4张牌的具体情况。

结果分析：计算被试在爱荷华博弈任务中的得分、IGT净分数，分数越低表示被试在决策过程中越倾向于冒险。净分数计算公式：被试选择收益卡(按键R、C对应的卡牌)的次数减去选择损失卡(按键I、M对应的卡牌)的次数。

2. **实验名称**：仿真气球冒险任务(balloon analogue risk task，BART)实验

实验问题：个体的风险偏好会影响个体的决策

实验目的：探究个体的风险偏好

实验程序：用实验软件编好实验程序。基本程序如下：被试需要通过计算机键盘或者鼠标给屏幕的仿真气球打气，每一次的充气行为操作之后，被试都能得到相应的利益，气球膨胀得越大，利益就越高。但是，如果气球爆炸，则该气球的收益为零。被试要么在继续的充气中进行更冒险的决策，取得更大的收益或者面临损失；要么停止冒险，得到目前的收益。为了使参与者得到尽可能多的奖励，需要他们在气球不爆炸的情况下通过尽可能多的点击来给气球打气。每个气球的爆炸点都是从初始充气到整个气球填充(即从第一个充气)随机设置的。

结果分析：计算被试完成仿真气球冒险任务的BART值，它代表膨胀但不爆炸气球的平均按键次数，分数越高，参与者在决策过程中冒险的可能性就越大。

案例分析

【案例1】

研究问题：采用现实生活中的科学发明事例，通过两个研究探讨了问题先导下的原型启发促发顿悟的机制。

研究方法：实验1采用简单原型材料，利用"先问题"范式探讨了问题先导下的原型启发促发顿悟的关键认知过程，结果发现问题激活率可以解释问题解决正确率89.3%的变异。实验2采用3种不同难度的原型材料，用"先问题"范式和被试自我报告问题和原型中关键词的方式探讨问题自动激活的机制。

研究结果与讨论：结果发现原型和问题关键词的提取对问题激活率有显著影响，而原型和问题关键词之间的语义相似性与问题激活率显著相关。

研究结论：问题激活是现实生活中广泛存在的问题先导下的原型启发促发顿悟的关键认知过程。原型的特征性功能和问题的需求性功能之间的语义相似性是问题自动激活的机制。

[案例来源：杨文静，靳玉乐，邱江，等. 问题先导下语义相似性和原型难度对原型启发的影响. 心理学报，2018(3)：260-269.]

【案例2】

研究问题：思维僵局不仅是顿悟问题有别于常规问题的重要要素，还是顿悟赖以实现的基础。先前研究虽对顿悟瞬间的脑认知活动进行了较充分的探讨，但却较少对思维僵局的有关过程进行研究。思维僵局究竟是源于早期的知觉阶段还是晚期的问题加工阶段，至今仍是未解之谜，但它是人们认识顿悟过程所必需的。只有充分认识和理解了该过程，才可能更全面地理解顿悟究竟建立在怎样的脑认知表征的基础之上。

研究方法：研究运用ERP技术，采用猜谜任务范式对顿悟中思维僵局产生的阶段及其脑认知活动进行了探讨。

实验材料：研究以一半难度较高、一半难度较低的130条字谜作材料。选取较难字谜主要是为了让被试不容易想出谜底，以便他看到屏幕所呈现的可能谜底(正确匹配的谜底或错误匹配的谜底)时能产生瞬时的顿悟，例如，"木乃伊"的谜底是"居"。对于容易字谜，被试更易猜到正确答案。当呈现答案时，他发现自己所猜出的谜底与所给谜底一致时就不会产生顿悟。

实验程序：正式实验包含120个试次(其中110个谜面与谜底正确匹配，另10个谜面与谜底错误匹配，主要避免被试在实验过程中觉察到谜面与谜底的对应关系和由此所致的反应定势)。被试每40试次休息一次。实验流程如图13-8所示。

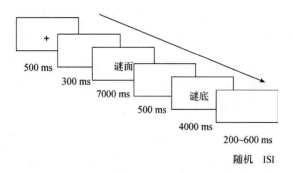

图13-8 字谜任务的刺激呈现流程

研究结果与讨论：研究发现，在120～210ms和620～800ms内，"有僵局"谜题较之"无僵局"谜题在额-中央区分别诱发了一个更正的P170和晚期正成分(late positive component，LPC)。其中，P170主要反映人脑对思维僵局的早期觉察，LPC则主要表征人脑经过一定解题尝试后对前期预评估僵局的修正和有意识反思。

研究结论：这些结果挑战了传统的思维僵局的晚期产生假说，支持思维僵局的"早期产生机制"假说，表明人脑在早期知觉阶段就能直觉地觉察思维僵局的存在。

[案例来源：沈汪兵，刘昌，罗劲，等. 顿悟问题思维僵局早期觉察的脑电研究. 心理学报，2012(7)：924-935.]

第十四章 知觉、注意与意识

概要：本章包括三节内容，分别是知觉、注意和意识三个认知加工过程。每节都是在介绍基本概念的基础上进一步介绍了相关实验研究，重点介绍经典或常用的实验研究范式。本章的学习目标是了解知觉、注意和意识的基本概念，系统掌握知觉、注意和意识领域经典或常用的实验研究范式。

第一节 知觉实验

一、知觉概述

(一) 知觉的概念

知觉(perception)是在感觉的基础上形成的，大脑对直接作用于感官的客观事物整体属性的反映。知觉是对感觉信息的整合与解释，但并非对感觉信息的简单相加。例如，对石榴的知觉不等于对石榴的形状、颜色、气味、味道感觉的简单相加，而是根据先前头脑中的经验整体性地解释了能够带来这些感觉的客体。

一般说来，知觉包含相互联系的几个过程，分别为觉察、分辨和确认。觉察(detection)指感知到事物的存在，但不知道它是什么；分辨(discrimination)指能将一个事物或其属性与另一个事物或其属性区分开来；确认(identification)指人们利用已有的知识经验和当前获得的信息确定知觉对象是什么，然后对其进行命名并将它纳入一定的认知范畴。因而，知觉不是被动地接受外界刺激的过程，而是机体在已有知识经验的基础上对刺激和信息进行整合分析，形成对事物整体属性认识的过程。

常见的知觉组织原则有以下几个。①接近或邻近性原则：在时间或空间上接近的部分容易形成整体。②相似性原则：视野中具有相似性的部分容易形成整体。③对称性原则：视野中对称的部分容易形成整体。④连续性原则：彼此具有连续或运动方向相同的刺激物易被知觉为一个整体。⑤共同命运原则：向着相同方向变化的部分容易被看成一个整体。⑥封闭性原则：人们倾向于将图形刺激中的特征聚合成完整的形状，即使其间有断缺之处。⑦线条朝向原则：方向相同的线条容易知觉为一个整体。⑧简单性原则：视野中具有简单结构的部分易形成整体。⑨同域原则：处于同一地带或同一区域的刺激物易形成一个完整形状。⑩良好图形原则：单纯的、规则的刺激，容易被知觉为一个整体。

(二) 知觉的特点

1. 选择性

知觉的选择性是指个体在知觉客观世界时，通过注意有选择性地把一些事物作为知觉对象，而把其他事物作为知觉背景的特性。具体说来，当注意指向某个事物的时候，这个事物就成为知觉对象，而其他事物就成了背景；相反，当注意从一个事物转移到另一个事物时，原来的知觉背景就成为知觉对象，而原来的知觉对象则成了知觉背景。因此，知觉对象和背景可以相互转换。例如，图14-1显示的杯子—人脸两歧图形，如果我们把图形中白色部分看成一只杯子，那么图形中黑色部分就是知觉背景；如果我们把图形中黑色部分看成两个侧面人脸，那么中间白色部分成为知觉背景。

图14-1　两歧图形举例

2. 整体性

知觉的整体性是指个体在知觉客观事物时会把组成事物的个别属性或个别部分，组合成一个有机整体的特性。整体由部分组成，部分也依赖整体，部分只有在整体中才具有确定的含义。例如，在图14-2中，我们对中间部分字符的知觉取决于其所在的位置序列。当它处在数字序列中时，我们会把它知觉成"13"，而当它处在字母序列中时，我们会把它知觉成英文字母"B"。

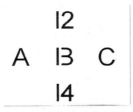

图14-2　部分对整体的依赖关系举例

3. 理解性

知觉的理解性是指个体运用已有的知识经验来解释知觉到的对象，使其具有一定的意义。个体的知识经验影响知觉的理解性，个体的知识经验不同，对同一事物的知觉也不同。例如，我们所说的"仁者见仁，智者见智"就反映了这一知觉特性。理解性在知觉中具有重要的作用，具体表现如下：首先，理解有助于将知觉对象从背景中分离出来，例如上文提到的杯子—人脸两歧图形；其次，理解有助于知觉的整体性，尤其表现在个体观看不完整图形(见图14-3)时,理解可以帮助个体把缺少的部分补充完整;最后,理解能产生知觉期待和预测,填补知觉内容的不完整之处。但是,知觉的理解性有时也有负面作用,如校对时由于对文章内容的熟悉会遗漏印刷中的错误。

图14-3 不完整图形举例

4. 恒常性

知觉的恒常性是指当知觉客体在一定范围内发生改变时,个体的知觉映像在相当程度上保持不变的特性。但多数时候我们意识不到它的存在和作用,这是由于这种恒常性是自动的和实时存在的,具有普遍性。视知觉的恒常性最为明显,主要包括以下几类:形状恒常性,是指不同角度看到的同一物体在视网膜上投射的形状不断变化,但是,我们知觉到的物体形状没有很大的变化;大小恒常性,是指个体对同一物体大小的知觉不随观察距离的变化而变化;明度恒常性,是指物体的相对明度或视亮度不随照明条件改变而变化;颜色恒常性,是指有颜色物体表面的颜色不受色光照明的影响;方向恒常性,是指知觉对象的方位不受个体身体各部位相对位置变化的影响。

(三) 知觉的分类

根据知觉过程中起主导作用的感官,可将知觉分为视知觉、听知觉、嗅知觉、味知觉、触知觉等。但是,在这些单一知觉中,除了起主导作用的感官,还有其他感官的参与。例如,视知觉中有运动觉和触觉的参与。

根据反映客观事物的特性,可将知觉分为空间知觉、时间知觉和运动知觉。空间知觉反映事物的空间特性,包括物体的形状、大小、距离和方位等信息。时间知觉反映事物的延续性和顺序性。运动知觉反映事物的运动特性,包括物体在空间上的位移、运动的速度和方向等信息。

根据知觉是否有意识的参与,可将知觉分为阈上知觉和阈下知觉。阈下知觉也被称为无觉察知觉,是一种无意识知觉,虽然个体报告没有察觉到某刺激,但是,该刺激影响了个体的行为反应,这说明个体知觉到了该刺激。而阈上知觉是一种有意识的知觉,是阈限值以上的刺激所引起的被试反应。

根据知觉反映的正确程度,可将知觉分为错觉和正确知觉。错觉指的是知觉到的事物与客观事物的实际情况不符,与客观事物的实际情况相符则为正确知觉。

根据知觉产生时有无客观刺激物的作用，可将知觉分为真实知觉和幻觉。幻觉是在缺乏客观刺激物的作用之下产生的，是虚幻的知觉，与真实知觉体验有相同特征。

二、知觉实验范式

(一) 形状知觉

形状知觉是指个体在对物体基本特征进行分析的基础上形成的关于物体形状信息的知觉。物体的原始特征包括点、线、角度、朝向和运动等(Marr, 1982)。因而，形状知觉是对物体复合特征进行的加工，是较高层级的知觉，也是个体进行物体识别的重要基础。

1. 面孔知觉

和其他知觉相比，面孔知觉更倾向整体或完形加工。研究者常通过以下几种实验效应或范式研究面孔整体加工。

(1) 倒置效应，是指个体再认正立面孔时的正确率显著优于倒置面孔。罗伯特·尹(Robert Yin, 1969)通过对比被试对正立和倒置面孔或普通物体(如房子)的再认成绩，结果发现，所有刺激正立时再认成绩较好，倒置时再认成绩都较差；但是，再认正确率差异最大的是倒置面孔和正立面孔。据此，罗伯特·尹认为，正立面孔的加工方式不同于倒置面孔及普通物体，正立面孔依赖于整体加工，倒置面孔破坏了面孔的整体加工。

(2) 整体—局部效应，指的是当单独呈现面孔特征信息(如鼻子)时，被试很难完成对该特征信息的识别，相反，当呈现整个面孔时，被试对这些面孔特征信息识别的成绩则比较好。在实验中，研究者(Tananka & Farah, 1993)先让被试先学习一些正立的面孔，然后让被试在两种条件下对其中一张面孔的特征信息进行识别(如面孔Larry的鼻子)。在第一种实验条件下，被试需要识别单独呈现的这个面孔特征信息。例如，研究者向被试呈现一对鼻子，其中一个Larry的，另一个是干扰项，被试需要选出Larry的鼻子。在第二种实验条件下，被试需要识别呈现在整个面孔中的这个特征信息。例如，研究者向被试呈现一对面孔，除了被试需要识别的特征信息不一样，这两张面孔的其他信息均一致，其中一张面孔是Larry，另一张Larry面孔中的鼻子被替换，被试需要判断哪张面孔中的鼻子是Larry的。结果表明，在第二种实验条件下，被试的反应显著优于第一种实验条件。

(3) 复合面孔效应，指的是如果把分别来自两张不同面孔的上下半部分对齐合成一张新的面孔，那么被试在再认合成新面孔的上半部分时存在困难，但是，当平移错开、不对齐这张新面孔的上下两部分，被试对这张新面孔上半部分的再认成绩较好。安迪·扬等人(Andy Young, et al., 1987)最早采用名人面孔发现了复合面孔效应，霍尔·格雷厄姆(Hole Graham, 1994)在陌生面孔中也发现了该效应。实验中，霍尔·格雷厄姆要求被试忽略新面孔下半部分，完成两张新面孔上半部分的匹配任务，结果也发现，被试很难匹配两张对齐新面孔的上半部分信息，但是，被试很容易匹配两张不对齐新面孔的上半部分信息。这说明，当对齐合成新面孔的上下两部分时，它们被看作一个整体进行加工，被试很难把上下两部分分开进行单独加工，从而影响了被试对新面孔上半部分的识别；但是，当不对齐新面孔的上下两部分时，下半部分面孔对上半部分的干扰作用减弱，从而使得被试能够很好地识别新面孔上半部分。

(4) Jane任务范式。蒙德洛奇等(Mondloch, C. et al., 2002)采用Jane任务范式研究了面孔特征加工和构形加工的发展性问题。面孔特征加工指的是控制所有面孔的嘴巴或眼睛信息不一致，其他信息保持一致；面孔构形加工指的是变化面孔的双眼间距或嘴鼻间距。近年来，研究者(Mercure et al., 2008；Scott & Nelson, 2006；Yovel et al., 2004；2006)采用该范式进行了大量的研究。例如伦齐·琪雅拉等(Renzi Chiara, et al., 2013)采用经颅磁刺激(transcranial magnetic stimulation，TMS)方法，发现面孔特征信息和构形信息分别由左侧额中回(left middle frontal gyrus)、右侧额下回(right inferior frontal gyrus)负责加工。这说明，负责面孔特征加工和构形加工的脑区是分离的。

2. 拓扑性质知觉

拓扑性质源自拓扑学，也称为橡皮薄膜几何学，尤其关注空间对象在连续变形下保持不变的性质。例如，一张橡皮膜可经任何变形，只要不撕裂，其拓扑性质仍维持不变；一旦出现破洞，其拓扑性质即发生改变。因此，拓扑性质指的是在拓扑变换(如拉伸、扭曲、挤压等)下，图形保持不变的特性和关系，如连通性、内外关系、缺口的个数等。当一正方形变为圆形时，其连通性等拓扑性质保持不变，故正方形和圆形为拓扑等价图形；然而，当正方形变为圆环时，一个有缺口而另一个没有缺口，缺口数量即为典型的拓扑性质，因此，正方形和圆环为非拓扑等价图形，即两者存在拓扑性质的差异(李宝林等，2013)。

陈霖的拓扑性质知觉理论认为，拓扑性质发生在视知觉早期阶段，个体对于拓扑性质的加工会优先于对其他几何性质(如投射几何、射影几何、欧式几何)的加工(Chen, 1982；Chen, 2005)。例如，在呈现时间5ms的阈下条件中呈现一对图形，要求被试判断这一对图形是否相同，发现个体判断具有拓扑性质差异的图形(如圆和双圆组成的环形)的准确率显著高于不具有拓扑性质差异的图形(如圆和方形)的准确率(Rubin & Kanwisher, 1985)。另有研究考察了个体辨别拓扑性质差异和其他几何性质差异时大脑半球的功能不对称性，结果发现，辨别拓扑性质差异(如洞的差异)时，左半球有优势；辨别距离和朝向等几何性质差异时，右半球有优势(兰哲，陈霖，1998)。

(二) 时距知觉

时距知觉是对客观事物持续性的一种感知，包括对某一事件持续时间(也称实时距，filled interval)和两个相继事件之间时间间隔(也称空时距，empty interval)的感知(黄希庭等，2003)。时距知觉的测量可以采用以下两种方法。

1. 时间再现任务

例如，在实验中，刘静远和李虹(2019)先给被试呈现一张图片，其呈现时间为2s、4s或8s；然后，屏幕中出现"计时开始"的字样提示，被试通过按压空格键开始计时；

接下来出现空白屏幕；当被试认为空白屏幕与刚才的图片呈现时间相同时，立即再次按下空格键，屏幕中央随即出现"计时结束"字样。实验过程中，要求被试不借助计时工具，凭借自己的感觉去估计时间。

2. 时间二分任务

这类任务包括学习和测验两个阶段。例如，在学习阶段，研究者先给被试呈现一个固定时长的刺激，比如500ms(标准时距)；间隔300ms后，在测试阶段，随机呈现一系列不同时长的比较刺激，比如为350、400、450、500、550、600或650ms(比较时距)；然后，呈现空屏，要求被试比较测试阶段的刺激与学习阶段的刺激呈现的时长哪个较长，并通过按键进行反应(李宝林等，2013)。

(三) 社会信息的运动知觉

运动知觉是指个体对于物体在空间位移或速度变化的知觉。也就是说，当物体改变空间位置，而我们又能够察觉到这种变化时，便产生了对该物体的运动知觉。

1. 面孔运动

日常生活中，面孔并不是静态的二维图像，而是带有多种运动方式的动态刺激，包括刚性运动(如头部转向、点头等)和非刚性运动(如眨眼、咀嚼等)。研究发现，相较静态面孔而言，个体在识别动态面孔时会表现出较好的成绩，这被称为动态面孔优势效应(O'Toole et al.，2002)。最近也有研究探讨了面孔运动对面孔整体和特征信息加工的影响(Wang et al., 2023)。在学习阶段，研究者向被试呈现不同头部转向的面孔(运动)或静态面孔；在测试阶段，向被试呈现高空间频率的面孔(特征加工)或低空间频率的面孔(整体加工)；要求被试判断测试阶段呈现的面孔与学习阶段呈现的面孔是否为同一人。研究发现，当学习阶段呈现运动面孔时，被试对低空间频率面孔反应的正确率显著高于高空间频率面孔；而当学习阶段呈现静态面孔时，被试对高低空间频率面孔的反应不存在显著差异。据此研究者认为，面孔运动促进对面孔整体信息的加工。因为面孔最明显和直观的功能是情感的表达，所以，除了咀嚼、眨眼和头部转动之外，利用快乐、愤怒等带有情绪的动态面孔也呈现动态面孔表情优势效应(Calvo et al.，2016；Richoz et al.，2024)。动态面孔表情研究指的是向被试呈现从中性情绪到100%强度的某种基本情绪(如愤怒)，要求被试判断面孔情绪类型。

2. 生物运动

生物运动指的是生物体(人类和动物)在空间上的整体性移动行为，如步行、奔跑等。在日常生活中，我们所观测到的生物运动往往与其外形特征(身体形状)联系在一起。20世纪70年代，瑞士心理学家约翰松(Johansson)首先提出利用光点动画技术将生物运动模式从形状特征中分离出来，这种操纵方式开启了在实验室中使用光点运动序列研究人体运动的先河。他将人体的一些重要关节处(如肩、肘、踝等)贴上信号灯，以此来拍摄记录人在运动过程中这些关节的运动轨迹，最终得到光点动画(一些白色的点在黑色背景上运动),如图14-4所示。观察者仅仅通过这些动画就可以识别出人的运动。随后,研究者通过计算机合成(Cutting et al., 1988)或三维运动捕获系统(Ma, Y. et al., 2006; Vanrie & Verfaillie, 2004)的方式改进了光点动画技术。光点运动序列由此成为一种非常有效的研究生物运动知觉的材料。尽管生物运动在视觉特征上和面孔非常不同,但它仍然具有和面孔相似的加工特性。与面孔知觉一样,生物运动具有倒置效应和生命早期偏好现象。例如,研究者采用提示范式考察了生物运动对反射性注意定向的影响(Shi et al., 2010)。研究者先在屏幕中央呈现500ms朝左走或朝右走的生物运动图片作为提示刺激,然后在屏幕的左侧或右侧呈现100ms的光栅刺激,被试需要判断光栅刺激是朝左倾斜还是朝右倾斜。当生物运动朝右走,光栅刺激朝右倾斜时被界定为提示有效条件;当生物运动朝右走,光栅刺激朝左倾斜时被界定为提示无效条件。研究发现,在正立条件下,提示有效条件的正确率高于提示无效条件;在倒置条件下,提示有效和无效条件不存在差异,这表明生物运动信息可以引发个体的注意定向。

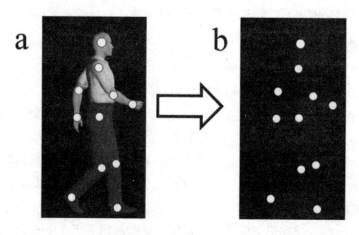

图14-4 生物运动刺激示意图

第二节 注意实验

一、注意概述

(一) 注意的概念

注意是心理活动或意识对一定对象的指向和集中。因而,注意具有指向性和集中性两个特点。注意的指向性指在个体的心理活动在当下选择了某个刺激而忽略了其他刺激。指向性不同,个体面对同一场景获取的信息也不同。注意的集中性指个体的心理活动在一定方向上活动的强度或紧张度,也就是我们所说的专心致志的程度。心理活动的强度或紧张度越大,注意也就越集中。个体在高度集中注意时的注意指向范围缩小,从这个角度来看,注意的指向性和集中性是不可分割的。

(二) 注意的种类

1. 根据注意的功能分类

根据注意的功能，可以把注意分为选择性注意、持续性注意和分配性注意三种。

选择性注意(selective attention)，指个体在同时呈现的两种及以上刺激中选择符合自己需要的刺激进行注意，而忽略其他刺激。选择性注意促使人们把注意力集中到重要刺激上，减少次要刺激的干扰，从而更有效地感知和适应外界环境。

持续性注意(sustained attention)，指在一定时间内稳定在某个客体或活动上的注意。

分配性注意(divided attention)，指个体在执行监测或搜索任务时把注意分配在两种或两种以上刺激上的注意。注意分配有不同的水平，它取决于同时进行的几种活动的性质、复杂程度以及个体对活动的熟悉或熟练程度等条件。当同时进行的几种活动越复杂或难度越大时，注意分配就越困难。

2. 根据有无目的和意志努力的程度分类

根据有无目的和意志努力的程度，可以把注意分为不随意注意、随意注意和随意后注意。不随意注意，指事先没有预定目的，也无须意志努力的注意，也称为无意注意。随意注意，指有预定目的，必要时需要意志努力的注意，也称为有意注意。随意后注意，指既有预定目的，又无须意志努力的注意，也称为有意后注意。

二、注意实验范式与技术

(一) 提示范式

1. 基本原理

提示范式(cuing paradigms)是通过刺激或指导语引导被试注意并完成对某一条件刺激的加工，而忽视其他条件的刺激，其结果可以比较被注意到的刺激和未被注意到的刺激在加工过程上的差别，也可以分析注意指向被提示信息的加工过程。

2. 典型范式

视觉空间提示范式是提示范式的典型，最早由迈克尔·波斯纳(Michael Posner, 1980)提出。该范式的基本流程如下：每次试验开始时先在屏幕中央呈现一个注视点，然后在注视点的左侧或右侧呈现线索，之后呈现目标刺激，要求被试尽可能快地对目标做出反应。该目标刺激可能出现线索位置(有效线索)，也能出现在非线索位置(无效线索)，如图14-5所示。

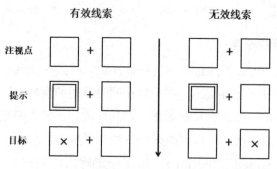

图14-5 空间提示范式图示

实验以提示有效性为自变量，以反应时为因变量，实验结果显示，有效线索条件下的反应时显著快于无效线索条件下的反应时。例如，研究者使用提示范式考察注意对面孔加工的影响，先在注视点的上下方向或左右方向呈现两个80ms的提示框，然后在注视点的上下和左右同时呈现4张图片300ms，如左右是面孔，上下是房子图片，或者反过来；被试需要判断出现在提示框位置的两张图片是否相同，并进行按键反应。如果面孔出现在提示框位置，那么这种情况被界定为面孔注意条件；如果房子出现在提示框位置，那么这种情况被界定为面孔非注意条件。研究发现，面孔注意条件比非注意条件在刺激矩阵出现170ms左右诱发更大的脑电活动(Wang et al., 2018)。

此外，提示类型有两种常见的划分方式。一种是根据线索出现的位置，划分为外周线索和中心线索。外周线索(peripheral cues)指线索出现在边缘视野的位置。此种线索能自动引起注意，也被称为外源线索(exogenous cues)，图14-5使用的就是外周线索。中心线索(central cues)指线索始终呈现在视野的中央位置，通过某种符号提示目标刺激可能出现的位置，如箭头。此种线索不会自动引起注意指向线索的位置，也被称为内源线索(endogenous cues)或符号线索(symbolic cues)。另一种提示类型是根据整个实验中有效线索和无效线索出现的比例划分为预言性提示和非预言性提示两类。预言性提示(predictive cues)指在整个实验中有效线索的比例明显多于无效线索的比例。也就是说，在整个实验中，目标刺激更多地出现在有效线索出现的位置上，因此该类线索具有预言性，鼓励被试有意地注意线索的位置。非预言性提示(nonpredictive cues)指在整个实验中有效线索的比例与无效线索的比例接近。也就是说，目标出现在有效线索位置的试次并不比出现在无效线索位置的试次多，因此该类线索不具有预言性。

(二) 搜索范式

1. 基本原理

搜索范式(search paradigms)要求被试搜索一个或多个混杂在非目标刺激中的目标刺激，实验时这些刺激可以同时呈现，也可以相继呈现。该范式主要用于研究注意过程如何忽略或抑制无关刺激的干扰。

2. 典型范式

视觉搜索任务是搜索范式的典型。该范式的基本流程是，每次在呈现刺激阵列之前先在屏幕中央呈现一个注视点，然后，在注视点的四周呈现一个由若干刺激组成的刺激阵列，要求被试尽快指出某一特定的目标刺激是否出现。在此类实验中，研究通过搜索的正确率、反应时和刺激阵列项目数间的函数关系(搜索函数)来反映搜索效率的高低。例如，勒克和希尔亚德(Luck & Hillyard, 1990)的视觉搜索实验包括两个条件：条件1，目标是带线条的三角形，非目标是普通三角形；条件2，目标是普通三角形，非目标是带线条的三角形，如图14-6所示。研究发现，在条件1中，被试搜索到目标的反应时几乎不受刺激数量的影响，这表明，当目标被定义成带有某个简单特征(带线条)时，被试能无干扰地对刺激阵列中的项目进行平行搜索；相反，在条件2中，被试搜索到目标的反应时随着刺激阵列中项目数量的增大而延长，这表明，当目标被定义成某个简单特征的缺乏(不带线条)时，被试无法进行平行搜索，而是对刺激阵列中的项目进行序列搜索。

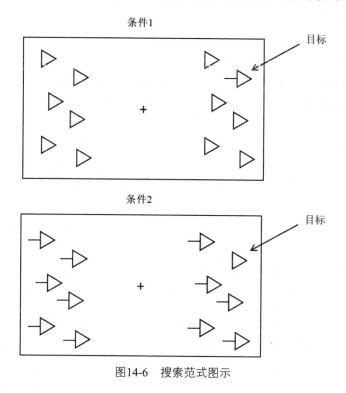

图14-6 搜索范式图示

3. 类型

搜索范式常见的类型包括奇异刺激范式、无关特征搜索范式和目标-奇异刺激距离范式。

(1) 奇异刺激范式是指在搜索序列或矩阵中出现一个非目标的奇异刺激，考察该奇异刺激作为干扰出现时是否影响被试对目标刺激的判断。例如，实验要求被试搜索一个形状奇异的目标刺激，但在这个搜索阵列中可能出现一个非目标的颜色奇异刺激；如果被试在颜色奇异刺激出现的反应时长于该刺激未出现的反应时，那么这个非目标的颜色奇异刺激就干扰了被试对目标刺激的搜索。

(2) 无关特征搜索范式的搜索阵列与奇异刺激范式相似，不同的是，无关特征既可以是干扰项，也可以是搜索目标。研究者常通过两种自变量来研究：一是比较奇异刺激为干扰项的反应时与奇异刺激为目标的反应时之间的差异；二是以搜索序列阵列大小为横坐标，以反应时为纵坐标，做几条搜索函数曲线，分别表示奇异刺激为目标、干扰项和不出现时的反应曲线。当奇异刺激为干扰项和不出现时，被试的反应时随搜索矩阵的增加而延长；当奇异刺激为目标时，被试的反应时不受搜索矩阵大小的影响。这表明，奇异刺激的无关特征捕获了注意。

(3) 目标-奇异刺激距离范式是指控制目标刺激和奇异刺激之间的距离。例如，搜索阵列由位于一些小圆组成，其中一个是红色(奇异刺激)，剩下的都是绿色，被试需要完成小圆内字母T(目标刺激)的搜索任务。研究发现，字母T出现在红色小圆内的反应时最快，字母T出现的小圆与红色小圆的距离越远，反应时越长。

(三) 过滤范式

1. 基本原理

过滤范式(filtering paradigms)是指使被试的注意指向一个刺激而忽略其他刺激，实验者通过评估那些未被注意的刺激来研究注意加工的特征和机制。这种范式主要用于研究注意过程中抑制无关刺激的加工特点。

2. 典型范式

过滤范式常见的类型包括Stroop范式、整体-局部范式、侧抑制范式、负启动范式和加纳范式。

(1) Stroop范式是过滤范式的经典范式。在该范式中，研究者给被试呈现一些用不同颜色墨水写的表示颜色意义的字(如，用红色墨水写的"绿"字)，在一种实验任务中，被试被要求忽略墨水颜色报告字的名称(绿)；在另外一种实验任务中，被试被要求忽略字的名称报告墨水颜色(红)。研究发现，当被试报告墨水颜色时，墨水颜色与字的名称一致条件的反应时显著短于不一致条件的反应时；当被试报告字的名称时，墨水颜色与字的名称一致条件的反应时与不一致条件的反应时无显著差异。这表明，被试对字的名称的反应不受字的低级物理属性颜色的影响，是更加自动化的加工；相反，被试对字的低级物理属性颜色的反应受到字的高级属性语义的影响，其加工受到控制(MacLeod, 1991)。后来研究者对Stroop范式进行改编，用于研究情绪面孔加工的冲突效应。在实验中，阿米特·埃特金等(Amit Etkin et al., 2006)向被试呈现面孔和文字重叠的刺激，要求被试完成面孔情绪判断任务。实验包括一致和不一致两个条件，一致条件指的是面孔情绪和文字表达的情绪语义一致，如恐惧的面孔上出现"恐惧"字样；不一致条件指的是面孔情绪和文字表达的情绪语义不一致，如恐惧的面孔上出现"快乐"字样(见图14-7)。结果发现，被试对一致条件下的反应优于不一致条件。

图14-7 情绪面孔Stroop范式

(2) 整体-局部范式始于内温(Navon, 1977)的大小字母图形研究。在实验中,研究者向被试呈现一系列由小刺激构成的大刺激,小刺激被称为局部刺激,大刺激被称为整体刺激。比如在图14-8中,整体刺激"H"由局部刺激"T"组成。实验呈现的图形包括两种情况:一种是整体刺激与局部刺激一致,如整体刺激"H"由局部刺激"H"组成;另一种是整体刺激与局部刺激不一致,如整体刺激"H"由局部刺激"T"组成。于是,整体-局部刺激的一致性就是该实验的第一个自变量。此外,实验要求被试在图形呈现后报告整体字母或局部字母,也就是让被试注意整体信息或注意局部信息,因此注意的指向性是第二个自变量。研究发现,当被试报告局部字母时,整体字母与局部字母不一致的反应时显著长于一致的反应时;而当被试报告整体字母时,整体字母与局部字母不一致的反应时与一致的反应时无显著差异。因而,研究者认为,整体优势使得整体字母先于局部字母被识别,这可能是整体字母会干扰局部字母的加工,而局部字母不会干扰整体字母加工的原因。研究者使用该范式研究了整体和局部加工的半球偏侧化效应。在实验中,研究者先呈现一个提示刺激,告诉被试在该试次中需要判断是整体字母的类型还是局部字母的类型,然后,呈现大小字母图形,如由局部字母"S"组成的整体字母"O"。在整个实验中采用功能磁共振成像技术记录被试的大脑活动情况,结果发现,在提示刺激呈现时,大脑左半球的顶内沟对局部加工有较强的激活;而在大小字母呈现时,大脑右半球的顶下小叶对整体加工有较强的激活(Weissman & Woldorff, 2005)。

图14-8 整体—局部范式

(3) 侧抑制(flankers task)范式探讨的是多个相互独立刺激之间的干扰。在实验中,研究者在屏幕中央和中央的两侧呈现刺激,要求被试报告呈现在屏幕中央的刺激而忽略屏幕两侧的刺激。比如,当中央目标是T时,要求被试左手按键;当中央目标是H时,要求被试右手按键。在一种条件下,中央和两侧的刺激一致(如两侧和中央都是T),而在另一种条件下,中央和两侧的刺激不一致(如中央是T,而两侧是H)。研究发现,相比不一致条件,被试在一致条件下的反应时较快,但是,如果两侧刺激离目标较远,那么这种干扰效应会减小或者消失。这反映了两侧刺激的干扰可能导致被试无法把注意完全集中在中央目标上,因而,该范式常用于研究注意从目标区域到邻近区域分散的程度。福斯特萨拉等(Forster et al., 2011)对两字母Flanker范式进行改编,采用多字母的形式操纵目标和干扰刺激的一致性水平,包括目标和干扰刺激高一致(如SSSSSSS)、低不一致(如HSSSSSH)、中等不一致(如HHSSSHH)和高不一致(如HHHSHHH)4种条件。研究发现,被试的反应时和错误率随着目标和干扰刺激不一致性水平的提高而增加。

(4) 负启动范式(negative priming paradigm)指的是先前一个试验中作为被忽略的干扰刺激在下一个试验中作为目标刺激出现时,被试对该刺激的反应时延长。也就是说,上一个试次中作为干扰项的刺激在下一个试次中作为目标出现时表现出反应抑制现象。实验中,研究者每次向被试呈现一对刺激,其中一个是需要被试反应的目标刺激,另一个是不作反应的干扰刺激。如图14-9所示,每个试次呈现重叠的黑色和白色字母,被试需要报告白色字母的名称,忽略黑色字母;当前试次中干扰刺激(黑色B)在下一个试次中变成目标刺激(白色B)时,被试的反应时延长。该范式常用来评估在一个刺激被有意忽略的情况下,注意能在多大程度上自动地分配到该刺激,并影响此后的加工过程。蒂珀(Tipper, 1985) 使用重叠物体图形刺激,要求被试完成物体识别任务,结果也发现了负启动效应。例如在一种条件下,研究者首先在启动刺激屏向被试呈现红色风筝和绿色小号重叠的图形,然后在探测刺激屏向被试呈现红色小号和绿色船锚重叠的图形(忽视重复条件);在另一种条件下,研究者首先在启动刺激屏向被试呈现红色风筝和绿色贝壳重叠的图形,然后在探测刺激屏向被试呈现红色小号和绿色船锚重叠的图形(控制条件)。在所有刺激呈现时被试都需要完成红色物体识别任务,而忽略绿色物体。研究发现,在忽视重复条件下,被试对探测刺激屏目标的反应显著长于控制条件。

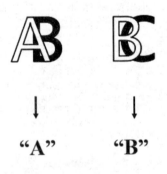

图14-9 负启动范式图示

(5) 加纳范式主要用来研究同一物体不同维度信息加工间是否存在交互效应:如果个体能选择性地注意和加工目标维度而不受无关维度的影响,那么目标维度与无关维度的加工相互独立;反之,则存在影响(Garner, 1976)。例如,以面孔情绪是否影响面孔性别的加工为例,面孔性别为目标维度,面孔情绪为无关维度,整个实验中被试需要完成面孔性别维度的分类任务。实验包含两个条件,分别是基线(baseline)条件和正交

(orthogonal)条件。在基线(baseline)条件下，无关维度(面孔情绪)不变，均为愤怒(或高兴)面孔；目标维度(面孔性别)发生变化，随机出现男性和女性面孔。在正交(orthogonal)条件下，无关维度(面孔情绪)和目标维度(面孔性别)都发生变化，随机出现男性的愤怒、高兴面孔和女性的愤怒、高兴面孔。加纳(1976)提出：如果基线条件与正交条件的反应差异不显著，那么无关维度不影响目标维度的加工；如果基线条件的反应优于正交条件，那么无关维度影响目标维度的加工。最近，克雷格和利普(Craig & Lipp, 2023)使用该范式研究了身体性别和情绪加工间的干扰关系，结果发现了两者之间的双向干扰。

(四) 双任务范式

1. 基本原理

双任务范式(dual-task paradigms)探讨的是注意如何在多个并行任务中分配，以及如何指向和调节加工过程，即通过任务间的相互竞争考察注意的特性。双任务范式下，被试同时执行两个明显不同的任务，研究者通过被试的表现评估这两个任务间相互影响的程度。

2. 典型范式

常用的双任务范式包括心理不应期(psychological refractory period)范式和注意瞬脱(attentional blink)范式。

(1) 心理不应期范式是双任务研究中的一种简单形式，指两种任务在时间上间隔太近而让人"反应不过来"，即两个重叠任务同时竞争有限的心理资源，由于人类的认知加工过程是离散和系列的，中枢反应选择加工器一次只能加工一个任务，当一个任务处于中枢阶段进行加工时，另一个的中枢反应选择加工必须等待释放中枢瓶颈后才能进入中枢反应选择加工器。实验流程是，两种任务相继快速地以不同的时间间隔呈现，要求被试快速、准确地完成对这两种任务的辨别和反应，当这两个刺激任务呈现的起点时间间隔不同步，尤其是随着刺激呈现时间间隔的缩短，任务1和任务2在加工时间上有较高重叠时，任务2的反应时会显著延长。吴彦文和游旭群(2007)使用心理不应期范式研究了双任务情境下心理旋转的并行加工机制。在实验中，任务1需要被试完成对高低音的辨别任务，任务2需要被试完成对不同旋转角度正反图像的辨别任务，任务1和2的时间间隔是50ms或500ms。研究发现，心理旋转任务的辨别成绩随任务1和任务2的时间间隔缩短而降低。

(2) 注意瞬脱范式是指采用快速呈现视觉刺激(rapid serial visual presentation, RSVP)的方式向被试呈现一系列干扰刺激和两个目标刺激，要求被试分别辨别这两个目标刺激；如果第一个目标刺激(T1)与第二个目标刺激(T2)间隔很短，被试对T2辨别能力下降。1992年，雷蒙德(Raymond)等首次使用RSVP研究注意瞬脱范式，按照大约每秒10个的速度在同一位置呈现大写字母刺激流，以黑色字母刺激流中出现的一个白色字母为T1，以之后出现的黑色字母X为T2。研究发现，注意瞬脱的时间间隔是T1刺激出现后的200~500ms，T2报告的正确率下降。研究发现，注意瞬脱有三个必要条件：第一，报告T1和报告T2两个任务本身需要较多的注意资源；第二，必须要求被试报告T1和T2，如果仅报告T2被试的正确率几乎不受影响；第三，在T1和T2之后必须有掩蔽刺激的出现，如果在T1或T2之后呈现一个空白而不是一个掩蔽刺激，就不会出现注意瞬脱现象。注意瞬脱通常被看作从时间维度考察选择性注意的一个窗口，该现象可能反映出选择性注意的时间有限性或资源有限性，由于T1占用了大部分的认知资源，短时间内资源不能被释放，因而T2的加工受到影响。罗文波(Luo et al., 2010)等使用RSVP的方式研究了注意对面孔情绪加工的影响。在实验中，快速呈现14张刺激，每张刺激呈现119ms，其中T1呈现房子刺激，T2呈现快乐、愤怒或中性情绪面孔，以倒置面孔作为干扰刺激；T1和T2之间的时间间隔为238ms和714ms；被试需要对T1和T2完成辨别任务。研究发现，对于中性情绪面孔和快乐面孔，当T1和T2之间的时间间隔较长时被试的正确率较高；对于愤怒面孔，T1和T2之间的时间间隔不影响被试的正确率。

(五) 多目标追踪范式

多目标追踪范式(multiple-object tracking)是研究动态情景下注意机制的常用范式。派利夏恩和斯托姆(Pylyshyn & Storm, 1988)最早通过实验发现，人的视觉注意系统可以同时追踪多个目标。在实验中，研究者先向被试呈现若干(8～10个)静止的、特征相同的刺激(如圆环)，然后将其中几个刺激(4～5个)以闪烁的形式标记为目标，接下来所有刺激在一个特定区域内作随机运动，所有刺激运动持续时间为7～15s。被试需要尽可能追踪开始时闪烁的目标刺激，并在运动停止后把所有目标刺激都找出来。结果表明，被试普遍可追踪4～5个目标刺激，正确率不低于85%。张学民等(2009)结合多目标追踪范式和点探测范式研究了视觉系统对静止非目标的抑制机制。该追踪任务的具体实验流程如下：第1秒内所有圆环刺激静止不动，预先设定的目标圆环开始闪烁，从第2秒开始目标与运动非目标开始随机运动，静止非目标不动；在追踪过程中的第3或4秒随机呈现探测刺激(红点) 141ms，并随机出现在目标、空白区域、静止非目标和运动非目标4种位置中的一个；运动在5秒后停止，被试需要找出目标，并回答是否看到探测刺激。无追踪任务与追踪任务相同，只是在每个试次开始时没有闪烁提示目标刺激，结束后也不需要找出目标。研究发现，除探测刺激出现在目标位置外，在其他三个条件下，无追踪任务比追踪任务的觉察率高。这表明，追踪任务会不同程度地抑制个体对非目标刺激的反应。

(六) 眼动技术

注意与个体的眼球运动之间存在直接关系。比如，眼睛注视点可以反映个体注意集中的位置，通过监控和记录眼动数据可以揭示注意加工的规律。常用的眼动技术指标包括被试对视觉刺激加工的注视时间、首次注视点、眼跳幅度、瞳孔直径、扫描轨迹、注视时长和注视次数等。该技术具有实时、自然、直接记录被试注视过程的优点，可以提高研究的生态效度，弥补严格控制或干预个体注意过程研究方法的不足。研究者使用眼动技术考察了抑郁个体对不同情绪面孔的注意时间,要求临床抑郁和从未抑郁的年轻人同时观看4种情绪类别(悲伤、威胁、积极、中性)的刺激材料30秒,同时使用眼动技术记录个体对不同情绪刺激的注视时长。研究发现,与从未抑郁的人相比,抑郁的人看负性情绪刺激的时间更多,而看积极刺激的时间更少(Kellough et al., 2008)。

(七) 电生理和脑成像技术

电生理和脑成像研究通过记录个体注意状态下的神经活动特点来探讨注意发生的神经机制。常用的有事件相关电位(ERP)和功能磁共振技术(fMRI)。

ERP技术通过记录电位发生变化的大脑部位、电位随时间变化的方式以及刺激呈现后的电位变化方向和潜伏期等特征一起来推论注意的某些特点,即根据脑电成分来推论注意过程。常用的脑电成分包括P1和N1,通过视觉ERP研究,枕区电极记录到刺激出现100ms左右有最大波幅的正波,即为P1。在P1之后有一个负波N1,潜伏期在160~200ms。尽管实验中使用的视觉刺激和任务有所不同,但是,研究发现,刺激被注意时诱发的P1和N1波幅较大,在非注意条件下,P1和N1波幅较小;而且这些成分的潜伏期不受注意状态的影响。此外,视觉失匹配负波(visual mismatch negativity, vMMN)也是一个能反映大脑前注意自动加工的重要指标。它是指在实验中偶然出现的任务无关刺激和经常出现的任务无关刺激在大脑后顶枕区诱发的ERP差异波,具体表现为偶然出现的刺激较经常出现的刺激诱发的波幅更负(Stefanics et al., 2014)。汪海玲等人(Wang, 2023)以vMMN为指标,考察非注意条件下面孔加工的神经机制,结果表明,大脑在前注意加工阶段就可以区分出高低宽高比面孔,对高宽高比面孔的自动加工程度更大。

fMRI技术通过测量大脑某一脑区血氧浓度的变化来反映注意加工的脑机制。例如,奥克雷文等人(O'Craven et al., 1999)利用fMRI技术研究探讨基于客体的选择注意机制。他们向被试呈现面孔和房子重叠的刺激,要求被试选择注意面孔或房子。根据选择注意理论,如果被试选择注意了某个视觉刺激,那么,选择注意刺激的加工将获得增强。结果表明,被试选择注意面孔时,与面孔加工相关的脑区(梭状回面孔区)得到明显激活;被试选择注意房子时,与房子加工相关的脑区(旁海马位置区)得到明显激活。

三、注意理论的实验证据

(一) 过滤器理论

1. 基本观点

过滤器理论认为,神经系统加工的容量是有限的,只能对一部分信息进行加工,只注意到一部分刺激。也就是说,神经系统在某一阶段存在一个过滤器,该过滤器对来自不同感觉通道的信息进行选择和调节,使得一部分信息通过过滤器得到进一步加工,其他信息被阻挡在过滤器外得不到加工。这种过滤器也被称为"瓶颈",因而,过滤器理论也被称为瓶颈理论。

2. 实验证据

布罗德本特(Broadbent, 1958)采用双耳分听任务，向被试的左右耳分别呈现三个数字，要求被试只注意呈现在一只耳朵(追随耳)的信息，同时忽略呈现给另一只耳朵的信息(非追随耳)。要求被试以三种方式再现呈现的信息：随意顺序再现、按数字呈现顺序再现、以耳朵为单位再现。结果表明，以耳朵为单位再现的正确率高于按时间再现的正确率，被试在随意再现时多使用以耳朵为单位再现的方式。结果支持了过滤器理论，即每个耳朵都可以看作一个通道，每一个通道的信息都是单独存储的，过滤器允许每个通道的信息单独通过。

(二) 衰减理论

1. 基本观点

衰减理论认为，不仅追随耳的信息可以通过过滤器得到加工，非追随耳的信息也可以通过过滤器得到加工，只是非追随耳的信息在通过过滤器时强度减弱了，不能被充分加工。如果非追随耳的信息对被试非常重要(如自己的名字)，这些信息就可以得到高级加工和识别。

2. 实验证据

特瑞斯曼(Treisman, 1980)的双耳分听实验同时呈现如下信息：左耳(追随耳)——"There is a house understand the word"，右耳(非追随耳)——"Knowledge of on the hill"。结果被试都报告There is a house on the hill，并报告是从左耳听到的信息。这表明，当有意义的信息分别呈现给追随耳和非追随耳时，被试会自动整合双耳信息，使之变得有意义。

(三) 反应选择理论

1. 基本观点

反应选择理论认为，多个感觉通道的信息都可以进入高级分析得到全部知觉加工，信息过滤器位于知觉分析和反应组织之间。也就是说，注意不在于选择知觉刺激，而在于选择对刺激的反应。选择注意加工不是发生在注意加工的早期阶段，而是发生在后期的反应阶段。

2. 实验证据

谢弗和哈德威克(Shaffer & Hardwick 1969)同时向被试双耳呈现数量相同顺序随机的目标词和干扰词，要求被试同时注意双耳信息，听到目标词就进行反应。研究发现，双耳对目标刺激的反应正确率都超过随机水平，在59%~68%，并且双耳反应的正确率接近，不存在显著差异。这表明，无论是单耳还是双耳都能识别输入的信息，只要所处的条件相同，就会有相同的识别率。

(四) 多阶段选择理论

1. 基本观点

多阶段选择理论认为，注意的选择加工可能发生在几个不同的加工阶段；认知加工是一种资源消耗过程，进行选择注意前的加工阶段越多，所需认知资源也就越多；选择注意可能发生在认知加工过程中的不同阶段，发生阶段与任务要求密切相关。也就是说，不同认知任务的目标决定了选择加工发生的阶段。

2. 实验证据

福克特等(Fockert, et al., 2004)在实验中给被试呈现不同知觉负载的搜索序列，要求被试尽可能快地对目标刺激进行反应。在低知觉负载条件下呈现1个目标刺激和1个干扰刺激(关键干扰刺激)，在高知觉负载条件下呈现1个目标刺激和6个干扰刺激(其中一个是关键干扰刺激)。研究发现，低负载条件出现较大的干扰效应，而高负载条件出现较小的干扰效应。这表明，目标占用更多认知资源则干扰影响会更小。

(五) 资源限制理论

1. 基本观点

资源限制理论认为，注意并非容量有限的加工通道，而是对信息进行加工的认知资源，且个体认知资源的总量有限。注意的有限性不是过滤器导致的，而是受从事认知操作的有限心理资源的限制，资源容量受被试状态等个体差异的影响。注意的功能是资源分配，被选择的信息需要消耗更多认知资源，没被选择的信息得到较少认知资源；同时，如果一个任务没有用尽所有资源，注意可以同时指向另外的任务。

2. 实验证据

约翰斯顿和海因茨(Johnston & Heinz, 1978)在实验中向被试呈现感觉辨别度不同的目标词和干扰词，要求被试复述听到的目标词并在实验最后自由回忆呈现过的干扰词。在低感觉辨别度条件下，目标词和干扰词均用男声呈现；在高感觉辨别度条件下，目标词和干扰词分别用男声和女声呈现。研究发现，被试在低感觉辨别度条件下对干扰词的回忆数量显著多于高感觉辨别度条件。这表明，相比高感觉辨别度条件，在低感觉辨别度条件下干扰词获得较多资源，加工较深，被试对其回忆数量较多。

(六) 双加工理论

1. 基本观点

双加工理论认为，人类的信息加工可以分为自动加工和控制加工两类。自动加工很少或不需要注意的参与，基本不受认知资源的限制，具有无意识或低意识的特点。控制加工需要较多注意的参与，较多受到认知资源容量的限制，可随环境变化不断调整认知资源的分配，经过大量练习和熟练操作可以逐步达到自动化的过程。

2. 实验证据

希夫林和施耐德(Shiffrin & Schneider, 1977)在视觉字母搜索实验中给被试呈现不同大小的搜索序列，从1个到6个随机变化，进行被试间设计，一组没有经过练习直接进行正式实验，另一组经过多次练习后进行正式实验。研究发现，没有经过练习的被试，其反应时随目标数量的增加而增加；经过练习的被试，其搜索1个目标和6个目标的反应时没有显著差异。这表明，经过多次练习，被试对目标项的加工已达到自动化程度，因而，在搜索不同数量目标时不存在差异。

(七) 特征整合理论

1. 基本观点

特征整合理论认为，视觉系统对简单视觉特征的表征(如红色、方形)以单独的特征地图方式进行；注意的功能是通过空间位置把某个客体的独立特征绑在一起。个体对特征的加工在前注意阶段以自动平行的方式进行，不需要注意的参与；将多个特征整合为客体的加工则在整合阶段以系列方式进行，因而，对特征和客体的加工由不同的注意阶段完成。

2. 实验证据

特瑞斯曼在视觉搜索实验中通过控制搜索序列的大小(从1~30不等)向被试呈现不同颜色的字母(如红色A、蓝色F等)，要求被试从中找出某一特定目标，一类是特征目标，即只通过一个特征即可找到目标，如红色字母；另一类是客体目标，需整合多个特征才能找到目标，如蓝色F，既有颜色又有含义。研究发现，特征目标的搜索不受搜索序列大小的影响，而客体目标的搜索受搜索序列大小的影响，搜索项目越多反应时越长。这表明，对于特征信息的加工是平行的自动加工，而客体信息的加工是序列加工，证实了特征整合理论。

(八) 注意网络模型

波斯纳和彼得森(Posner & Petersen, 1990)认为，注意根据其功能及神经机制可以分为警觉(alerting)、定向(orienting)和执行控制(executive control)3种注意网络。警觉网络能提高个体的警觉性，降低个体对即将到来刺激的时间预期；定向网络能在目标刺激出现之前，促使个体将注意定位到与目标任务相关的空间位置，从而优先输入特定信息；执行控制网络主要负责监控并解决冲突，促使个体依据目标任务要求完成任务。

为计算3种注意网络的加工效率，范等(Fan, J. et al., 2002)设计了注意网络测验任务(attention network test, ANT)。实验开始时，在屏幕中央呈现一个"+"注视点，时间为400~1600ms 内随机。注视点消失后出现提示线索(星号)，时间为 100ms，之后是 400ms 的时间间隔("+"注视点)，接着目标刺激(水平排列的5 个箭头)出现在"+"的上方或者下方，要求受试者在 1700ms 内判断中间的那个箭头的朝向(向左就按鼠标左键；向右就按鼠标右键)；之后是一段时间间隔，使每个测试的持续时间固定在 4000ms，如图14-10所示。目标刺激中的箭头朝向有三类：无冲突、一致和不一致。线索提示包括4种类型：无提示线索(只有注视点出现)、中央提示线索(星号出现在注视点位置)、双提示线索(两个星号分别位于注视点上方和下方)、空间提示线索(一个星号出现在注视点上方或下方)。中央提示线索和双提示线索作为警觉信号，提示被试目标刺激即将出现，但不能提示目标刺激出现的位置。空间提示线索不仅提供了警觉信号，还提示了目标刺激可能出现的位置。由于目标刺激被Flanker刺激所包围，因而，在Flanker刺激中完成目标刺激的判断可以用来测量执行控制网络的效率。3种注意网络效率的计算公式如下：警觉功能=无提示线索条件下的反应时-双提示线索条件下的反应时，差值越大，说明警觉网络效率越高；定向功能=中央提示线索条件下的反应时-空间提示线索条件下的反应时，差值越大，说明定向网络效率越高；执行控制功能=不一致条件下的反应时-一致条件下的反应时，差值越大，表明执行控制网络效率越低。

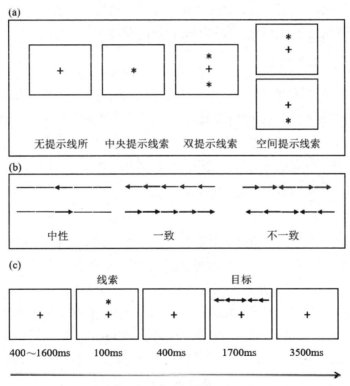

图14-10　注意网络实验图示

第三节　意识实验

一、意识概述

意识(consciousness)是一种觉醒和注意力集中的状态，指感觉阈限以上的觉察状态，能够被主体觉知到的成分。它可以从多个角度进行理解，从心理内容来看，意识指的是可以用言语报告出来的内容；从行为角度来看，意识指的是主动支配的行为活动，与自动化行为相反。

无意识(unconsciousness)与意识状态相反，指感觉阈限以下的觉察状态，是个体觉察不到的心理活动和过程。也就是说，无意识常指个体在没有主观意愿、目的或意图的情况下，对信息进行自动加工和处理的状态(Brogaard, 2011)。常见的无意识现象包括无意识行为，如我们一边骑车一边聊天；对环境刺激的无意识反应；还有由于脑损伤导致的视觉盲视现象，这些病人看不到视觉刺激，但是，对刺激的加工程度超过概率水平。

二、意识实验研究范式与技术

意识作为复杂的心理活动一直是研究者关注的热点问题。2005年，*Science*杂志在庆祝创刊125周年之际，公布了125个最具挑战性的科学问题，其中第二个问题就是"意识的生物学基础是什么"。近年来，认知神经科学技术的发展为意识研究提供了新的手段和方法，进一步推动了意识研究，使得对该问题的探讨变得更为深入。

(一) 任务分离研究范式

任务分离范式的基本逻辑如下：设置两种不同的知觉条件，第一种反映有意识知觉信息的加工，第二种既包含意识知觉的加工又包含无意识知觉的加工；通过实验条件使得第一种条件的敏感度为零，若第二种条件的敏感度高于零，则反映了无意识知觉的加工。也就是说，建立一定的实验条件使得无意识知觉没有发生，而刺激却被知觉到了。意识的内省和行为测量是常用的研究方法。

1. 意识内省测量

意识内省测量以被试对自身知觉经验的自我报告为意识知觉指标。该方法常用于对盲视病人的研究，这些病人由于视皮层的损伤表现出对侧视野内信息加工的失明。换言之，这些病人没有意识到他们正在对失明视野中的刺激进行加工，但是，他们能完成该视野内刺激的辨别。被称为D.B.的病人是第一个被广泛研究的盲视病例，特雷维坦等人(Trevethan et al., 2007)考察了刺激物呈现形式对D.B.在盲区内的形状辨别能力的影响。研究者在D.B.的视野盲区呈现不同类型的刺激图片。在低对比度物体图像条件下，D.B.会被告知刺激物是动物、交通工具或两者混合图中的一种，其需要在图像消失前"猜测"屏幕上图像的类型；在复杂图像条件下，D.B.被告知屏幕上会出现一幅图像，其需要在图像消失前迅速猜出图像上显示的是什么。在另一个实验中，研究者在D.B.先后呈现两个刺激图形(如正方形和长方形)，要求其判断这两个图形是否相同。结果表明，在所有实验中D.B.都声称看不见测试中要求他做出判断的刺激，但是，他可以成功地识别出低对比度的物体，并完成刺激"相同/不同"的辨别任务。

2. 意识行为测量

意识行为测量以被试的分辨能力作为意识知觉指标，常用迫选决策法进行测量。该方法与阈下启动范式相似，即通过分析阈下启动刺激对目标刺激判断的影响是否达到显著水平或高于随机水平来判断是否存在无意识知觉。典型例子是库斯特-威尔逊和扎伊翁茨(Kunst-Wilson & Zajonc, 1980)的实验，该实验的研究目的是验证无意识知觉到的刺激是否会影响被试随后的情绪反应。实验中，研究者先向被试呈现10幅无意义、不规则的几何图形，每个图形呈现5次，每次呈现1毫秒，被试不能够清晰地知觉图形；然后，进入测验阶段，研究者向被试呈现10对图形，一个是先前呈现过的图形，另一个是没呈现过的图形，被试需要完成再认迫选(意识测量)和喜好迫选(无意识测量)两种任务。结果表明，再认迫选的成绩处于随机水平(50%正确率)，喜好迫选的成绩显著高于随机水平(60%正确率)。

(二) 掩蔽范式

视觉掩蔽(visual masking)是一种广泛用于研究无意识加工的方法。实验中，研究者先快速呈现目标刺激(通常小于50 ms)，然后呈现另一个刺激用来掩盖目标刺激，从而使得目标刺激不被观察者觉知。例如，梅里克和乔登斯(Merikle & Joordens, 1997)在实验中使用Stroop掩蔽范式来研究意识和无意识知觉在行为结果上引起的质的差异。他们采用启动范式对经典Stroop范式进行改进，使用"RED"和"GREEN"色词启动被试对红绿两种颜色的目标刺激的命名。掩蔽是指在呈现启动词后呈现掩蔽刺激，当启动词和掩蔽刺激之间时间间隔足够短，会造成被试对启动词的无意识加工；当两者间隔增大时，掩蔽的效果会减弱，会提高被试对启动词的觉察。实验中，研究者先向被试呈现300ms空白屏，然后，呈现33ms启动色词"RED"或"GREEN"，接着呈现灰色掩蔽刺激，最后呈现带颜色的目标刺激，要求被试完成对目标刺激颜色的命名。启动色词和灰色掩蔽刺激之间的短时间间隔为33ms，长的时间间隔为167ms。结果表明，在短时间间隔下出现了经典的Stroop效应，而在长时间间隔下出现了Stroop效应的反转。

(三) 非注意盲视(inattentional blindness)

最早对非注意盲视进行研究采用的范式是选择注意范式。在奈瑟和贝克伦(Neisser & Becklen, 1975)的研究中，研究者向被试呈现了一段由两个不同视频叠加而成的视频，其中包含两人击掌游戏和三人传球任务。实验要求被试专注于其中一项任务，并统计相应的次数。实验中存在一个意外刺激，即一名撑伞行走场地的女性。研究发现，当意外刺激发生在不需要被注意的视频中时，绝大部分被试均未注意到该刺激；而当意外刺激发生在需要被注意的视频中时，尽管与被注意事件存在明显差异，但只有21%的被试报告观察到了录像中出现的撑伞女子，其余被试因过度关注实验任务而未能注意到该刺激。之后马克和罗克(Mack & Rock, 1998)对此进行了一系列实验，首次把个体忽略意外出现刺激的现象命名为非注意盲视。1999年，西蒙丹尼尔和克里斯托弗查布里(Simons & Chabris, 1999)设计出了一个经典的不注意视盲现象实验。实验中，被试被要求观看一段视频，视频中两组队员穿不同颜色衣服随意走动并互相传球，被试被告知需要仅关注其中一组队员的传球并计数，忽略另一组。在被试专注于计数的过程中，一个装扮成大猩猩的人走进两组队员中，面对摄像头捶打自己的胸脯，停留片刻后离开。研究发现，有一半的被试报告未曾注意到大猩猩的出现。

(四) 双眼竞争

双眼竞争(binocular rivalry)也是研究视觉意识常用的实验范式。实验中，研究者分别给被试的两只眼睛呈现两个不同的刺激，这时被试看到的不是两个刺激图像的混合，而是两个刺激的交替出现。虽然两只眼输入的客观刺激保持不变，但是，被试有意识的主观知觉却不断发生变化。当被试知觉到其中一个刺激时，另一个刺激则被抑制，知觉不到。唐(Tong，1998)使用fMRI记录了双眼竞争条件下梭状回面孔区(fusiform face area，FFA)和旁海马地点区(parahippocampal place area，PPA)的反应，前者对面孔刺激较敏感，后者对房子刺激较敏感。在实验中，研究者给被试一只眼呈现面孔，另一只眼呈现房子，被试需要报告他们知觉内容的每次转换。研究发现，他们的知觉内容每几秒钟会从面孔到房子或房子到面孔进行转换。之后，通过时间锁定被试按键反应来叠加FFA和PPA对面孔和房子的信号反应。研究发现，当转换从房子到面孔时，FFA活动增强，PPA活动减弱；当转换从面孔到房子时，PPA活动增强，FFA活动减弱。

(五) 持续闪烁抑制

持续闪烁抑制(continuous flash suppression, CFS)是在双眼竞争范式基础上发展出来的，设计目的是延长被抑制刺激的持续时间，最早由筑亚和科赫(Tsuchiya & Koch, 2005)提出来。实验中，研究者分别向被试两只眼睛呈现不同的刺激，向非优势眼连续呈现快速闪现的掩蔽刺激(mondrian图像)，向优势眼呈现静止的目标刺激，这使得被试在几秒钟内并不能知觉到静止的目标刺激。因而，该范式为研究无意识知觉提供了方便。蒋毅等人(2006)采用该范式研究了无意识知觉对空间注意分配的影响。每个试次开始时，研究者先在被试每只眼睛中央呈现注视点"+"字。在裸体图像不可见条件下，研究者会在被试的优势眼中呈现高对比度、快速变化的噪声刺激，在非优势眼呈现一张完整裸体图片和打乱裸体图片，呈现时间为800ms。刺激呈现之后是一个100ms的刺激间间隔，然后在裸体图片或打碎图片出现位置呈现一个100ms的Gabor图像作为目标刺激。被试的任务是判断Gabor图形是顺时针还是逆时针倾斜。为了确保被试没有意识到完整图像和打乱图像出现的位置，他们被告知，如果他们在不可见条件下检测到左右噪声之间的任何差异，就按另一个键来拒绝此试次(见图14-11)。结果表明，无意识加工的色情图片影响了被试的空间注意分配，Gabor位于色情图片一侧(相比位于打碎图片一侧)时，被试的反应更快。此外，蒋毅等人对CFS进行了改进，提出突破连续闪烁抑制(breaking continuous flash suppression，b-CFS)范式。具体操作是给被试的一只眼呈现一系列对比度由弱变强的目标刺激，另一只眼呈现动态噪声，要求被试看到目标刺激就按键反应，此时的反应时被称为抑制时间，用来反映刺激在无意识下加工的深度。

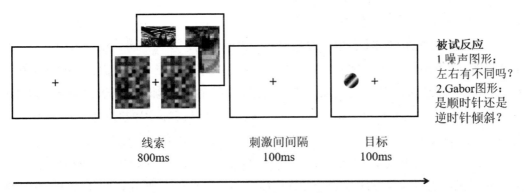

图14-11 无意识条件的实验

(六) 生理学的技术指标

1. 事件相关电位技术(ERP)

该技术在意识领域的研究主要通过测量阈下实验条件下被试ERP成分的变化来分析个体无意识知觉活动的规律。例如，佐托和佩尼亚(Zotto & Pegna, 2015)采用向后掩蔽范式进行ERP研究，探讨了意识对情绪加工影响。在实验中，屏幕中央呈现一张带有不同情绪的清晰面孔，时间为21ms(阈下刺激)或290ms(阈上刺激)，接着呈现一张模糊面孔(呈现时间需要根据前一屏面孔的呈现时间而调整，使得清晰面孔和模糊面孔呈现的总时长为311ms)作为掩蔽刺激。被试需要完成清晰面孔情绪类型的判断，如看到愤怒面孔进行按键。ERP研究结果显示(见图14-12)，在阈下和阈上条件下，负性情绪面孔诱发更大的N170；对于N2成分，只有在阈下条件下才会出现对目标面孔的反应增强。此外，研究者(Forster et al., 2020)采用ERP技术发现了两个可能与意识相关的成分指标：视觉意识负波(visual awareness negativity, VAN)和晚期正成分(late positivity, LP)。VAN指的是在刺激呈现200ms后大脑枕叶和后颞叶区出现的意识条件较无意识条件诱发的较负的差异波，被称为视觉意识活动的早期成分；LP指的是在刺激呈现300ms后大脑顶区出现意识条件较无意识条件诱发的较正的差异波，被称为反映意识活动的晚期指标，如图14-12所示。

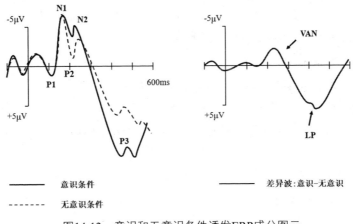

图14-12 意识和无意识条件诱发ERP成分图示

2. 功能磁共振技术(fMRI)

功能磁共振技术(fMRI)可以使我们看到未被注意的信息仍然可以引导神经反应。马罗伊斯等人(Marois et al., 2004)采用注意瞬脱范式考察了场景目标刺激在注意和未被注意状态下的神经活动，在双任务实验中，被试需要在存在模糊干扰场景的快速序列呈现条件中寻找一个面孔目标(T1)和一个场景(T2)目标，T1与T2出现的时间间隔是变化的。在实验中，首先，在屏幕中央呈现一个注视点1200ms，接着，快速呈现8张干扰场景、1张面孔目标、1张场景目标(顺序随机)，时间各100ms，最后，被试需要做出按键反应，回答在快速序列呈现任务中看到的目标面孔是哪一张(无面孔、面孔1、面孔2、面孔3)、场景目标是哪一类(无场景、室内、室外、未知场景)，被试回答每一个问题的反应时间为1800ms。研究发现，当场景目标被探测到时，海马旁回位置区(PPA)被激活，当场景没有被知觉到时(任务中出现漏报反应)，PPA仍然被激活。更有意思的是，当场景目标被知觉到时，外侧额叶皮质反应强烈；当场景目标没有被知觉到时，额叶的活动减弱。

思考题

1. 请设计实验考察大脑在处理面孔整体加工信息时是否存在左右半球上的功能差异。
2. 请设计实验考察无意识情况下大脑对生物运动信息的加工机制。
3. 常用测量面孔整体加工的实验范式有哪些？
4. 请结合具体研究描述经典的注意提示范式。
5. 请结合具体研究描述持续闪烁抑制范式。

实验操作

实验名称：愤怒情绪加工的注意偏向

实验问题：与中性情绪相比，愤怒情绪是否会优先吸引个体的注意。

实验目的：探讨愤怒和中性情绪在引发个体注意上的差异，理解注意偏向实验逻辑。

实验材料：愤怒和中性情绪面孔各100张。

实验程序：实验采用注意提示范式，先在屏幕左右两侧同时向被试呈现愤怒和中性情绪面孔作为提示刺激(500ms)，然后在屏幕的左侧或右侧出现目标刺激星号(1500ms)，要求被试尽快判断星号出现在左侧还是右侧。在一半的试次中，星号出现在愤怒情绪一侧，被称为一致条件；在另一半试次中，星号出现在中性情绪一侧，被称为不一致条件。

结果分析：首先，计算每个被试一致条件和不一致条件反应的正确率和反应时；然后，采用t检验对比一致和不一致条件间的差异是否显著。如果一致条件的结果好于不一致条件的结果,则说明被对愤怒情绪面孔的加工存在注意偏向。

案例分析

下面是一项采用注意范式进行的面孔知觉研究的案例。

研究问题：面孔识别既依赖特征信息的加工,也依赖特征间空间距离关系信息的加工(构形加工),但是,特征信息和构形信息加工的先后顺序尚不清楚,尤其注意的是,注意是否会影响特征信息和构形信息加工的先后顺序。

研究方法：采用2(注意：注意、非注意)×2(面孔加工：构形、特征)的被试内实验设计,18名被试。在实验中,屏幕的左右两侧同时向被试呈现两个刺激序列：面孔房子刺激序列(包含构形加工面孔和特征加工面孔)和数字字母刺激序列。注意条件指的是,被试需要注意面孔房子刺激序列,探测其中出现的模糊图片(20%);非注意条件指的是,被试需要注意数字字母刺激序列,探测其中出现的数字图片(2%)。采用时间分辨率较高的ERP技术,分析注意和非注意条件下面孔构形和特征加工在诱发ERP成分上的差异。在面孔注意条件下,被试需要探测面孔和房子刺激序列是否出现模糊的面孔或房子;在面孔非注意条件下,被试需要探测数字和字母刺激序列是否出现字母。脑电数据使用Neuroscan系统进行记录,原始数据采用MATLAB进行预处理,采用全脑电极平均的方式进行重参考,对面孔或房子刺激序列出现时为零点,出现前200ms为基线,分析出现后600ms的脑电。

研究结果与讨论：在注意条件下,面孔构形加工较特征加工诱发的P1波幅更大,面孔特征加工较构形加工诱发的P2波幅也更大;但是,在非注意条件下,面孔构形加工和特征加工在P1和P2成分上不存在差异。研究者认为,这可能与背侧和腹侧两条视觉加工通路有关。运动和空间关系信息由背侧通路负责加工处理,腹侧通路负责加工颜色和形状信息。已有研究发现,P1成分受运动信息注意的调控,而不受颜色信息注意的调控。这表明,背腹两侧通路负责处理的信息在P1加工阶段即被分离。

研究结论：空间注意影响面孔构形加工和特征加工的时间进程,面孔构形加工发生在相对较早的阶段,面孔特征加工发生在相对较晚的阶段。

第十五章 情绪

概要：本章第一节内容涉及情绪概念、神经机制和理论三个方面的内容，其中情绪在自主神经系统、中枢神经系统和内分泌系统上的激活是需要重点掌握的内容。第二节内容主要介绍研究中常见的诱发个体情绪的方法和测量个体情绪状态的方法以及微表情识别的研究，其中个体情绪诱发和测量的方法是需要重点掌握的内容。

第一节 情绪概述

一、情绪的概念和类型

(一) 情绪的概念

情绪是人对客观事物的态度体验以及相应的行为反应，是由独特的主观体验，外部表现和生理唤醒三种成分组成的一种心理现象。当客观事物或情境符合主体的愿望和需要时，就能引起积极的、肯定的情绪；当客观事物或情境不符合主体的愿望和需要时，就会产生消极、否定的情绪。

(二) 情绪的类型

1. 根据生物进化角度划分

从生物进化的角度可以把情绪分为基本情绪和复合情绪。

基本情绪是先天的，是人与动物所共有的，具有跨文化的一致性，在发生上有着共同的原型或模式。复合情绪则是由基本情绪的不同组合派生出来的，即由两种以上基本情绪组合而形成的情绪复合体。埃克曼(Ekman)和弗里森(Friesen)认为基本情绪包括6种，分别是惊讶、快乐、愤怒、恐惧、悲伤、厌恶。一种基本情绪可与相邻情绪混合产生某种复合情绪，也可能与相距更远的情绪混合，产生某种复合情绪，例如，恐惧和期待混合在一起就会产生焦虑情绪。

2. 根据情绪发生的强度、持续时间和紧张度划分

根据情绪发生的强度、持续时间和紧张度，可以把情绪可分为心境、激情和应激三种状态。

心境是指人比较平静而持久的情绪状态，具有弥散性，构成其他心理活动的"背景"。心境不是关于某一事物的特定体验，而是以同样的态度体验对待一切事物。激情

是一种强烈的、爆发性的、为时短促的情绪状态,具有爆发性、冲动性,会出现意识狭窄现象,具有持续时间短暂、指向确定、外部表现明显等特点。应激是指人对某种意外环境刺激做出的适应性反应,具有超压性,超负荷性。

二、情绪的神经机制

(一) 自主神经系统

自主神经系统是负责调节各种腺体、内脏和血管的神经系统,包括交感神经和副交感神经两个相互制衡的分支。当个体收到情绪信号或处于某种情绪状态时,自主神经系统内部会发生生理变化,例如生理唤醒水平和器官激活程度偏离正常生理节奏。研究人员可通过多导生理仪测量这些变化指标,包括心血管系统的心率(heart rate,HR)、血压、血管容积(vascular space,VS)、脉搏和心率变异性(heart rate variability,HRV),皮肤电系统的皮肤电导水平(skin conductance level,SCL)和皮肤温度,呼吸系统的呼吸频率(respiratory rate,RR)、呼吸变异性(respiratory variability,RV)和呼吸潮气量(tidal volume,TV),胃肠系统的胃电(electrogastrogram)以及眼睛的瞳孔大小(pupillary dilation)和眨眼次数(eye blinks)。例如,研究发现基本情绪通过心率变异性表现出不同的自主神经反应模式(李建平等,2006),其中悲伤和中性情绪更多表现出经典的交感神经和副交感神经的对抗模式,厌恶和快乐情绪表现出以副交感神经活动增强、交感神经活动减弱的对抗模式,愤怒和恐惧情绪则表现出经典对抗模式和共同激活模式。

(二) 中枢神经系统

随着认知神经科学技术(如事件相关电位和功能磁共振成像)的发展,研究者对情绪活动的神经机制有了更深入的了解。脑成像研究发现,情绪加工激活的脑区包括默认网络(内侧前额叶皮层、内侧颞叶、腹外侧前额叶皮层)、脑岛、杏仁核、前扣带回和腹外侧前额叶皮层(Lindquist et al.,2012a,2012b)。同时,基本情绪也存在相应的特异性激活模式,如高兴情绪主要激活右侧颞上回,悲伤情绪主要激活左额内侧回,愤怒情绪主要激活左侧额下回,恐惧情绪主要激活左侧杏仁核,厌恶情绪主要激活右侧脑岛和右侧前额下回(Vytal and Hamann,2010)。此外,情绪加工的脑电波主要集中在30Hz以下,如高兴情绪在额中叶诱发的θ波(0.5~3Hz)活动增强(Sammler et al.,2007),负性情绪在右后脑部位诱发的α波(8~13Hz)活动较强,在颞叶诱发的β波(16~24Hz)活动更强烈(Sarlo et al.,2005;Ray & Cole,1985)。情绪面孔诱发的ERP成分主要包括P1、N170、早期后部负电位(early posterior negativity,EPN)及晚期正电位(late positive potential,LPP)。P1成分对恐惧、厌恶和愤怒等威胁类表情较敏感,N170成分与情绪面孔的结构信息编码有关,EPN可以反映对情绪信息的选择性注意,LPP则反映了对情绪信息的高级认知加工(侠牧等,2014)。

(三) 内分泌系统

内分泌系统由分布于其他器官的内分泌细胞以及内分泌腺体组成,是一个独立于神经系统的系统。不同的情绪状态会导致内分泌腺体分泌的激素发生变化。下丘脑负责调节和协调内分泌腺系统的活动,从而对情绪状态产生调节作用。具体来说,不同的情绪状态会引起肾上腺、甲状腺和脑垂体分泌的激素发生变化。其中,肾上腺同情绪的关系最为密切(Blomstrand and Lofgren, 1956),它通过两条神经内分泌途径调节情绪行为。第一条是下丘脑-垂体-肾上腺皮质系统:当情绪产生时,下丘脑会释放促肾上腺皮质激素释放因子(corticotropin-releasing factor, CRF)来调节垂体前叶的促肾上腺皮质激素(adrenocorticotropin, ACTH)释放,而肾上腺皮质激素又控制肾上腺皮质醇的分泌。研究发现,与对照组相比,被试观看幽默录像后积极情绪增加,消极情绪减少,唾液皮质醇水平明显下降(Buchanan et al., 1999)。第二条是下丘脑-交感神经-肾上腺髓质系统:情绪刺激会使得交感神经系统同时刺激内脏器官和肾上腺髓质,内脏器官立即进入应激状态,而肾上腺髓质分泌的肾上腺素(epinephrine, Epi)、去甲肾上腺素(norepinephrine, Nr)和多巴胺(dopamine, DA)等激素会促进生理应激反应。其中,多巴胺与正性情绪反应密切相关,紧张、焦虑等负性情绪会使得肾上腺素、去甲肾上腺素和皮质醇激素量明显增加(Gerra et al., 2003)。

三、情绪的主要理论

(一) 丘脑说

詹姆斯-兰格(James-Lange)理论强调情绪是对内脏反应或身体状态的感受。然而,内脏和植物神经系统仅反映了情绪的一个层面,情绪的调节和控制实际上受到中枢神经系统的影响。同时,情绪的表达还包括面部表情和外部行为。因此,坎农(Cannon, 1927)对詹姆斯-兰格理论提出了几点质疑:一是在不同情绪状态下,机体生理变化差异并不大;二是机体生理变化相对缓慢,而情绪变化则较快;三是某些机体变化可由药物引起,但药物无法引起情绪变化。因此,坎农认为情绪的关键不在于外周神经系统,而在于中枢神经系统的丘脑。情绪体验和生理变化是同时发生的,并均受丘脑的调控。具体而言,外界刺激激发感觉器官产生神经冲动,通过内导神经传至丘脑;丘脑随后同时向上向下发出神经冲动,向上传递至大脑产生主观情绪体验,向下传递至交感神经引发机体生理变化,如血压升高、心率加快、瞳孔扩大、内分泌增加和肌肉紧张等,使个体进入应激状态。

(二) 评定-兴奋理论

阿诺德(Arnold)提出的情绪评定-兴奋理论认为,情绪的性质并非直接由刺激情境决定,而是强调认知评价在情绪产生过程中的重要作用。具体而言,从刺激出现到情绪产生,需经过对刺激的估量和评价。同一刺激情境,由于评估的差异会产生不同的情绪反应。该理论认为，情绪的产生是大脑皮层和皮质下结构协同活动的结果，大脑皮层的兴奋是情绪行为的关键条件，因此该理论也被称为情绪评定-激活理论。该理论涉及环境、认知、行为和生理等多种知识。

(三) 认知-评价理论

拉扎勒斯(Lazarus)的情绪认知-评价理论与阿诺德的观点一致。拉扎勒斯认为，情绪不能简单归属于一个事物，而是像病一样的综合征。同时，他强调情绪是个体与环境相互作用的产物，是对环境事件知觉到有害或有益的反应，因此，在情绪活动中，人们需要不断评价刺激事件与自身的关系。也就是说，情绪是对意义的反应，这一反应通过认知评价来完成。具体而言，评价包括三个层次：初评价是指个体确认刺激事件与自己是否有利害关系，以及这种关系的程度；次评价是指个体对自身反应行为的调节和控制，包括能否控制刺激事件，以及控制的程度等；再评价是指个体对自身情绪和行为反应的有效性和适宜性的评价，实际上是一种反馈性行为。

(四) 动机-分化理论

伊萨德(Izard)从人格系统的功能适应角度提出了情绪动机分化理论。他认为，情绪是在认知适应过程中逐步分化发展的，与特定外部刺激相关联。同一种刺激可引发不同情绪，相似情绪也可由不同环境刺激诱发。伊萨德将情绪视为人格系统的构成要素，是其动力核心。情绪系统与认知、行为等人格子系统建立联系，实现相互作用。人格系统的发展是各子系统自身发展及其相互联系形成和发展的过程。

第二节 情绪的诱发与测量方法

一、情绪诱发方法

为了探讨情绪的机制以及情绪与其他心理变量间的关系，研究者需要诱发或控制情绪。情绪诱发方法是指在非自然和严格控制的条件下通过一些人工方法唤起个体临时性情绪状态的策略。目前，常用的情绪诱发法主要可以分为两类：外部诱发和内部诱发。外部诱发指的是用词汇、图片、音乐录音、视频和气味等诱发情绪，内部诱发指的是要求被试沉浸在相应的情境中来诱发情绪。研究发现，内部诱发法和外部诱发法在诱发恐惧、悲伤和愤怒情绪强度上不存在差异(Salas et al., 2012)。

(一) 外部诱发法

1. 词汇诱发法

词汇诱发法就是通过代表不同情绪的词语来诱发被试不同情绪体验的方法，这是早期情绪诱导经常使用的一种方法。韦克斯勒(Wechsler, 1925)使用带有情绪色彩的词来诱导不同的情绪，并测量被试在不同情绪状态下的皮肤电反应。结果表明，被试自己的名字最易引起积极的情绪体验，而"笨蛋"最易引起消极的情绪体验，并且积极情绪最易引起皮肤电反应的变化，消极情绪则不易引起皮肤电反应的变化，反复刺激可降低这种影响。最近，斯科特等人(Scott et al., 2009)使用高频和低频积极词、消极词和中性词作为刺激来诱导情绪，利用词汇决策范式考察了这些词汇在早期ERP成分上的反应。结果表明，正性词和负性词都比中性词诱发更大的EPN成分。目前常用的情绪词材料库是布拉德利和兰格(Bradley & Lang, 1999)建立的情绪英语词汇库(affective norms for english words, ANEW)，其中的每个词都有不同的唤醒度(1~9，1为低唤醒，9为高唤醒)和效价(1~9，1为负性，9为正性)。

2. 图片诱发法

图片诱发法是使用带有强烈情绪色彩的图片来使被试产生需要的目标情绪状态。凯尔等(Keil et al., 2001)向被试呈现不同情绪刺激图片，考察它们诱发的脑电反应，结果发现，在80ms左右负性情绪图片诱发的30~45Hz脑电波活动增强，在500ms左右正性和负性情绪图片诱发的46~65Hz脑电波活动都显著增强。此外，布鲁特恩等人(Britton et al., 2006)通过向被试呈现不同效价的情绪图片来测量被试的皮肤电反应，结果发现，负性情绪图片使被试的皮肤导电性显著上升，正性或中性情绪图片使被试的皮肤导电性显著下降。这表明，情绪图片可以诱发被试不同的情绪状态。目前常用的情绪图片材料库是标准化的国际情绪图片库(international affective picture system, IAPS)和中国情绪图片库(Chinese affective picture system, CAPS)。

3. 音乐/录音诱发法

音乐/录音诱发法是把带有强烈情绪色彩的音乐或声音录音作为唤起情绪的材料来诱发被试特定的情绪。桑德和谢奇(Sander & Scheich, 2005)采用笑声和哭声作为刺激材料，要求被试根据这些声音刺激自我诱导产生相应的情绪，记录此时大脑的激活情况。结果发现，时间正向的笑声和哭声比逆向的笑声和哭声更多激活大脑左半球听觉皮层、杏仁核和脑岛的活动；同时，时间正向和逆向的笑声和哭声都会激活大脑右侧脑岛的活动。我国学者采用旋律相同但不同乐器演奏的乐曲来诱发被试的悲伤和愉快情绪，结果发现，愉快情绪下的皮肤温度高于悲伤情绪下的皮肤温度，而心率变化则受情绪和性别的交互影响(刘贤敏，刘昌，2011)。目前，国际情感数码声音系统(international affective digital sounds, IADS)和中国情感数码声音系统(Chinese affective digital sounds, CADS)为音乐/录音诱发情绪提供了标准化的实验材料。

4. 视频诱发法

视频诱发法是通过向被试播放电影或视频片段来诱发其特定情绪的方法，一般要求被试在观看视频时不要抑制情绪或情感的产生。我国学者通过给被试观看《猫与老鼠》和《黑太阳731》片段来分别诱发被试的正性情绪和负性情绪，并记录此时被试的自主生理反应，结果发现，正性情绪下心率变化不明显且伴随指端脉搏容积显著下降，而负性情绪下心率显著增加且伴随指端脉搏容积显著下降(徐景波等，1995)。克劳斯等人(Krause et al., 2000)采用视频来诱发被试厌恶、悲伤和中性情绪，并记录被试在不同频率脑电波下的反应情况，结果发现，被试观看厌恶视频时大脑前额皮层诱发更大的4~6Hz脑电波，观看中性视频时大脑枕叶皮层引起更大的8~10Hz脑电波活动。

5. 气味诱发法

气味诱发法是通过让被试有意识或无意识地闻某种气味来诱发特定情绪的方法。研究发现，嗅觉刺激能诱发被试正性或负性的情绪体验。例如，本萨菲等人(Bensafi et al., 2002)采用6种不同的气味来诱发被试的情绪，研究表明，随着正性和负性情绪唤醒度的提高，被试的皮肤导电水平也增加。需要注意的是，气味较难诱发出被试某一种特定的情绪，而是多种情绪的组合表现，因而，采用气味诱发被试的情绪还有待进行大量的研究。

(二) 内部诱发法

1. 具体情境诱发法

具体情境诱发法是指在实验室模拟真实的情境，通过自我的代入/侵入来使被试产生某种情绪体验。比如，研究者要求被试在实验室模拟真实的演讲，通过操控演讲主题来诱发被试积极或消极的情绪体验。研究表明，演讲可以诱发被试的焦虑情绪，此时被试的心率和血压显著增加，呼吸频率下降，同时也会出现更多的错误表达(Egloff et al., 2002, 2006)。

2. 回忆/想象诱发法

回忆/想象诱发法是通过让被试有意识地回忆或想象以往经历过的某种情境，通过身临其境式的感受来诱发特定情绪的方法。该方法是赖特(Wright)和米歇尔(Mischel)在1982年提出来的，他们要求被试根据指导语的要求想象自己生活中真实经历的悲伤、愉快和中性情绪的情境。诺伊曼和瓦尔德斯坦(Neumann & Waldstein, 2001)采用该方法测量被试回忆过往情绪性事件时自主神经系统的反应，结果发现，回忆负性情绪事件时收缩压显著高于回忆正性情绪事件时的收缩压。虽然该方法能在一定程度上诱发被试的情绪体验，但是，这种方法需要被试高度的配合，同时产生的情绪体验也会受预期的影响。

3. 面部表情动作模拟诱发法

面部表情动作模拟诱发法是指研究者给与被试面部肌肉动作的指导，要求其表现出特定的面部表情动作，以此来诱发情绪。例如，恐惧情绪下要求被试提高眉毛并聚在一起提高上眼睑，同时将嘴巴横向拉伸。埃克曼等人(Ekman et al., 1983)采用此方法诱发并考察了高兴、恐惧、悲伤、惊讶、愤怒和厌恶情绪的自主神经系统反应，结果发现，恐惧、愤怒和悲伤情绪使得个体的心率加快，悲伤情绪增加皮肤的导电水平，愤怒情绪使得指温升高。但是，该方法并没有被多数研究者所接受，主要原因是通过该方法产生的一些效应可能只是面部肌肉运动本身引起的，而不是其产生的情绪引起的。

二、情绪指标的测量

情绪的一个重要特征是伴随产生主观体验,也就是我们常说的感受。但是,情绪指标不仅包括主观体验,还有行为表现和生理指标,如果缺少对某一指标的测量将使我们无法全面、准确地理解情绪。

(一) 主观体验

情绪的主观体验一般通过被试自我报告的形式进行测量,即要求被试描述直接感受到的情绪体验。虽然自我报告法不能完全客观、准确地描述被试的情绪体验,但是该方法对于我们全面了解情绪和个体的内心真实想法具有不可替代的作用。目前,研究者正尝试用其他方法来测量被试的情绪体验。

1. 形容词核对表

形容词核对表(adjective check list, ACL)首先将一系列描述情绪的形容词列为核对表,如"镇静的""神经质的""害怕的""忧郁的"等,然后被试通过内省从核对表中选出符合自身当时情绪状态的词汇,并由此确认自身的情绪体验。常见的形容词核对表包括心境形容词核对表和情绪-心境测查量表(Emotion-Mood Measurement Scale)。

2. 维量等级量表

维量等级量表(dimensional rating scale, DRS)包括愉快、紧张、冲动、确信四个维度,并假定量表应包括情绪体验、认知和行为三方面,因此,维量等级量表实际上由三个分量表组成,每个分量表又由四个维量组成。

3. 分化情绪量表

分化情绪量表(different emotion scale, DES)用于测量个体在特定情绪情境下的分化成分。分化情绪量表由十种基本情绪组成,每种情绪都由三个形容词描述,共30个形容词。分化情绪量表主要用来测量两种情绪指标:情绪强度和情绪出现的频率,两者均作五级记分,分别称为DES I和DES II。

(二) 行为表现

情绪的行为表现包括面部表情、姿态表情和语调表情,其中最具特色的还是面部表情。研究者可以借助面部动作编码系统记录特定肌肉的收缩模式,即哪些肌肉收缩了,持续多长时间以及收缩强度,从而推测个体正在感受或处于的特定情绪状态。

1. 早期测量工具

施洛斯贝格(Schlosberg, 1952)设计并制作了面部表情的圆形量表(cireular scale)。面部表情的圆形量表有两个轴:一个是愉快-不愉快,另一个轴称为注意-厌弃,通过这个坐标轴,来决定某一表情照片在圆面上的方位。具体说来,被试用一个九点量表来评定某张照片,量表纵轴上的9个点,代表愉快-不愉快的9个梯级,然后用类似量表再在注意-厌弃轴上进行评定,这样,每张照片就都由愉快-不愉快以及注意-厌恶的共同评分来描述。后来,施洛斯贝格(1954)在此基础上提出面部表情的三维模式图(three-dimensional pattern),也就是在圆形量表的基础上增加了一个睡眠-紧张维度,认为面部表情可以通过三个维度测量:愉快-不愉快维度、注意-拒绝维度和睡眠-紧张维度。

2. 现代测量工具

现代表情测量的研究者提出,表情测量应该针对面部的肌肉运动,而不是面部表情给予观察者的情绪信息。伊扎德等人(Izard et al., 1979,1983)提出了两种互补的测量系统:最大限度辨别面部肌肉运动编码系统(maximally discriminative facial movement coding system,MAX)和表情辨别整体判断系统(system for identifying affect expression by holistic judgments,AFFEX)。最大限度辨别面部肌肉运动编码系统是一种保证客观性和精确性的微观分析系统,它以面部肌肉运动为单位,用于精确测量区域性面部肌肉运动的图式。表情辨别整体判断系统是保证有效性的客观分析系统,它提供了面部表情模式的总体概述。

(三) 生理指标

1. 脑电波

利用脑电记录技术可以测量在一定的情绪状态下大脑不同部位的电位差,从而预测人的情绪状态。例如,研究发现,人们在强烈情绪状态下的脑电波活动与正常状态下的不同。此时,α波消失,脑电波振幅降低。在焦虑状态下枕叶的α波消失,脑电波振幅降低;此外,额叶区、运动区、颞叶区的脑电波振幅也小于正常状态。在疼痛刺激作用时,脑电图会出现α波阻断或不完全抑制现象,且快波增多;随着疼痛减轻,快波逐渐减少,α波也开始恢复。

2. 生化指标

当人处于不同情绪状态时,其生化系统、中枢神经介质的变化也不同。因此,神经化学物质分泌或输出量的变化可以作为情绪状态的客观指标。但是,情绪的生理指标也面临诸多问题,其中最为关键的就是情绪和某一生理指标间并非是一一对应的关系。许多研究表明生理指标测量并不能为特定的情绪提供明确的模式,少数情况除外。因此,在测量情绪时,研究者不能仅仅依靠生理指标来判断情绪状态。

三、微表情的识别

虽然情绪研究已获得丰富的实验结果,并形成了相应理论,但是,目前这些研究结果多是针对较容易察觉的人的普通情绪的研究,而对较难识别、持续时间较短且能反映个体真实情绪的微表情的研究较少。由于微表情识别在公共管理、政治、公安、刑侦审讯、谈判等方面具有重要作用,微表情近年来备受研究者的关注。

哈格德和艾萨克斯(Haggard & Isaacs, 1966)是第一个发现微表情的研究者,并提出微表情反映了个体被压抑的情绪，与自我防御机制有关。然而，他们的研究在当时并未获得关注。后来，埃克曼和弗里森(Ekman & Friesen, 1969)也偶然发现了微表情。他们受一名精神病学家委托要求观看一段视频，视频中有一名抑郁症患者为了掩盖自杀企图而撒谎。然而，埃克曼和弗里森在视频中并没有看到任何关于这个病人的不同寻常的东西：这个乐观的病人看起来很好，笑得很开心，没有明显的自杀企图的迹象。但是当视频以慢速播放并逐帧观看时，他们发现病人在回答医生关于他未来计划的问题时，表现出了强烈的焦虑的表情。在整个视频中，焦虑的表情持续了1/12秒。埃克曼和弗里森认为这种短暂出现的表情就是微表情。

微表情是一种表达时间特别短，持续时间在1/25到1/2秒之间的表情，是人们以一种逃避的方式表达自身压抑的情感或试图隐藏的真实情绪(Ekman & Friesen, 1978；吴奇，申寻兵，傅小兰, 2010)。目前对于微表情的研究主要集中在6种基本情绪范畴内。

(一) 微表情识别测验

埃克曼和弗里森(Ekman & Friesen, 1974)制作了第一个微表情识别测量工具——"短暂表情识别测验"(Brief Affect Recognition Test, BART)。在该测验中，研究者需要给被试观看呈现时间为1/100～1/25 s的6种基本情绪的微表情图片(惊讶、快乐、愤怒、恐惧、悲伤、厌恶)，被试则需要判断表情的类型。随后，埃克曼和苏里文(Ekman & Sullivan, 1991)利用该测验研究了微表情识别能力和谎言识别准确性的关系，结果发现，被试在BART测验中的得分与他们在谎言识别测验中的成绩呈显著正相关。但是，BART方法存在以下缺点：微表情的孤立表达与现实生活中微表情的动态表达不一致，缺乏生态效度；微表情呈现后，被试仍会继续对微表情进行加工，延长了知觉加工时间，无法避免图片的视觉后效。

为了克服上述缺陷，松本等人(Matsumoto et al., 2000)开发了"日本人与高加索人短暂表情识别测验(Japanese and Caucasian brief affect recognition test, JACBART)"这一更为完善的微表情测量工具。在该测验中，被试首先观看一张呈现时间为2s的中性表情图片，之后呈现较短时间的微表情，接着会再次呈现2s的中性表情图片，被试的任务是在表情标签中将看到的微表情勾选出来。此测验中呈现的两次中性表情可以消除图片视觉后效的影响，同时提高了实验的生态效度。利用该测验，松本等发现不同情绪下微表情识别的正确率有显著差异，如对快乐和惊讶的微表情识别的正确率显著高于其他情绪，同时还提出不同的微表情识别能力因个体人格差异而异。伊默等人(Ihme et al., 2013)也采用JACBART考察了微表情识别的脑机制，结果发现，负性微表情的识别更多激活了基底节，而高兴和惊讶微表情的识别更多激活了眶额皮层。这两个脑区也是普通表情加工的脑区，但是，该研究没有设置普通表情对照组，因此无法揭示微表情识别和普通表情识别的差异，对于此问题未来还需进一步探索。

(二) 微表情数据库

一个具有足够数量且具有代表性的微表情数据库不仅能为研究者提供基本素材或实验刺激材料，也能为自动微表情识别系统的训练和评估提供充分样例。通过将计算机科学和心理学相结合，研究者分别开发了不同的自动微表情识别系统并构建了数据库。例如，日本的波利科夫斯基等人(Polikovsky et al., 2013)探索出了3D梯度直方图的特征提取方法；美国什里夫等人(Shreve et al., 2009)构建了USF-HD数据库，并采用光流法进行自动微表情识别研究；松本和埃克曼(Matsumoto & Ekman, 1988)以及埃克曼和罗森伯格(Ekman & Rosenberg, 2005)构建了JACFEE数据库和Cohn-Canade-504表情库等数据库。中国科学院心理研究所傅小兰团队改进前人的压抑-诱发方法，构建了中国微表情数据库(CASME，Yan, et al., 2013)；后来该团队又进一步改进了CASME的样本数、帧率和图像质量，形成了中国微表情数据库II(CASMEII，Yan et al., 2014)，为微表情本土化研究提供了数据库和技术支持。

思考题

1. 什么是情绪诱发？情绪诱发方法有哪些？请分别说明。
2. 如何测量情绪？测量情绪的指标有哪些？
3. 请设计实验，考察个体情绪状态对风险决策偏好的影响。
4. 请设计实验，考察道路交通状况对驾驶员情绪状态的影响。

实验操作

实验名称：情绪识别的年老化

实验问题：与年轻人相比，老年人在情绪识别上的能力是否下降？

实验目的：探讨老年人在情绪识别上是否存在老化，掌握情绪识别的实验设计。

实验程序：实验采用2(年龄：年轻人、老年人)×6(面孔情绪：中性、愤怒、恐惧、高兴、惊讶、伤心)的混合实验设计，面孔情绪是被试内变量，年龄是被试间变量，因变量是被试识别情绪的正确率和反应时。情绪面孔来自标准化的中国情绪面孔图片库，实验中向被试随机呈现不同情绪的面孔，要求被试既快又准地判断面孔情绪的类别。

结果分析：首先，计算每个被试对每种情绪反应的正确率和反应时；然后，采用两因素方差分析，考察年轻人和老年人在识别六种基本情绪上的正确率和反应时是否差异显著。如果交互作用显著，则分别看不同情绪上，年轻人和老年人识别的正确率和反应时是否存在显著差异；如果在某种情绪上，老年人的识别正确率差于年轻人，或者反应时慢于年轻人，则说明在这种情绪上存在情绪识别的年老化现象。

案例分析

下面是一项采用后掩蔽范式探讨杏仁核是否可以快速编码看不见的恐惧面孔的实验研究案例。

研究问题：快速检测威胁性符号(如恐惧的面孔)，无论是可见的还是不可见的，对于人类的生存至关重要。该功能被认为是由独立于皮层视觉通路的通往杏仁核的皮层下通路实现的。然而，人类确凿的电生理学证据很少。因而，本研究探讨了杏仁核是否可以快速编码看不见的恐惧面孔。

研究方法：实验材料是面孔情绪，分为恐惧、快乐和中性三个水平；面孔空间频率，分为高、中、低三个水平。实验采用2(空间频率：高、低、中)×2(面孔情绪：恐惧、快乐、中性)的被试内实验设计，研究对象为18名颅内植入电极的癫痫患者。实验采用后掩蔽呈现范式，先向被试呈现33ms的不同空间频率的恐惧、快乐和中性情绪面孔，然后，呈现467ms的掩蔽刺激，要求被试判断面孔的情绪类型。采用颅内立体脑电(intracranial electro-encephography，iEEG)的方法，直接记录癫痫患者杏仁核及皮层通路多个脑区对情绪面孔的神经反应。

研究结果与讨论：行为研究结果发现，被试对于情绪面孔的辨别能力处于概率水平，说明实验中大脑对情绪面孔处于无意识加工的状态。iEEG结果发现，人类杏仁核仍然对无意识下恐惧面孔有选择性加工，且杏仁核的选择性反应发生在90ms以内，早于皮层视觉通路对杏仁核的信息传递。时频分析结果发现，杏仁核对无意识下恐惧面孔有选择性反应能量主要源自Gamma频段(27~33 Hz)。

研究结论：皮层下通路将威胁性情绪信息直接传达至杏仁核进行加工。这一通路绕过了皮层视觉通路，因此，可以实现情绪信息的快速传递，甚至无意识威胁的快速探测和识别。

参考文献

[1] 蔡笑岳, 于龙. 问题解决心理学的研究模式及研究取向的演变[J]. 华南师范大学学报(社会科学版), 2008(6): 103-109+159-160.

[2] 陈红君, 赵英, 伍新春, 等. 小学儿童词汇知识与阅读理解的关系: 交叉滞后研究[J]. 心理学报, 2019(8): 924-934.

[3] 关丽丽, 张庆林, 齐铭铭, 等. 自我概念威胁以及与重要他人的比较共同削弱自我面孔优势效应[J]. 心理学报, 2012, 44(6): 789-796.

[4] 郭秀艳. 内隐学习研究方法述评[J]. 心理科学, 2004, 27(2): 434-437.

[5] 黄希庭, 郭秀艳, 聂晶. 认知加工中时间与非时间信息的相互作用关系[J]. 心理科学, 2003, 26(5): 770-774.

[6] 兰哲, 陈霖. 拓扑性质知觉的大脑半球功能不对称性研究[J]. 心理科学, 1998, 21(3): 205-208+286.

[7] 雷明, 陈明慧, 赵维燕, 等. 归纳推理和演绎推理的关系理论及其模型[J]. 心理科学, 2018, 41(4): 1017-1023.

[8] 李宝林, 陈有国, 袁祥勇, 等. 拓扑性质对视觉新异刺激时距知觉的影响[J]. 心理学报, 2013, 45(12): 1324-1333.

[9] 李红, 陈安涛, 冯廷勇, 等. 个体归纳推理能力的发展及其机制研究展望[J]. 心理科学, 2004, 27(6): 1457-1459.

[10] 李建平, 张平, 代景华, 等. 五种基本情绪心脏自主神经传出活动模式[J]. 中国行为医学科学, 2006, 15(1): 57-58.

[11] 李建升, 王丹, 沈模卫. 无意识思维: 理论、质疑与回应[J]. 心理科学, 2016, 39(2): 318-323.

[12] 李寿欣, 张德香, 张建鹏. 组织型插图对不同认知方式个体说明性文本阅读的影响[J]. 心理学报, 2014, 46(8): 1043-1051.

[13] 连浩敏, 贾广珍, 常慧红, 等. 视觉N-back训练任务对不同认知风格初中生几何学习的影响[J]. 中国临床心理学杂志, 2000, 28(5): 872-876.

[14] 凌晓丽，刘媛媛，孙鹏，等. 旁观者及其与个体的亲密程度对后悔情绪的影响[J]. 心理学探新，2022，42(4)：322-329.

[15] 刘静远，李虹. 状态焦虑对时距知觉的影响：认知评价和注意偏向有调节的中介作用[J]. 心理学报，2019，51(7)：747-758.

[16] 刘丽，白学军. 注意控制定势和线索类型在注意捕获中的作用[J]. 心理学报，2016，48(9)：1093-1104.

[17] 刘贤敏，刘昌. 中国古典音乐诱发情绪的生理活动研究[J]. 中国健康心理学杂志，2011，19(5)：618-620.

[18] 刘旭峰，苗丹民，胡文东，等. 复杂选择反应时测验在飞行员飞行能力评定上的效度分析[J]. 中华航空航天医学杂志，1999，10(3)：163-166.

[19] 刘永芳. 快速节俭启发式——相关争议与简短评论[J]. 心理科学进展，2009，17(5)：885-892.

[20] 罗俊龙，覃义贵，李文福，等. 创造发明中顿悟的原型启发脑机制[J]. 心理科学进展，2012，20(4)：504-513.

[21] 聂其阳，罗劲. "啊哈！"和"哈哈！"：顿悟与幽默的脑认知成分比较[J]. 心理科学进展，2012，20(2)：219-227.

[22] 裴剑涛，张侃. 西方国家军事飞行员选拔技术[J]. 心理科学进展，1993，1(2)：27-35.

[23] 秦金亮，郭秀艳. 论心理学两种研究范式的整合趋向[J]. 心理科学，2003，26(1)：20-23.

[24] 邱江，张庆林. 创新思维中原型激活促发顿悟的认知神经机制[J]. 心理科学进展，2011，19(3)：312-317.

[25] 尚俊辰，刘智慧，陈文锋，等. 美感对西方绘画无意识加工的影响[J]. 心理学报，2018，50(7)：693-702.

[26] 沈汪兵，刘昌，施春华，等. 创造性思维的性别差异[J]. 心理科学进展，2015，23(8)：1380-1389.

[27] 宋晓蕾，李宜倩，张凯歌. 虚拟环境中大尺度空间定向能力的地域差异[J]. 心理学报，2024，56(1)：1-14.

[28] 宋雪，侯俊如，李墨，等. 权力与冲动购买：权力感与购买冲动特质对冲动购买的影响[J]. 心理科学，2023，46(5)：1188-1195.

[29] 汪凤炎. 对水稻理论的质疑：兼新论中国人偏好整体思维的内外因[J]. 心理学报，2018，50(5)：572-582.

[30] 汪海玲，陈恩光，连玉净，等. 面孔宽高比的自动加工[J]. 心理学报，2023，55(11)：1745-1761.

[31] 王大华，黄一帆，彭华茂，等. 老年人加工速度的干预研究[J]. 心理学报，2012，44(4)：469-477.

[32] 王甦. 手部肌肉工作对形重错觉的影响[J]. 心理学报，1963，7(2)：81-87.

[33] 王婷婷，王瑞明，王靖，等. 红色和蓝色对中国汉族大学生情绪的启动效应[J]. 心理学报，2014，46(6)：777-790.

[34] 魏柳青，张学民，李永娜，等. 视听通道双任务对多目标追踪的影响：干扰还是促进?[J]. 心理学报，2014，46(6)：727-739.

[35] 魏心妮，喻丰，彭凯平，等. 心理丰富提高亲环境行为意愿[J]. 心理学报，2023，55(8)：1330-1343.

[36] 吴奇，申寻兵，傅小兰. 微表情研究及其应用[J]. 心理科学进展，2010，18(9)：1359-1368.

[37] 吴彦文，游旭群. 双任务情境下心理旋转的并行加工机制[J]. 心理学报，2007，39(5)：785-794.

[38] 侠牧，李雪榴，叶春，等. 面部表情加工的ERP成分[J]. 心理科学进展，2014，22(10)：1556-1563.

[39] 邢强，车敬上，唐志文. 顿悟：顿悟问题解决研究的认知神经范式评述[J]. 宁波大学学报(教育科学版)，2011，33(1)：50-53.

[40] 徐景波，孟昭兰，王丽华. 正负性情绪的自主生理反应实验研究[J]. 心理科学，1995，18(3)：134-139+143+192.

[41] 徐联仓. 在复合刺激中信息量与反应时的关系[J]. 心理学报，1963，7(1)：44-49.

[42] 闫宜人，刘宁. 热情还是能力？合作关系中的热情—能力偏好[J]. 心理科学，2023，46(3)：594-602.

[43] 杨治良，蒋孥，孙荣根. 成人个人空间圈的实验研究[J]. 心理科学，1988，7(2)：24-28.

[44] 杨治良，叶奕乾，祝蓓里，等. 再认能力最佳年龄的研究——试用信号检测论分析[J]. 心理学报，1981，13(1)：42-52.

[45] 杨治良. 心理实验教学内容更新的初步尝试——介绍三个教学实验[J]. 心理科学，1983，6(3)：37-45.

[46] 余继，夏欢欢. 批判性思维和创造性思维测评的理论基础与实践动向—基于国际典型测评工具的述评[J]. 中国考试，2021(6)：70-77.

[47] 张萌，张积家，张全信. 呈现方式、自我效能感和成就动机对FOK判断影响的研究[J]. 心理学报，2000，32(4)：387-392.

[48] 张学民，刘冰，鲁学明. 多目标追踪任务中不同运动方式非目标的抑制机制[J]. 心理学报，2009，41(10)：922-931.

[49] 张元春，王晓明. 自恋特质对识别威胁性表情的影响[J]. 心理技术与应用，2023，11(2)：98-106.

[50] 郑晓莹，韩润蕾，刘汝晗，等. 信息加工流畅性与真实性对互联网公益捐助的影响[J]. 心理学报，2024，56(2)：226-238.

[51] 周玉霞，李芳乐. 问题解决的研究范式及影响因素模型[J]. 电化教育研究，2011(5)：18-25.

[52] 朱滢. 检验"水稻理论"[J]. 心理科学，2014，37(5)：1261-1262.

[53] 朱滢. 再谈检验"水稻理论"[J]. 心理研究，2015，8(3)：3-4.

[54] 奥尼尔，麦克唐奈，比林斯利，等. 教育和社区环境中的单一被试设计[M]. 胡晓毅，译，杨希洁，审校. 北京：华夏出版社，2016.

[55] 白学军等. 实验心理学[M]. 2版. 北京：中国人民大学出版社，2017.

[56] 博登斯，阿博特. 研究设计与方法[M]. 6版. 上海：上海人民出版社，2008.

[57] 波林. 实验心理学史[M]. 高觉敷，译. 北京：商务印书馆，1982.

[58] 波佩尔. 意识的限度：关于时间与意识的新见解[M]. 北京：北京大学出版社，2000.

[59] 格拉维特，佛泽诺. 行为科学研究方法[M]. 4版. 上海：上海教育出版社，2020.

[60] 郭秀艳. 实验心理学[M]. 杨治良，审校. 北京：人民教育出版社，2004.

[61] 郭秀艳. 实验心理学[M]. 2版. 北京：人民教育出版社，2019.

[62] 郭秀艳. 基础实验心理学[M]. 2版. 北京：高等教育出版社，2011.

[63] 郭秀艳. 实验心理学[M]. 北京：人民教育出版社，2013.

[64] 赫葆源，张厚粲，陈舒永，等. 实验心理学[M]. 北京：北京大学出版社，1983

[65] 吉戈伦尔，托德. 简捷启发式——让我们更精明[M]. 刘永芳，译. 上海：华东师范大学出版社，2002.

[66] 吉仁泽. 适应性思维——现实世界中的理性[M]. 刘永芳，译. 上海：上海教育出版社，2006.

[67] 金志成，何艳茹. 心理实验设计及其数据处理[M]. 广州：广东高等教育出版社，2005.

[68] 坎特威茨，罗迪格，埃尔姆斯. 实验心理学[M]. 郭秀艳，等，译，杨治良，审校. 上海：华东师范大学出版社，2010.

[69] 克里斯滕森，约翰逊，特纳. 研究方法设计与分析[M]. 2版. 北京：商务印书馆，2018.

[70] 肯尼迪. 教育研究中的单一被试设计[M]. 北京：华夏出版社，2014.

[71] 库珀，赫伦，休厄德. 应用行为分析[M]. 2版. 美国展望教育中心，译. 武汉：武汉大学出版社，2012.

[72] 拉姆瑞尔，等. 特殊教育研究：设计方法和应用[M]. 3版. 上海：上海人民出版社，2022.

[73] 刘永芳. 管理心理学[M]. 北京：清华大学出版社，2016.

[74] 孟庆茂，常建华. 实验心理学[M]. 背景：北京师范大学出版社，1999.

[75] 莫雷，王瑞明，温红博，等. 心理学实用研究方法[M]. 广州：广东高等教育出版，2007.

[76] 萨尔金德. 心理学研究方法[M]. 9版. 童定，译. 北京：中国人民大学出版社，2019.

[77] 舒华，张学民，韩在柱. 实验心理学的理论、方法与技术[M]. 1版. 北京：人民教育出版社，2006.

[78] 舒华，张亚旭. 心理学研究方法：实验设计和数据分析[M]. 北京：人民教育出版社，2008.

[79] 舒华. 心理与教育研究中的多因素实验设计[M]. 北京：北京师范大学出版社，1994.

[80] 王甦，汪安圣. 认知心理学[M]. 北京：北京大学出版社，1992.

[81] 王重鸣. 心理学研究方法[M]. 北京：人民教育出版社，2001.

[82] 伍德沃斯，施洛斯贝格、实验心理学[M]. 曹日昌，等，译. 北京：科学出版社，1965.

[83] 杨治良. 实验心理学[M]. 杭州：浙江教育出版社，1998.

[84] 张侃. 中国大百科全书(心理学卷)[M]. 3版. 北京：中国大百科全书出版社，2021.

[85] 张明，张亚旭. 实验心理学[M]. 北京：高等教育出版社，2010.

[86] 张学民. 实验心理学(修订版)[M]. 北京：北京师范大学出版社，2007.

[87] 周谦. 心理科学方法学[M]. 北京：中国科学技术出版社，1994.

[88] 朱滢，耿海燕. 实验心理学[M]. 5版. 北京：北京大学出版社，2022.

[89] 朱滢. 实验心理学[M]. 北京：北京大学出版社，2000.

[90] 朱滢. 实验心理学[M]. 4版. 北京：北京大学出版社，2016.

[91] 姚志强. "水稻理论"：实证检验与理论争议[N]. 中国社会科学报，2021-12-02(7).

[92] 谢斯骏，张厚粲 编. 认知方式. 北京：北京师范大学出版社，1988：278-280.

[93] Awh E，Jonides J，Smith E E，et al. Dissociation of storage and rehearsal in verbal working memory：Evidence from positron emission tomography[J]. Psychological Science，1996，7(1)：25-31.

[94] Baddeley A. The episodic buffer：A new component of working memory?[J]. Trends in Cognitive Sciences，2000，4(11)：417-423.

[95] Baddeley A. Working memory：Theories，models，and controversies[J]. Annual Review of Psychology，2012，63(1)：1-29.

[96] Baer D M，Wolf M M，Risley T R. Some current dimensions of applied behavior analysis[J]. Journal of Applied Behavior Analysis，1968，1(1)：91-97.

[97] Bargh J A，Chen M，Burrows L. Automaticity of social behavior：Direct effects of trait construct and stereotype priming on action[J]. Journal of Personality and Social Psychology，1996，71(2)：230-244.

[98] Barlow D H，Hersen M. Single-case experimental designs[J]. Archives of General Psychiatry，1973，29(3)：319-325.

[99] Bensafi M，Rouby C，Farget V，et al，Holley A. Autonomic nervous system responses to odours：The role of pleasantness and arousal[J]. Chemical senses，2002，27(8)：703-709.

[100] Blomstrand R, Lofgren F. Influence of emotional stress on the renal circulation[J]. Psychosomatic Medicine, 1956, 18(5): 420-426.

[101] Bos M W, Dijksterhuis A. Unconscious thought works bottom-up and conscious thought works top-down when forming an impression[J]. Social Cognition, 2011, 29(6): 727-736.

[102] Britton J C, Taylor S F, Berridge K C, et al. Differential subjective and psychophysiological responses to socially and nonsocially generated emotional stimuli[J]. Emotion, 2006, 6(1): 150-155.

[103] Broadbent D E. Perception and communication[J]. Nature, 1958, 182(4649): 1572-1572.

[104] Brogaard B. Are there unconscious perceptual processes?[J]. Consciousness and Cognition, 2011, 20(2): 449-463.

[105] Buchanan T W, al'Absi M, Lovallo W R. Cortisol fluctuates with increases and decreases in negative affect[J]. Psychoneuroendocrinology, 1999, 24(2): 227-241.

[106] Calvo M G, Avero P, Fernández-Martín A, Recio G. Recognition thresholds for static and dynamic emotional faces[J]. Emotion, 2016, 16(8): 1186-1200.

[107] Cannon W B. The James-Lange theory of emotions: A critical examination and an alternative theory. By Walter B. Cannon, 1927. The American Journal of Psychology, 1987, 100(3-4): 567-586.

[108] Chartrand T L, Bargh J A. The chameleon effect: The perception behavior link and social interaction[J]. Journal of Personality and Social Psychology, 1999, 76(6): 893-910.

[109] Chen L. Topological structure in visual perception[J]. Science, 1982, 218(4573): 699-700.

[110] Chen L. The topological approach to perceptual organization[J]. Visual Cognition, 2005, 12(4): 553-637.

[111] Cohn A, Maréchal M A, Tannenbaum D, et al. Civic honesty around the globe[J]. Science, 365(6448): 70-73.

[112] Craig B M, Lipp O V. Bodily cues of sex and emotion can interact symmetrically: Evidence from simple categorization and the garner paradigm[J]. Emotion, 2023, 23(8): 2385-2398.

[113] Cutting J, Moore C, Morrison R. Masking the motions of human gait[J]. Perception & Psychophysics, 1988, 44(4): 339-347.

[114] De Houwer J. A structural and process analysis of the implicit association test[J]. Journal of Experimental Social Psychology, 2001, 37(6): 443-451.

[115] Deese J. Serial organization in the recall of disconnected items[J]. Psychological Reports, 1957, 3(3): 577-582.

[116] Deese J. On the prediction of occurrence of particular verbal intrusions in immediate recall[J]. Journal of Experimental Psychology, 1959, 58(1): 17-22.

[117] Dietrich A, Kanso R. A review of EEG, ERP, and neuroimaging studies of creativity and insight[J]. Psychological Bulletin, 2010, 136(5): 822-848.

[118] Dijksterhuis A, Nordgren L F. A theory of unconscious thought[J]. Perspectives on Psychological Science, 2006, 1(2): 95-109.

[119] Dijksterhuis A, Van Knippenberg A. The relation between perception and behavior or how to win a game of Trivial Pursuit[J]. Journal of Personality and Social Psychology, 1998, 74(4): 865-877.

[120] Dunlap K. The Hipp chronoscope without armature springs[J]. The British Journal of Psychology, 1912, 5(1): 1-7.

[121] Dunlap K. Chronometric devices in psychological research[J]. The Journal of General Psychology, 1936, 14(1): 3-30.

[122] Duval T S, Silvia P J. Self-awareness, probability of improvement, and the self-serving bias[J]. Journal of Personality and Social Psychology, 2002, 82(1): 49-61.

[123] Ebrahim S, Smith G D, May M, et al. Shaving, coronary heart disease, and stroke: The Caerphilly Study[J]. American Journal of Epidemiology, 2003, 157(3): 234-238.

[124] Egloff B, Schmukle S C, Burns L R, Schwerdtfeger A. Spontaneous emotion regulation during evaluated speaking tasks: Associations with negative affect, anxiety expression, memory, and physiological responding[J]. Emotion, 2006, 6(3): 356-366.

[125] Egloff B, Wilhelm F H, Neubauer D H, et al. Implicit Anxiety Measure Predicts Cardiovascular Reactivity to an Evaluated Speaking Task[J]. Emotion, 2002, 2(1): 3-11.

[126] Ekman P, Friesen W V. Nonverbal leakage and clues to deception[J]. Psychiatry, 1969, 32(1): 88-106.

[127] Ekman P, O'Sullivan M. Who can catch a liar?[J]. The American Psychologist, 1991, 46(9): 913-920.

[128] Ekman P, Levenson R W, Friesen W V. Autonomic nervous system activity distinguishes among emotions[J]. Science, 1983, 221(4616): 1208-1210.

[129] Eron L D, Huesmann L R. Does television violence cause aggression?[J]. American Psychologist, 1972, 27(4): 253-263.

[130] Etkin A, Egner T, Peraza D M, et al. Resolving emotional conflict: A role for the rostral anterior cingulate cortex in modulating activity in the amygdala[J]. Neuron, 2006, 51(6): 871-882.

[131] Fan J, McCandliss B D, Sommer T, et al. Testing the efficiency and independence of attentional networks[J]. Journal of Cognitive Neuroscience, 2002, 14(3): 340-347.

[132] Fockert J D, Rees G, Frith C, et al. Neural correlates of attentional capture in visual search[J]. Journal of Cognitive Neuroscience, 2004, 16(5): 751-759.

[133] Förster J, Koivisto M, Revonsuo A. ERP and MEG correlates of visual consciousness: The second decade[J]. Consciousness and Cognition, 2020(80): 102917.

[134] Forster S E, Carter C S, Cohen J D, et al. Parametric Manipulation of the Conflict Signal and Control-state Adaptation[J]. Journal of Cognitive Neuroscience, 2011, 23(4): 923-935.

[135] Fougnie D, Marois R. Distinct capacity limits for attention and working memory: Evidence from attentive tracking and visual working memory paradigms[J]. Psychological Science, 2006, 17(6): 526-534.

[136] Garner W R. Interaction of stimulus dimensions in concept and choice processes[J]. Cognitive Psychology, 1976, 8(1): 98-123.

[137] Garrett H E. A study of the relation of accuracy to speed[J]. Archives of Psychology, 1922, 56: 1-104.

[138] Geronimus A T. Teenage childbearing and social and reproductive disadvantage: The evolution of complex questions and the demise of simple answers[J]. Family Relations, 1991, 40(4): 463-471.

[139] Gerra G, Baldaro B, Zaimovic A, et al. Neuroendocrine responses to experimentally-induced emotions among abstinent opioid-dependent subjects[J]. Drug and Alcohol Dependence, 2003, 71(1): 25-35.

[140] Greeno J G. On claims that answer the wrong question[J]. Educational Researcher, 1997, 26(1): 5-17.

[141] Greenwald A G, McGhee D E, Schwartz J L. Measuring individual differences in implicit cognition: The implicit association test[J]. Journal of Personality and Social Psychology, 1998, 74(6): 1464-1480.

[142] Gregg L W. The effect of stimulus complexity on discrimination responses[J]. Journal of Experimental Psychology, 1954, 48(4): 289-297.

[143] Haider H, Rose M. How to investigate insight: A proposal[J]. Methods, 2007(42): 49-57.

[144] Harlow H F. The nature of love[J]. American Psychologist, 1958, 13(12): 673-685.

[145] Hart J T. Memory and the feeling-of-knowing experience[J]. Journal of Educational Psychology, 1965, 56(4): 208-216.

[146] Hayes A F, Krippendorff K. Answering the call for a standard reliability measure for coding data[J]. Communication Methods and Measures, 2007, 1(1): 77-89.

[147] Heit E. Properties of inductive reasoning[J]. Psychonomic Bulletin & Review, 2000, 7(4): 569-592.

[148] Hick W E. On the rate of gain of information[J]. The Quarterly Journal of Experimental Psychology, 1952, 4(1): 11-26.

[149] Hintzman D L. Some tests of a discrimination net theory: Paired-associate learning as a function of stimulus similarity and number of responses[J]. Journal of Verbal Learning and Verbal Behavior, 1967, 6(5): 809-816.

[150] Hole G J. Configurational factors in the perception of unfamiliar faces[J]. Perception, 1994, 23(1): 65-74.

[151] Hovland C I. The influence of adaptation illumination upon visual reaction time[J]. The Journal of General Psychology, 1936, 14(2): 346-359.

[152] Ihme K, Lichev V, Rosenberg N, et al. Which brain regions are involved in the correct detection of microexpressions? Preliminary results from a functional magnetic resonance imaging study[J]. Clinical Neurophysiology, 2013, 124(10): 92-93.

[153] Jacoby L L. A process dissociation framework: Separating automatic from intentional uses of memory[J]. Journal of Memory and Language, 1991, 30(5): 513-541.

[154] Jefferson A, Bortolotti L, Kuzmanovic B. What is unrealistic optimism?[J]. Consciousness and Cognition, 2017(50): 3-11.

[155] Jiang Y, Costello P, Fang F, et al. A gender- and sexual orientation-dependent spatial attentional effect of invisible images[J]. Proceedings of the National Academy of Sciences of the United States of America, 2006, 103(45): 17048-17052.

[156] Johansson G. Visual perception of biological motion and a model for its analysis[J]. Perception & Psychophysics, 1973, 14(2): 195-204.

[157] Johnston W A, Heinz S P. Flexibility and capacity demands of attention[J]. Journal of Experimental Psychology General, 1978, 107(4): 420-435.

[158] Kaufman S B. Sex differences in mental rotation and spatial visualization ability: Can they be accounted for by differences in working memory capacity?[J]. Intelligence, 2007, 35(3): 211-223.

[159] Keil A, Müller M M, Gruber T, et al. Effects of emotional arousal in the cerebral hemispheres: A study of oscillatory brain activity and event-related potentials[J]. Clinical Neurophysiology, 2001, 112(11): 2057-2068.

[160] Kellough J L, Beevers C G, et al. Time course of selective attention in clinically depressed young adults: An eye tracking study[J]. Behaviour Research and Therapy, 2008, 46(11): 1238-1243.

[161] Kelly D J, Quinn P C, Slater A M, et al. Three-month-olds, but not newborns, prefer own-race faces[J]. Developmental Science, 2005, 8(6): F31-F36.

[162] Kliegel M, Jäger T, Phillips L, et al. Effect of sad mood on time-based prospective memory[J]. Cognition & Emotion, 2005, 19(8): 1199-1213

[163] Kohfeld D L. Simple reaction time as a function of stimulus intensity in decibels of light and sound[J]. Journal of Experimental Psychology, 1971, 88(2): 251-257.

[164] Köhler W. An aspect of Gestalt psychology[J]. The Pedagogical Seminary and Journal of Genetic Psychology, 1925, 32(4): 691-723.

[165] Krause C M, Viemerö V, Rosenqvist A, et al. Relative electroencephalographic desynchronization and synchronization in humans to emotional film content: An analysis of the 4-6, 6-8, 8-10 and 10-12 Hz frequency bands[J]. Neuroscience Letters, 2000, 286(1), 9-12.

[166] Kunst-Wilson W R, Zajonc R B. Affective discrimination of stimuli that cannot be recognized[J]. Science, 1980, 207(4430): 557-558.

[167] Landis J R, Koch G G. The measurement of observer agreement for categorical data[J]. Biometrics, 1977, 33(1): 159-174.

[168] Leitenberg H. The use of single-case methodology in psychotherapy research[J]. Journal of Abnormal Psychology, 1973, 82(1): 87-101.

[169] Li J, Zhou X. Sex, attractiveness, and third-party punishment in fairness consideration[J]. PLoS One, 2014, 9(4): e94004.

[170] Lindquist K A, Barrett L F. A functional architecture of the human brain: Emerging insights from the science of emotion[J]. Trends in Cognitive Sciences, 2012, 16(11): 533-540.

[171] Lindquist K A, Wager T D, Kober H, et al. The brain basis of emotion: A meta-analytic review[J]. Behavioral and Brain Sciences, 2012, 35(3): 121-143.

[172] Luck S J, Hillyard S A. Electrophysiological evidence for parallel and serial processing during visual search[J]. Perception & Psychophysics, 1990, 48(6): 603-617.

[173] Luck S J, Vogel E K. Visual working memory capacity: From psychophysics and neurobiology to individual differences[J]. Trends in Cognitive Sciences, 2013, 17(8): 391-400.

[174] Luo W, Feng W, He W, et al. Three stages of facial expression processing: ERP study with rapid serial visual presentation[J]. Neuroimage, 2010, 49(2): 1857-1867.

[175] Ma Y, Paterson H, Pollick F. A motion capture library for the study of identity, gender, and emotion perception from biological motion[J]. Behavior Research Methods, 2006, 38(1): 134-141.

[176] MacLeod C M. Half a century of research on the Stroop effect: An integrative review[J]. Psychological Bulletin, 109(2): 163-203.

[177] Marois R, Yi D J, Chun M M. The neural fate of consciously perceived and missed events in the attentional blink[J]. Neuron, 2004, 41(3): 465-472.

[178] Matsumoto D, LeRoux J, Wilson-Cohn C, et al. A new test to measure emotion recognition ability: Matsumoto and Ekman's Japanese and Caucasian Brief Affect Recognition Test(JACBART)[J]. Journal of Nonverbal behavior, 2000, 24(3): 179-209.

[179] McCrary J W, Hunter W S. Serial position curves in verbal learning[J]. Science, 1953, 117(3032): 131-134.

[180] McDaniel M A, Einstein G O. Strategic and automatic processes in prospective memory retrieval: A multiprocess framework[J]. Applied Cognitive Psychology, 2000, 14(7): S127-S144.

[181] Mednick S A. The associative basis of the creative process[J]. Psychological Review, 1962, 69(3): 220-232.

[182] Menon G, Kyung E J, Agrawal N. Biases in social comparisons: Optimism or pessimism?[J]. Organizational Behavior and Human Decision Processes, 2009, 108(1): 39-52.

[183] Mercure E, Dick F, Johnson M H. Featural and configural face processing differentially modulate ERP components[J]. Brain Research, 2008, 1239: 162-170.

[184] Merikle P M, Joordens S. Parallels between perception without attention and perception without awareness[J]. Consciousness & Cognition, 1997, 6(2-3): 219-236.

[185] Middlemas S, Harwood C. A pre-match video self-modeling intervention in elite youth football[J]. Journal of Applied Sport Psychology, 2000, 32(5): 450-475.

[186] Mierke J, Klauer K C. Implicit association measurement with the IAT: Evidence for effects of executive control porcesses[J]. Zeitschriftfür Experimentelle Psychologie, 2001, 48(2): 107-122.

[187] Mondloch C J, Le Grand R, Maurer D. Configural face processing develops more slowly than featural face processing[J]. Perception, 2002, 31(5): 553-566.

[188] Navon D. Forest before trees: The precedence of global features in visual perception[J]. Cognitive Psychology, 1977, 9(3): 353-383.

[189] Neisser U, Becklen R. Selective looking: Attending to visually specified events. Cognitive Psychology, 1975, 7(4): 480-494.

[190] Neumann S A, Waldstein S R. Similar patterns of cardiovascular response during emotional activation as a function of affective valence and arousal and gender[J]. Journal of Psychosomatic Research, 2001, 50(5): 245-253.

[191] Nicolas S, Thompson P B. The Hipp chronoscope versus the d'Arsonval chronometer: Laboratory instruments measuring reaction times that distinguish German and French orientations of psychology[J]. History of Psychology, 2015, 18(4): 367-384.

[192] O'Toole A J, Roark D A, Abdi H. Recognizing moving faces: A psychological and neural synthesis[J]. Trends in Cognitive Sciences, 2002, 6(6): 261-266.

[193] O'Craven K M, Downing P E, Kanwisher N. fMRI evidence for objects as the units of attentional selection[J]. Nature, 1999, 401(6753): 584-587.

[194] Polikovsky S, Kameda Y, Ohta Y. Facial Micro-Expression Detection in Hi-Speed Video Based on Facial Action Coding System(FACS)[J]. IEEE Transactions on Information and Systems, 2013, 96D(1), 81-92.

[195] Posner M I. Orienting of attention[J]. The Quarterly Journal of Experimental Psychology, 1980, 32(1): 3-25.

[196] Pylyshyn Z W, Storm R W. Tracking multiple independent targets: Evidence for a parallel tracking mechanism[J]. Spatial Vision, 1988, 3(3): 179-197.

[197] Ray W J, Cole H W. EEG alpha activity reflects attentional demands, and beta activity reflects emotional and cognitive processes[J]. Science, 1985, 228(4700): 750-752.

[198] Raymond J E, Shapiro K L, Arnell K M. Temporary suppression of visual processing in an RSVP task: An attentional blink?[J]. Journal of Experimental Psychology: Human Perception and Performance, 1992, 18(3): 849-860.

[199] Renzi C, Schiavi S, Carbon C -C, et al. Processing of featural and configural aspects of faces is lateralized in dorsolateral prefrontal cortex: A TMS study[J]. NeuroImage, 2013(74): 45-51.

[200] Richoz A R. Stacchi L, Schaller P, et al. Recognizing facial expressions of emotion amid noise: A dynamic advantage[J]. Journal of vision, 2024, 24(1): 7.

[201] Romaniuk C, Miltenberger R, Conyers C, et al. The influence of activity choice on problem behaviors maintained by escape versus attention[J]. Journal of Applied Behavior Analysis, 2002, 35(4): 349-362.

[202] Ruan J, Xie Z, Zhang X. Does rice farming shape individualism and innovation?[J]. Food Policy, 2015, 56: 51-58.

[203] Rubin J M, Kanwisher N. Topological perception: Holes in an experiment [J]. Perception & Psychophysics, 1985, 37(2): 179-180.

[204] Salas C E, Radovic D, Turnbull O H. Inside-Out: Comparing Internally Generated

and Externally Generated Basic Emotions[J]. Emotion, 2012, 12(3): 568-578.

[205] Sammler D, Grigutsch M, Fritz T, et al. Music and emotion: Electrophysiological correlates of the processing of pleasant and unpleasant music[J]. Psychophysiology, 2007, 44(2): 293-304.

[206] Sander K, Scheich H. Left auditory cortex and amygdala, but right insula dominance for human laughing and crying[J]. Journal of Cognitive Neuroscience, 2005, 17(10): 1519-1531.

[207] Sarlo M, Buodo G, Poli S, et al. Changes in EEG alpha power to different disgust elicitors: The specificity of mutilations[J]. Neuroscience Letters, 2005, 382(3), 291-296.

[208] Schlosberg H. The description of facial expressions in terms of two dimensions[J]. Journal of Experimental Psychology, 1952, 44(4): 229-237.

[209] Schlosberg H. Three dimensions of emotion[J]. Psychological Review, 1954, 61(2): 81-88.

[210] Schneider W, Shiffrin R M. Controlled and automatic human information processing: I. Detection, search, and attention[J]. Psychological Review, 1977, 84(1): 1-66.

[211] Scott G G, O'Donnell P J, Leuthold H, et al. Early emotion word processing: Evidence from event-related potentials[J]. Biological Psychology, 2009, 80(1): 95-104.

[212] Scott L S, Nelson C A. Featural and configural face processing in adults and infants: A behavioral and electrophysiological investigation[J]. Perception, 2006, 35(8): 1107-1128.

[213] Shaffer L H, Hardwick J. Errors and error detection in typing[J]. The Quarterly Journal of Experimental Psychology, 1969, 21(3): 209-213.

[214] Shi J, Weng X, He S, et al. Biological motion cues trigger reflexive attentional orienting[J]. Cognition, 2010, 117(3): 348-354.

[215] Simons D J, Chabris C F. Gorillas in our midst: Sustained inattentional blindness for dynamic events[J]. Perception, 1999, 28(9): 1059-1074.

[216] Sloutsky V M, Lo Y F, Fisher A V. How much does a shared name make things similar? Linguistic labels, similarity, and the development of inductive inference[J]. Child Development, 2001, 72(6): 1695-1709.

[217] Stefanics G, Kremlacek J, Czigler I. Visual mismatch negativity: A predictive coding view[J]. Frontiers in Human Neuroscience, 2014(8): 666.

[218] Sternberg R J. Lubart T I. Investing in creativity[J]. American Psychologist, 1996, 51(7): 677-688.

[219] Sternberg S. High-speed scanning in human memory[J]. Science, 1966, 153(3736):

652-654.

[220] Sternberg S. Memory-scanning: Mental processes revealed by reaction-time experiments[J]. American Scientist, 1969, 57(4): 421-457.

[221] Talhelm T, Zhang X, Oishi S, et al. Large-scale psychological differences within China explained by rice versus wheat agriculture[J]. Science, 2014, 344(6184): 603-608.

[222] Tananka J W, Farah M J. Parts and wholes in face recognition[J]. The Quarterly Journal of Experimental Psychology Section A: Human Experimental Psychology, 1993, 46(2): 225-245.

[223] Tannenbaum D. Maréchal M A, Cohn A. A closer look at civic honesty in collectivist cultures[J]. Proceedings of the National Academy of Sciences of the United States of America, 2023, 120(49): e2313586120.

[224] Tipper S P. The negative priming effect: Inhibitory priming by ignored objects[J]. The Quarterly Journal of Experimental Psychology Section A: Human Experimental Psychology, 1985, 37(4): 571-590.

[225] Tong F, Nakayama K, Vaughan J T, et al. Binocular rivalry and visual awareness in human extrastriate cortex[J]. Neuron, 1998, 21(4): 753-759.

[226] Treisman A M, Gelade G. A feature integration theory of visual attention[J]. Cognitive Psychology, 1980, 12(1): 97-136.

[227] Trevethan C T, Sahraie A, Weiskrantz L. Can blindsight be superior to 'sighted-sight'?[J]. Cognition, 2007, 103(3): 491-501.

[228] Tsuchiya N, Koch C. Continuous flash suppression reduces negative afterimages[J]. Nature Neuroscience, 2005, 8(8): 1096-1101.

[229] Vanrie J, Verfaillie K. Perception of biological motion: a stimulus set of human point-light actions[J]. Behavior Research Methods, Instruments, & Computers, 2004, 36(4): 625-629.

[230] Vytal K, Hamann S. Neuroimaging Support for Discrete Neural Correlates of Basic Emotions: A Voxel-based Meta-analysis[J]. Journal of Cognitive Neuroscience, 2010, 22(12): 2864-2885.

[231] Wang H, Fu S. Spatial attention modulates the temporal sequence of hemispheric asymmetry in configural and featural face processing[J]. Neuropsychologia, 2018, 111: 269-275.

[232] Wang H, Guo S, Fu S. Double dissociation of configural and featural face processing on P1 and P2 components as a function of spatial attention[J]. Psychophysiology, 2016, 53(8): 1165-1173.

[233] Wang H, Lian Y, Wang A, et al. Face motion form at learning influences the time

course of face spatial frequency processing during test[J]. Biological Psychology, 2023, 183: 108691.

[234] Wang Y, Luo L, Chen G, et al. Rapid Processing of Invisible Fearful Faces in the Human Amygdala[J]. Journal of Neuroscience, 2023, 43(8): 1405-1413.

[235] Weiskrantz L. Blindsight: Not an island unto itself[J]. Current Directions in Psychological Science, 1995, 4(5): 146-151.

[236] Weissman D H, Woldorff M G. Hemispheric asymmetries for different components of global/local attention occur in distinct temporo-parietal loci[J]. Cerebral Cortex, 2005, 15(6): 870-876.

[237] Wells G R. The influence of stimulus duration on reaction time[J]. The Psychological Monographs, 1913, 15(5): 1-69.

[238] Wickelgren W A. Speed-accuracy tradeoff and information processing dynamics[J]. Acta Psychologica, 1977, 41(1): 67-85.

[239] Woodworth R S, Sells S B. An atmosphere effect in formal syllogistic reasoning[J]. Journal of Experimental Psychology, 1935, 18(4): 451-460.

[240] Wright J, Mischel W. Influence of affect on cognitive social learning person variables[J]. Journal of Personality and Social Psychology, 1982, 43(5): 901-914.

[241] Yan W J, Li X, Wang S J, et al. CASME II: An Improved Spontaneous Micro-Expression Database and the Baseline Evaluation[J]. PLoS One, 2014, 9(1): e86041.

[242] Yang H Y, Chattopadhyay A, Zhang K J, et al. Unconscious creativity: When can unconscious thought outperform conscious thought?[J]. Journal of Consumer Psychology, 2012, 22(4): 573-581.

[243] Yang Q, Zhang W, Liu S, et al. Unraveling controversies over civic honesty measurement: An extended field replication in China[J]. Proceedings of the National Academy of Sciences of the United States of America, 2023, 120(29): e2213824120.

[244] Yin R K. Looking at upside-down faces[J]. Journal of Experimental Psychology, 1969, 81(1): 141-145.

[245] Young A W, Hellawell D, Hay D C. Configurational information in face perception[J]. Perception, 1987, 16(6): 747-759.

[246] Yovel G, Duchaine B. Specialized face perception mechanisms extract both part and spacing information: Evidence from developmental Prosopagnosia[J]. Journal of Cognitive Neuroscience, 2006, 18(4): 580-593.

[247] Yovel G, Kanwisher N. Face perception: Domain specific, not process specific[J]. Neuron, 2004, 44(5): 889-898.

[248] Zhang W, Sun Y, Liu S, et al. Reply to Tannenbaum et al.: Constructive dialogue

advancing research on civic honesty[J]. Proceedings of the National Academy of Sciences of the United States of America,2023,120(49):e2316228120.

[249] Zhong C B,Dijksterhuis A,Galinsky A D. The merits of unconscious thought in creativity[J]. Psychological Science,2008,19(9),912-918.

[250] Zhu Y,Zhang L. An experimental study on the self-reference effect[J]. Science in China(Series C:Life Sciences),2002,45(2):120-128.

[251] Zotto M,Pegna A J. Processing of masked and unmasked emotional faces under different attentional conditions:An electrophysiological investigation[J]. Frontiers in Psychology,2015,6:1691.

[252] Anderson J R. Cognitive Psychology and Its Implications. [M]. New York:Worth Publishers,2000.

[253] Berry D,Dienes Z P. Implicit learning:Theoretical and Empirical Issues[M]. London:Psychology Press,1993.

[254] Bridgman G B. The human machine:The anatomical structure & mechanism of the human body[M]. New York:Dover Publication,1972.

[255] Bruner J S,Goodnow J J,Austin G A. A study of thinking[M]. New York:John Wiley & Sons,1956.

[256] Creswell J. A Concise Introduction to Mixed Methods Research[M]. California:Sage Publication,2014.

[257] Ebbinghaus H. Über das gedächtnis:Untersuchungen zur experimentellen psychologie[M]. Duncker & Humblot,1885.

[258] Ekman P,Friesen W V. Facial action coding system:Investigator's guide [M]. Consulting Psychologists Press,1978.

[259] Galton F. Inquiries into human faculty and its development[M]. London:Macmillan Company,1883.

[260] Hersen M,Barlow D H. Single case experimental designs:Strategies for studying behavior change[M]. New York:Pergamon Press,1976.

[261] Kantowitz B H,Roediger III H L,Elmes D G. Experimental Psychology(10th Edition)[M]. Cengage Learning,2014.

[262] Kantowitz B H,Roediger III H L,Elmes D G. Experimental Psychology [M]. New York:West,1997.

[263] Marr D. Vision:A computational investigation into the human representation and processing of visual information[M]. San Francisco:Freeman,1982.

[264] Myers A,Hansen C. Experimental Psychology[M]. Australia:Thomson & Wadsworth,2006.

[265] Piaget J. To Understand is to Invent:The Future of Education[M]. New York:

Grossman, 1973.

[266] Plutchik R. Foundations of Experimental Research[M]. New York: Harper & Row, 1983.

[267] Smith R A, Davis S F. The Psychologist As Detective: An introduction to conducting research in psychology(6th Edition)[M]. Pearson Education, 2015.

[268] Baddeley A. Hitch G. Working memory. In G H Bower(Ed.), Vol. 8. Psychology of Learning and Motivation[C]. Academic Press, 1974: 47-89.

[269] Bandura A. Guide for constructing self-efficacy scales. In F Pajares, T Urdan(Eds.), Self-efficacy beliefs of adolescence[C]. Greenwich C T: Information Age Publishing, 2005: 307-337.

[270] Cooper L A, Shepard R N. Chronometric studies of the rotation of mental images. Visual Information Processing[C]. (Proceedings of the Eighth Annual Carnegie Symposium on Cognition, Held at the Carnegie-Mellon University, Pittsburgh, Pennsylvania, May 19, 1973: 75-176.

[271] Donkin C, Brown S D. Response times and decision-making. In J T Wixted(Series Ed.), E J Wagenmakers(Vol. Ed.), Stevens' Handbook of Experimental Psychology and Cognitive Neuroscience: Vol. 5. Methodology(4th Ed.)[C]. Hoboken, New Jersey: John Wiley & Sons, Inc. , 2018: 349-381.

[272] Ekman P. Lie Catching and Microexpressions. In C W Martin(Ed.), The Philosophy of Deception[C]. Oxford New York: Oxford University Press, 2009: 118-137.

[273] Ekman P, Friesen W V. Nonverbal behavior and psychopathology. In R J Friedman, M Katz(Eds.), The psychology of depression: Contemporary theory and research[C]. Washington D C: Winston & Sons, 1974: 3-31.

[274] Haggard E A, Isaacs K S. Micromomentary facial expressions as indicators of ego mechanisms in psychotherapy. In Methods of Research in Psychotherapy[C]. Boston M A: Springer, 1966: 154-165.

[275] Hamilton P, Hockey G R J, Rejman M. The place of the concept of activation in human information processing theory: An integrative approach. In S Dornic(Ed.), Attention and Performance(Vol. VI)[C]. Hillsdale, N. J.: Lawrence Erlbaum Associates Inc, 1977.

[276] Heit E. A Bayesian analysis of some forms of inductive reasoning. In M Oaksford, N Chater(Eds.), Rational Models of Cognition[C]. Oxford University Press, 1998: 248-274.

[277] Hockey G R J, MacLean A, Hamilton P. State changes and the temporal patterning of component resources. In J Long, A D Baddeley(Eds.), Attention and Performance(Vol. IX)[C]. Hillsdale, N. J.: Lawrence Erlbaum Associates Inc, 1981.

[278] Jenkins J J. Four points to remember: A tetrahedral model of memory experiments. In L S Cermak, F I M Craik(Eds.), Levels of Processing in Human Memory[C]. Hillsdale, N. J.: Erlbaum, 1979, 429-446.

[279] Kayser D, Vosniadou S, Nédellec C, Saitta L, Tiberghien A, Zucker J D. General overview. In D Kayser, S Vosniadou(Eds.), Modelling Changes in Understanding: Case Studies in Physical Reasoning[C]. 1999: 1-14.

[280] Mack A, Rock I. Inattentional blindness: Perception without attention. In R D Wright(Ed.), Visual Attention[C]. Oxford University Press, 1998: 55-76.

[281] Shreve M, Godavarthy S, Manohar V, Goldgof D, Sarkar S. Towards macro- and micro-expression spotting in video using strain patterns. Workshop on Applications of Computer Vision(WACV)[C]. 2009: 1-6.

[282] Sternberg R J, Lubart T I. The concept of creativity: Prospects and paradigms. In R J Sternberg(Ed.). Handbook of creativity[C]. Cambridge, England: Cambridge, 1999: 3-15.

[283] Todd J W. Reaction to multiple stimuli. In R S Woodworth(Ed.), Archives of Psychology(Columbia Contributions to Philosophy and Psychology, Vol. XXI, No. 3)[C]. The Science Press, 1912.

[284] Wason P. Reasoning. In B M Foss, P C Dodwell(Ed.), New Horizons in Psychology (Vol. 2)[C]. Harmondsworth: Penguin, 1966.

[285] Yan W -J, Wu Q, Liu Y -J, Wang S -J, Fu X. CASME database: A dataset of spontaneous micro-expressions collected from neutralized faces. The 10th IEEE International Conference and Workshops on Automatic Face and Gesture Recognition(FG)[C]. 2013: 1-7.

[286] Froeberg S. The relation between the magnitude of stimulus and the time of reaction[D]. Columbia University, 1907.

[287] Wechsler D. The measurement of emotional reactions: Researches on the psychogalvanic reflex[D]. Columbia University, 1925.

[288] Bradley M M, Lang P J. Affective norms for English words(ANEW): Instruction manual and affective ratings[R]. the Center for Research in Psychophysiology, University of Florida, 1999.

[289] Izard C. The maximally discriminative facial movement coding system(MAX)[R]. University of Delaware, Instructional Resources Center, 1979.

[290] Izard C E, Doughtery L, Hembree, E. A system for identifying affect expressions by holistic judgments(AFFEX)[R]. Newark, N. J.: University of Delaware, Instructional Resources Center, 1983.

[291] Matsumoto D, Ekman P. Japanese and Caucasian Facial Expressions of Emotion

(JACFEE)[R]. San Francisco, C. A.: Intercultural and Emotion Research Laboratory, Department of Psychology, San Francisco State University, 1988.

[292] Hurley S, Purcell K, Greenhalgh E M, et al. 3.10 Eye diseases. In E M Greenhalgh, M M Scollo, M H Winstanley. [editors]. Tobacco in Australia: Facts and issues[EB/OL]. Melbourne: Cancer Council Victoria, http://www.tobaccoinaustralia.org.au/chapter-3-health-effects/3-10-eye-diseases, 2020.

[293] Hurley S, Winnall W R, Greenhalgh E M, et al. 3.4 Lung cancer. In E M Greenhalgh, M M Scollo, M H Winstanley. [Editors]. Tobacco in Australia: Facts and issues[EB/OL]. Melbourne: Cancer Council Victoria; http://www.tobaccoinaustralia.org.au/chapter-3-health-effects/3-4-lung-cancer, 2021.

[294] World Health Organization(WHO). WHO global report on trends in prevalence of tobacco use 2000—2025(4th Edition)[EB/OL]. Geneva; https://www.who.int/publications/i/item/9789240039322, 2021.